徐彻作品系列

慈禧太后

CI XI TAI HOU

徐 彻 ◎著

中国文史出版社

目　　录

第一章　慈禧太后　生于北京

一　官宦家庭中的小姐

道光十五年十月初十日（1835 年 11 月 29 日），深秋的北京。阳光温馨，略有寒意。在西单牌楼北劈柴（辟才）胡同，一个中上等满族官员的家庭中，人们沉浸在喜庆的氛围里。因为刚刚呱呱坠地了一个俊美的小格格，姓叶赫那拉氏。这可不是一个平常人，而是后来统治中国几达半个世纪的慈禧太后。

长期以来，关于慈禧的家世，坊间有许多离奇古怪的传闻。经过学者的考证，慈禧的家世现在已经完全清楚了。

慈禧的父亲名惠征。惠征，生于嘉庆十年（1805）。原是镶蓝旗满洲人，后来改隶镶黄旗。监生出身。道光八年（1828）为笔帖式。道光十四年（1834）三十四岁升为二等笔帖式。笔帖式是清朝文书官的称谓，是部院等衙门的低级官员，做些抄写和拟稿的工作，相当于后来的文书。道光十九年（1839）升为八品笔帖式。后来连续升迁为正六品的吏部主事（略高于处长）、从五品的吏部员外郎（副局长）、正五品的吏部郎中（正局长）。道光二十九年（1849）外升为山西归绥道，任正四品的道员（略高于正局长）。道员是省以下府州以上的高级行政长官。道员是非正式官称，公文直接以区域名为官名，习惯遂成为定制。道员除由知府升补外，也有由京察一等的郎中、御史、编修而升得的。惠征就是由京察一等的郎中而外升为

青年慈禧半身画像

山西归绥道的。咸丰二年（1852）二月，又调任富庶的安徽徽宁池太广道。咸丰三年（1853）三月以逃避太平军的追击而被撤职罢官。咸丰三年六月初三日（1853年7月8日），病死在江苏镇江，终年四十九岁。

慈禧的祖父名景瑞。嘉庆十八年（1813）升为刑部主事（略高于处长）。道光元年（1821）升任从五品的刑部员外郎（副局长）。道光十一年（1831）又升为正五品的刑部郎中（正局长）。后曾一度入狱，但很快释放。道光三十年（1850）退休。卒于咸丰六年（1856）至十一年（1861）之间，死时年近八十岁。

慈禧的曾祖父名吉郎阿。字霭堂。乾隆时担任内阁中书。嘉庆六年（1801）升任六品中书。因表现突出，嘉庆九年（1804）奉命进入军机处任军机章京。军机章京是接触中央机要的重要官职。吉郎阿担任此职，说明他是一个很有能力的人。后来调任从五品的户部银库员外郎（副局长），这是管理银库的要职。吉郎阿大约在嘉庆十九年（1814）左右，死在户部员外郎（副局长）任上。

关于慈禧少时家庭的经济状况，野史稗乘有不少道听途说的记载。

《清朝野史大观》记道："闻西后垂髫时，雅好修饰。其父为正黄旗参领，因事褫职，贫乏不能自存。惟与候补县吴棠有金兰谊，恒赖其周济焉。时西后发初覆额，伶俐过人。因拜吴棠为义父，欲其掷果饵脂粉费，借贷河润。吴棠果破悭囊，时为干女儿点缀钗环衣履，故西后每一出游，道旁观者皆喃喃作观喜赞，谓天仙化身，不是过也。西后恒携菜筐至东城某油盐店购食物，店主某甲恒以粗笨之手，戏挟其鼻，如是者习以为常。不意天生丽质难自弃，一朝选在君王侧。不数年，西后果被选入宫，俄而垂帘听政。彼油盐店之某甲，依然操货殖生涯。西后偶与其弟桂祥谈家政时，询及某甲。某甲闻之，竟坠井而死，全家遁逃。盖恐其报复挟鼻之宿恨也。呜呼，贱日岂殊众，贵来方悟稀。某甲死时，当自毁其粗笨之手，大不该闯下了滔天大祸也。吴棠后由知县开府四川，懿眷之隆，未有出其右者。"①

这是说，慈禧太后其家"贫乏不能自存"，得到候补知县吴棠的照顾。吴棠认慈禧为"干女儿"，时常给她购买化妆品和新衣服。而慈禧经常到某油盐店买食物，店主某甲看到慈禧美貌，不怀好意，竟用他粗笨之手，戏弄挟持慈禧的鼻子。后来慈禧入宫，当上了太后，偶然问起这个店主某甲，某甲惊

① 《清朝野史大观》，第1册，第1卷，第34页。

恐万状，"竟坠井而死，全家遁逃"。而吴棠后来官运亨通，一直做到四川总督。这个里坊传言，意在说明慈禧少时家境贫寒。

有的书为了丑化慈禧，还编造了她上街买菜被店员侮慢和当号丧女子的情节。如《四朝佚闻》有一段望风捕影的记载："慈禧太后父惠征，徽宁池太（广）道。以亏款罢官，殁于途。后（慈禧）奉母扶榇归，贫甚，无以为生。京俗丧家，每雇妇女善哭者以助哀，称曰号丧女子，亦曰丧娘。相传后（慈禧）善歌尤善哭，遂恃此糊口，凄切动人，吊者大悦。居京者皆知之。"①

这是说，惠征死后，她们迁回北京，家里很穷，无法生活。恰逢北京的民俗，有号丧女子，也叫丧娘，丧家经常雇她们助哀。慈禧既能歌，又善哭，就当上了号丧女子，以此糊口。说她的哭声"凄切动人，吊者大悦"。这个记载，显然是编造的。

《慈禧太后演义》记道："西太后乳名兰儿。她的父亲叫作惠征，曾为安徽候补道员。只因时运不济，需次了好几年，竟不曾得一好缺，弄得囊底萧涩，妙手空空，几苦得不可言喻。亏得同寅中有个汉员，姓吴名棠，籍隶盱眙县，与惠征有僚旧谊，平时见惠征窘状，代为惋惜，有时或解囊相助。惠征非常感激，每语家人道：'咱们如有日出头，吴同寅的大德，不可忘怀。'兰儿听了，牢记在心。"②

《清宫十三朝》记道："这那拉氏幼名兰儿，父亲叫作惠征，是安徽候补道员，穷苦得不可言状。死后遗下一妻二女，回京乏资，亏了个清江知县吴棠，送他赙仪三百两，方得发丧还京。"③

这些记载，或笔记、或野史、或小说、或传记，都认为慈禧少时家境十分窘迫。有说"贫乏不能自存"的，有说"贫甚，几不能办装"的，"有说贫甚，无以为生"的，有说"贫苦得不可言状"的，几乎众口一词，都说慈禧少时家里很穷。

其实，关于慈禧的上述记载都是不可信的。事实是，慈禧的曾祖父吉郎阿任从五品的户部员外郎（副局长），祖父景瑞任正五品的刑部郎中（正局长），父亲惠征任正四品的安徽徽宁池太广道（略高于正局长）。他们担任的官职相当于现在的局级干部，也算是中高级干部了。慈禧的前三代是清朝的

---

① 金梁：《四朝轶闻》，"慈禧微时"条。

② 蔡东藩：《慈禧太后演义》，浙江人民出版社 1980 年版，第 5 页。

③ 王浩沅：《清宫十三朝》（下），黑龙江人民出版社 1983 年版，第 452 页。

官员，家庭生活是很好的。景瑞虽曾一度入狱，但很快就被释放，又官复原职，并没有影响他们的家庭生活。惠征被罢官是在慈禧入宫当贵人一年多之后。因此，对慈禧一家的生活也没有造成多大的影响。

总之，慈禧少时的家庭经济状况是很好的。野史稗乘的那些记载，目的是贬低慈禧。

实际上，慈禧出生在三代为官的满族官宦家庭之中，她是官宦家庭中的一位养尊处优的小姐。

二　慈禧出生何地之谜

慈禧究竟出生何地，一直扑朔迷离，不得其解。目前存在六说，即内蒙古说、安徽说、浙江说、甘肃说、山西说、北京说。

第一，内蒙古说。

内蒙古说，是指慈禧生于内蒙古呼和浩特市。呼和浩特市即清代山西的绥远城。清代山西的绥远城，民国时改归内蒙古。

内蒙古说源于呼和浩特市的一个民间传说。据说，慈禧的父亲惠征，当年曾经担任山西归绥道的道员。归绥道的驻地在归化城，即现在的呼和浩特市。传说呼和浩特市有一条落凤街，慈禧就出生在这条街道的道员府中。还传说，慈禧年幼时，有个乳母叫逯三娘，是个回民，她曾领着慈禧到归化城边玩耍。

铜架香水瓶

不过这只是一个传说而已。根据文献的确凿无误的记载，惠征是在道光二十九年（1849）闰四月十七日，内阁奉上谕，宣布任命其为山西归绥道道员的。此时惠征四十五岁，慈禧已经十五岁。惠征在归绥道任上三年。显然，慈禧没有可能诞生在归化城。

这个传说并不完全是捕风捉影。因为惠征上任，确实携带家眷，慈禧确曾在归化城生活过三年。此外，慈禧的外祖父惠显，从道光十一年（1831）至道光十七年（1837），任归化副都统。慈禧同归化城有些渊源。以上的传说，也许来源于此。

第二，安徽说。

安徽说是流传最广的说法。这是说慈禧出生在安徽芜湖。这个说法主要出自《满清外史》的一段记载。《满清外史》记道："那拉氏者，惠征之女也。惠征尝为徽宁池太广道，其女生长南中。少而慧黠。嫚艳无匹俦，雅善南方诸小曲。凡江浙盛行诸调，皆朗朗上口，曲尽其妙。于咸丰初年，被选入圆明园，充宫女。是时英法同盟军未至，园尚全盛，各处皆以宫女内监司之。那拉氏乃编入桐阴深处。已而洪杨之势日炽，兵革遍天下，清兵屡战北，警报日有所闻。奕𬀩置不顾。方寄情声色以自娱，暇辄携妃嫔游行园中，闻有歌南调者，心异之。越日复往，近桐阴深处，

金嵌古钱纹指甲套

歌声又作，因问随行内监以歌者何人。内监以兰儿对。兰儿者，那拉氏之小字也。宫中尝以此名呼之。奕𬀩乃步入桐阴深处，盘踞炕上曰（凡园内各处皆设炕，备御座也）：'召那拉入。'略诘数语，即命就廊栏坐，命仍奏前歌。良久，奕𬀩唤茶。时侍从均散避他舍，那拉氏乃以茶进，此即得幸之始也。或曰，奕𬀩得屡听歌声及内监所对之言，均那拉氏贿赂所使。盖宫殿深邃，非有内侍牵引，必不能至。故那拉氏不吝金钱，卒以达其目的云。"①

以上这段话，说慈禧"雅善南方诸小曲。凡江浙盛行诸调，皆朗朗上口，

珐琅瓜形胭脂盒

曲尽其妙"。而且，正因为擅唱南方小曲，意外地得到了咸丰帝的青睐，并受到宠幸。慈禧既"雅擅南方诸小曲"，且由此得到咸丰帝的宠幸，又"生长南中"，有的学者就认为慈禧生在南方。又根据其父惠征当时任安徽徽宁池太广道道员，道员的衙署在安徽芜湖，因此断定慈禧出生在安徽芜湖。

其实，这个说法是站不住脚的。慈

---

① 天嘏：《满清外史》（下卷），《满清稗史》（上），中国书店 1987 年版，第 5 页。

禧的父亲惠征在道光二十九年（1849）闰四月十七日，内阁奉上谕，宣布任命其为山西归绥道的道员。他在归绥道任上恪尽职守，受到好评，遂于咸丰二年二月初六日（1852年3月26日）被咸丰帝调任更为重要的安徽徽宁池太广道。

蓝透明珐琅描金喜字把镜

咸丰二年（1852），慈禧已经是十七岁的大姑娘了，并且已经入宫，被册封为兰贵人。档案记载，咸丰二年（1852）二月初八、初九两天，清宫挑选秀女，慈禧被选中。二月十一日，敬事房太监传达上谕，封慈禧为兰贵人，并于五月初九日进宫。慈禧进宫后，惠征才携家眷赴任。到任的时间应该是同年的七月。

在咸丰三年（1853）以前，安徽分为南、北两道。北道下辖凤阳府、庐州府、颖州府、滁州府、六安府、泗州府等地，兼管凤阳关；南道下辖安庆府、徽州府、宁国府、池州府、太平府、广德州等地，兼管芜湖关。徽宁池太广道为南道，所属五府一州二十八县。全省五十一县，南道占多数。这个地方比起归化城（今内蒙古自治区呼和浩特市）来，因地处江南，更加富庶，也更加重要。这一调动说明咸丰帝对他的信任。

但好景不长，当时洪秀全率领几十万太平军，顺长江直下，势如破竹。九江、安庆告急。太平军很快攻克安庆，安徽巡抚蒋文庆被杀。惠征押解一万两银子辗转逃到镇江的丹徒镇，操办粮台，以待援兵。咸丰帝派出刑部左侍郎李嘉端担任安徽巡抚，并密令查拿逃跑官员。李嘉端按照上谕的命令，参奏了临阵脱逃的官员。同时，也对惠征附片上奏。其中参道："惠征分巡江南六属，地方一切事务责无旁贷，何以所属被贼蹂躏，该道竟置之不理？即使护饷东下，而两月之久。大江南北并非文报不通，乃迄今并无片纸禀函，其为避居别境已可概见。除由臣另行查办外，所有芜湖道员缺紧，要相应请旨迅赐简放，以重职守。"

咸丰帝奕詝于三月二十六日（5月3日）看到这一奏片后，大为愤怒，当天发出廷寄上谕："惠征身任监司，于所属地方被贼蹂躏，何以携带银两印信避至镇江、泾县等处？"又问："该二员（按：李嘉端在同一夹片中还参劾了安徽学政锡龄）究竟现在何处？该抚所闻逃避处所是否确实？仍著查明据实具奏。惠征业已开缺，著即饬令听候查办。"并于三月二十六日（5月3日）发布上谕："安徽宁池太广道员缺，著龄椿补授，钦此。"惠征被罢官后，便一蹶不振，得了重病。没过几个月，于咸丰三年六月初三日（1853年7月8日），病死在江苏镇江，终年四十九岁。

慈禧不仅不是生于安徽芜湖，而且终身没有到过南方。

第三，浙江说。

此说是由一篇文章引起的。1993年8月22日，《人民日报》发表了一篇报道：《史界新发现，慈禧生于浙江乍浦》。文中称，慈禧的父亲惠征在道光十五年（1835）至道光十八年（1838）间，曾外放到浙江乍浦，任正六品的武官骁骑校。而慈禧恰恰生于道光十五年（1835）。因此，文中说慈禧的出生地在浙江乍浦，具体出生地点为"浙江平湖市乍浦城内的满洲旗下营"。这篇报道又说，现今的浙江乍浦老人中，仍然有一些关于慈禧幼年的传说。此篇报道的特别之处是，它抓住了慈禧出生的时间道光十五年（1835）这个关键点。因此，很有一点迷惑性。但是，这篇报道与史实有三点不合。

其一，时间不对。查惠征的履历，惠征道光八年（1828）二十四岁为笔帖式。道光十四年（1834）京察，三十岁定为吏部二等笔帖式。道光十九年（1839）三十五岁升为八品笔帖式。道光二十三年（1843）三十九岁定为吏部一等笔帖式。显然，这段时间，惠征一直在北京部里担任笔帖式，没有外放到地方为官。

其二，官职不合。此时惠征一直担任笔帖式等低级的文职官吏，不会一下子担任武职的中级的官员骁骑校。

其三，品级不符。惠征当时担任的笔帖式是八品，而骁骑校是正六品。

很明显，慈禧出生于浙江乍浦说是子虚乌有的。

第四，甘肃说。

据说，慈禧的父亲惠征曾经担任过甘肃布政使衙门的笔帖式。在此期间，惠征就住在兰州八旗会馆以南的马坊门，即现在兰州永昌路一七九号。传说慈禧就出生在其父惠征在兰州担任笔帖式的时候，并且就出生在这个院落里。

此说有一点同惠征的履历相同，就是惠征确实担任过笔帖式。但是，查惠征担任笔帖式的部门，都是北京部里的衙门。同时，惠征一生都没有去过甘肃。因此，慈禧出生在甘肃兰州说，就完全是无中生有了。

第五，山西说。

慈禧出生地山西长治说。此说是长治当地人士提出来的，是近年提出的新说法。他们对慈禧出生在山西长治县，提出了一整套说法。他们认为，慈禧不是满族人，而是汉族人。他们出版了一本书《慈禧童年考》。细阅该书，发现他们对慈禧的出生地，提出了二说。虽然都是长治县，但却在不同的村庄。

第一说是长治县西坡村，第二说是长治县上秦村。

第一说是长治县西坡村。

据他们说，慈禧是道光十五年（1835）十月初十日出生的。出生地在山西省潞安府（今长治市）长治县西坡村。慈禧名王小慊，属羊。其祖父名王会昕，祖母陈氏。父亲王增昌，母亲李氏，父母只有她一个女儿。王小慊还有一个舅舅，两个姨妈。她家很穷，地少，人多，靠打短工度日。道光十八年（1838），母亲李氏因病去世。年景不好，王小慊无人照看，其父王增昌将王小慊卖给了潞安府某人，后来又辗转卖给了潞安府知府。大约过了七八年，传说潞安府知府有一个丫鬟，十一二岁，长得如花似玉，两个脚心上还各长了一个痦子。知府夫人觉得，此后其人必会大富大贵，就把她认为义女。消息传到西坡村，王小慊的祖母陈氏听说了。老人心想，我的孙女脚上也长了两个痦子，况且，也应该是十一二岁了。就让小儿子王增鸿到潞安府去打听。几经周折，也没有打听到实信。其祖母陈氏带着遗憾，在咸丰四年（1854）去世了。

此一说还提出了三条证据。

其一，是说有一个家谱。家谱上记载着"王小慊后来成为慈禧太后"一句话。但是，这个家谱不是原件，而是重抄件。这就失去了作为证据的价值。

其二，是说有慈禧出生的房屋遗址。然而，这个遗址现在变成了猪圈。这也只是口碑资料，得不到证实。

其三，是说西坡村有慈禧生母之墓。据说原来是木碑，现在是新制的石碑，而这个石碑是近年人们新造的。由于是新碑，也自然失去了遗迹的真实性。

因此，这些所谓的证据就站不住脚了。

第二说是长治县上秦村。

据他们说，慈禧是上秦村人，姓宋，名龄娥，生于道光十五年十月初十日（1835 年 11 月 29 日），长相俊俏，聪明伶俐。父亲排行老四，名宋四元。母亲李氏，在一个叫弹花弓的地方被狼咬死，哥哥在河滩上被狼吃掉。道光二十五年（1845），家乡闹大饥荒，树皮都被吃光。龄娥饿得骨瘦如柴。宋四元只好将女儿龄娥卖给了潞安府知府惠征做奴婢。不久，宋四元也饿死了，宋家就没有人了。惠征买了龄峨，起名兰儿。惠征的夫人有一天发现龄娥两个脚心各有一个痦子，认为她是一个贵人，就认为义女，改姓叶赫那拉，并请人教她念书、填词、作赋。到了咸丰二年（1852），龄娥被选入清宫，后来当上了皇太后。

凭据这些，自称为慈禧后裔的五位老人，集体到县志办上访，并上交了《慈禧家境简介》的材料，要求政府澄清这件事。

北京劈柴（辟才）胡同

此一说法提出了五条证据。

其一，是说上秦村有慈禧的后裔。但是，这些后裔是自称的。

其二，是说这里有慈禧家的娘娘院。但是，这个娘娘院是传说的。

其三，是说宋家有两个皮夹子。但是，其来源不清，用途不明，也没有形成证据链条。

其四，是说家里有一封慈禧来的信。但是，这封所谓的信，只是些断简残篇，不可卒读。

其五，是说宋家有一张慈禧的照片。但是，这张照片是到处可以找到的。

我们知道，实物资料，必须是真实的；遗迹资料，必须是原始的；口碑资料，必须是链条的。上述所谓的各种资料，都不具备这些条件。

以上二说，即西坡村说和上秦村说之间，存在着许多相互矛盾之处。但是，长治市的地方人士仍然认定慈禧是长治人。为此，他们还组成了长治市慈禧童年研究会，并召开了研讨会。

但据专家考证，在这段时间，历任潞安府知府的共有七人，其中没有惠征。既然惠征没有在潞安府担任过知府，那么，所谓的慈禧卖给惠征的说法，就成了无源之水、无本之木了。这是一个铁证。这就从根本上否定了慈禧出生在长治的说法。

因此，学者们的共识是慈禧出生在北京，这一点是没有疑义的。

第六，北京说。

惠征虽然在北京、山西、安徽等地为官，但慈禧的家庭长期住在北京，即慈禧的籍贯是北京。

慈禧的祖籍，其实正史有明确的记载。

《清史稿》记道："孝钦显皇后（慈禧），叶赫那拉氏，安徽徽宁池太广道惠征女。"①

《玉牒》记道："叶赫那拉氏，道员惠征之女。"

《清列朝后妃传稿》（下）记道："文宗（咸丰帝）孝钦显皇后（慈禧），叶赫那拉氏，满洲镶黄旗人（《实录》：咸丰十一年十二月谕：慈禧皇太后母家著抬人镶黄旗满洲）。父惠征，安徽徽宁池太广兵备道（《续通考》：慈禧端佑康颐昭豫庄诚寿恭钦献崇熙皇太后。《玉牒》：叶赫那拉氏，道员惠征之女。案：惠征原任安徽徽宁池太广道。咸丰三年，因贼至，携带银两、印信，避至镇江泾县等处。奉旨开缺查办。同治元年八月追封三等承恩公。妻富察氏，为公妻，一品夫人。父景瑞，原任刑部郎中，母瓜尔佳氏。祖吉郎阿，原任户部员外郎，祖母宗室氏，皆同治元年八月追封。长子照祥，御前侍卫。次桂祥，佛佑）。"②

此书明确记载，慈禧的母亲为富察氏，封一品夫人。慈禧兄妹四人，慈禧为大姐，妹妹其次，大弟照祥，二弟桂祥。这些正史记载，都明白无误地说明了慈禧是满族人，是叶赫那拉氏，其家族长期居住在北京。

此外，还有以下证据。

其一，发现了慈禧之妹选秀女的"排单"。清朝自顺治帝始，在满、蒙、汉八旗中，每三年挑选一次秀女。参与选秀的女孩自十四岁至十六岁。选中者或成为皇帝的妃嫔，或被赐给皇室子孙做福晋。《养吉斋丛录》记载："应选女子入神武门，至顺贞门外恭候。有户部司官在彼管理，至时太监按班引入，每班五人，立而不跪。当意者留名牌，谓之留牌子。定期复看。复看而不留者，谓之撂牌子。"这"每班五人"，写在一个单子上，谓之"排单"。所谓"排单"，是皇帝挑选秀女时依据的自然情况的底单。

到目前为止，还没有发现慈禧选秀女的"排单"，但是学者发现了咸丰五年（1855）慈禧之妹选秀女的"排单"。慈禧之妹嫁给了醇郡王奕𫍽，他们的

---

① 《清史稿》，第214卷，第30册，第8925页。
② 张孟劬：《清列朝后妃传稿》（传下），第70页。

儿子是光绪皇帝。这个"排单"明确记载：慈禧之妹属满洲镶蓝旗，姓叶赫那拉氏，父亲名惠征。惠征的最高官职做到正四品道员。根据这个"排单"，可以认定慈禧的娘家，在咸丰五年（1855）之前，居住在北京西单牌楼劈柴（辟才）胡同。因此，北京应该是慈禧的出生地。

其二，认定了慈禧之父当时在北京为官。慈禧生于道光十五年（1835）。此时，慈禧的父亲惠征正在北京。档案记载，惠征道光八年（1828）为笔帖式。道光十四年（1834）升为二等笔帖式。道光十九年（1839）升为八品笔帖式。这个时期，惠征没有离开北京，其家肯定在北京。为此，慈禧也只能出生在北京。

其三，判明了慈禧之母当时也住在北京。档案记载，慈禧的外祖父惠显，当时在山西归化城（今呼和浩特市）任副都统。归化城距离北京路途遥远，交通不便，慈禧之母富察氏不可能到苦寒的塞外之地去生产。因此，她也只能在舒适的北京家里生产。由此，可以判定，慈禧诞生于北京。

那么，慈禧具体诞生在北京的何处呢？一说是劈柴胡同，一说是方家园。

学者邹爱莲查找清朝档案，得出慈禧娘家在北京先后迁移了三个住处。

第一个住处。咸丰五年（1855），慈禧之妹选秀女的"排单"记载，慈禧的娘家"住西四牌楼劈柴胡同"。

第二个住处。咸丰六年（1856）内务府官房租库的呈稿，明载咸丰帝将"西直门内新街口二条胡同北房一所"，赏给惠征家居住。

第三个住处。同治五年（1866）十二月，慈禧以同治帝名义将"方家园"赏给其大弟照祥居住。

很明显，后两个住处不可能是慈禧的出生地。慈禧之妹选秀女"排单"所记，慈禧的娘家"住西四牌楼劈柴胡同"，应该是慈禧在北京的出生地。即慈禧出生在北京西四牌楼劈柴胡同。

西四牌楼劈柴胡同已经消亡了，但北京旧地图上还可以依稀辨别出它的影子。

第二章　荣进贵妃　登上高层

一　诞生皇子进懿贵妃

咸丰二年（1852），那拉氏慈禧已是十七岁的大姑娘了。她出落得俊美可爱，娇媚迷人。恰在这一年，皇太后为咸丰帝挑选秀女。经层层筛选，慈禧幸运地被选中了。同时被选中的还有后来成为皇后的钮祜禄氏。当时，钮祜禄氏被选为嫔，比那拉氏高一级。那拉氏被选为贵人。

咸丰二年二月十一日（1852年3月31日），那拉氏被封为兰贵人。五月初九日（6月26日），十八岁的那拉氏正式入宫，住在长春宫。这长春宫的正殿高悬着乾隆帝的御笔匾额，上书"敬修内则"四个遒劲有力的大字，似在告诫后宫妃嫔要严格遵照祖宗家法行事，谨慎地规范自己的一切言行。

长春宫匾额

兰贵人看到这四个字做何感想呢？这位争强好胜的年轻女子是不会受任何规条约束的。她想的是如何不择手段地攫取到更高的权位。但是，这又谈何容易。

清代后宫妃嫔有严格的等级限制，皇后以下的妃嫔共分七级：第一级是皇贵妃，第二级是贵妃，第三级是妃，第四级是嫔，第五级是贵人，第六级是常在，第七级是答应。以上统称内廷主位。

当时，慈禧只是一个贵人，是第五级。慈禧对她这个地位，很不满意。

她看在眼里，急在心上。但她深知，不能过于着急，要一步一步来，一个等级一个等级地去争取。实践证明，慈禧的努力没有白费，经过两年的努力，她晋为懿嫔；又过两年，晋为懿妃；再过一年，晋为懿贵妃。也就是说，只经过短短五年的时间，慈

懿妃册文

禧便由第五级的兰贵人跃升为第二级的懿贵妃了。此时的慈禧已经二十二岁了。在咸丰帝的眼里，她是越发的美丽了。

慈禧在众多的妃嫔中脱颖而出，固然有天赐的自然机缘，但也不能否认独造的人为因素。从某种程度讲，这独造的人为因素正是天赐的自然机缘的前提。在妃子如林、宫女如云的宫廷内部，一个年轻的妃子要想尽快超升，只有获得皇帝的青睐和宠幸。那么，兰贵人是怎样获得咸丰帝宠幸的呢？

这自然应该从咸丰帝奕詝谈起。咸丰帝是个悲剧人物，他是个忧患皇帝和风流天子。咸丰帝生于道光十一年六月初八日（1831 年 7 月 16 日），死于咸丰十一年七月十七日（1861 年 8 月 22 日）。他十八岁当皇帝，三十一岁病死，在位约十二年。

说他是忧患皇帝，是因为他在位的十二年，在他看来，没有一天是平安无事的。对咸丰帝来讲，内忧外患无一日不在。

内忧是指以太平天国为首的全国性的农民大起义。道光三十年十二月初十日（1851 年 1 月 11 日），在洪秀全三十八岁生日这天，拜上帝会在广西金田宣布起义，建号太平天国。而此时，咸丰帝即位刚刚八个月。这对年仅十八岁的青年皇帝咸丰是个沉重的打击。咸丰三年三月二十九日（1853 年 5 月 6 日），太平军攻入南京，改南京为天京，定天京为太平天国首都。太平天国起义历时十四年，遍及十八省，几达大半个中国。咸丰帝死后三年，这个大起义才被镇压下去。也就是说，太平天国大起义伴随了咸丰的一生。

外患是指英、法在俄、美支持下，诸列强联合发动的新的侵略中国的战争。这是指 1856—1860 年间，英国、法国发动的第二次鸦片战争。在这之前，就处于酝酿阶段，然后步步升级。

第二次鸦片战争共划分为三个阶段：

第一阶段。从 1856 年 10 月英军进犯广州，至 1858 年 1 月广州沦陷后傀

偏政权的建立。这一阶段，英、法联军侵略中国的第一个目标是攻占广州。

第二阶段。从 1858 年 1 月广州傀儡政权的建立，至 7 月《天津条约》订立后英法联军南撤。这一阶段，英法联军侵略的主要目标是攻占天津。

第三阶段。从 1858 年 7 月清政府与英、法在上海举行"修约"谈判开始，到 1860 年 10 月《北京条约》的订立。这一阶段，英、法侵略军的主要目标是攻占北京。

简言之，他们先攻广州，次攻天津，再攻北京，直逼得咸丰帝北逃热河。

一个年轻皇帝，对内要对付中国历史上规模最大、历时最久的一次农民大起义，对外要对付武装到牙齿的英、法、美、俄几个世界上最大的资本主义强国的侵略，他感到力不从心、捉襟见肘。可以说，一个年轻而软弱的皇帝遇到了复杂且艰难的局势。

不仅如此，咸丰帝还是个不争气的风流天子。继位之初，咸丰帝年轻气盛，也想干一番大事业，挽救岌岌可危的清王朝。《清文宗实录》记载了咸丰二年（1852）正月二十三日咸丰帝的一个上谕，可以看出他当时励精图治的抱负。谕曰："谕内阁三载考绩，激扬大典，朕受皇考付托之重，惟知克敬克勤，仰报深恩。与内外臣工，共图上理。满汉诸臣，有人品端方、办事实心者，固应量予甄叙。或年力就衰，因循不报者，亦断难姑容。兹届京察之期，吏部将京外各大员开单提请，朕详加酌定。大学士赛尚阿、祁寯藻，礼部尚书何汝霖，在军机处行走有年，实力匡襄，殚心竭虑。自军兴以来，夙夜在公，勤劳备著。赛尚阿总统军务，调度有方。工部侍郎彭蕴章，自参枢务以来，克尽厥职。协办大学士杜受田，学醇品正，在上书房行走多年，深资训诲。现承办实录底本，详慎纂辑，不遗余力。户部尚书孙瑞珍，办理部务，事事实心，尽力筹维，任劳任怨。协办大学士、直隶总督讷尔经额，久任畿疆，于吏治营伍，亦能整顿，办事谙练。湖广总督程矞采，除暴安良，克膺疆安。两广总督徐广缙，缜密有为，操纵合宜。虽所辖两省地方不靖，而平日办理一切，朕甚嘉许。著加恩交部议叙。吏部左侍郎侯桐，年力衰迈，右侍郎明训，办事颟顸，难期振作，精神太觉颓败。俱著原品休致，余著照旧供职。"[1]

这是十九岁的咸丰帝发布的一个考评国家权力中枢高级官员的上谕。咸丰二年（1852），大学士赛尚阿、大学士祁寯藻、礼部尚书何汝霖、工部侍郎

① 《清文宗实录》，第 52 卷，第 10 页。

彭蕴章四位高官，全部是军机处大臣。他们得到了咸丰帝的好评。协办大学士杜受田与户部尚书孙瑞珍，也得到了咸丰帝的好评。地方大员中，直隶总督讷尔经额、湖广总督程矞采和两广总督徐广缙，也得到了咸丰帝的好评。对以上高级干部的工作，咸丰帝较为满意，故谕旨"著加恩交部议叙"，即命吏部根据他们的表现加以奖励。其中，对两广总督徐广缙的表现也还是满意的。但是，特别指出"虽所辖两省地方不靖，而平日办理一切，朕甚嘉许"，即是说，还有需要注意之点。因为广西已经发生了太平天国起义。从发布的这个上谕来看，当时的咸丰帝心态还是平和的。因为他还不知道太平天国武力的真实情况。

此时，1851 年 9 月 25 日，洪秀全的太平天国部队攻占了永安州城。永安州城是太平军占领的第一座城市，因而太平军士气大振。清军在大学士赛尚阿的率领下，包围了永安城，但没有及时进攻。太平军利用敌人喘息之机，建立政权，整饬军纪，以利再战。这样双方相持了半年之久。直到 1852 年 4月，清军才加紧围攻永安。

咸丰帝发布这个上谕时，正是清军围困永安城之时。咸丰帝对于赛尚阿等包围了永安城，很是满意，故有以上谕旨对以赛尚阿为首席军机大臣的高级干部的夸奖。

但是，好景不长，咸丰二年九月，赛尚阿即被革职拿问。《清文宗实录》记载咸丰帝上谕曰："（咸丰二年九月己酉）自军兴以来，将及两载。朕念生民涂炭，宵旰焦劳，无时或释。前因大学士赛尚阿，人尚朴诚，能任艰苦，特命为钦差大臣，前往督剿。又虑其秉性慈柔，谆谆告诫特赐遏必隆刀，冀其随时振厉，以肃军威。上年大军围贼于新墟、紫荆山等处，初犹屡次获胜。迨贼窜踞永安，蕞尔一城，围攻半载有余，迄无成效。转致损将折兵，任贼鸱（chī，古书上指鸱鹰）张，围扑桂林省城。旋又窜掠兴安，攻陷全州。继复任贼窜入楚境，连陷数城。现又分股围扑长沙省城。赛尚阿身为统帅，调度乖方，总由号令不严，赏罚失当，以致劳师靡饷，日久无功，实属辜恩，大负委任。赛尚阿革职拿问。"[1]

仅仅过了半年多，大学士赛尚阿就被革职拿问了。这个上谕透露了咸丰帝焦躁不安的情绪，他似乎已经感受到了太平天国的威力。此后，咸丰帝逐渐陷入了万劫不复的深渊之中。面对风云变幻的局势，他一筹莫展，便开始

---

[1] 《清文宗实录》，第 71 卷，第 3 页。

追求声色、贪图玩乐了。其腐朽生活，表现十足。

其一，恋女色。《满清外史》记载："已而洪杨之乱日炽，兵革遍天下。清兵屡战北，警报日有所闻。奕䜣置不顾，方寄情声色以自娱，暇辄携妃嫔游行园中。"①

这里的园是指圆明园。圆明园是一座大型皇家园林，兼有御园和宫廷两种功能，距北京城四十里。自雍正帝始，圆明园便成为清朝历代皇帝春秋驻跸之所，即是夏宫。圆明园景观各异，宛若画境。由于礼仪的要求疏简些，皇帝为求舒适与方便，都愿意住在这里。前朝皇帝于三四月始入园，八月往热河木兰秋狝，然后回宫。咸丰帝比前任有过之而无不及，极为贪恋园居。他是刚过新年，即入

咸丰画像

园。热河秋狝后，尚须返园，至十二月始还宫。或者干脆不去木兰秋狝，一直在园中住下去。其原因在于宫禁森严，必须恪守祖制，不得纵情声色。所以，咸丰帝托言因疾颐养，在园内耽搁时日。园居久了，在他眼前转来转去的全都是清一色的满洲女子，不免生厌，便琢磨起婀娜多姿的汉族女子来。

本来清朝祖制家法极严。入关之初，顺治帝之母庄妃因福临春秋未壮，恐其日后惑于女色，就在宫门外竖立一块铁牌，上书："敢以小脚女子入此门者，斩。"小脚女子是指汉族女子，满族女子是不缠足的。然上有所好，下必甚焉。为了讨好咸丰帝，某大臣心生一计，"托言天下多事，圆明园地在郊外，禁御间，夜徼（jiào，巡察）宜加严密。内侍既不敷用，且亲近左右，恐不能周至，今顾民间妇女入内，以备打更，巡逻寝室四周，更番为役。文宗旨允之。此数十女子，始得入内。每夕以三人轮值寝宫外，人执梆铃一，入夜则于宫侧击之。文宗因召人，随意幸焉。"理由冠冕堂皇，然不过是为了满

① 天嘏：《满清外史》（下卷），《满清稗史》（上），中国书店 1987 年版，第 5 页。

足咸丰帝的心理变态的需求而已。

以后，咸丰帝在这数十名年轻貌美的汉族女子中挑选更为佳丽动人的，加以位号，这就是人们所说的四春。"文宗渔色，于圆明园隅，暗藏春色，谓之四春，世竟传之。"这四春是牡丹春、海棠春、杏花春、陀罗春。她们都是良家女子，是被迫入宫的。《清稗类钞》对四春的称呼不同："园中侍有五春之宠，所谓天地一家春者，乃孝钦后（那拉氏）所居。其杏花春、武陵春、海棠春、牡丹春，皆汉女分居之。"除四春外，咸丰帝还钟情于一位曹寡妇。这位山西媚妇，长得美妙绝伦，特别是一双小脚，不到三寸。她的鞋也与众不同，鞋底是菜玉做的，内衬香屑，鞋尖缀着光彩夺目的明珠。入宫后，"咸丰帝最眷之"。

其二，吃媚药。咸丰帝因贪恋女色，不得不借助于壮阳秘药。《十叶野闻》记下了一个故事："咸丰中，贵阳丁文诚翰林，一日上疏言军事。上大嘉赏，特命召见。上方驻跸圆明园，文诚于黎明诣朝房，候叫起。时六月初旬，天气甚热。丁方御葛衫袍褂，独坐小屋内。忽顾见室隅一小几，几上置玻璃盘一，中贮马乳蒲桃（葡萄）十数颗，极肥硕，异于常种，翠色如新撷者。私讶六月初旬，外间葡桃结实，才如豆耳，安得有此鲜熟者。方渴甚，遂试取一枚食之，觉甘香迥异常品，因复食二三枚。俄顷，腹中有异征，觉热如炽炭，阳道忽暴长，俄至尺许，坚不可屈，乃大惊。顾上已升殿，第一起入见已良久，次即及己，无如何，则仆地抱腹宛转号痛。内侍不得已，即令人掖以出，然尚不敢起立，亦不敢仰卧。其从者以板至，侧身睡其上，舁归海淀一友人家中。友，故内务府司官，习知宫内事，询所苦。文诚命屏左右，私语以故。友曰：此媚药之最烈者，禁中蓄媚药数十种，以此为第一，即阉人服之，亦可骤生人道。与妇人交，药力弛则复其初。此必内监窃出，未及藏庋（guǐ，放置，保存）而君误食之尔，然亦殆矣。急延医诊视，困卧十余日始起。"①

这位文质彬彬的翰林误食媚药，但总算机智，装病脱险，没有露丑。这类媚药为咸丰帝所用则是无疑的。

其三，饮鹿血。为补阳气之不足，咸丰帝常饮鹿血。咸丰帝常近女色，毫无节制，身体愈来愈差，询问御医如何才能使身体强壮起来。御医对症治疗，建议他饮鹿血，借以弥补阳分之虚亏。咸丰帝立命圈养鹿一百余只，每

---

① 许指严：《十指野闻》，《近代稗海》，第11辑，第23页。

天都喝鹿血。北逃热河时，他还想把这些鹿带走，但由于兵荒马乱，未能如愿。

其四，嗜醇酒。咸丰帝还是个酒徒。但酒量有限，一饮即醉，一醉便耍酒疯。"文宗嗜饮，每醉必盛怒。每怒必有一二内侍或宫女遭殃，其甚则虽所宠爱者，亦遭戮辱。幸免于死，及醒而悔，必宠爱有加，多所赏赐，以偿其苦痛。然未几而醉，则故态复萌矣。"①大概他心中苦闷，借酒浇愁，拿人泄愤吧！

其五，品丝竹。咸丰帝有些艺术细胞，爱看京剧，有时亲当导演，甚至粉墨登场。可以说，他是一个高级发烧京剧票友。无论在紫禁城，在圆明园，还是在热河行宫，他都经常点戏看。据咸丰朝《升平署日记档》记载，他亲自指导太监演戏，教过《教子》《八扯》等戏。他学习并演唱过《朱仙镇》《青石山》《三岔口》《平安如意》《四盟山》《问路》《羊肚汤》等戏。咸丰帝当皇帝还不如当个演员更合适。观京剧、品丝竹，这是好事。但是，在戎马倥偬的年代，咸丰帝醉心于此，就是个问题了。

其六，吸鸦片。咸丰帝继位不久，就染上了这个嗜好。鸦片烟，当时有个好听的名字，叫益寿如意膏，又称紫霞膏，或福寿膏。太平军所向披靡，占领了半个中国。咸丰帝"宵旰焦劳，恒以此自遣"。咸丰帝打不过太平军，心绪烦乱，就用鸦片烟来麻醉自己，打发时光。北狩热河后，江山有失掉的危险，咸丰帝"更沉溺于是"。

咸丰帝就是这样一个不争气的皇帝。他恋女色、吃媚药、饮鹿血、嗜醇酒、品丝竹、吸鸦片，整天过着花天酒地、醉生梦死的生活。由于纵情声色，咸丰帝的身体很差，"体多疾，面带黄"。

看到一天天地衰弱下去的皇帝不知何时会丢下她们而去，那拉氏忧心如焚。面对咸丰帝的玩世不恭，温良的皇后钮祜禄氏，束手无策。工于心计且抱负远大的那拉氏，既看到皇帝不久于世，又深知皇后无能为力。那么，就只有靠自己。

那拉氏在谋划着攫取最高的皇权。

那拉氏入宫之后，就取得了咸丰帝的宠幸。其原因有：

一是姿容超群，美貌无双。她是天生丽质，无与伦比，"嬛艳无匹俦"，意思是美貌绝伦，没有对手。她自己曾得意地对别人说："入宫后，宫人以我

———————

① 《近代稗海》，第11辑，第40页。

美，咸妒我，但皆为我所制。"①

美到遭人嫉恨的程度，可见有多么美了。《十叶野闻》记载了咸丰帝迷恋那拉氏的情景："当文宗初幸慈禧之日，颇有惑溺之象，《长恨歌》中所谓'春宵苦短日高起，从此君王不早朝'者，仿佛似之。"大有唐明皇爱慕杨贵妃的味道哩！

二是聪明伶俐，善体人意。智慧卓荦不凡，性格机敏善变。这为那拉氏邀得专宠提供了不可或缺的契机。《清稗类钞》记道："有机智，遇事辄先意承旨，深嬖（bì，宠爱）之。"《慈禧外纪》记道："以己之聪明智慧，遂蒙帝宠。"与手握生杀大权的皇帝相伴，要想获得宠幸，善于揣摩皇帝的深层思想是必备的能力。那拉氏正具有这一特殊的能力。

三是书法端腴，代批奏章。那拉氏天分极高，在圆明园居住时，"因日习书画以自娱，故后（慈禧）能草书，又能画兰竹"。那拉氏垂帘听政后，经常书写大幅的福、寿字赠给大臣们。这些草书的大字是蛮有功夫的。但是，我们所能看到的唯一的一份那拉氏的手书，即罢免恭亲王奕訢一切职务的上谕，计二百二十四字，笔者检查过，其中错别字竟达十一个，且语句不甚通顺。足见那拉氏原来文化水平不高，当然她的楷书还是临过帖的，说"书法端腴"，不算为过。那拉氏喜欢读书，有的记载她："西后先入宫，夏日单衣，方校书卷。"炎炎夏日，她还在埋头读校古书，不能说学习热情不高。咸丰帝寄情声色，懒于国事。有些奏章，就让那拉氏代阅，"时时披览各省章奏，通晓大事"。甚至个别奏章，命那拉氏代笔批答。《慈禧传信录》说："时洪杨乱炽，军书旁午，帝有宵旰劳瘁，以后（懿贵妃）书法端腴，常命其代笔批答章奏，然胥帝口授，后仅司朱而已。"《剑桥中国晚清史》说："叶赫那拉（懿贵妃）过去曾为先帝整理过奏折。"

大约开始是慈禧协助整理奏折，继而阅览各省章奏，后来是由咸丰帝口授，她仅记录而已。这是一个由简到繁的过程。那拉氏当时还不具备处理奏章的政治经验和广博知识，况且咸丰帝也不会放心地把如此重要的政务交给她。然而，即便如此，她也会因此而博得咸丰帝的欢心。

四是相机而行，参与政事。据说，关于任用曾国藩去镇压太平军一事，那拉氏是起了作用的。《慈禧外纪》记道："劝咸丰帝任用曾国藩，节制各师，

---

① 《近代稗海》，第 1 册，第 379 页。

借给湘军粮饷，无有缺乏。曾国藩得以平定粤匪，慈禧之力也。"①

同时，那拉氏也有意识地向咸丰帝建言，议论政事。《慈禧传信录》记道："迨武汉再失，回捻交作。帝以焦忧致疾，遂颇倦勤。后（慈禧）窥状渐思盗柄，时于上前道政事。"那拉氏相机而行，知道进退。

五是诞生皇子，地位愈宠。咸丰帝沉迷那拉氏，时有召幸。那拉氏终于在入宫四年时，即咸丰六年三月二十三日（1856 年 4 月 27 日）生了个儿子。这是咸丰帝唯一的儿子，是为载淳。母以子贵，那拉氏的地位发生了急遽的变化。

《清史稿》记道："咸丰元年，后被选入宫，号懿贵人。四年，封懿嫔。六年三月庚辰（二十三日），穆宗生，进懿妃。七年，进懿贵妃。"②

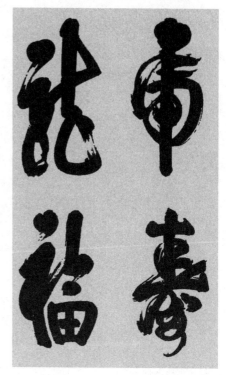

慈禧书法

《清皇室四谱》记道："（咸丰）六年三月生皇子，是为穆宗（同治帝）。旋诏晋懿妃，十二月行册封礼。七年十二月，晋懿贵妃。"③

《清后外传》记道："（咸丰）六年，穆宗生，进懿妃，又进懿贵妃。册文略曰：咨尔懿妃那拉氏，赋性柔嘉，秉性淑慎，祥开麟定，恩奉龙章，瑞毓螽洗，吉符燕喜。既蕃禧之茂介，宜显秩之攸加。是用进封为懿贵妃。赐之宝册。"④

可见，那拉氏地位的遽变，关键是因为她诞育了咸丰帝唯一的一位皇子。因此，她才由第四级的嫔，而为第三级的妃，而为第二级的贵妃了。因无皇贵妃，所以实际上，除皇后外，她已跃居后宫第二位了。但由于备受宠幸，

---

① 《慈禧外纪》，第 7 页。
② 《清史稿》，第 214 卷，第 30 册，第 8925 页。
③ 唐邦治：《清皇室四谱》，第 2 卷，第 34 页。
④ 金梁：《清帝外纪·清后外传》，第 215 页。

且诞育了皇子，其实际地位已在皇后之上了。这就意味着那拉氏已经登上了大清国的权力高层，成为具有潜在优势的高端人物。

艳丽的外貌、机敏的性格、端腴的书法、恰当的进言和唯一的皇子，这一切就构成了那拉氏得宠的原因。实质上，她的角色已经成为后宫第一位了。

二 同治载淳生母之谜

同治帝载淳是那拉氏所生吗？野史稗乘有说载淳不是那拉氏亲生的。这里有两说：一为后宫某氏说；一为以女换男说。

后宫某氏说。《清稗类钞》记道："穆宗（同治帝）为孝钦后（慈禧）所出，世皆知之。或曰，实文宗（咸丰帝）后宫某氏产，时孝钦无子，乃育之，潜使人鸩其母，而语文宗已产子月余矣。文宗闻之大喜，因命名曰载淳，封孝钦为贵妃。"

即是说，同治帝载淳是后宫某氏产，那拉氏夺其子，并鸩其母。然后谎报咸丰帝，她产子已经一个多月了。

以女换男说。今人小说家苗培时先生著《慈禧外传》，笔力恣肆。关于那拉氏生子一段的描写更是妙笔生辉。他即采用了以女换男说。小说里写道，那拉氏生了个女儿，然而宠监大总管安得海，勾结老太监汪昌，买通盲人稳婆刘姥姥，从宫外偷偷换了个男孩，即是同治帝。但是，这一行径是安得海一手导演的。既瞒过了咸丰帝，也瞒过了那拉氏。后来，拘押了稳婆，直至稳婆死去，给以厚葬。小说不同于历史。历史小说，在不违背历史真实的前提下，允许并且应该进行艺术的虚构。苗培时先生关于那拉

丽景轩，同治在此出生

21

氏生子的描写，读来令人信服。小说家这样写，自有其道理。

但是，从档案记载看，无论同治帝的生母是后宫某氏说，抑或同治帝是以女换男说，都是不能成立的。其理由是：

其一，从那拉氏之母进宫陪伴来看。根据清宫的规定，妃嫔怀孕八个月左右，其生母可以进宫陪伴一段时间。这是一条比较有人情味的规定。除此之外，一般是不允许进宫陪伴的。现故宫博物院藏有《懿妃遇喜大阿哥》档册，其中记道："咸丰五年十二月二十四日，内殿总管韩来玉传旨：本月二十六日，懿嫔之母进苍震门至储秀宫住宿。钦此。"到了十二月二十六日巳正三刻（上午十时四十五分）懿嫔之母及其家下妇人两名，由东六宫前部的苍震门进来，到了那拉氏住的储秀宫。可见，那拉氏已怀孕八个月左右，咸丰帝心中有数，所以才传旨命其母进宫。

其二，从为那拉氏分娩所做的充分准备来看，主要有四个方面：一为刨喜坑。先由钦天监博士张熙选定喜坑地点，然后由韩来玉带人刨好喜坑，再由姥姥两名念喜歌，放筷子，放红绸子及金银八宝。刨喜坑以便掩埋胎盘、脐带。放筷子、红绸子，取快生子大吉大利之意。二为选精奇呢妈妈里、灯火妈妈里、水上妈妈里。这些妈妈里都是侍候那拉氏的。那拉氏各选两名，都是镶黄、正黄两旗披甲人或苏拉之妻。又选接生婆姥姥两名，大夫六名。他们都于二月初三日卯正（上午六时）开始上夜守喜，轮流值班，至分娩后的十二天，即小满月时止。三为准备新生儿穿用的衣物，即吗哪哈。这包括春秋小袄二十七件、白纺丝小衫四件、单幅红春绸挖单一块、红兜肚四个、潞绸十八床、蓝高丽布褥十床、蓝扣布褥一床、蓝高丽布挡头一床、白高丽布挖单三十三个、白漂布挖单三个、蓝素缎挡头两个、石青素缎挖单一块、红青纱挖单一块、白布糠口袋两个、白纺丝小带四条、挂门大红绸五尺、蓝扣布挖单十个、白漂布小挖单二十六个，共用各种绸料一百五十六尺四寸，各色布料十匹。四为准备接生用具。这包括大小木槽两个、木碗两个、木锨一张、小木刀一把。这是分娩时处理胎盘、脐带用的。还要由武备院准备长六尺、宽四尺的黑毡一块，由造办处准备吉祥摇车一座。

从以上刨喜坑、选妈妈里、准备吗哪哈和接生用具来看，那拉氏怀孕是无疑的，否则不会兴师动众、大动干戈的。

其三，从御医诊断来看。正月二十四日，太医院院使栾泰、御医李万清和匡懋忠，曾"请得懿嫔脉息和平"，认定"系妊娠七个月之喜"。三月初九日，御医得脉象系妊娠近九个月。决定挑嬷嬷，讨易产石。三月初十日，两位嬷嬷取脉，认为在三月底四月初分娩。并把临产时起保佑和镇邪作用的易产石和大楞蒸刀拿来。种种迹象表明，产期就要到来了。

其四，从生子过程来看。三月二十三日，约在午时，总管韩来玉曾向咸丰帝奏报：三月二十三日巳时，懿嫔坐卧不安。随奴才韩来玉问姥姥，说似有转胎之象。后又奏："三月二十三日未时（下午二时左右），懿嫔分娩阿哥，收什毕。奴才带领大方脉、小方脉（系成人内科和小儿内科大夫），请得懿嫔母子脉息均安。万岁爷大喜！"

当时御医见阿哥神色脉纹俱好，就用福寿丹开口。韩来玉奏报过皇帝后，随即报告皇后，又通知皇室其他成员。同日，咸丰帝封懿嫔为懿妃。"三月二十三日，小太监平顺交出朱笔一件：懿嫔著封为懿妃，钦此。"于当年十二月，才举行册封典礼。

其五，从产后御医用药来看。清祖制，皇子生下来，无论嫡庶，即由保姆抱出，由乳母哺喂。"一皇子例须用四十人，保姆八，乳母八，此外有所谓针线上人，浆洗上人，灯火上人，锅灶上人；至绝乳后，去乳母，添内监若干人为谙达。"为了让乳母下奶，规定"每日用鸭子半只，或肘子、肺头，轮流食用"。既然作为生母的那拉氏不亲自哺乳，就必须使之回乳。因此御医"请得懿妃脉息沉滑，系产后恶露未畅，肠胃干燥之症。今议用回乳生化汤，午服一帖调理"。这帖乳生化汤服过后，很起作用。四月初三日档册载，"栾泰、李万清、匡懋忠，请得懿妃脉息沉缓，诸症俱减，乳汁渐回，结核亦消"。

慈禧如没生孩子就不会有这种反应，也就不用下药了。

综上可知，同治帝载淳应是那拉氏亲生。同治帝载淳是后宫某氏生说和以女换男说，都是不能成立的。

现在，我们再来看一看焦头烂额的咸丰帝吧！

第三章　热河行宫　脱颖而出

一　懿贵妃荣进皇太后

在英法联军的逼迫下，咸丰帝于咸丰十年（1860）八月七日发布上谕，谕曰："谕内阁：载垣、穆荫办理和局不善，著撤去钦差大臣。恭亲王奕䜣，著授为钦差便宜行事全权大臣，督办和局。"①

咸丰帝做好了北逃热河的准备，撤去怡亲王载垣、尚书穆荫的钦差大臣职，命恭亲王奕䜣为钦差便宜行事全权大臣，在北京留守，主持同英法联军议和事宜。于是，"己巳（八月八日），上诣安佑宫行礼。以秋狝木兰，自圆明园启銮，皇长子随驾"。

这就是说，咸丰帝于咸丰十年（1860）八月初八日，以木兰秋狝为名，北逃热河（今承德市）。庚午，即八月九日，咸丰帝在逃跑途中，仓促任命了留守京城的办事机构。谕曰："谕内阁：留京办事大臣，著派豫亲王义道，大学士桂良，协办大学士、户部尚书周祖培，吏部尚书全庆。义道、全庆著仍在禁城，周祖培著仍在外城，桂良著仍在外城。"②

留京的还有唯一的一位军机大臣户部左侍郎文祥。

就这样，在北京便形成了以奕䜣为首的包括义道、桂良、周祖培、全庆和文祥等王大臣在内的北京集团的雏形。

而热河集团是咸丰帝北狩热河带走的部分王大臣，主要是怡亲王载垣、郑亲王端华、户部尚书肃顺、军机大臣穆荫、匡源、杜翰、焦佑瀛等。

两个集团在咸丰帝回銮的问题上，发生了激烈的争执。

---

① 《清文宗实录》，第327卷，第30页。
② 《清文宗实录》，第327卷，第36页。

咸丰帝一行，路上且走且停，走了八天，于八月十六日抵达热河行宫。热河的避暑山庄虽然风景如画，但终不如京城舒适

避暑山庄图

惬意。咸丰帝初到热河时，是想尽快回銮的。但时间一久，他却不急着回銮北京了。

因为避暑山庄是皇帝的一个大好去处，尤其是身受内忧外患双重煎熬的咸丰帝的一个最佳避难所。这里有明净的湖水、绮丽的山色、精致的殿阁、可人的嫔妃。咸丰帝乐在其中，忘却了世间的烦嚣。他视北京为畏途，一再推迟回銮的日期。在这里，他仍然过着青年皇帝不懂节制的放荡生活。肃顺们不仅不加劝阻，且窥其所好，百般迎合，以阻止咸丰帝还京。

咸丰帝身体本来羸弱，加之京城失守，北逃热河，心情更加郁闷。虽千方百计寻欢作乐，也解不了心头的烦恼，且病情愈来愈重。

面对此情此景，最焦躁的是懿贵妃。她不满肃顺们在热河的所作所为。

肃顺与懿贵妃的矛盾冲突自何时始，大约是在热河行在时。

有一种记载，是说由于宫份的减少引起了懿贵妃的不满。膳档记到，九月以后，

端庄的慈禧

各地进呈到热河行宫的鹿肉、黄羊、熏肉及卤虾等，咸丰帝在分赏时，都有皇后的份，却经常不给懿贵妃。个中原因，不好猜测，但是，肃顺掌管此事，懿贵妃因而迁怒于他是可以想见的。

其实，最使懿贵妃不满的是咸丰帝曾想对她行钩弋故事。所谓钩弋故事，就是汉武帝幽闭钩弋夫人的事。钩弋夫人，汉代河间人，姓赵，汉武帝的妃子，封号婕妤，史称赵婕妤。因居住在钩弋宫，被称为钩弋夫人。钩弋夫人因生子颇受宠爱，汉武帝欲将其子立为太子，然而害怕将来主少母壮，母后干预朝政，因此借故将她幽禁，钩弋夫人后来死于云阳宫。汉武帝立她的儿子为太子，就是后来的汉昭帝。钩弋故事的中心意思是杀母而留其子。

据说，咸丰帝曾想对懿贵妃实行钩弋故事。

《清稗类钞》记道："（懿贵妃）有机智，遇事辄先意承旨，深嬖之。未几，生穆宗（同治帝），进封为妃。迨贵，渐怙宠而肆骄，久之，不能制。适粤寇难发，文宗（咸丰帝）忧勤国是，丛脞万端，乃得以弄权宫掖。文宗浸知之，渐恶其为人。肃顺者，才略声华为宗室冠，文宗素倚重之。孝钦（懿贵妃）知文宗且疏己，隐冀得肃以自援，而肃则以谂知后之往事，良轻后（懿贵妃），后因是衔肃。一日，文宗于宫沼为春日泛舟之戏，后（懿贵妃）自陈寓南方久，习操舟技，乃亲理篙楫以侍。讵文宗立未定，而后篙遽下舟为之侧，文宗颠堕水，创其足，文宗乃深憾后。会又有间后者，以那拉将覆满洲诅咒之说进。文宗乃拟致之死，尝谓肃曰：'朕不日将效汉武帝之于钩弋夫人故事，卿谓何如？'肃（肃顺）禁龁（xiè，牙齿相磨。禁龁，闭紧嘴），不敢置一词。后（懿贵妃）闻之，愈衔肃（肃顺）。"①

这一段写了四层意思：

其一，是说咸丰帝由宠爱到厌恶懿贵妃的原因，主要是因她"弄权宫掖"。

其二，是说懿贵妃想笼络肃顺，但肃顺很轻视她，于是他们之间结下了冤仇。

其三，是说咸丰帝因懿贵妃操舟落水而怀恨在心，并萌生效钩弋故事的想法。

其四，是说咸丰帝把此想法同肃顺商量，肃顺十分恐惧，闭紧嘴，不敢多说一句话，以免招祸。但是，此事传到懿贵妃的耳朵里，懿贵妃更加仇恨

---

① 《清稗类钞》，第 1 册，第 382 页。

26

肃顺了。

《十叶野闻》记道："帝晚年颇不满意于慈禧，以其轻佻奸诈，将来必以母后擅政，破坏祖制。平时从容与肃顺密谋，欲以钩弋夫人待之。醇王夫妻以身家力争，得不死，然慈禧固已微侦肃顺之倾己矣。"①

这里是说，咸丰帝同肃顺密谋，要对懿贵妃施行钩弋夫人故事。醇亲王奕譞及其福晋亲自干预此事，以身家力争，懿贵妃才得以不死。但懿贵妃已经觉察到肃顺要排斥自己，引起了她的警惕。醇亲王奕譞是咸丰帝七弟，醇亲王奕譞的夫人则是懿贵妃之妹。因此，他们才关心此事，也才能说上话。

以上出自野史的记载，有真有伪，但效法钩弋故事一说，似应视为信史。

这一说法，为文艺家们留下了艺术创作的空间。

肃顺（1816—1861），字雨亭，满洲镶蓝旗人，爱新觉罗氏，郑亲王乌尔泰阿第六子。道光十六年（1836）授三等辅国将军，委散秩大臣。后任前引大臣、署銮仪卫銮仪使，奉宸苑卿。官职低微，不为所重。

咸丰初年，怡亲王载垣与肃顺异母兄郑亲王端华，升迁宗人府宗正，领侍卫内大臣，遂荐举肃顺"入内廷供奉"，从此发迹。擢内阁学士，兼蒙古副都统、护军统领、銮仪使。肃顺"善于迎合上旨"，常常和咸丰帝谈论天下大事，直抒匡见，"言无不尽"，表现出机敏多谋、敢于任事的才能，得到咸丰帝的赏识。咸丰四年（1854），授御前侍卫，迁工部左侍郎，调正蓝旗满洲副都统，礼部左侍郎。咸丰七年（1857），历署正红旗汉军都统、兵部尚书、理藩院尚书，充阅卷大臣，赐紫禁城骑马。咸丰八年（1858），调任礼部尚书，户部尚书。咸丰九年（1859），署正白旗领侍卫内大臣，命在御前大臣上学习行走。咸丰十年（1860），授御前大臣，署领侍卫内大臣、内务府大臣，命以户部尚书、协办大学士。

肃顺逐渐成为清廷统治中枢的核心人物。

清朝的内阁设大学士满、汉各两人，正一品，兼殿阁及六部尚书衔。殿有三个：保和殿、文华殿、武英殿；阁有三个：体仁阁、文渊阁、东阁。协办大学士，满、汉各一人，都从尚书本衔，从一品。一般以大学士和协办大学士为"拜相"，是文臣最高的官位。公私礼节上，都以"中堂"称呼。但本身没有实际职务，如果不是在外兼任总督，在内兼任部务，就等于空的荣典。肃顺就是协办大学士兼户部尚书，地位崇隆。

---

① 许指严：《十叶野闻》，《近代稗海》，第 11 辑，第 74 页。

肃顺出身于皇族宗室，但他十分轻视那些庸庸碌碌的满族亲贵，认为"满人胡涂不通，不能为国家出力，惟知要钱耳"。他刻意结纳名流，延揽人才，对一些汉族文人极为谦恭。是时湖南名士王闿运、高心夔、李寿榕等人与肃顺关系甚密，他们"日夕参与肃邸密谋"，议论时局，裁量人物，通报信息，有"肃门五君子"之称。同时，肃顺举荐陈孚恩、匡源、焦佑瀛、黄宗汉等汉族官僚参与政要，培植起一批以汉员为主的亲信势力。他主张任用有能力的汉人。咸丰十年（1860），太平军攻势很猛，肃顺建议破格任用曾国藩为两江总督，得到咸丰帝的旨准。

当时的官场是吏治腐败，贿赂公行。肃顺很想整饬吏治，以挽颓风。

此时，恰逢戊午科场案，肃顺便大显身手，加以整治。这个案件是和军机大臣、文渊阁大学士柏葰紧密相关的。咸丰八年（1858）八月，军机大臣柏葰任奉天乡试正考官。十月授文渊阁大学士。这时，戊午科场案发，柏葰被革职查办。原来戊午科场发榜，有一个戏子平龄竟然中试第七名，舆论哗然，都认为其中必然有鬼。咸丰帝命郑亲王端华、户部尚书肃顺、怡亲王载垣、吏部尚书陈孚恩等查办。经查，柏葰的家人靳祥营私舞弊，调换考卷。而柏葰年老，过于相信这个家人。案情明朗，就将柏葰交刑部监禁。柏葰是一位资深正直的老臣，多年任军机大臣。随着肃顺、载垣、端华权势的增加，军机大臣对他们只能拱手听命。唯柏葰"不甚迁就"，与肃顺等人不和。肃顺等人欲借此事，"兴大狱以树威"。

咸丰帝认为柏葰有"失察"之罪，当受免职处分，不想穷究。而肃顺等人则认为，"取士大典，关系至重，亟宜执法，以惩积习"，力劝咸丰帝将柏葰正法。咸丰帝认为"情虽可原，法难宽宥，乃如所请"，将柏葰等正副考官一同问斩。其余有关人员或放或杀，也受到了严厉惩治。此案，将大学士柏葰处以极刑，显然过重，这里包含了政治斗争的因素。

这就是轰动一时的戊午科场案。

咸丰九年（1859），肃顺派员核对宝钞处"五宇"欠款，与官钱总局所立存档不符。"五宇"字官号和"乾"字官号，都是经管收发兵饷等款项的宝钞处。现在发现了"五宇"字官号的问题，肃顺奏请查办。结果查出"五宇"官号司员蒙混欺诈，侵吞巨款。经肃顺奏请，将台斐音、王正谊等撤职，商人张兆麟等革职严讯，"一时司员、商户等被抄没者数十家"，并请严究失察之户部各堂官。此案"波及至数百人，系狱至两三载，南北两监，因为之满"，这样的大狱有可能牵连一些清白者。

以上两个大案的究治，雷厉风行，震动全国。这在一定程度上起到了遏制腐败、稳定政局的作用，肃顺等人也由此成为了咸丰帝的身边重臣。当然，肃顺等三人办案，也有排斥异己、震慑政敌的意图。同时，和许多有能力的人一样，肃顺也专横跋扈、一意孤行。因此，肃顺等也必然树敌过多，这就为他们的政治前途埋下了隐患。

在第二次鸦片战争期间，肃顺等人极力主张咸丰帝北逃热河。而奕䜣、文祥则坚决反对，"有云先杀肃顺而后去者"，但最终咸丰帝还是北逃热河了。

逃到热河避暑山庄的咸丰帝对时局一筹莫展，变本加厉地纵情声色。咸丰帝命恭亲王奕䜣留守北京，让他同诸列强谈判，以便得到诸列强的谅解，好班师回京。

但是，三十一岁的咸丰帝，由于不加节制，病情愈益加重了。一年间，诸病缠身，每况愈下，迫使他不得不考虑皇权的交接问题。他思忖着，皇后慈安方二十六岁，懿贵妃仅二十八岁，皇子才六岁。如他一旦离去，留下的便是势孤力单的孤儿寡母。咸丰帝必须设想一个万全之策，以使皇权不致旁落。

结合历史经验，经过冥思苦想，他首先设计了一个庞大的顾问班子。

咸丰帝追溯到了幼年即位的先祖，只有六岁的顺治帝福临和八岁的康熙帝玄烨。他总结历史教训，感到顾问班子两人不行，太少。五十二岁的皇太极龙驭上宾后，其第九子六岁的福临即位，辅政大臣为睿亲王多尔衮和同姓的郑亲王济尔哈朗。睿亲王多尔衮是努尔哈赤第十四子，是皇太极第十四弟，即是福临的叔父。郑亲王济尔哈朗是努尔哈赤三弟舒尔哈齐第六子，是皇太极的叔伯兄弟，即是福临的叔伯叔父。后来，多尔衮排挤了济尔哈朗，攫取了皇权。这就是说，两人不行，太少，如其中一人图谋不轨，排挤另一人，极易造成皇权由该人独揽。

那么，四人行不行呢？也不行。二十四岁的顺治帝福临患天花死，八岁的玄烨登基。其祖母孝庄太皇太后和玄烨一起主政。孝庄太皇太后由于前车之鉴，第一不敢用同姓王，第二不敢用叔辈王，而特意任命了异姓四大臣索尼、苏克萨哈、遏必隆、鳌拜为辅政大臣，参与辅政。但经三下五除二，大权还是被狂妄专恣的鳌拜独揽。只是后来工于心计的康熙帝玄烨在韬光养晦的祖母孝庄太皇太后的支持下，智擒了专横跋扈的鳌拜，才使皇权归一。可见，四人也是不行的。

避暑山庄烟波致爽殿西暖阁

鉴于此，咸丰帝考虑索性设立一个八人的庞大的顾问班子，以使他们互相牵制，免得大权旁落。顾命大臣如此之多，这也是咸丰帝的一个创举。

于是，他在临死前口授遗嘱，任命了八位顾命大臣"赞襄政务"。

《清文宗实录》记载："（咸丰十一年七月辛丑）上不豫，皇长子朝夕侍侧，上仍治事如常。壬寅（十六日）子刻，上疾大渐。召宗人府宗正、御前大臣、军机大臣，承写朱谕。立皇长子载淳为皇太子。癸卯（十七日）寅刻，上崩于避暑山庄行殿寝宫。"①

这是说，咸丰十一年（1861）七月十六日，病危的咸丰帝发下谕旨，命皇长子载淳为皇太子。其实，咸丰帝此时发下两道谕旨。

第一道谕旨。《军机处上谕档》记道："咸丰十一年七月十六日，奉朱谕：

---

① 《清文宗实录》，第356卷，第19页。

皇长子御名（载淳），著立为皇太子。特谕。"①

此道上谕之后附注如下："本日子刻，大人们同内廷王、御前大臣一起寝宫召见，面谕并辅政一道，写朱谕述旨后发下，即刻发钞。"这是以备皇长子载淳继承皇位。

第二道谕旨。《军机处上谕档》记道："咸丰十一年七月十六日，奉朱笔：'皇长子御名（载淳）现立为皇太子，著派载垣、端华、景寿、肃顺、穆荫、匡源、杜翰、焦佑瀛，尽心辅弼，赞襄一切政务。特谕。'"②

此外，在《随手登记档》里也写得很清楚。在七月十六日立皇太子和派八大臣辅政两道谕旨后，该档记道："本日子初三刻，寝宫召见共一起。御前大臣载垣、景寿、肃顺，内廷王端华，军机大臣穆、匡、杜、焦。面奉谕旨，写朱谕递上。发下，当即发钞。"

《军机处上谕档》的附注和《随手登记档》的记录是一致的。咸丰帝在病危之时，头脑清楚，传谕明白，只是不能拿笔了。但大臣们根据他的口授写了谕旨，经他本人过目后，才发了下来。两道谕旨无疑是咸丰帝本人意志的体现，并不是八位大臣的矫作。

顾命八大臣是怡亲王载垣、郑亲王端华、户部尚书肃顺、御前大臣景寿、军机大臣穆荫、匡源、杜翰、焦佑瀛。他们的实际首领是户部尚书肃顺。由他们"尽心辅弼，赞襄一切政务"。

七月十七日寅初（夜间三时许），咸丰帝仍"传冰糖煨燕窝"。但不久即撒手西归了。

咸丰帝将皇位交给了皇长子载淳，并特派八大臣辅政。而只是如此，咸丰帝感到仍不可靠，必须给予皇后和皇贵妃以特别的权力，也使她们能够在关键的时刻自保，并借以保护皇子。

咸丰十一年七月十七日赞襄政务王大臣交给内阁一片，公布了一个重要内容，文称："本日，本王、大臣等批旨缮递后，皇太后、皇上钤用图章。上系'御赏'二字，下系'同道堂'三字，以为符信。希贵衙门于发钞后，敬谨收存，按月恭缴本处。此交。"③

---

① 《军机处上谕档》，《清代档案史料丛编》，第 1 辑，第 82 页。
② 《军机处上谕档》，《清代档案史料丛编》，第 1 辑，第 83 页。
③ 《军机处上谕档》，《清代档案史料丛编》，第 1 辑，第 85 页。

符信就是凭证。两方印代替了皇帝的朱笔。谕旨上下只要加盖了两方玉玺，谕旨就是皇帝本人意志的体现。

因此，赐给皇后一方"御赏"印；赐给小皇帝一方"同道堂"印，"同道堂"印由懿贵妃掌管。并申明，凡谕旨，起首处盖"御赏"印，即印起；结尾处盖"同道堂"印，即印讫。只有盖了这两方印鉴，谕旨方才生效。这两方印鉴非同小可，它是皇权的象征。

御赏、同道堂印

《热河密札》第十二札记道："两印均大行皇帝所赐，母后用'御赏'印，印起；上用'同道堂'印，印讫。凡应用朱笔者，用此代之，述旨亦均用之，以杜弊端。"皇帝刚死，停棺待葬，叫大行皇帝，也叫大行。

御赏、同道堂印

《清后外传》记道："文宗临崩，以印章二赐孝贞后及帝。后曰御赏，帝曰同道堂。凡发谕旨，分钤起讫处。""同道堂印后由孝钦后执用，想因穆宗年幼，故孝钦代钤。母后圣母，两宫分负其责焉。"

咸丰帝赐给皇后和幼帝的两方印是有深意的。他遗命八位王大臣辅弼幼主，而不是一两位，一方面，说明他考虑到了不使权力集中于一两人之手，造成王大臣大权独揽的局面。因为人多，八位王大臣可以互相牵制。另一方面，为使八大臣一心扶持幼主，又赏给了皇后和幼帝两方印，代替朱笔，不钤印的谕旨不生效。这就授予了皇太后与幼帝某种程度的否决权。

咸丰十一年（1861）七月十七日寅刻，咸丰帝在热河避暑山庄的烟波致爽殿，撒手人寰。"文宗升遐，上稽颡大恸，擗踊无算。扈从诸臣，尊奉遗旨，请上即正尊位。上号啕仆地，良久方起。"匆促间，六岁的幼帝载淳即位，是为同治帝。

咸丰帝病逝后，立刻颁布遗诏。遗诏进一步强调了皇位的嬗递与大臣的辅弼，都是咸丰帝钦定的，是合法的。《清穆宗实录》记载，上谕曰："谕内阁：朕受皇考大行皇帝鞠育顾复深恩，昊天罔极。圣寿甫逾三旬，朕宫廷侍

避暑山庄烟波致爽殿

奉，正幸爱日方长，期颐可卜。上年夏间，偶患痰嗽，旋即调摄就痊。秋间巡幸滦阳，圣体康强犹昔。乃因各省寇氛未靖，宵旰焦劳。至本年春间，风寒感发旧疾。六月间复患暑泄，以致元气渐亏。本月十六日子刻，力疾召见载垣、端华、景寿、肃顺、穆荫、匡源、杜翰、焦佑瀛，特命承写朱谕，立朕为皇太子。朕痛哭受命，哀迫战兢。方冀慈躬转危为安，常承恩诲。讵意亲奉顾命后，病势增剧，遂至大渐。十七日寅刻，龙驭上宾。抢地呼天，攀号莫及。敬思皇考御宇十有一年，惕厉忧勤，万几鲜暇。无日不以敬天法祖、勤政爱民为急务。蠲缓赋税，简拔人材，国计民生，时廑圣虑。凡有血气者，其悲哀感恋，罔不出于至诚。朕之泣血摧心，尚忍言乎？惟念付托至重，责在藐躬。尚赖内外文武大小臣工，共矢公忠，弼予郅治。其带兵大员，尤须严申军律，迅殄贼氛。各直省督抚，亦应抚辑斯民，以仰慰我皇考在天之灵，朕实有厚望焉。"①

七月十八日，内阁奉上谕，皇后钮祜禄氏和懿贵妃那拉氏被尊为皇太后。钮祜禄氏为母后皇太后，那拉氏为圣母皇太后。《清穆宗实录》记道："甲辰

---

① 《清穆宗实录》，第1卷，第8页。

（七月十八日），谕内阁：朕缵承大统，母后皇后（钮祜禄氏）应尊为皇太后。圣母（懿贵妃那拉氏）应尊为皇太后。所有应行典礼，该衙门敬谨查例具奏。"①

自此，皇后钮祜禄氏称为母后皇太后，懿贵妃那拉氏称为圣母皇太后，通称两宫皇太后，或两宫太后。两宫太后，尤其是圣母太后那拉氏，对幼帝掌政、八臣赞襄的权力格局，很不满意。她们感到皇权没有真正掌握在她们的手中。孤儿寡母，势孤力单。两宫太后试图争回皇权。

二　两宫协力共争皇权

咸丰帝设计的权力分配格局，不是急切仓促之举，而是深思熟虑的结果。两位皇太后和幼帝为一方，八位王大臣为一方，不突出任何一方，缺任何一方又不可。这既不是垂帘，又不是辅政，而是"垂帘辅政，兼而有之"，这就是咸丰帝所设计的政治格局。其特点是多方牵制。其指导思想是权力制衡。《清史稿》说"辅弼冲位，悉出庙算"是有道理的。《剑桥中国晚清史》评道："但并不是把权力全部授予他们。由于他们只受权赞襄，所以不能合法地启用通常代替朱批的御玺。他们不得不求助于两位皇太后固有的权力。因为母后的地位能够合法地代表幼主使用御玺。"这个分析是中肯的。

咸丰帝自以为谋算得天衣无缝，不会出什么问题，他可以放心地走了。但还是出了问题，而且出了大问题。

问题出在八位王大臣欲想皇权独揽上，即独霸皇权。而他们的企图是从谕旨事件暴露出来的。百密一疏。咸丰帝设想得再周全，还是有漏洞。谕旨的事情，他就没有交代明白。关于谕旨的拟定、呈览、修改、颁发等，他没有说过一句话。

两宫皇太后与顾命八大臣之间的矛盾，很快便暴露无遗。两宫皇太后在避暑山庄的澹泊敬诚殿召见顾命八大臣，商议有关谕旨颁发、疏章上奏和官吏任免等重要事项都应该如何处理。八位王大臣以为有机可乘。

他们乘机明确地提出了自己的见解，其实是向两宫皇太后叫板。他们狂妄地提出："谕旨由大臣拟定，太后但钤印，弗得改易，章疏不呈内览。"这就是说，一是臣下的奏章一律不进呈皇太后阅看；二是皇帝的谕旨由王大臣

---

① 《清穆宗实录》，第 1 卷，第 12 页。

拟定；三是皇太后只管钤印，没有权力更改谕旨的内容。如若照此办理，两宫皇太后只不过是个木偶式的盖章工具而已。这样明目张胆地暴露自己的心迹，说明他们根本没把这孤儿寡母放在眼里。他们以为，年轻的寡妇和幼稚的小儿不会有什么能耐，只能任其摆布，俯首就擒。其实，他们犯了一个战略性的错误，那就是完全低估了绝顶聪明的慈禧，虽然她只有二十七岁。

　　慈禧哪肯善罢甘休。她当然要予以反击。谕旨是皇权的重要象征。谁控制了谕旨的颁布权，谁就拥有了最高的皇权。这一点，双方心里都十分清楚。两宫皇太后坚决驳回了他们的奏章。"后（两宫皇太后）持不可"，原则问题，皇太后寸步不让。并明确提出，关于谕旨，她们有授意权、审阅权、修改权、钤印权和否决权，即她们拥有皇帝的一切权力。她们给予八位顾命大臣以坚决的反击，断然地亮出了自己的政治底牌。这是一个不可退让的原则问题。双方僵持不下，"议四日"，足足争执了四天。

　　最后，王大臣终于让步，两宫皇太后取得了第一个回合的胜利。

避暑山庄浮片玉戏台

王大臣完全同意了皇太后的要求。决定大臣的奏章呈皇太后阅看，谕旨由八大臣拟定后呈皇太后审看，如果同意便上下各用一印，应该皇帝朱批的地方也以御玺代之。御玺存皇太后处。至于官吏的任命，则各省督抚等重要职位，由八大臣拟名，请两宫皇太后裁决。其他较次要官吏的任命，则采取掣签法。

这第一回合的交手，两宫皇太后占了上风，实际是西太后占了上风。因东太后权力欲不强，不过她们当时是联合在一起的。这一争论，给她们留下了刻骨铭心的记忆，那就是八位顾命大臣是她们母子掌握皇权的极大障碍。她们也看透了顾命八大臣觊觎皇权的野心。这就促使两宫皇太后产生了一个想法，有朝一日一定要除掉他们。

两宫皇太后，尤其是西太后，对于顾命八大臣在咸丰帝生前就充满了嫉恨。对于顾命八大臣的实际首领肃顺，更是恨之入骨。肃顺的权力，炙手可热。他和载垣、端华"三奸盘结，同干大政"。咸丰帝一死，他们拉拢其他五大臣，结成死党，面对孤儿寡母，更是势焰熏天了。

然而，天下并未太平，政局亦未稳定。懿贵妃和恭亲王奕訢没有沉默，他们在紧张地动作着。

在热河行在，两宫皇太后处在顾命八大臣的包围之中，她们感到岌岌可危。为此，两宫皇太后议定，要冲破包围，寻求帮助。她们想到了远在北京的恭亲王奕訢。

奕訢（1833—1898），爱新觉罗氏，道光帝第六子，咸丰帝奕詝的异母弟，自号乐道堂主人。道光帝有九子，第四子是奕詝，第五子是奕誴（过继给惇亲王绵恺），第六子是奕訢，第七子是奕譞。

奕訢与奕詝自幼同在上书房读书。奕訢喜欢习武，曾自制枪法二十八式，刀法十八式。道光帝看着高兴，就给它们命名，枪法曰"棣

青年奕訢像

慈禧太后

36

华协力"，刀法曰"宝锷宣威"。并赐给奕䜣一把白虹刀，以资鼓励。这表明了道光帝对奕䜣的喜爱。

道光帝在传位给第四子奕詝还是第六子奕䜣的问题上，曾颇费踌躇。经过深思熟虑，道光帝秘密立储时，在秘密谕匣中，写了两份遗嘱，即一匣二谕。把皇位传给了第四子奕詝，同时任命第六子奕䜣为恭亲王。一匣二谕，这是清朝自雍正帝实行秘密建储制度以来绝无仅有的一例。同时，在遗嘱中任命一子为亲王，也是空前绝后的。对奕䜣的这一任命，流露出道光帝对奕䜣的特殊情感。

咸丰帝起初对奕䜣是重用的。即位后，便宣布奕䜣为恭亲王。咸丰三年（1853）九月，命奕䜣署理领侍卫内大臣，参与京城巡防事宜。十月，命在军机大臣上行走。咸丰四年（1854），任为领班军机大臣。迭授都统、右宗正、宗令。咸丰五年（1855）四月，命奕䜣总理行营事务，直至全歼北伐太平军。奕䜣因而得到优叙。

但好景不长。是年七月，奕䜣的生母孝静皇贵太妃病重。孝静对咸丰帝奕詝有十几年的鞠育之恩。左右权衡，奕䜣冒昧请求咸丰帝晋封孝静为皇太后。这个奏章惹恼了咸丰帝，认为奕䜣"礼仪疏略"，就下令免去奕䜣军机大臣、宗令、都统职事，仍在内廷行走，重回上书房读书。这是咸丰帝对奕䜣的严惩。

咸丰七年（1857）五月，奕䜣复授都统。

咸丰九年（1859）四月，奕䜣加授内大臣。

咸丰十年（1860），英法联军再次大举入侵。咸丰帝逃往热河，召回谈判不力的怡亲王载垣、尚书穆荫，命奕䜣为"钦差便宜行事全权大臣，督办和局"。形势急转直下，英法纵兵焚烧圆明园，京师陷落。奕䜣不得不与英法签订了和约，即中英、中法《北京条约》。随后又签订了中俄《北京条约》。奕䜣奏请议处，咸丰帝发下上谕："恭亲王办理抚局，本属不易。朕深谅苦衷，毋庸议处。"表示对奕䜣的理解。

但是，北京便形成了以奕䜣为首的北京集团，这里包括大学士桂良，协办大学士、户部尚书周祖培，吏部尚书全庆和军机大臣、户部左侍郎文祥。

十二月，鉴于外事频繁，奏请设立总理各国事务衙门。这是办理一切涉外事务的总机关，是与世界接轨的具有近代性质的外事机构。咸丰帝采纳了奕䜣的建议，并任命奕䜣主持总理各国事务衙门。

奕䜣在办理和局的过程中，得到外国人的好感，认为可以说得通。但却引起了远在热河的肃顺、载垣、端华等重臣的嫉恨，由此加深了咸丰帝对奕䜣的猜忌。

北京方面关于咸丰帝病重或驾崩的谣言，在朝野上下无限制地扩散着。同时又产生了另一个很能蛊惑人心的谣言：英法联军认为咸丰帝不守信用，企图用同他们接触较多的恭亲王奕䜣代替咸丰帝。这个谣言不会不传到咸丰帝的耳朵里，肃顺们也不会不借机狠进谗言。这样，本有嫌隙的奕䜣、奕䜣两兄弟之间的隔膜就愈益加深了。为了打破肃顺集团对咸丰帝的包围，奕䜣屡次奏请亲赴热河行在。但此时的咸丰帝对奕䜣已经抱有很深的成见，不想见他。就这样，直至咸丰帝病逝，奕䜣也没能踏足热河行在。

咸丰帝的遗诏，使京城内外、朝野上下，大吃一惊。他们没有想到，在顾命八大臣之中，竟然没有恭亲王奕䜣。顾命八大臣中，任何人的血缘关系也没有奕䜣和咸丰帝这么近。奕䜣身肩重任，与洋人谈判，却被排斥在权力中心之外，真是匪夷所思。这样的遗诏，简直不可思议。更有甚者，肃顺集团又借助幼帝载淳的名义发下上谕，命奕䜣等"在京办理一切事宜，毋庸前赴行在"。连恭理丧仪也把奕䜣排斥在最高领导层之外，既借以贬低奕䜣的政治威信，并割断奕䜣同两宫皇太后的联系，以便从中控制。

恭亲王奕䜣并没有因为自己被排斥在顾命八大臣之外而灰心丧气，他在密切注视着热河行在的蛛丝马迹。

恰在此时，两宫皇太后把目光投向了远在北京的恭亲王奕䜣。她们知道，如想搞垮危及自家皇权的肃顺集团，必须依靠恭亲王奕䜣。

两宫皇太后深知，恭亲王奕䜣是她们唯一的依靠。她们决定，召见恭亲王奕䜣。

顺便说说宗室和觉罗。

关于宗室。清制，奉努尔哈赤之父塔克世为大宗。只有努尔哈赤的父亲、显祖塔克世的直系子孙，才能称宗室。宗室以系金黄带子为标志，俗称"黄带子"。

关于觉罗。清制，塔克世之父觉昌安兄弟六人，俗称六祖。他们的子孙，除宗室外，均称觉罗。觉罗以系红带子为标志，俗称"红带子"。

第四章　辛酉政变　大获成功

一　密信联络谋划政变

　　两宫太后已经忍无可忍了，她们本来想向北京派出密使，直接同恭亲王奕䜣联系。但思忖再三，感到既不安全，又耽误时间，就采取了密信联络的方法。

　　秘密的信函往返，是两宫皇太后和恭亲王奕䜣互通情报的基本方法。发信之地是方略馆，所用信封是方略馆的公家信封。方略馆的信函传递是保密而快速的。

　　西太后的妹妹是醇郡王奕譞的福晋，奕譞是奕䜣一党。因之，两宫太后通过西太后之妹，把欲速见奕䜣的想法告诉了奕譞。奕譞再把这个信息转达给其亲信某军机章京。这位军机章京用密札方式，将此信息传递给在京的奕䜣党人军机章京朱修伯。朱修伯转给了文祥，文祥直秉奕䜣。

　　奕䜣拆阅了密信，在赴热

持团扇的慈禧

39

河之前已经完全掌握了两宫太后的真实意图。

本来在北京的奕䜣，对咸丰帝的遗诏就满腹狐疑。北京集团的人们愤愤不平，也跃跃欲试。恰逢两宫太后来信传见，奕䜣知道，机会来了。他做好了破釜沉舟、背水一战的思想准备。

七月二十六日，恭亲王奕䜣怀着复杂的心绪急切地踏上了北赴热河的行程。他马不停蹄，昼夜兼程，只用了四天时间就到了热河。

八月初一日，晨曦微露。恭亲王就赶到了咸丰帝的灵堂。他悲痛地祭奠了哥哥，失声痛哭，"声彻殿陛"。祭奠之后，按预先密订的计划，两宫太后迫不及待地召见了恭亲王奕䜣。本来八大臣想和奕䜣一同进见两宫太后，但两宫太后下令只召见恭亲王奕䜣。奕䜣以退为进，请郑亲王端华一同进见。端华目视肃顺，肃顺调侃道："老六，你与两宫太后是小叔子和嫂子，何必用我们来陪伴呢！"就这样，两宫太后单独召见了恭亲王。

这次召见时间长达两个小时，谈话的主题是"密商诛三奸之策"。他们详细地密谋策划了铲除顾命八大臣的步骤和方法。

首先，他们密商了发难的地点。奕䜣认为热河是顾命八大臣的势力范围，不宜在热河发难，"非还京不可"，"坚请速归"。还一再说明："南中将帅，数疏吁回銮。外国公使行至京师，设圣驾迟留不发，和局将中变。"意思是说，皇帝应该尽快回銮北京，这对议和谈判有好处。两宫太后采纳了奕䜣的建议。事实证明，这是一着高棋。只有摆脱顾命八大臣的控制，回到奕䜣集团控制的北京，才能达到预期的目的。

其次，他们探讨了外国的态度。两宫太后担心，在北京发动，外国是否会干涉。《祺祥故事》记道："后（慈禧太后）曰：奈外国何？王（奕䜣）奏：外国无异议，如有难，惟奴才是问。"《热河密札》记道："知昨见面，后（两宫太后）以夷务为问。邸（奕䜣）力保无事。"外国的干涉是两位太后最大的心理障碍。因为第二次鸦片战争的硝烟刚刚熄灭，她们仍然心有余悸。但是，奕䜣在来热河前已就这一问题同外国达成了某种默契。他向两位太后一再说明，外国"并无可怕之处，这方面他对太后回京负完全责任"。"他又劝说，只要她回到北京，则任何事情他都能办到"，"太后完全信任他的话"。

最后，他们确定了拟旨的人选。要在极端秘密的状态下，拟定拿问肃顺集团的谕旨。关键是选好拟旨的恰当人选。这个人既要绝对可靠，又要笔力雄健。

醇亲王奕譞及其福晋合影

关于拟旨的人选，史传有二：

一是领班军机章京曹毓瑛。《庸庵笔记》记载："并召鸿胪寺少卿曹毓瑛密拟拿问各旨，以备到京即发，而三奸不知也。"① 这个说法是薛福成最先提出的，《清鉴》的作者印鸾章，即采用此说。

二是醇郡王奕譞。李慈铭记道："而醇郡王福晋，慈禧妹也，得时入宫。两宫密嘱之，令醇王草罪状三人诏，即携入，此暗藏之夹服中，无一人知也。"② 因密拟谕旨是最高秘密，不是绝对相信的人是不能嘱办的。奕譞是西太后的妹夫，政治态度十分明朗，是奕䜣一派在热河行在的总代表。为此，把拟旨重任托付给他，是合乎情理的。事实也确实如此。两宫太后代皇帝于

① 薛福成：《庸庵笔记》，第 19 页。
② 黄濬：《花随人圣庵摭忆补篇》，第 2 页。

九月三十日所颁布的谕旨上即说："朕于热河行宫命醇郡王奕𫍽缮就谕旨，将载垣等三人解任。"这足以证明各个谕旨是奕𫍽拟定的。以后的实践证明，这个决定是完全正确的。

两宫太后召见毕，奕䜣怀着极为兴奋的心情退出。但在顾命八大臣面前，奕䜣表现得异常谦卑，"以释三奸之疑"。

就在同一天，两宫太后按照计划行事，急切地发下谕旨，回銮京师。肃顺集团颇感突然，他们知道不能轻易允诺，必须坚决制止。肃顺以回京有危险为由，阻止回銮。但两宫太后说道："回京后如有意外，不与你们相干。"说完之后，命令立刻准备车驾。

这一回合，两宫太后占了优势。

奕䜣知道时间紧迫，来不及休息。他一面同肃顺集团的人虚与委蛇，一面在悄悄地联络党人，研究对策，部署任务。

而肃顺集团以为大权在握，从总体上看轻了两宫及奕䜣，以为"彼何能为"，他们有什么能耐。因此，他们麻痹大意，失去警惕。他们没有及时地研究对策，分析敌情，而是陶醉于炙手可热的最高权力的运作上。封官许愿，加官晋爵。

这时，肃顺集团感到奕䜣在热河继续待下去，实在碍眼。他们便为奕䜣向两宫太后请示行止。两宫正好利用这个机会传旨，命奕䜣于八月初六日进见。

八月初六日，两宫太后第二次召见了奕䜣。奕䜣把这几天在热河活动的情况密报给了两宫，并把事先商定的计策提供给她们，使她们坚定了发动政变的决心。两宫太后也关切地旨命奕䜣明日迅即回京，布置一切，不可在此久留，以免事情败露。

八月初七日，奕䜣不敢久留，奉命回京。

奕䜣于八月十二日回到了北京。奕䜣回到王府后，大臣们纷纷前来拜谒。他们希图从奕䜣的口中了解热河的动向，也借机观察奕䜣的政治意图。但胸有城府的奕䜣却顾左右而言他，这使北京的大臣摸不着头脑。

当时北京的大臣们正在发动一场请求两宫太后垂帘听政的攻势。协办大学士周祖培是积极鼓动者。他的门生山东道监察御史董元醇秉承他的意图，上了一道奏章，这就是著名的《董元醇奏请皇太后权理朝政并另简亲王辅政折》。这个上书得到奕䜣的支持。

奏折于八月初八日送达热河，先报给顾命八大臣。顾命八大臣细阅了董折，很是气愤，但他们没有马上动作，而是先上报给两宫皇太后，欲等两宫皇太后阅后，再拟旨痛驳。两宫太后展开董元醇的奏折，仔细阅读，用心体会，不觉一阵狂喜掠过心头。她们深深感到董折说出了她们的心里话。董元醇给两宫太后提供了一个最佳的政权模式，就是垂帘听政。春风吹拂，阴霾尽散，暖意袭来。山东道监察御史董元醇奏折，内容主要有三点：

其一，主张皇太后权理朝政。"臣以为即宜明降谕旨，宣示中外，使海内咸知皇上圣躬虽幼，皇太后暂时权理朝政，左右并不能干预，庶人心益加敬畏，而文武臣工不敢稍施其蒙蔽之术。"这里的"皇太后暂时权理朝政，左右并不能干预"的建言，是董折的重中之重，是全篇奏折的核心，其实质就是历史上的皇太后垂帘听政制。董折说出了两宫太后意识到但尚未明朗化的内心独白。

其二，主张另简亲王辅政。"现时赞襄政务，虽有王大臣、军机大臣诸人，臣以为当于亲王中简派一二人，令同心辅弼一切政务，俾各尽心筹划，再求皇太后、皇上裁断施行。"这是说，作为皇太后垂帘听政的补充，须要"于亲王中简派一二人，令同心辅弼一切政务"，这就是太后垂帘、亲王辅政的政权模式。这个新的政权模式完全推翻了咸丰帝的幼帝即位、八臣赞襄的政权模式。新的政权模式的实质是将政权完全交给了两宫太后，尤其是圣母太后。

其三，主张为皇帝选择师傅。"则当于大臣中择其德望素优者一二人，俾充师傅之任。"①

这道奏折，既是向两宫皇太后的表忠信，也是向顾命八大臣的挑战书。这给孤苦无援的两宫皇太后以很大的安慰，也给肃顺集团以很重的打击。而董折的主要作用是政治试探，即投石问路。

董折初八日报送两宫，十日仍未发下来。两宫皇太后是在绞尽脑汁地密商对策，没有很快地发给顾命八大臣。肃顺等八大臣等不及了，主动要求召见，索要董折。内奏事处首领太监传旨，说西太后要留着阅看，仍是不给他们。怡亲王载垣冷笑一声，心想你们能看懂什么，简直是多余。

十一日两宫召见，命八大臣写旨，但没明确交代如何写。两宫太后想要试探八大臣的政治态度。八大臣主意早定，拟旨痛驳董折，而且要写明发上

---

① 《清代档案史料丛编》，第 1 辑，第 92 页。

谕。吴姓军机章京所拟初稿语气还平和，言辞不太激烈。焦佑瀛感到不够劲，自己捉刀另作一篇，其中有斥责董元醇的"是诚何心，尤不可行"一语，其他七大臣交口称赞这道谕旨，说写得太棒了。这个谕旨坚决地驳斥了皇太后垂帘听政，理由是我朝向来没有皇太后垂帘听政之礼，主张垂帘是更易祖制。八大臣将此折上报太后。看到八大臣的拟旨，两宫皇太后非常气愤，便将这篇谕旨压了下来。两宫很不满意八大臣所赞赏的谕旨。

后来再次传旨召见，八大臣同两宫皇太后发生了激烈的争执。西太后舌战八大臣。这次共召见四个多小时。郑亲王端华上去时就"怒形于色"，根本没把两宫皇太后放在眼里，而且"是日见面大争"。军机大臣杜翰"尤肆顶撞，有'若听信人言，臣不能奉命'"这样冒犯两宫太后的激烈言辞。两宫太后"气得手颤"。李慈铭记道："及董御史疏上，三人纠党忿争，声振殿陛，天子惊怖，至于啼泣，遗溺后衣。"肃顺等把小皇帝的尿都吓出来了。后来在昭示肃顺等罪状的奕䜣等的奏折里也写道："御史董元醇条奏事件，特召见载垣等面谕照行，伊等不服，胆敢面称伊等系赞襄皇上，不能听太后之命，并言伊等请太后看折亦系多余之事，当面咆哮，几至惊吓圣躬，含怒负气，拂袖而去，其目无君上情形不一而足。"可见，这次召见，双方在这个原则问题上互不相让，已呈剑拔弩张之势。

这场斗争一直延续到十二日。这一天，两宫发下其他文件，八大臣竟敢不阅看，并说："不定是谁来看。"决意用罢工的手段，迫使两宫太后就范。这是违抗圣命的严重政治事件。两宫皇太后无法，决定暂时忍耐，不得不把董元醇原折及焦佑瀛驳旨发下照抄。八大臣这才"照常办事，言笑如初"，"怡（怡亲王载垣）等笑声彻远近"。

这一回合的斗争，显然是顾命王大臣占了上风。但他们不知道，这是两宫皇太后的韬晦之计。她们暂时收缩起来。此时的蛰伏，是为了明日的再起。这一回合的斗争，表面上是顾命王大臣胜利了，其实是为他们的倒台埋下了一颗重磅炸弹。如果说，只有前一回合的斗争，还使她们下不了搬倒对手的决心的话，那么，有了此一回合的斗争，就使她们毫不犹豫地下定了铲除顾命王大臣的最后的决心。因为，这一事件，使她们真切地看清了王大臣的庐山真面目。这场斗争，也就变得你死我活了。

但此次受挫，须总结教训，主要是董折"发之太早"，条件不具备，时机不成熟。两宫皇太后也看到了这一点，所以在局部上作出让步，以期取得全局的胜利。她们暂时藏锋敛锷，收缩起来。肃顺党人产生错觉，以为"夫己氏（西太后）声势大减"。其实，两宫皇太后此时的蛰伏，是为了彼日的再起。

九月初一日，大学士桂良等奏恭上母后皇太后钮祜禄氏徽号为慈安皇太后，圣母皇太后那拉氏徽号为慈禧皇太后。这是为酝酿垂帘做舆论准备。

咸丰帝的灵枢终于起程回京了。

二 政变成功不事株连

九月二十三日，咸丰帝的灵枢起行归京。回程的队伍分两路：一路是两宫太后和幼帝的队伍，由间道先行，载垣、端华、景寿、穆荫各大臣扈从；另一路是梓宫队伍，自大路后发，由肃顺等扈从。这样安排对两宫太后非常有利，为他们发动政变创造了难得的契机。

两宫太后不敢松懈，急急赶路。于九月二十八日到达京郊石槽，立即"召见恭王"，两宫听取了恭亲王关于北京情况的报告，并分析了当前的形势，决定进宫后立即发动政变。

文 祥

九月三十日，两宫太后召见恭亲王奕訢及大学士桂良、周祖培、贾桢、侍郎文祥等。这些大臣都是奕訢党人。两宫太后边痛哭流涕，"缕述三奸欺藐之状"。《翁文恭公日记》记道："闻周相国（周祖培）昨日召对时，两宫历数载垣、端华、肃顺三人种种欺罔跋扈状，真堪发指。"① 这说明，依照与奕訢商定的原计划，两宫首先发难，表明政治态度，矛头直指顾命八大臣，尤其为首的载垣、端华、肃顺等三人。

周祖培老谋深算，此时已得到奕訢的"讽示"，心中有数，便直言奏

---

① 《翁文恭公日记》，《第二次鸦片战争》丛刊，第 2 册，第 103 页。

道："何不重治其罪？"

两宫明知故问道："彼为赞襄王大臣，可径予治罪乎？"

周祖培立上一计："皇太后可降旨先令解任，再予拿问。"

两宫心想，正合吾意，急答："善。"

这时，两宫太后便拿出由醇郡王奕譞于九月十八日在热河拟就的谕旨，交给奕䜣，当众宣示，全文如下："咸丰十一年九月十八日，内阁奉上谕：谕王公百官等：上年海疆不靖，京师戒严，总由在事之王大臣等筹划乖方所致。载垣等复不能尽心和议，徒以诱获英国使臣以塞己责，以致失信各国。淀园被扰，我皇考巡幸热河，实圣心万不得已之苦衷也。嗣经总理各国事务衙门王大臣等，将各国应办事宜妥为经理，都城内外安谧如常，皇考（咸丰帝）屡召王大臣议回銮之旨，而载垣、端华、肃顺，朋比为奸，总以外国情形反复，力排众论。皇考宵旰焦劳，更兼口外严寒，以致圣体违和，竟于本年七月十七日龙驭上宾。朕抢地呼天，五内如焚。追思载垣等从前蒙蔽之罪，非朕一人痛恨，实天下臣民所痛恨者也。朕御极之初，即欲重治其罪。惟思伊等系顾命之臣，故暂行宽免，以观后效。孰意八月十一日，朕召见载垣等八人，因御史董元醇敬陈管见一折，内称请皇太后暂理朝政，嗣数年后朕能亲裁庶务，再行归政；又请于亲王中简派一二人，令其辅弼；又请在大臣中简派一二人，充朕师傅之任。以上三端，深和朕意。虽我朝向无皇太后垂帘之仪，朕受皇考大行皇帝付托之重，惟以国计民生为念，岂能拘守常例？此所谓事贵从权。特面谕载垣等，著照所请传旨。该王大臣奏对时，哓哓置辩，已无人臣之礼。拟旨时，又阳奉阴违，擅自改写，作为朕旨颁行，是诚何心？且载垣等

奕䜣（右）与奕譞合影

每以不敢专擅为词，此非专擅之实迹乎？总因朕冲龄，皇太后不能深悉国事，任伊等欺蒙，能尽欺天下乎？此皆伊等辜负皇考深恩。朕若再事姑容，何以仰对在天之灵？又何以服天下共论？载垣、端华、肃顺，著即解任，景寿、穆荫、匡源、杜翰、焦佑瀛，著退出军机处。派恭亲王会同大学士、六部、九卿、翰、詹、科、道，将伊等应得之咎，分别轻重，按律秉公具奏。至皇太后应如何垂帘之仪，著一并会议具奏。特谕。钦此。"①

这道谕旨实为两层意思。

其一，是解除赞襄政务王大臣的职务。为此，宣布了他们三大罪状：一是"筹划乖方"，失信各国，咸丰帝被迫巡幸热河；二是三奸交结，阻碍回銮，致使咸丰帝圣躬违和，龙驭上宾；三是阳奉阴违，擅改谕旨，反对垂帘。因此，将载垣、端华、肃顺解任，命景寿等五人退出军机处。

其二，是命奕䜣会议两宫太后如何垂帘。这里明确表态，董元醇奏折"内称请皇太后暂理朝政，嗣数年后朕能亲裁庶务，再行归政；又请于亲王中简派一二人，令其辅弼；又请在大臣中简派一二人，充朕师傅之任。以上三端，深和朕意。虽我朝向无皇太后垂帘之仪，朕受皇考大行皇帝付托之重，惟以国计民生为念，岂能拘守常例？此所谓事贵从权"。两宫太后借小皇帝载淳的上谕道出了自己的心声。谕旨已经明白宣布"虽我朝向无垂帘之仪"，但是"岂能拘守常例"？强调"事贵从权"，即要面对现实，事物贵在根据具体情况应对权变。规矩是人制定的，老祖宗没有这样做，不等于我慈禧不能做。

谕旨是在八大臣不在场的情况下宣布的。

奕譞骑马像

---

① 《清代档案史料丛编》，第 1 辑，第 101 页。

刚宣读完，载垣、端华就闯入宫内。一见奕䜣等王大臣都在场，颇感意外，大声质问道："外廷臣子，何得擅入？"奕䜣冷静地答道："皇上有诏。"不明就里的载垣等人，竟然指责皇太后不应召见外臣。两宫太后极为愤怒，又命传下另一谕旨，将载垣等三人革职拿问。同时，又下了一道谕旨，将走在路上的肃顺革职拿问。肃顺被抓时大骂道："悔不早治此贱婢！"奕䜣把肃顺押回了宗人府。肃顺看到了载垣、端华，瞪大眼睛斥责道："若早从吾言，何至有今日？"

　　载垣、端华、肃顺先后被逮，羁押宗人府，命悬一线。其对立面奕䜣、周祖培、赵光、潘祖荫等，私下集议，欲将其置于死地。但是碍于清朝祖制，往昔顾命大臣皆亲承皇命，地位崇隆，且顾命八大臣预政仅三月，错误实不明显，故一时难以下手。然而，政治斗争有时是并不讲理的。十月初五日，宗人府及内阁大学士、六部九卿科道等内阁集议，一时拿不定主意。此时，刑部尚书赵光抗论，以载垣等罪大恶极，应照大逆不道罪，凌迟处死。既然有人出头，之后意见一边倒，遂定议。意见奏上，略有更改，即日发下上谕，谕云："辛酉（十月初五日），谕内阁：宗人府会同大学士、六部九卿、翰詹科道等，定拟载垣等罪名，请将载垣、端华、肃顺照大逆律，凌迟处死等因一折。载垣、端华、肃顺，朋比为奸，专擅跋扈，种种情形，均经明降谕旨，示之中外。至载垣、端华、肃顺，于七月十七日皇考升遐，即以赞襄政务王大臣自居。实则我皇考弥留之际，但面谕载垣等，立朕为皇太子，并无令其赞襄政务之谕。载垣等乃造作赞襄名目，诸事并不请旨，擅自主持。即两宫皇太后面谕之事，亦敢违阻不行。御史董元醇条奏皇太后垂帘等事宜，载垣等非独擅改谕旨，并于召对时，有伊等系赞襄朕躬，不能听命于皇太后，伊等请皇太后看折，亦系多余之语，当面咆哮，目无君上情形，不一而足。且每言亲王等不可召见，意存离间。此载垣、端华、肃顺之罪状也。肃顺擅坐御位，于进内廷当差时，出入自由。目无法纪，擅用行宫内御用器物。于传取应用物件，抗违不遵。并自请分见两宫皇太后，于召对时，词气之间，互有抑扬，意在搆衅，此又肃顺之罪状也。一切罪状，均经皇太后面谕，议政王、军机大臣，逐款开列，传之会议王大臣等知悉。兹据王大臣等按律拟罪，请将载垣、端华、肃顺，凌迟处死。当即召见议政王奕䜣、军机大臣、户部左侍郎文祥、右侍郎宝鋆、鸿胪寺少卿曹毓瑛、惠亲王、惇亲王奕誴、醇郡王奕譞、钟郡王奕诒、孚郡王奕譓、睿亲王仁寿、大学士贾桢、周祖培、刑部尚书绵森，面询以载垣等罪名，有无一线可原。据该王大臣等佥称，载垣、端华、肃顺，跋扈不臣，均属罪大恶极，于国法无可宽宥，并无异辞。朕念载垣等均属宗支遽以身罹重罪，悉应弃市，能无泪下。惟载垣等，前后一切专擅跋扈情形，实属谋危社稷，是皆列祖列宗之罪人，非独欺陵朕躬为有罪也。在载垣等未尝不自恃为顾命大臣，纵使作恶多端，定邀宽宥。岂知赞襄政务，皇考并无此谕。若不重治其罪，何以仰副皇考付托之重，亦何以饬法纪而示万世。即照该王大臣等所拟，均即凌迟处死，实属情真罪当。惟国家本有议亲议罪之条，尚可量从末减，姑于量无可贷之中，免其肆市，载垣、端华著加恩赐令自尽。即派肃亲王华丰、刑部尚书绵森，迅即前往宗人府空室，传旨令其自尽。此为国体起见，非朕之有私于载垣、端华也。至肃顺之悖逆狂谬，较载垣等尤甚。亟应凌迟处死，以申国法而快人心，惟朕心究有所未忍，肃顺著加恩改为斩立决，即派睿亲王仁寿、刑部右侍郎载龄前往监视行刑，以为大逆不道者戒。至景寿身为国戚，缄默不言。穆荫、匡源、杜翰、焦佑瀛，于载垣等窃夺政柄，不能力争，均属辜恩溺职。穆荫在军机大臣上行走最久，班次在前，情节尤重。该王大臣等拟请将景寿、穆荫、匡源、杜翰、焦佑瀛革职，发往新疆效力赎罪，均属咎有应得。惟以载垣等凶焰方张，受其嵌制，均有难与争衡之势，其不能振作，尚有可原。御前大臣景寿，著即革职，加恩仍留公爵并额驸品级，免其发遣。兵部尚书穆荫著即革职，加恩改为发往军台效力赎罪。吏部左侍郎匡源、署礼部右侍郎杜翰、太仆寺卿焦佑瀛，均著即行革职，加恩免其发遣。"[1]

当天，依据上谕，载垣、端华自缢而死。肃顺也被押赴刑场。薛福成记道："肃顺以科场、钞票两案，无辜受害者尤多。都人士闻将杀肃顺，交口称快。其怨家皆驾车载酒，驰赴西市观之。肃顺身肥面白，以大丧故，白袍白靴，反接置牛车上。过骡马市大街，儿童欢呼曰：'肃顺亦有今日乎！'或拾瓦砾泥土掷之。顷之，面目遂模糊不可辨云。将行刑，肃顺肆口大骂，其悖逆之声，皆为人臣子者所不忍闻。又不肯跪，刽子手以大铁柄敲之，乃跪下，盖两胫已折矣。遂斩之。"[2]

载垣、端华、肃顺三人成为这次政变的牺牲品。

以事实观之，这乃是一场冤案。

上谕给出的罪名大抵有三，实属勉强。

---

① 《清穆宗实录》，第 6 卷，第 15 页。
② 薛福成：《庸庵笔记》，第 23 页。

罪名之一，造作赞襄名目。这是说，咸丰帝遗命顾命八大臣之事是子虚乌有的，是载垣等的"造作"。其实，历史事实是咸丰帝确实在弥留之际，遗命顾命八大臣赞襄政务。其一，宫中档案留有咸丰帝七月十六日上谕全文；其二，《清穆宗实录》也存有关于此次上谕的全部记录；其三，翁同龢等当事人的日记也有详细记载。上谕屈服皇权，抹杀史实，颠倒是非，信口雌黄，从而造成了一个冤案。

罪名之二，抗拒垂帘听政。载垣等抗拒垂帘之事是确实的，他们曾抵制慈禧欲行垂帘听政的意愿，曾代为拟旨曰："我朝圣圣相承，向无皇太后垂帘听政之礼。朕以冲龄仰受皇考大行皇帝付托之重，御极之初，何敢更易祖宗旧制？"平心而论，这个代拟的上谕，是完全合乎清朝祖制的。清朝在顺治、康熙两朝，曾实行摄政，实行辅政，作为先是皇太后、后是太皇太后的庄妃，始终躲在幕后，而没有走到前台。咸丰、同治间的情形，与顺治、康熙朝大同小异，无大差别。两宫皇太后欲实行垂帘听政制，确实违背了祖制。载垣等抗旨不遵，有其道理。

罪名之三，礼节行为不检。上谕曰："肃顺擅坐御位，于进内廷当差时，出入自由。目无法纪，擅用行宫内御用器物。于传取应用物件，抗违不遵，并自请分见两宫皇太后，于召对时，词气之间，互有抑扬，意在搆衅。"这是指责肃顺行为不检，礼节不遵，触犯宫律，冒犯皇威。其实，这是鸡蛋里挑骨头，故意找碴儿。

总之，载垣等三人被指为"三奸"，实在冤枉。肃顺其人精明强干，识人善断，重用汉人，铁腕惩贪，有他成功的一面。但是同许多强势人物一样，他也刚愎自用，醉心重典，因此也得罪很多人。在这场政治斗争中，肃顺过于忠于咸丰皇帝，过于忠于清朝祖制，而轻视了孤儿寡母，轻视了两宫太后，尤其是慈禧太后，从而犯下了一个历史性的错误，意外地走上了断头台。这是肃顺们根本没有料到的。

"御前大臣景寿，著即革职，加恩仍留公爵并额驸品级，免其发遣。兵部尚书穆荫，著即革职，加恩改为发往军台效力赎罪。吏部左侍郎匡源、署礼部右侍郎杜翰、太仆寺卿焦佑瀛，均即行革职，加恩免其发遣。"对这五人，基本是从宽处理的。

此外，又处分了礼部尚书陈孚恩、吏部右侍郎黄宗汉。陈孚恩与肃党关系密切，咸丰帝死后，在京满汉大臣中，只命陈孚恩一人赴热河行在奔丧。查抄肃顺家产时，发现不少陈孚恩亲笔书函，中有暗昧不明之语。可见，陈孚恩是肃顺一党的心腹。黄宗汉在咸丰帝召见时，力阻回銮，咸丰帝梓宫回京时，他又力阻，意在迎合载垣等。因此，谕旨将陈孚恩、黄宗汉革职，永不叙用。同时，查抄陈孚恩家产，将其发往新疆效力赎罪，并收回道光帝为陈孚恩的御书"清正良臣"匾额，收回咸丰帝为黄宗汉的御书"忠勤正直"的匾额。侍郎刘昆、侍郎成琦、太仆寺少卿德克津太、候补京堂富绩，因与载垣等往来密切，或由其保举为官，或拜认师生，因此均行革职。

此外，又处治了同肃顺交结较密的总管太监杜双奎、袁添喜、王喜庆三人及太监张保桂、刘二寿等。

此时北京的气氛相当紧张。与肃顺等有正当来往的王公大臣们，也感受到很大的压力。甚至连睿亲王仁寿和醇郡王奕谭，也连忙上一奏折，意在表明自己清白。十月二十一日，睿亲王仁寿和醇郡王奕谭等七位王大臣上一《奏前议郊祀配典并非附会载垣之意折》，说明他们前一奏折和现在奏折有矛盾之处，是受到陈孚恩的蒙蔽，并不是有意附会载垣。从中不难看出，当时查办之激烈，气氛之紧张，甚至连仁寿、奕谭这样的奕䜣党人，也要加以剖白了。当然这是他们多虑了。

事实上，两宫太后在谕旨中，一再申明要讲政策，不兴大狱。十月初七日，谕旨对载垣等三人所属诸臣说明："何能与之绝无干涉，以后朕惟以宽大为心，不咎既往。尔诸臣亦毋许再以查办党援等事，纷纷陈奏，致启诘告诬陷之风。"十月十八日，在从重惩办太监杜双奎的谕旨上，再次申明："此外，自毋庸再事诛求，以昭宽大。"

而最得人心之举是烧毁从肃顺家中查抄出的账目及书信。十月二十九日，谕旨第三次申明："因思载垣、端华、肃顺权势熏灼，肃顺管理处所尤多。凡内外大小臣工赠答书函，均恐难以拒绝。当兹政令维新，务从宽大，自今以后，诸臣其各涤虑洗心，为国宣力。朕自当开诚相待，一秉大公，断不咎其既往，稍有猜疑。所有此次查抄肃顺家产内账目书信各件，著议政王、军机大臣，即在军机处公同监视焚毁，毋庸呈览，以示宽厚和平，礼待臣工至意。"①

这一出人意料的举动产生了极好的反响，变人人自危为个个感恩。两宫太后，尤其是慈禧的政治家的风度可见一斑。

总之，这一大的政变，处理得十分圆满。原顾命八大臣，处死三人，处

_____

① 《清代档案史料丛编》，第 1 册，第 139 页。

分五人；与其关系密切的处理了陈孚恩等六人；处分太监五人。总计受处分的仅十九人。这与肃顺办理之戊午科场案动辄处分牵连数百人，不可同日而语。

政变从发动到处理完毕，仅一个多月时间。时间之短促，也足令人吃惊。

《慈禧外纪》评道："慈禧恢廓大度，出之以宽恕。训政之初，即定为首者之罪，其余一概不问，以免株连。因之，人人称颂，以得宽大美名。"[①] 这是符合当时实际的。又说："揣太后之意，苟己之目的达，地位固，则不妨示以宽容。即如载垣一案，太后深知载垣不得京中大员之助，决不能如此胆大。但太后虽明知同谋者多，苟非罪状大著，公然抗逆，则宁藏铁腕于剪绒手套之中，而不施行于外。因之遂得仁慈圣母之名。京中人民，尤称颂不已。太后性情，宽严并施，此等美称，实非溢誉也。"慈禧因处理得法，得到了朝野的称颂。她一箭双雕，既夺得了大权，又博得了美名。

这次政变，上下呼应之巧妙，舆论准备之完善，军力配合之恰切，行动掩盖之周密，爆发时间之准确，善后处理之明快，无不令观者瞠目结舌。1861年是辛酉年，这次政变，史称辛酉政变。这是慈禧太后一生中发动的三次成功的政变的第一次。这次政变，使那拉氏握取了中国最高的皇权，成就了第一次垂帘听政。

① 《慈禧外纪》，第38页。

第五章　一次垂帘　实现凤愿

一　垂帘章程正式出台

垂帘听政，紧握皇权，是慈禧追求的目标，也是这次政变要达到的目的。

某军机章京在《热河密札》中把太后钤印和八大臣赞襄政务的政治体制美化为"垂帘辅政，兼而有之"，似乎这一政治体制已经实现了太后垂帘听政了。

历史学者邓之诚也这样认为："既已看折（咸丰十一年十月初五日谕云，载垣等言臣系赞襄皇上，不能听命于皇太后，即请皇太后看折亦为多事），召见军机（咸丰十一年九月三十日谕云，特召见载垣等八人），且以朱代笔（吴庆坻《焦廊脞录》一云，凡应用朱笔以印代之，母后用御赏印，印起；上用同道堂印，印讫），即无异垂帘。所不同者惟不召见外臣（咸丰十一年九月三十日谕云，载垣等肆言不应召见外臣，擅行拦阻），是何必争，观董疏皆以别简亲王与垂帘并

慈禧持折扇照

53

请，始悟所争在此不在彼矣。"就是说，两太后原先就已垂帘，政变所要解决的不是太后垂帘的问题，而是别简亲王辅政。

两宫太后真的原先就实现了垂帘了吗？不是的。垂帘与否不是看形式，而是看实质，即看权力真正掌握在谁的手里。当时的权力完全控制在八大臣手中，两太后只是钤印的傀儡而已。两太后只有垂帘之名，而无听政之实。因此，既不是什么"兼而有之"，也不是什么"无异垂帘"，而是八大臣代行皇权。对这种被人操纵、任人摆布的政权模式，两宫太后，尤其是圣母太后，是极不满意的。她们想实行控握皇权的真正的垂帘听政。

慈禧借董元醇上疏之机作了顽强的抗争。但由于她们驻跸热河，远离京师，处在肃党包围之中，孤儿寡母，身单力薄，斗不过八大臣，不得不暂时屈从。但是，她们须臾不曾忘记此事，静待时机，以求一逞。

此时，在恭亲王奕訢的策划下，统带重兵的胜保和资深重臣大学士贾桢等各上一奏折。九月二十八日，胜保上一《奏请皇太后亲理大政并简近支亲王辅政折》，内称："为今之计，非皇太后亲理万机，召对群臣，无以通下情而正国体；非另简近支亲王佐理庶务，尽心匡弼，不足以振纲纪而顺人心。"

九月三十日，大学士贾桢、大学士周祖培、户部尚书沈兆霖、刑部尚书赵光上一《奏请皇太后亲操政权以振纲纪折》，内称："为今计之，正宜皇太后敷中宫之德化，操出治之威权，使臣工有所禀承，命令有所咨决，不居垂帘之虚名，而收听政之实效。"

一外一内，一武一文，内外结合，文武兼备，造成了中外臣工共同吁请皇太后垂帘听政的声势。这对两宫皇太后是非常有利的。

上下呼应，如此合拍，显然都是经过精心谋划的。

顺理成章，水到渠成，两宫太后借皇帝名义，于贾桢等上疏的同日向内阁明发一上谕："本日据贾桢、周祖培、沈兆霖、赵光奏政权请操之自上并皇太后召见臣工礼节及一切办事章程，请饬廷臣会议，并据胜保奏请皇太后亲理大政并另简近支亲王辅政各一折。著王、大臣、大学士、六部、九卿、翰、詹、科、道，将应如何酌古准今，折中定议之处，即行妥议以闻。钦此。"[①]

就是说，两宫太后正式谕令王大臣会议商定如何垂帘听政，并把结果据实速报。

十月初五日，大学士周祖培以原肃顺所拟年号"祺祥"二字，意义重复

① 《清代档案史料丛编》，第 1 辑，第 105 页。

为由，上奏请改年号。周祖培初改为"熙隆"或"乾熙"，最后议政王、军机大臣共同议定"同治"二字，奏上，奉懿旨允行。"同治"含有两宫太后共同治理大清天下之意。《慈禧外纪》说："（慈禧）太后读书较多，知此二字（祺祥）不佳，意欲人人永忘载垣僭乱之事。遂

慈禧端佑皇太后之宝

取'同治'二字，盖欲靖逆谋，求治安也。"慈禧对"祺祥"二字不满意，喜欢"同治"二字，就决定用"同治"为新年号了。

关于如何垂帘，王大臣们绞尽脑汁，商议再三。御史杨秉璋等亦分别上疏试拟垂帘章程，上奏慈禧，但慈禧总是不满意。王大臣们逐渐揣摩到了慈禧是想"集大权于一身"。但是，臣工议拟章程，则不能不顾及前史往例及二百余年清代祖制的基本精神。他们无形中受到历史框框的约束。慈禧看到垂帘章程难产，干脆以皇帝名义明发内阁两道上谕，明确点出垂帘听政章程的要点，旨令臣工们照办。

第一道谕旨。"朕奉母后皇太后、圣母皇太后懿旨，各省将军督抚等折奏，向于呈递之次日朱批发还；其有应降谕旨者，亦即令军机大臣缮拟，于进呈后即行交发；其各路军营紧要奏报，则无论何时呈递，均系即行办理。现在，一切政务仰蒙两宫皇太后躬亲裁制，慈怀冲挹，深恐于披览章奏未能周详。嗣后，各直省及各路军营折报应行降旨各件，于呈递两宫皇太后慈览，发交议政王、军机大臣后，该王大臣等悉心评议，于当日召见时请谕旨，再行缮拟，于次日恭呈母后皇太后、圣母皇太后阅定颁发；应行批答各件，该王大臣查照旧章，敬谨缮拟呈递后，一并于次日发下；其紧要军务事件，仍于递到时立即办理，以昭慎重。钦此。"[①]

第二道谕旨。"朕奉两宫皇太后懿旨，见在一切政务，均蒙两宫皇太后躬亲裁决……惟缮拟谕旨，仍应作为朕意宣示中外，自宜钦遵慈训，嗣后议政

---

① 《清代档案史料丛编》，第 1 辑，第 119 页。

王、军机大臣缮拟谕旨，著仍书朕字，将此通谕中外知之。"①

这两道谕旨的主题是"皇太后躬亲裁制"。同时，谕旨对处理中外一切章奏作了严格的规定，按步进行。

第一步是慈览。京内外一切章奏，均首先呈递两宫太后慈览。

第二步是详议。慈览后发交议政王、军机大臣详议。

第三步是请谕。当日召见时，两宫太后代表幼帝就谕旨内容发出具体指示。

第四步是缮拟。根据请谕到的内容，议政王、军机大臣缮拟谕旨。

第五步是阅定。谕旨拟后的次日，经两宫太后阅读审定。

第六步是颁发。阅定后发下。

两宫太后把上谕颁发权紧紧控制在手中。台湾学者吴相湘说："是纶音之缮拟，折疏之批阅，皆有规定矣。"② 很明显，这不是个简单的程序问题，实质是大权掌握在谁手里的问题。这两道谕旨，使王大臣们体会到了垂帘章程通过的关键，是一切大权都要集中在两宫太后的身上。这是慈禧的不容置疑的最后意见。如不照此办理，垂帘章程是通不过的。但他们又议了十余日，最后总算议妥。

十月十六日，以礼亲王世铎领衔奏上会议决定的垂帘章程十一条，其条款如下：

第一条，郊坛大祀，拟请遣王恭代，皇上于宫内斋戒；俟数年后奏请亲诣行礼。

第二条，太庙祭享，拟请遣王恭代。皇上于宫内斋戒，祭期前一日亲诣行礼。俟数年后奏请于祭日亲诣行礼。

第三条，谒陵、御门、经筵、耕藉，均拟请暂缓举行。

第四条，遇元旦、万寿、传胪等大典礼，皇上升殿，均拟照此举行。

第五条，召见内外臣工，拟请两宫太后、皇上同御养心殿，皇太后前垂帘，于议政王、御前大臣内轮流派一人，将召见人员带领进见。

第六条，京外官员引见，拟请两宫太后、皇上同御养心殿，议政王、御前大臣带领御前、乾清门侍卫等，照例排班站立。皇太后前垂帘设案，进各员名单一份，并将应拟谕旨分别注明。皇上前设案，带领之堂官照进绿头签，

---

① 吴相湘：《晚清宫廷实纪》，第90页。

② 吴相湘：《晚清宫廷实纪》，第86页。

议政王、御前大臣捧进案上，引见如常仪。其如何简用，皇太后于单内钦定，钤用御印，交议政王、军机大臣传旨发下，该堂官照例述旨。

第七条，除授大员简放各项差使，拟请将应补应升应放各员开单，由议政王、军机大臣于召见时呈递，恭候钦定，将除授简放之员钤印发下缮旨。

第八条，顺天乡试、会试，以及凡在贡院考试，向系钦命诗文各题，均拟援照外省乡试之例，请由考官出题，其朝考以及各项殿廷考试题目，均拟令各衙门科甲出身大臣届日听宣，恭候钦派拟题进呈，封交派出监试王大臣，赍至考试处所宣示。

养心殿西暖阁

第九条，殿试策题，拟请照旧章，读卷大臣恭拟。殿试武举，拟请钦派王大臣阅视，照文贡士殿试例，拟定名次带领引见。

第十条，庆贺表章均照定例办理，其请安折拟请令内外臣工谨缮三份，敬于母后皇太后、圣母皇太后、皇上前恭进。

第十一条，皇上入学读书，未便令师傅跪授，亦未便久令侍立。拟请援汉桓帝授业之仪，于皇上书案之右为师傅旁设一座，以便授读。

奏上，慈禧很满意，立发懿旨："依议行。"同时，又以皇帝名义明发上谕，文内引两宫皇太后懿旨："据王大臣等所议，详加披阅，援据章典，酌斟妥善，著即依行。垂帘之举，本非意所乐为。惟以时事多难，该王大臣等不能无所禀承，是以姑允所请，以期措施克当，共济艰难。一俟典学有成，即行归政，王大臣仍当届时具奏，悉归旧制。钦此。"

慈禧日思夜想的就是垂帘听政。但在这里她又扭捏作态地说什么"垂帘之举，本非意所乐为"，又勉强地"姑允所请"，真是虚伪得可以。

二 两宫太后实现垂帘

在这之前，十月初九日，幼帝在太和殿举行登极大典。头戴小皇冠、身穿小龙袍的年仅六岁的小皇帝同治帝，在亮闪闪的朱红漆镀金的御座上即位，响鞭三鸣，颁行传位遗诏。王公百官行三跪九叩礼，毕，礼部官奉诏到天安门宣读，布告天下。

十月初十日，幼帝登极的第二天，正是慈禧二十七岁生日，即万寿节。膳房进慈禧寿宴一桌，以资祝贺。

这桌寿宴相当丰盛："火锅二品：羊肉炖豆腐、炉鸭炖白菜；大碗菜四品：燕窝（福）字锅烧鸭子、燕窝（寿）字白鸭丝、燕窝（万）字红白鸭子、燕窝（年）字拾锦攒丝；中碗菜四品：燕窝肥鸡丝、溜鲜虾、脍鸭腰、三鲜鸽蛋；碟菜六品：燕窝炒熏鸡丝、肉丝炒翅子、口磨炒鸡片、溜野鸭丸子、果子酱、碎溜鸡；片盘二品：挂炉鸭子、挂炉猪；饽饽四品：白糖油糕寿意、苜蓿糕寿意、王福捧寿桃、百寿桃；银碟小菜四品：燕窝鸭条汤、鸡丝面、老米膳、果子粥。"将菜品制成"福寿万年"吉祥话，慈禧感到很满意。

同治帝登极时穿的小龙袍

自从去年八月同咸丰帝北狩热河以来，由于肃顺的控制，还没有吃过这么好的饭。现在政敌已除，慈禧可以放心地吃祝寿饭了。

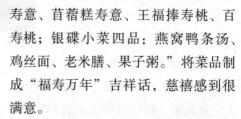

同治帝登极时穿的小朝靴

十一月初一日，举行垂帘听政仪式。这是个历史性的日子。这一天，天气晴朗，阳光明媚。养心殿布置一新，金光耀眼。大殿正中高悬先祖雍正帝御书的"中正仁和"匾额。殿正中为皇帝宝座，宝座之后围屏上录刻乾隆帝的题诗。此殿自雍正帝始，便成为皇帝寝兴常临之所，一切日常政

慈禧太后

养心殿东暖阁垂帘听政处

养心殿东暖阁垂帘听政处

务，如批章阅本，召对引见，宣谕筹划，均在此进行。

在养心殿东暖阁，小皇帝载淳怀着童稚的好奇心端坐在宽大的红木宝座上。其前设御案，其后设八扇精致的黄色纱屏，纱屏后设御榻。透过纱屏，朦胧可见御榻的左边坐着神态安详的慈安太后，右边坐着志满意得的慈禧太后。

养心殿外，王公大臣们翎顶辉煌，袍褂灿烂，态度庄重，举止恭谨。议政王、首席军机大臣奕䜣，带领内廷诸臣及王公大臣、六部、九卿，在养心殿前向皇帝和两宫皇太后行礼。然后，奕䜣稳步走入殿内，立在皇帝御案左侧。王公大臣如有章奏，由奕䜣捧至御案上。仪式结束。

自此，清代历史上从未有过的第一次垂帘听政便宣告开始了。

据薛福成《慈安皇太后圣德》一文称，两宫太后垂帘听政，实则是慈禧太后一人为之，文曰："当是时天下称东宫优于德，而大诛赏、大举措实主之；西宫优于才，而判阅疏章、裁决庶务及召对时谘访利弊，悉中窍会。东宫见大臣呐呐如无语者，每有奏牍必西宫为诵而讲之，或竟月不决一事；而西宫性警敏，锐于任事，东宫悉以权让之，颓然无所与者。"

这是说，慈安太后是一个没有野心的女子，文化水平不高，智力一般，对政治也不大感兴趣。而慈禧太后则相反，她善于学习，敢于任事，工于心计，巧于言色，是个有很大政治野心的女子。因此，虽然名义是两宫垂帘，实则是慈禧太后一人垂帘。

这之后，她们，主要是慈禧，给了奕䜣议政王

慈禧像

的头衔。这是一大政治发明。细细品味，这议政王一词是经过深思熟虑的。

议政，不是摄政，也不是辅政。

胜保的奏章中提到了周公和多尔衮。他设想以此作为将来政治体制的模式。他想象的奕䜣应该是周公，是多尔衮。

周公是谁？周国原是商王朝的在陕西中部的小诸侯国。周文王姬昌时开始强大起来。周文王死，其子姬发继位，号周武王。周武王在其弟周公姬旦的襄助下更加强盛。武王死，其幼子周成王诵继位，周公辅佐。这时被打败的商王武庚，串通周武王之弟管叔、蔡叔、霍叔发动叛乱，周公平定了叛乱。但他本人始终处于辅佐的地位，史称美谈。

那么，多尔衮呢？清太宗皇太极死，他的第九个儿子福临继位，郑亲王济尔哈朗和睿亲王多尔衮任辅政王。福临，即顺治帝，由这两位皇叔辅佐。后来，多尔衮施展权术排挤掉了济尔哈朗，他独任摄政王。他骄横狂妄，又自命叔父摄政王、皇叔父摄政王和皇父摄政王。大权独揽，侵夺皇权。但他于三十八岁时突然死去。顺治帝亲政后，很快下一谕旨，剥夺了多尔衮生前的所有称号。

顺治帝考虑到这点，他死时便指定八岁的康熙帝，由四位元老重臣索尼、苏克萨哈、遏必隆和鳌拜，为辅政大臣。

"摄"含代理之意，摄政即代理皇帝执政，摄政王代替皇帝自行处理国家大事。摄政王位高权重，如多尔衮，严重侵犯皇权。因此，胜保所说的"本朝摄政王之辅世祖"，即多尔衮辅清世祖顺治帝，认为是值得仿效的政体模式，并不合要集皇权于一身的慈禧的本意。

摄政不行，辅政是否可行呢？如孝庄太皇太后、皇孙幼帝康熙和四大臣的政体形式呢？这种形式比之前者，当然是有利于皇权的保护的。但是也有弊端，就是辅政大臣易生野心。鳌拜就是一例，他野心勃勃，陷害苏克萨哈，大权独揽，直到康熙帝智擒鳌拜后，皇权才又收回。

慈禧对辅政形式之不满又生于她的切身体会。咸丰帝遗命的八位王大臣代行皇权，使她处于无权无势的地步。八大臣完全剥夺了皇权。

为此，她既不赞成代行皇权的摄政，也不赞成辅佐君主的辅政，而坚持要大权独揽的听政，让恭亲王奕䜣具有的只是参与政见的议政。当然，奕䜣所想象的是"希冀垂帘之名，而实权归己"。这只能是一厢情愿，慈禧太后是不能答应的。《剑桥中国晚清史》说："叶赫那拉氏设法保持了皇太后对诏书和钦命的最后决定权。她们不但掌握御玺，而且还在幼帝面前召集所在文武大员听政，也就是行使摄政权。"慈禧取得了代替皇帝执政的权力。《晚清宫廷实纪》说："若谓辛酉政变之结果，为慈禧太后独握政权，固无不可也。"这是实情。

清朝的祖制，皇权的掌控无非是两种方式：一是成年皇帝直接执政；一是幼帝即位，大臣辅政。慈禧似乎有可能采取后一种方式。但是，两宫皇太后，尤其是慈禧摈弃了前两种方式，突破了清朝祖制，大胆地采用了清朝没有实行过的垂帘听政的政治体制。这在清朝是一个重大变革。

慈禧的垂帘听政是清朝历史上第一次皇太后正式垂帘听政。慈禧是一个敢作敢为的女子。她敢于逾越祖制，按自己的意愿办事。走自己的路，让别人说去。孝庄太皇太后实行的是不垂帘的垂帘，即没有公开垂帘听政，而是躲在幕后指挥，没有敢于幕前亮相。你孝庄太皇太后不敢做，不等于我慈禧不敢做。在清朝的垂帘听政上，慈禧太后是第一个敢吃螃蟹的人。慈禧太后的第一次垂帘听政是被逼出来的，是形势使然。也就是说，形势和机遇造就了一个有别于常人的慈禧。

选择垂帘听政，对于她来说，是一个最佳选择。历史事实证明，在以后的四十八年中，确实没有再现皇权危机。垂帘听政只是一种执政形式，无好坏之分。政权的好坏，要看它的内容，看它的实质。要具体情况具体分析。我想，慈禧的第一次垂帘听政，是不应该受到责备的。

自此以后，中国便开始了慈禧的长达四十八年的统治。当时谁也没有想到，她会成为牢牢控握中国最高统治大权的女人。

第六章　调整国策　信任汉人

一　组成新的领导班子

两宫太后在奕䜣集团的紧密配合下，一举击败了肃顺集团，取得了政变的决定性胜利，掌握了国家的最高统治权力。当务之急，是稳定人心，控制大局。

控制大局的关键是尽快组成新的领导班子，以免造成权力真空。新的领导班子的组成，首先表现在对恭亲王奕䜣的重用上。

恭亲王奕䜣是个不可多得的忠臣。奕䜣在这次政变中，运筹帷幄，张弛有度，上下联络，左右周旋，是个掌握政变进程的核心人物。而慈禧初涉政坛，缺乏经验，但她慧眼识人，胆略兼备。对奕䜣，她用而不疑，付以重托，使奕䜣放开手脚地去谋划，终使政变成功。这次政变，慈禧设谋在先，慈安听命于后。萧一山评道："凡此皆那拉氏之谋，而元后（慈安）但赞成之而已。"慈禧与奕䜣，配合之默契，堪称珠联璧合。

因之，对奕䜣，十月初一日连发两道谕旨，一是授予议政王兼军机大臣，一是补授宗人府宗令。十月初二日又连发两道谕旨，一是补授总管内务府大臣，一是著管理宗人府银库。

两天之内，连发四谕。奕䜣得到了除两宫太后和幼帝以外的几个最重要的官职。其中尤其是议政王这一头衔，使他明显地凌驾于其他诸王之上，成为两宫太后和幼帝之下的第一人。而宗人府位居内阁、六部之上，宗令是宗人府最高长官，是管理皇族内部事务的要职。宗令有权赏罚皇族成员。这就赋予了奕䜣名正言顺地处分载垣、端华和肃顺的特权。总管内务府大臣是管理宫廷事务的最高长官，因接近皇帝，掌握实权。

恭亲王奕訢坐像

插叙一下。清朝宗室的爵位，据《清史稿》载，分为十二等：和硕亲王、多罗郡王、多罗贝勒、固山贝子、奉恩镇国公、奉恩辅国公、不入八分镇国公、不入八分辅国公、镇国将军、辅国将军、奉国将军、奉恩将军。第一等爵位是亲王，第二等爵位是郡王，第三等爵位是贝勒，第四等爵位是贝子。吴振域《养吉斋丛录》说，清朝宗室爵位划分为十四等。应以十二等为是。

不仅如此，两宫太后秉政之初，对恭亲王奕訢也是非常倚重的。《慈禧外纪》说："慈禧秉政之初，一切政事尚未熟习。且京中党派分歧，尤难操纵，外交之事，又不易办。恐己不易压伏，遂引恭王以为己助。恭王当国久，经历多，故倚之如左右手。"这是符合实际情况的。

因此，除授予上述的要职外，两宫皇太后又加给了奕訢许多恩典。

十月初八日，赏赐奕訢亲王爵世袭罔替，奕訢坚辞，改赐亲王双俸，为此特颁上谕，加以表彰："我母后皇太后、圣母皇太后再三申明，此系先帝恩旨，而该王辞谢倍力，声泪俱下。两宫皇太后未忍重拂其意，不得已姑从所请，将世袭亲王罔替之旨暂从缓议，俟朕亲政之年，再行办理。恭亲王奕訢著先赏食亲王双俸，以示优礼。"

这里的"此系先帝恩旨"，显然不是事实。因为咸丰帝临死前对其弟奕訢是有猜忌心理的，不然不会将他排斥在顾命八大臣之外。但是现在这样说，就使政变显得更加合法化，不仅是两宫太后的意思，也是咸丰帝的本意了。

十月初十日，两宫太后懿旨，命大学士会同六部九卿，详议具奏奕訢生母康慈皇太后应如何议加尊谥。这是奕訢的一个心病。

十月二十一日，大学士九卿会议，同上康慈皇太后尊谥，请升祔太庙，并据请将前上尊谥改拟，加至十二字，以表尊崇，谥曰："孝静康慈懿昭端惠

荣寿固伦公主（中）与他人合影

弼天抚圣成皇后。"① 对奕䜣生母的尊重，就是对奕䜣的尊重。

十二月初九日，两宫懿旨"恭亲王长女聪慧轶群"，晋封为固伦公主。"所有服色体制，均著照固伦公主之例"办理。清制中宫嫡女曰固伦公主，妃嫔所出称和硕公主。若中宫抚养宗室女遣嫁时，礼遇可比之和硕公主。因此，对奕䜣之女赏固伦公主，是有清一代空前绝后之一例。

同治元年正月初一（1862 年 1 月 30 日），两宫懿旨赏恭亲王在紫禁城内坐四人轿，又恭亲王之子载澂赏戴三眼花翎。

这一切都说明了两宫太后，尤其是慈禧对奕䜣是十分重用的。《慈禧外纪》说："以事实观之，既有两宫持政，可无须辅佐之人。慈禧深感恭王在热河助己，以其女为大公主，准用黄轿，故恭王颇有大权。"这话是不差的。

新的领导班子的组成，还表现在军机处的重组上。

军机处是清代的特殊的政治机构，是直接秉承皇帝意旨承办一切重大政

---

① 《清穆宗实录》，第 8 卷，第 3 页。

务的中枢。军机处实际上是皇帝内廷的办公厅或机要室，地位极其重要。军机大臣，俗称大军机，分设满、汉员。由各部尚书、侍郎、总督等奉旨应召入值。为兼差，其数无定额。由亲王或大学士为首领，称"揆首""领袖"。军机大臣称为"军机大臣上行走"。初入军机处者，有的因资历较浅，加"学习"二字，称"军机大臣上学习行走"。过一二年，再相机去掉"学习"二字。

政变结束，必然要组成为两宫太后服务的新的军机处。

咸丰十一年十月初一日（1861年11月3日）连发两道上谕。任命大学士桂良、户部尚书沈兆霖、户部右侍郎宝鋆，均著在军机大臣上行走。而在这次政变中功劳卓著的鸿胪寺少卿曹毓瑛，在军机大臣上学习行走。原为军机大臣的户部左侍郎文祥，著仍在军机大臣上行走。

这样，以恭亲王奕䜣为首组成了新的六人军机处。

几位军机大臣情况如下：

桂良（1785—1862），字燕山，瓜尔佳氏，满洲正红旗人。父玉德，闽浙总督。道光十九年（1839）桂良升任湖广总督，旋调闽浙总督，继任云贵总督。道光二十五年（1845）入觐，留京署兵部尚书，兼正白旗汉军都统，寻出任热河都统。道光二十八年（1848），奉诏入京，上谕将其女指六阿哥奕䜣为妻，授镶红旗汉军都统。因之，桂良是奕䜣的岳父。咸丰六年（1856），因镇压太平天国北伐军有功，被擢为东阁大学士。咸丰八年（1858），英法联军"毁大沽炮台，泊天津城下，声言将犯京师"。咸丰帝派桂良、花沙纳为钦差大臣往议。桂良主和，不主战。五月，他先后同俄、美、英、法代表分别签订《天津条约》。十月，桂良等代表清政府，与英、法、美诸国签订《通商章程善后条约》。咸丰九年（1859），咸丰帝逃往热河，命桂良协助奕䜣留守北京"督办和局"。九月，桂良协助奕䜣签订中俄、中英《北京条约》。十二月（1860年1月），桂良任总理各国事务衙门大臣。辛酉政变后，桂良升任军机大臣。同治元年（1862）六月病逝。他是一位有着丰富政治经验的思想比较敏锐的官僚，既是奕䜣的岳父，也是奕䜣的可靠的政治助手，对奕䜣是坚决支持的。但可惜政变不久他就故去了。

沈兆霖（1801—1862），字尺生，号雨亭，后改郎亭。浙江钱塘（今杭州市）人。道光十六年（1836）进士。改翰林院庶吉士，散馆授编修。道光二十年（1840）被命为陕甘学政。道光二十九年（1849），在南书房行走。咸丰二年（1852）八月任江西学政。咸丰四年（1854）因"肝疾发作"，回籍调养。一年后病愈复出，署吏部左侍郎，仍兼南书房行走。咸丰六年（1856）调补吏部右侍郎。咸丰九年（1859）擢任都察院左都御史。咸丰十年（1860）六月，英法联军攻陷大沽、天津，进军北京。他力主"深沟高垒，坚壁勿战"，又力主不杀巴夏礼，作为日后议和退兵的砝码。待见到联军换约后及时退兵，他对夷务的看法发生了很大的变化，主张"亲递国书一节，可姑允所请。通商一层，亦可照准"。这在当时是很不容易的。思想比较开放。咸丰帝逃往热河，京都空虚，他坚决主张咸丰帝尽快回銮。同年十二月，调补户部尚书。又同大学士贾桢等奏请两宫皇太后召见臣工礼节，而受到青睐。两宫皇太后垂帘听政后，任命他为兵部尚书，在军机大臣上行走，得到重用。但在入值军机处后，与奕䜣发生嫌隙，被奕䜣挤出军机处。在担任军机大臣十五天后，即被调查办陕甘总督乐斌一案，后来就被任命署陕甘总督，不令回京。同治元年（1862）七月，在署陕甘总督任内，因途中猝遇山水暴涨，而以身殉职。

宝鋆

宝鋆（1807—1891），字佩蘅，索绰络氏，满洲镶白旗人。世居吉林。道光十八年（1838）进士，授礼部主事。道光三十年（1850）迁翰林院侍讲学士。咸丰帝即位后，宝鋆屡有升迁。到咸丰十年（1860），升任内务府大臣。第二次鸦片战争期间，咸丰帝逃至热河，欲提库帑修葺行宫。宝鋆以国用财竭为理由，加以婉拒，因而受到时人的赞誉。不久，因英法联军毁坏圆明园，咸丰帝追究责任，宝鋆受到申斥，降为五品顶戴。辛酉政变后，经恭亲王奕䜣的推荐，担任军机大臣、总理各国事务大臣、户部尚书等要职，成为晚清中央洋务派的重要人物。支持设同文馆。他是奕䜣的坚决支持者，对西方有所了解。后拜体仁阁大学士。他支持重用汉人的政策，曾对奕䜣说："我们满洲特一洲耳。虽有人才，何能与汉人十八省比？"他是奕䜣的重要的左右手，曾说："恭王虽甚漂亮，然究系皇子，生于深宫之中，外事终多隔膜，遇有疑难之事，还是我们几个人帮忙。"光绪十七年（1891）病逝，时年八十四岁。

曹毓瑛（1812—1866），字琢如，又字子瑜。江苏江阴人。道光时任兵部主事，后充军机章京。咸丰时任汉领班军机章京。咸丰十年（1860），升鸿胪寺少卿。端华、肃顺擅政，他不阿附。政变时，传递情报，出谋划策，立了大功。他是奕䜣的亲信。政变后，提升为军机大臣学习行走。同治元年（1862），升大理寺卿，授军机大臣。同治二年（1863），升工部左侍郎，旋调兵部左侍郎。同治三年（1864）升署兵部尚书。同治四年（1865）又升左都御史，不久，实授兵部尚书。他一直受到重用。但同治五年（1866）卒，时年五十四岁。慈禧对他予以高度评价。

文祥（1818—1876），字博川，号文山，瓜尔佳氏，满洲正红旗人。世居盛京（今沈阳市）。道光进士。咸丰八年（1858），在军机大臣上学习行走。咸丰九年（1859），任军机大臣。英法联军入侵时，他反对咸丰帝出逃热河。咸丰帝出走，命文祥署步军统领，留守京城，后协助奕䜣同英法议和。他主张同英法保持"和好"关系。他从维护清朝统治出发，主张"两害相形，则取其轻"，避免"决裂"，以"迁就"换取和局。他对肃顺专政不满，参与了辛酉政变，并"疏请两宫皇太后垂帘听政"。他思想比较开放，主张重用汉人，对世界大事有所了解，是奕䜣的得力助手。

后进军机处的还有一位李棠阶（1798—1865），字树南，号文园。河南河内（今河南省沁阳县）人。出身贫寒，精通理学，以理学约束自己。道光进士。道光二十二年（1842），担任广东学政。辛酉政变后，西太后为了笼络人心，起用老臣，李棠阶以"老成方正"被召入京。同治元年（1862）四月，他屡次进言，并给两宫皇太后进讲《治平宝鉴》，反复阐述人主不宜有所嗜好的道理。受到西太后的赞赏，说他"深识治体"，所言"足资采择"。旋授大理寺卿。不久，又改礼部侍郎，擢左都御史，署户部尚书。小步快走，一月三擢，三月五迁，备受西太后的赏识。九月，调任工部尚书。每逢召对，侃侃而谈，西太后赐以手书"砥德励行"，以资褒奖，并令他在军机大臣上行走。他主张严办弃城逃走的两江总督何桂清。奕䜣被劾，他力主正义，力言过失不是有心的。他是一位正统且正直的大臣。同治四年（1865）病卒。

除军机处之外，又加强了总理各国事务衙门。总理各国事务衙门是咸丰帝批准设立的，慈禧加强了这个机构的建设。奕䜣等在 1861 年 1 月 13 日奏请设立总理各国事务衙门。1861 年 1 月 20 日咸丰帝批准实行。这样，我国历史上第一个专门

军机处鸟瞰

的外交机构便正式成立了。在这之前，中国没有近代意义的外交机构。而总理衙门的成立，使中国的外交制度开始向近代化迈进，使近代中国人在向西方学习和走向世界方面迈进了一步。

咸丰帝命奕䜣、桂良、文祥为总理各国事务衙门大臣，后又任命署仓场侍郎崇伦、头品顶戴武备院卿恒祺为帮办大臣。

崇伦，许氏，内务府汉军正白旗人。咸丰四年（1854），崇伦赴津办理同英国交涉事务。咸丰八年（1858），英法联军侵入天津内河。崇伦奉命督率团练，因办理换约比较得力，受奕䜣赏识，奕䜣举荐崇伦。咸丰帝于咸丰十一年三月十六日（1861 年 4 月 25 日），旨准崇伦为总理各国事务衙门帮办大臣。他同英法接触较多，对外国事务比较了解。光绪元年（1875）卒。

恒祺，伊尔根觉罗氏，内务府满洲正白旗人。咸丰四年（1854）任粤海关总督。咸丰七年（1857），办理海口通商事宜。咸丰十一年（1861），同崇伦一起被任命为总理衙门帮办大臣。同治五年（1866）卒。他对西方事务也较熟悉。

咸丰十一年十月二十一日（1861 年 11 月 30 日）上谕，添派董恂在总理各国事务衙门办事。

慈禧太后把军机处和总理衙门牢牢地控制在自己手中，这就为贯彻她的政治主张奠定了组织基础。在组织机构上有了保障，两宫皇太后就把目光投向了用人的政策上，她们实行的是信任重用汉人的政策。

二 实行信任汉人之策

为消灭太平天国起义军，为挽救风雨飘摇中的封建政权，在信任重用汉人方面，慈禧实行的是没有肃顺的肃顺政策。

肃顺主张重用汉臣，咸丰帝虽然采纳了肃顺的建议，但对汉人仍然有所疑忌。湘军的建立，咸丰帝亦喜亦忧。喜的是他有了一支可以利用的武装力量了，忧的是湘军无论官兵全是一色的汉人，是曾国藩的私人军队。所以，咸丰帝对曾国藩是既利用，又牵制。他特意任命满洲贵族官文为湖广总督、钦差大臣，总揽长江中游的一切军政大权，以控制曾国藩。

咸丰帝虽然利用曾国藩，但又不敢给曾国藩以更大的事权。如咸丰四年（1854）九月曾国藩攻克武昌后，咸丰帝不得不赏给他二品顶戴，署湖北巡抚。但还没等曾国藩按惯例辞呈到，咸丰帝便迫不及待地发下免职令："朕料汝必辞……故已降旨令汝毋庸署湖北巡抚，赏给兵部侍郎衔。"免去了封疆大吏的署湖北巡抚职，只给了一个没有任何实权的兵部侍郎空头衔。

由于曾国藩战功卓著，忠心耿耿，直到咸丰十年（1860）四月，咸丰帝才不得已命曾国藩先行赏加兵部尚书衔，署理两江总督。六月，实授两江总督，以钦差大臣督办江南军务。七月，命皖南军务统归曾国藩督办。比以前大有好转。

曾国藩

然而，对曾国藩真正给以更大的军政实权的是慈禧。咸丰帝死，两宫太后垂帘听政，慈禧实握其权。慈禧对曾国藩加太子少保衔，命其统辖江苏、安徽、江西、浙江四省军务，巡抚、提、镇以下悉归节制。曾国藩力辞，慈禧不允。曾国藩在当时是有名的理学家和桐城派古文家，熟知中国历史掌故。他怕"威权太重，恐开斯世争权竞势之风，兼防他日外重内轻之渐"。但慈禧则明确表示："我两宫皇太后孜孜求治，南望增忧，若非曾国藩之悃忱真挚，岂能轻假事权？"表明了对曾国藩是非常信任的。

慈禧又根据曾国藩的建议，在统筹规划、全盘考虑的基础上，于咸丰十一年（1861）十二月二十四日做了新的人事调整，以利战局："以太常寺卿左宗棠为浙江巡抚，改安徽巡抚彭玉麟为水师提督，调湖北巡抚李续宜为安徽巡抚，河南巡抚严树森为湖北巡抚，以河南布政使郑元善为巡抚，擢候补道张曜为布政使。"曾国藩的这一新的人事安排，得到慈禧的首肯。这进一步说明，慈禧对曾国藩言听计从，放手使用。

同治元年（1862）正月，慈禧又命曾国藩以两江总督兼任协办大学士，更加信用曾国藩。曾国藩一再表示惶恐，并奏言："金陵未克之前，不再加恩于臣家。"对于慈禧让他举荐大臣，他更是受宠若惊，表示不敢接受："疆臣既有征伐之权，不可更分黜陟之柄。风气一开，流弊甚长。"处处表明自己淡于权势的心迹，生怕招致怀疑嫉妒。

曾国藩备受信任，取得了前敌最高指挥权。他全盘规划，做了新的战略部署，以图一举歼灭太平军。他坐镇安庆，以安庆为指挥中心，然后命曾国荃攻天京，左宗棠攻杭州，李鸿章攻苏州，彭玉麟攻长江下游。大江以北，多隆阿攻卢州，李续宜援颍州；大江以南，鲍超攻宁国，运兰防徽州。部署完毕，曾国藩便发起了以攻天京为中心的疯狂激战。由于天京吃紧，李秀成从苏州来援，李世贤从杭州来援，苏杭空虚。李鸿章乘机攻克苏州，左宗棠顺利攻克杭州。天京孤立无援，被曾国荃攻下。太平天国首都天京沦陷，起义失败了。

慈禧发下上谕，给以嘉奖："曾国藩著加太子太保衔，赐封一等侯爵，世袭罔替，并赏戴双眼花翎。浙江巡抚曾国荃加太子少保衔，赐封一等伯爵，并赏戴双眼花翎。"[1]

后来慈禧又命曾国藩去剿杀捻军。捻军是另一支农民起义军。他们"有众数十万，马数万"，驰骋在数千里之内。僧格林沁征讨多年，没有获得成功。《清史稿》记道："国藩闻僧军轻骑追贼，一日夜三百余里，曰：'此于兵法，必蹶上将军。'未几而王果战殁曹州。"慈禧甚为吃惊，急忙命曾国藩去山东剿捻。关于剿捻，曾国藩提出了与科尔沁亲王僧格林沁完全相反的战略思想，文曰："扼要驻军临海关、周家口、济宁、徐州，为四镇。一处有急，三处往援。今贼已成流寇，若贼流而我与之俱流，必致疲于奔命。故臣坚持初议，以有定之兵，制无定之寇，重迎剿，不重尾追。"[2]

---

① 《清史列传》，第12册，第3552页。
② 《清史稿》，第39册，第11915页。

曾国藩又提出了筑长墙、开壕堑的战法，终于剿杀了捻军。"凡防河之策，皆国藩本谋也。"由此，慈禧对他愈加倚任，同治六年（1867）六月，授大学士，仍任两江总督。七月，授体仁阁大学士。同治七年（1868）四月，授武英殿大学士，七月调任直隶总督。十二月入觐，赐紫禁城骑马。

查《曾国藩日记》，同治七年（1868）七月二十七日，曾国藩接奉谕旨，调补直隶总督。十一月初四日，曾国藩起程北上入觐。十二月十三日，抵达北京。此后，一连三天，慈禧太后三次召见曾国藩。这三次召见的过程，曾国藩都有详细记录。[①] 现在根据《曾国藩日记》，将这三次召见，分述如下：

第一次召见。十二月十四日，日记记道：

巳正（十时）叫起，奕公山带领余入养心殿之东间。皇上向西坐，皇太后在后黄幔之内，慈安太后在南，慈禧太后在北。余入门，跪奏称臣曾某恭请圣安，旋免冠叩头，奏称臣曾某叩谢天恩。毕，起行数步，跪于垫上。

太后问：汝在江南事都办完了？

对：办完了。

问：勇都撤完了？

对：都撤完了。

问：遣撤几多勇？

对：撤的两万人，留的尚有三万。

问：何处人多？

对：安徽人多。湖南人也有些，不过数千。安徽人极多。

问：撤得安静？

对：安静。

问：你一路来可安静？

对：路上很安静。先恐有游勇滋事，却倒平安无事。

问：你出京多少年？

对：臣出京十七年了。

问：你带兵多少年？

对：从前总是带兵，这两年蒙皇上恩典，在江南做官。

问：你从前在礼部？

对：臣从前在礼部当差。

---

① 《曾国藩全集·日记三》，第 18 册，岳麓书社 1995 年版，第 1583 页。

问：在部几年？

对：四年。道光廿九年到礼部侍郎任，咸丰二年出京。

问：曾国荃是你胞弟？

对：是臣胞弟。

问：你兄弟几个？

对：臣兄弟五个。有两个在军营死的，曾蒙皇上非常天恩。叩头。

问：你从前在京，直隶的事自然知道。

对：直隶的事，臣也晓得些。

问：直隶甚是空虚，你须好好练兵。

对：臣的才力怕办不好。

旋叩头退出。回寓，见客，坐见者六次。是日赏紫禁城骑马，赏克食。

第二次召见。十二月十五日，日记记道：

巳正叫起，六额驸带领入养心殿。余入东间门即叩头，奏称臣曾某叩谢天恩。起行数步，跪于垫上。

皇太后问：你造了几个轮船？

对：造了一个，第二个现在方造，未毕。

问：有洋匠否？

对：洋匠不过六七个，中国匠人甚多。

问：洋匠是哪国的？

对：法国的。英国也有。

问：你的病好了？

对：好了些。前年在周家口很病，去年七八月便好些。

问：你吃药不？

对：也曾吃药。

退出。散朝归寓。

第三次召见。十二月十六日，日记记道：

巳正叫起，僧王之子伯王带领入见。进门跪垫上。

皇太后问：你此次来，带将官否？

对：带了一个。

问：叫甚么名字？

对：叫王庆衍。

问：他是什么官？

对：记名提督，他是鲍超的部将。

问：你这些年见得好将多否？

对：好将倒也不少，多隆阿就是极好的，有勇有谋，此人可惜了。鲍超也很好，勇多谋少。塔齐布甚好，死得太早。罗泽南是好的，杨岳斌也好。目下的将才就要算刘铭传、刘松山。

每说一名，伯王在旁叠说一次。太后问水师的将。

对：水师现在无良将。长江提督黄翼生、江苏提督李朝斌俱尚可用，但是二等人才。

问：杨岳斌他是水师的将，陆路何如？

对：杨岳斌长于水师，陆路调度差些。

问：鲍超的病好了不？他现在哪里？

对：听说病好些。他在四川夔州府住。

问：鲍超的旧部撤了否？

对：全撤了。本存八九千人，今年四月撤了五千，八九月间臣调直隶时，恐怕滋事，又将此四千全行撤了。皇上如要用鲍超，尚可再招得的。

问：你几时到任？

对：臣离京多年，拟在京过年，朝贺元旦，正月再行到任。

问：直隶空虚，地方是要紧的，你须好好练兵。吏治也极废弛，你须认真整顿。

对：臣也知直隶要紧，天津、海口尤为要紧。如今外国虽和好，也是要防备的。臣要去时总是要先讲练兵，吏治也该整顿，但是臣的精力现在不好，不能多说话，不能多见属员。这两年在江南见属员太少，臣心甚是抱愧。

属员二字，太后未听清，令伯王再问。

余答：见文武官员即是属员。

太后说：你实心实力去办。

伯王又帮太后说：直隶现无军务，去办必好。

太后又说：有好将尽管往这里调。

余对：遵旨，竭力去办，但恐怕办不好。

太后说：尽心竭力，没有办不好的。

又问：你此次走了多少日？

对：十一月初四起行，走了四十日。

退出。散朝归寓。

对以上三次召见，曾国藩总结道："趋朝入养心殿，一一回答皇太后所提江南撤军等问题，十二月十四日。趋朝入养心殿，一一回答皇太后所提造轮船等问题，十二月十五日。趋朝面觐，一一回答皇太后所提有无良将等问题，面谕至直隶后须练好兵，整顿好吏治，十二月十六日。"

同治七年（1868），慈禧太后三十四岁，慈安太后三十二岁，同治皇帝十三岁，而曾国藩已经五十八岁了。两宫太后召见，问话基本是慈禧太后的事。慈禧太后的召见，通过问话，观察本人，了解情况及下达任务。从以上召见可以看出，年轻的慈禧太后具有高瞻远瞩的战略思维能力。她关心的裁军、造船及练兵等问题，都是当前亟待解决的重大问题。她谆谆告诫曾国藩要加紧练兵，要整顿吏治。她把最为紧要的直隶重地交给了汉人曾国藩，说明慈禧太后慧眼识人，多谋善断。

慈禧重用信任曾国藩及其一批汉臣，对挽救摇摇欲坠的封建地主阶级统治起了关键性作用。《清鉴》说："听政之初，军事方亟。两宫仍师用肃顺等专任汉人策。内则以文祥、倭仁、沈桂芬等为相，外则以曾国藩、左宗棠、李鸿章等为将。自军政吏治，黜陟赏罚，无不谘询。故卒能削平大乱，开一代中兴之局。"这话是有道理的。

《慈禧外纪》说："曾国藩之名，妇孺皆知而称之。然其所以能成此事业者，实慈禧知人善任，明于赏罚而有拔识之。当无事之时，盈廷济济，而独赏鉴于言行之表，尤非具卓识者不能。曾国藩之才能及其忠诚，太后信任极深，故卒能成其功也。除荣禄外，中外大官，无若曾国藩得圣眷之隆者。"①

这段分析是比较中肯的。曾国藩之所以能够建立非常之功，是由于慈禧的知人善任。

慈禧重用汉人的政策，对巩固其摇摇欲坠的皇权起了重要作用。

三 实施降诏求言之举

辛酉政变后第三天，即咸丰十一年（1861）十月初二日，慈禧即以小皇

---

① 《慈禧外纪》，第46页。

帝同治的名义颁旨求言。谕旨先是指出了近年来"一二奸邪乘间肆其蒙蔽，以致盈廷缄默，建议寥寥，言路久为闭塞，公论弗伸"的不正常现象，接着从正面申明广开言路、鼓励直陈的重要性。上谕说："朕以冲人，未堪多年，重赖两宫皇太后日理万机，王大臣等黾勉翼

慈禧太后之宝

为，何敢不博采谠言，虚公揽纳，期以施行措正，上理日臻。矧当各省军务未竣，民生多蹙，凡为臣子均当竭诚抒恫之时，岂宜丑正恶直，苟安缄默。用特通谕中外臣工、九卿、科、道有奏事之责者，于用人行政一切事宜，皆得据实直陈，封章密奏。务期各抒所见。毋以空言塞责，以副朕侧席求言之至意。钦此。"①

这道谕旨表明了慈禧力求尽快摆脱困境的迫切心情。

十月初六日，对载垣、端华、肃顺等八大臣分别治罪，次日慈禧又以同治帝名义发一上谕，告诫王公大臣应以载垣等为戒，力除积习，以期振作。"倘敢纳贿招权，营私舞弊，以致蠹国病民，则法律者，朕受之列祖、列宗，与天下臣民共之，何敢稍有枉纵，以拂众情。"并且又再次重申："后倘有如载垣等专擅不臣者，尔王大臣等以及科、道，即行据实参奏，朕立予治罪，并奖励敢言，以彰直谏。"

这里的"奖励敢言，以彰直谏"，仍然是要听取各方面意见的意思。

十月初八日，恭亲王奕䜣根据慈禧的两道谕旨，结合自己的认识，上了一道《沥陈微忱请饬臣工于用人行政各抒所见折》，强调以后在朝廷用人方面，应广泛听取朝臣的意见，"以求折中于至当"，以免造成不应有的失误。

同一天，慈禧就以奕䜣奏折的主题为中心内容发一上谕，说明奕䜣的建议极为重要，要求各方面予以照办。其中说道："前经降旨，诏求直言，兹特再行申谕中外大小臣工，嗣后于朝廷用人行政各有所见，务当切实直陈，毋

---

① 《清代档案史料丛编》，第 1 辑，第 110 页。

得稍存畏匿隐忍之见。我两宫皇太后方询刍荛，以求治理。即恭亲王奕䜣正欲与诸臣精白一心，同襄郅治，亦得虚衷参酌，尽其多方延揽之诚。尔诸臣其书思纳诲，陈善闭邪，竭尔股肱耳目，勖予心膂，毋负谆谆申命，爰咨爰度之怀，朕实有厚望焉。将此通谕中外知之。"[①]

从十月初二日到十月初八日，仅仅七天，慈禧竟连降三道谕旨，恳挚求言，说明年轻的慈禧在初握政柄时是想干一番事业的。

这里须插一笔。十月初九日，慈禧以同治帝名义发一上谕，强调"两宫皇太后亲裁一切政务"，即皇权归慈禧独揽。

咸丰十一（1861）年十月初九日，内阁奉上谕："谕内阁：朕奉母后皇太后、圣母皇太后懿旨，现在一切政务均蒙两宫皇太后躬亲裁决，谕令议政王、军机大臣遵行，惟缮拟谕旨，仍应作为朕意宣示中外，自宜钦遵慈训。嗣后议政王、军机大臣缮拟谕旨，著仍书朕字。将此通谕中外知之。钦此。"[②]

这里说的"中外"，是指京城内外，不是指中国外国。

这就是说，由议政王、军机大臣秉承两宫皇太后旨意缮拟的谕旨，应书写"朕"字，表明是以同治帝的名义公布的。但是谕旨颁布的决定权是两宫皇太后，实则是慈禧。这一点，京内外大臣们必须完全明了。皇权独揽，不得旁落。慈禧在掌权的初期就牢牢地把握住了这一点。当然，皇帝的训谕称谕旨，太后的训谕称懿旨。

由于慈禧的降诏求言的一再呼唤，很快就有了回音。

十月十一日，给事中孙楫奏进明臣张居正等所辑《帝鉴图说》一书。慈禧认为："（张居正等）详加披览，于指陈规戒，绘图辑说，切实显豁，不无裨益。著将该给事中原书留览，此系博采兼收之意。"也许是为了增强可读性、趣味性，使皇帝能愈看愈爱看，张居正便编了一本专门给皇帝阅读的带插图的《帝鉴图说》，明朝的张居正可谓用心良苦。这本书给文化不高的慈禧和慈安及世事不知的小皇帝同治看，还是很合适的。

十月十四日，掌江南道监察御史徐启文便上一奏折。他提了三点建议：

一是将列圣实录、宝训择其简明切要者，恭纂一编。另外把汉唐以来母后临朝各事实，择其可法可戒者，不假修饰，据史直书，汇为一册，恭录进

---

① 《清穆宗实录》，第6卷，第31页。

② 《清穆宗实录》，第6卷，第40页。

呈。这两部书，可由大臣们于平时"隔帘侍讲"。

二是为同治帝选伴读。这要在近支诸王子弟中简派数人，更番侍读。

三是一再提醒皇太后对王公大臣既要重用，又要节制，以免造成咸丰帝末年的不可挽回的局面。

对徐启文的这三点建议，慈禧颇为赏识。

第二天，即十月十五日，慈禧即以同治帝名义连发两道谕旨，指示迅速办理。

第一道谕旨是《谕内阁奉太后懿旨将历代帝王政治及垂帘事迹汇纂进呈》。主要内容如下："咸丰十一年十月十五日，内阁奉上谕……至现在内外庶政，均赖两宫皇太后躬亲裁定，并承慈命，将历代帝王政治及前史垂帘事迹，著南书房、上书房、翰林院等择其可为法戒者，据史直书，简明注释，汇为一册，恭呈慈览。该大学士、总裁、翰林等于汇纂成书后，均著交议政王、军机大臣覆看，再行缮写进呈。"①

慈禧太后写的"寿"字

慈禧借同治帝的名义，指示"将历代帝王政治及前史垂帘事迹"，"简明注释，汇编一册"，供她"慈览"。慈禧初掌政权，十分注意学习前朝经验。

这部书很快便编成了。同治元年三月二十五日（1862年4月23日），礼部右侍郎张之万等将历代帝王政治及前史垂帘事迹，择其事为法戒者，简明注释，汇成一册，慈禧在满意中特赐名为《治平宝鉴》。这部书慈禧十分看重，她以后经常听大臣们进讲，从中学到了相当多的封建阶级的统治术。

同治元年四月初二日（1862年4月30日）河南学政景其濬奏进《历代

① 《清穆宗实录》，第7卷，第19页。

君鉴》，慈禧也十分高兴，下旨："景其溶所进《历代君鉴》足资考镜，著留览。"

第二道谕旨是《谕内阁著议政王军机大臣实力勘襄勿避小嫌》。肯定了徐启文所奏"恐以敬畏太甚，或近趋承，不为无见"。一再强调议政王、军机大臣等不要心怀顾忌，"于时事阙失，均宜直言无隐"。慈禧鼓励大臣们敢于直言，勇于建言。她知道，这对于巩固其统治地位是有益的。

第三道谕旨是为同治帝加派师傅，并指定伴读。同治元年（1862）二月初二日谕旨，恭亲王奕訢奉慈禧命保举皇帝的师傅，除翰林院编修李鸿藻前蒙咸丰帝指为师傅外，特简礼部尚书前大学士祁寯藻、管理工部事务前大学士翁心存、工部尚书倭仁为师傅，因为他们"均属老成端谨，学问优长"。这样，祁寯藻、翁心存、倭仁和李鸿藻四位在弘德殿授皇帝汉文。

满文师傅是另外三位。咸丰帝原指派的礼部尚书倭什珲布任总谙达，礼部左侍郎伊精阿在上书房行走，著再添派兵部尚书爱仁，这三位均命在弘德殿教习满文。

以惠亲王绵瑜辈分最尊，品行端正，著在弘德殿照料，专司督责。惠亲王之子奕详为同治帝的伴读。

"恭亲王谊属贤亲，公忠弼亮，素为皇帝所敬重。现当就学之初，尤资夹辅之力。所有皇帝读书课程及弘德殿一切事务，均著总司稽查，用收实效。"

指派恭亲王奕訢负责同治帝读书的一切事务。

这第三道谕旨可以理解为引申地采纳了徐启文的第二项建议。

同一天又奉懿旨："蒙古语言文学及骑射等事，皇帝亦应兼肄，著派御前大臣等随时教习。"两宫皇太后又强调了同治帝还要学习蒙古文和骑射。

这三道谕旨的颁布表明了慈禧在秉政之初，确实是想要听取对她有益的谏言的。

此外，慈禧在施政初期屡次降诏，要求节俭度日。咸丰十一年（1861）十月初十日，即在政变后的第十天，慈禧降懿旨："矧值四方多故，物力维艰，岂复容以宫闱器用耗天下之力，此项金银器皿除典礼攸关必应添制外，其余各项并著该管大臣详核办理，日后遇有此等事件，该管大臣等宜各仰体此意，以力行节俭为要。"①

慈禧强调厉行节俭，宫中添制金银器皿要有节制。

---

① 《清穆宗实录》，第 6 卷，第 48 页。

咸丰十一年（1861）十一月二十一日，慈禧、慈安又发懿旨："金八件著改用黄铜镀金，舆轿什件等项，著改用铁镀银，缤扇旗纛金顶，著改用黄铜，以昭节俭。"关于此事，《翁同龢日记》载："两宫皇太后谕：所有金八件除已改银镀金外，其舆轿什物即改用铁镀金，以昭节俭。"可见，慈禧的做法已引起大臣们的注意。

同治元年（1862）四月二十一日两宫皇太后又发一懿旨，对庶吉士散馆考试被选为一等一名的严辰的试卷提出批评，认为他的试卷中的"女中尧舜"等句是"过事颂扬"，是"不求实际，专事揄扬，于人品学术颇有关系，此风断不可长"。命将严辰改为一等末名，而把原拟一等二名的王珊改为一等一名，并告诫："讲求切实，毋事虚浮，以期拔取真才，用副敦崇实学之至意。"这说明慈禧在执政初期是比较注意个人形象的，对过多的颂扬她是持防备态度的。

同治元年（1862）四月二十五日举行大典，恭上母后皇太后徽号为慈安皇太后，圣母皇太后徽号为慈禧皇太后。本来在咸丰十一年（1861）九月初一日，大学士桂良等已遵旨恭拟两宫皇太后徽号，即母后皇太后为慈安皇太后，圣母皇太后为慈禧皇太后。但因政变而没有实行。直到半年后，政局已基本稳定了，才举行典礼，开始实行。

本书提前使用慈禧，是习惯称谓。

四　剥夺恭王奕訢要职

同治四年三月初四日（1865年3月30日），恭亲王奕訢照常入值进见两宫皇太后。慈禧拿出一件奏折，严肃地对奕訢说："有人弹劾你！"

奕訢一愣，扫了一眼奏折，不以为然地问："是谁上的奏折？"

慈禧非常不满意奕訢的傲慢态度，不情愿地答道："蔡寿祺！"

奕訢脱口而出："蔡寿祺不是好人！"并要逮问蔡寿祺。

两宫皇太后一看奕訢不仅不承认错误，反而要逮问提意见的人，立刻大怒，当即斥退奕訢。然后避开以奕訢为首席军机大臣的军机处，单独召见大学士周祖培、瑞常、吏部尚书朱凤标、户部侍郎吴廷栋、刑部侍郎王发桂、内阁学士桑春荣、殷兆镛等。

慈禧哭哭啼啼地说："王植党擅权，渐不能堪，欲重治王罪！"

诸大臣看到太后盛怒，不知葫芦里卖的是什么药，面面相觑，胆战心惊，不敢答话。

慈禧反复开导说："诸臣当念先帝，无畏王；王罪不可逭，宜速议！"

老僵持着也不是办法。周祖培老谋深算，磕着头说："此惟两宫乾断，非臣等所敢知。"

把球轻轻地推了回去。

慈禧不依不饶："如果这样，还用你们干什么？等皇帝将来长大成人，你们怎样面对？"

周祖培略一沉吟，找到了一个缓兵之计，他答道："此事须有实据，容臣等退后纠察以闻。并请与大学士倭仁共治之！"

这时慈禧才让他们退下。各位大臣已汗流浃背了。

蔡寿祺何许人也？他是江西德化人，道光二十六年（1846）入京，后服官京曹，并曾在胜保营中稽核军务。他出京后，先后到成都、重庆，但官运不佳。直到同治四年（1865）二月才钦奉署日讲官之命。因在宫内，听说慈禧不满意恭亲王奕䜣，"平时蔡御史闻之，疏劾王贪恣"。在弹劾奕䜣之前，他先上了一道洋洋万言的封奏，痛陈时政，并指斥湘军人物，以为政治试探。看看未受到申斥，又听到宫内的传言，为博取敢言之誉，他便上疏弹劾奕䜣，"一举成为天下皆知之人"。他是个投机取巧、苟且钻营的人。

原来同治四年三月初四日（1865 年 3 月 30 日），日讲起居注官编修蔡寿祺上疏弹劾奕䜣贪墨、骄盈、揽权、徇私

严肃的恭亲王奕䜣

之弊。

贪墨是指奕䜣收受贿赂，任用私人。"近来竟有贪庸误事，因挟重赀而内赝重任者，有聚敛殃民因善黉缘而外任封疆者，至各省监司出缺，往往用军营骤进之人，而夙昔谙练军务通达吏治之员，反皆弃置不用。"

骄盈是指奕䜣居功自傲，群相粉饰。"自金陵克复后，票拟谕旨多有大功告成字样，现在各省逆氛尚炽，军务何尝告竣，而以一省城之肃清，附近疆臣咸膺懋赏，户兵诸部胥被褒荣，居功不疑，群相粉饰。"

揽权是指奕䜣打击谏官，堵塞言路。他说，遇有空缺，"部曹每得善地，谏臣均放边疆，虽会逢其适，而事若有心。至截取一途，部曹每多用繁，御史则多改简，以故谏官人人自危"。

徇私是指奕䜣偏袒左右，庇护部下。他认为奕䜣袒护总理衙门，"总理通商衙门保奏更优，并有各衙不得援以为例之语"。

在弹劾奕䜣的罪状之后，蔡寿祺向慈禧建白："臣愚以为，议政王若于此时引为己过，归政朝廷，退居藩邸，请别择懿亲议政，多任劳成，参赞密笏，方可保全名位，永荷天麻。"这是声言叫奕䜣交出手中的权力，回家颐养天年。怂恿慈禧罢免奕䜣，剥夺他的一切权力。

大学士倭仁、周祖培等不敢迟延，于三月初六日齐集内阁开会。他们把蔡寿祺召到内阁追供。大臣们极为慎重，按奏折弹劾多款，逐项询问，令其据实逐一答复，并亲写供纸。但蔡供实无据。他所指斥的四条罪状，只在贪墨一条上，指出薛焕、刘蓉二人，但还是风闻，不是亲见。其余三条，除奏折上说的含糊其词的话之外，没有任何证据。这就说明蔡的上疏纯属毫无根据的诬告。

然而，倭仁等都是富有政治斗争经验的老臣，他们还摸不清慈禧的底牌，因此，他们的奏折在措辞上便留有很大的回旋余地："阅原折内贪墨、骄盈、揽权、徇私各款，虽不能指出实据，恐未必尽出无因。况贪墨之事本属暧昧，非外人所能得见。至骄盈、揽权、徇私，必于召对办事时流露端倪，难逃圣明洞鉴。臣等伏思黜陟大权操之自上，应如何将恭亲王裁减事权，以示保全懿亲之处，恭候宸断。"

他们猜测两宫太后是想适当地"裁减"奕䜣的一些事权，便把球轻轻地推了回去。

三月初七日，他们递上了奏折。不料，慈禧根本没看他们的奏折，而是拿出了她自己亲笔书写的谕旨给他们看。这完全出乎意料之外，也使他们意识到了问题的严重性。

慈禧手书的罢免奕䜣的朱谕，虽错别字连篇，但文字尚通顺。由于她平时亲阅奏折，因而掌握了上谕的一般用语和通用格式。这是迄今为止我们所能见到的唯一一篇慈禧亲自起草的上谕，弥足珍贵。全文如下："谕在廷王大臣等同看，朕奉两宫皇太后懿旨：本月初五日据蔡寿祺奏，恭亲王办事徇情、贪墨、骄盈、揽权，多招物议，种种情形等弊。嗣（似）此重（种）（劣）情，何以能办公事？查办虽无实据，是（事）出有因，究属暧昧，难以悬揣。恭亲王从议政以来，妄自尊大，诸多狂敖（傲），以（依）仗爵高权重，目无君上，看（视）朕冲龄，诸多挟致（制），往往谙（暗）始（使）离间，不可细问。每日召见，趾高气扬，言语之间，许（诸）多取巧，满是胡谈乱道。嗣（似）此情形，以后何以能办国事？若不即（及）早宣示，朕归政之时，何以能用人行正（政）？嗣（似）此种种重大情形，姑免深究，方知朕宽大之恩。恭亲王著毋庸在军机处议政，革去一切差使，不准干预公事，方是朕保全之至意。特谕。"[1]

这哪里是裁减事权，分明是一撸到底。大臣们面色惶然，不知所措。他们不知道反复无常、性情乖戾的铁女人慈禧的真意何在，不敢贸然行事，天怒难犯啊！周祖培感到朱谕太片面了，又不敢多说，只是建议加上"议政之初，尚属勤慎"八个字。慈禧想了想，觉得加上八个字也无关宏旨，便勉强同意了。然后，马上厉声说道："此诏即由内阁速行之，不必由军机！"她深悉军机处是奕䜣的班底，因而绕开军机处，直接交由内阁办理。由此可见，盛怒之下的慈禧在处理同她合作多年的奕䜣上，态度之决绝，行动之专断。

慈禧的手书朱谕，经周祖培略加润色、点染，便交由内阁明发下来。这个朱谕在《翁同龢日记》和《晚清宫廷实纪》里作了全文记载。除上述内容外，关于军机处，交代"著责成该大臣等共矢公忠，尽心筹办"；关于总理衙门，则"责令文祥等和衷共济，妥协办理"；至于"以后召见、引见等事项，著派惇亲王、醇郡王、钟郡王、孚郡王四人轮流带领"。这就是说，慈禧把罢免奕䜣后形成的政治真空，都作了相应的弥补。

朱谕发下去了，一场风波似乎就这样平息了。

不料，上谕发下的第二天，即三月初八日，却又起波澜。惇亲王奕誴不听邪，即上一疏，表示了同两宫太后不同的意见："自古帝王举措一秉至公，

---

① 吴相湘：《晚清宫廷实纪》，第 1 辑，第 1 页。

进一人而用之无二，退一人而亦必有确据，方行摈斥；今恭亲王自议政以来办理事务，未闻有昭著劣迹，惟召对时语言词气之间，诸多不检，究非臣民所共见共闻；而被参各款，查办又无实据，若遽行罢斥，窃恐传闻中外，议论纷然，于用人行政，似有关系，殊非浅鲜。臣愚昧之见，请皇太后皇上恩施格外，饬下王公、大臣集议请旨施行。"①

惇亲王奕誴是道光帝第五子，在现存的几位王子中，他排行第一，地位较崇。他性情豪爽，直言敢谏，平时不大过问政事。但在黜陟奕䜣的这个重大问题上，他却上了一疏，明确表示不同意两宫，尤其是慈禧的处治。慈禧对他的上疏不能不格外重视。

当天，两宫太后便召见了孚郡王及军机大臣文祥等，令他们传谕王公、大臣、翰、詹、科、道，于明日到内阁开会。将惇亲王的疏和蔡寿祺的折都发到会议，让他们讨论。并谕令文祥等，到内阁去传达今天两宫太后新的懿旨。这个懿旨说了一些对奕䜣有利的话。因此，当天都城内盛传两宫太后"天怒已回，眷顾未替，宫中且多言恭王将复辅政矣"。

看起来，事情似乎往有利于奕䜣的方面转化。

但是问题不那么简单。三月初九日，两宫太后又变卦了。她们召见了倭仁、周祖培、瑞常、朱凤标、万青藜、基溥、吴廷栋、王发桂等八大臣。慈禧对八大臣怒道："恭王狂肆已甚，必不可复用。"对奕䜣在用人方面百般挑剔："即如载龄人才岂任尚书者乎？而王必予之。"同时，对奕誴上疏为奕䜣说情，也极为不满，挖苦地说："惇王今为疏争，前年在热河言恭王欲反者非惇王耶？汝曹为我平治之。"这里明确地表示出，对奕䜣的处分是不可更改的了。

从两宫太后处退出，大学士倭仁等忙到内阁，与六部、九卿、翰、詹、科、道开会，传达了面奉的两宫太后的懿旨。

但是，就在这个会议上，军机大臣文祥也传达了昨天面奉的两宫太后的懿旨："恭亲王于召见时一切过失，恐误正事。因蔡寿祺折，恭亲王骄盈各节，不能不降旨示惩及惇亲王折不能不交议，均无成见，总以国事为重。""朝廷用舍，一大秉公，从谏如流固所不吝，君等固谓国家非王不治。但与外廷共议之，合疏请复任王，我听许焉可也。"她们好像什么事儿也没发生一样，和颜悦色地说什么"恐误正事"了，"均无成见"了，"一大秉公了"，

① 吴相湘：《晚清宫廷实纪》，第 1 辑，第 104 页。

"非王不治"了。最后甚至指明下一步应如何办："合疏请复任王，我听许焉可也。"就是说，你们共同上疏请求重新任用奕䜣，我照办就是。

听完文祥传达的懿旨后，户部侍郎吴廷栋当即发言，认为文祥传达的懿旨不实，倭仁也持这种看法。

两宫太后，实则是慈禧，对军机大臣文祥等三大臣和对大学士倭仁等八大臣所口述的懿旨两相歧异，大相径庭。双方皆以自己听到的懿旨为是，争执不下。怎么办呢？大家在争论后不约而同地把目光转向了钟郡王。因为这两次召见，钟郡王都是以押班者的身份带领诸臣进见的。只有他一个人分别听到了两宫太后的两次口述懿旨。他成了难得的唯一的见证人。双方都好像找到了救星似的，急不可耐地说："好了，钟王可以为我们做证。"

但是，钟王却出语惊人："你们所口述的懿旨都没错，这两次召见我听到的正是这些话。"这是怎么回事？大家面面相觑，感到无所适从，议论纷纷，拿不出个成熟的意见，只好推迟到十四日再议。

慈禧两次召见大臣，所口述懿旨前后截然相反。这足以反映出慈禧对如何处理奕䜣的矛盾心理。她一时拿不定主意，想得到王大臣的支持，因此一再召见。慈禧一再召见的目的何在？李慈铭的分析是中肯的："窃揣两宫之意，衔隙相王，已非一日，退不复用，中旨决然。徒以枢臣比留，亲藩疏请，骤易执政，既恐危中外之心；屡黜宗臣，又虑解天潢之体；攻讦出自庶僚，参治未明罪状，劫于启请，惭于改更，欲借大臣以镇众议。且王凤主和约，颇得夷情，万一戎狄生心，乘端要劫，朝无可倚，事实难图。故屡集诸臣审求廷辩，冀得公忠之佐，以绝二三之疑。"

处治奕䜣是一件麻烦事，慈禧希望得到大臣们的支持，这正是慈禧一再召见的目的。

初十日、十一日和十二日三天，在外表平静的情况下，有关的人们在紧张地思考着。

十三日，醇郡王奕譞自东陵工程处赶回京师，来不及休息，急忙上疏为奕䜣说情。他先赞颂两宫太后"知人善任，措置得当"，接着肯定了奕䜣"感荷深恩，事烦任重"，然后着重说明奕䜣"有失于检点之处，乃小节之亏，似非敢有心骄傲。且被参各款本无实据，若因此遽尔罢斥，不免骇人听闻，于行政用人，殊有关系"。因此，他请求两宫太后"令其改过自新，以观后效"。

通政使王拯也上疏言，容其前愆，责其后效。

御史孙翼谋也直上一疏。他说："今外难尚未尽平，民气尚未尽复，帑藏之度尚未尽裕，善后之事宜尚未尽筹。言用人，则是非议论，或无定评；言行政，则通变之权宜，非拘常例。诗曰：'发言盈庭，谁敢执其咎。'无一专任之人，此后之执咎者谁耶？"这是从国内国际形势的分析入手，来说明处理奕䜣要极为慎重。他恳请对奕䜣"可否酌赏录用，以观后效"。

看起来，这几天大臣们不仅在思考，而且在积极地行动。

十四日，王大臣等在内阁复会。两宫太后将醇郡王奕譞、通政使王拯和御史孙翼谋等三人的上疏发下交议。

大学士倭仁首先拿出了疏稿。他自以为最了解慈禧的意图，因此拿出事先拟就的疏稿给大家看，并提出醇郡王等三人的疏稿根本不必讨论。这使到会的人感到很沮丧。但是王大臣们还是针对这一问题展开了激烈的争论。有的说，这是家庭纠纷，叔嫂之争，外人不好说三道四；有的说，奕䜣既然屡招物议，不见得都是捕风捉影，看起来他是难以担当重任的；有的说，揭发恭亲王没有确据，应该允许自新，弃置可惜；有的说，两宫懿旨已颁，不应朝令夕改；有的说，从谏如流，既然罢恭亲王认为不妥，就应该抛开自己，收回成命。

议论纷然，莫衷一是。

看看火候到了，肃亲王拿出了一份拟好的疏稿。他认为奕譞、王拯、孙翼谋上疏的提法是可取的，也是可行的。他建议："臣等谨议恭亲王方蒙严谴，惊惕殊深，此时察其才具，再为录用。虽有惇亲王、醇郡王并各臣工奏保，总须出自皇太后皇上天恩独断，以昭黜陟之权，实非臣下所敢妄拟。所有臣等遵旨会议情形，谨缮折具陈。"这就否定了倭仁的疏稿。

肃亲王的疏稿起了扭转会议方向的大作用。众人纷纷表态赞同肃亲王的提法。倭仁鉴于形势，也不便固执己见，不得不修改自己的疏稿，共改了四次，形成了一个奏折："臣等伏思黜陟为朝廷大权，恭亲王当皇上即位之初，维持大局，懋著勤劳，叠奉恩纶，酬庸锡爵。今因不自检束，革去一切差使。恭亲王从此儆惧，深自敛抑，未必不复蒙恩眷。以后如何施恩之处，圣心自有权衡，臣等不敢置议。"

这样大学士倭仁和肃亲王的奏折取得了一致意见，都主张两宫太后对恭亲王施恩，重新录用。军机大臣们列名于倭仁奏折。在肃亲王奏折上署名的有礼亲王世铎及王公、宗室、大臣等七十余人。

此外，都察院、宗人府也上了奏折。内阁学士殷兆镛、潘祖荫等也单衔上疏。

给事中谭钟麟、广成等上折奏道："海内多事之秋，全赖一德一心，共资康济，而于懿亲为尤甚。若庙廊之上先启猜嫌，根本之间未能和协，骇中外之观听，增宵旰之忧劳，于大局实有关系。"指出国家核心领导的团结与稳定是关系到全局的大问题，不可小看。

御史冼斌、学士王维珍也上疏言道："现在各省军务尚未尽平，如军机处、总理各国事务衙门，事繁任巨，该王素为中外所仰重，又为夷人所信服。万一夷人以此为请，从之则长其骄肆之心，不从或别启猜疑之渐，此虽系意料必无之事，总无不在圣明洞鉴之中。"

这是说，罢斥奕䜣，恐怕洋人不一定同意，请慈禧三思。

这就是说，除倭仁折和肃亲王折之外，又有一批人也上了奏折。王闿运所说的"朝论大惊疑"，正是如此。这就形成了吁请重新任用恭亲王奕䜣的强大的舆论力量，而且情之切切、言之凿凿。

事情到了这个地步，应该有所转圜了。慈禧摆出了虚心纳谏的姿态，于三月十六日以同治帝名义明发上谕："日前将恭亲王过失，严旨宣示，原冀其经此次惩儆之后，自必痛自敛抑，不致再蹈愆尤。此正小惩大诫，曲为保全之意。如果稍有猜嫌，则惇亲王等折均可留中，又何必交廷臣会议？兹览王公、大学士等所奏，佥以恭亲王咎虽自取，尚可录用。与朝廷之意正相吻合。见既明白宣示，恭亲王著加恩仍在内廷行走，并仍管总理各国事务衙门事务。此后惟当益矢慎勤，力图报称，用副训诲成全至意。"[1]

慈禧听取了王大臣的部分意见，重新任命奕䜣在内廷行走，并管理总理各国事务衙门，但议政王和首席军机大臣的要职被剥夺了。这就是说，奕䜣被排除在最高领导层之外，不得与闻枢密。慈禧太后进一步地收紧最高的皇权。

明发上谕后，慈禧并没有立即召见奕䜣。奕䜣请求召见，她们不予理睬，以示冷淡。直到二十几天后的四月十四日，她们才召见了恭亲王。这时的奕䜣已深知慈禧的厉害。他诚惶诚恐，不知所措，深自愧悔，伏地痛哭，作出了服从谕旨、听从裁决的姿态。慈禧也许是动了恻隐之心，也许是裁抑奕䜣的目的已经达到，也许是军机处没有更为合适的人选，便于同日发了一道上谕："恭亲王著仍在军机大臣上行走，毋庸复议政名目，以示裁抑。"

这就恢复了恭亲王的首席军机大臣职，但"议政王"名目却永远地削除

---

① 吴相湘：《晚清宫廷实纪》，第 1 辑，第 109 页。

了。历史学者吴相湘评说："是恭王仍被命枢廷矣。然已无'议政王'之尊称。名位固已较前大为减削，此虽王年少不学，关于大体，积嫌蒙衅，自取之严谴，然亦太后集权之手段也。"

历史学者黄濬亦评道："揆其实际，殆西后小弄玄虚，意在褫其议政王一职，以恣所欲为，非真有仇隙也。"

这两段话是有一定道理的。

作为这场斗争的尾声，还有两个插曲。

其一，同治四年（1865）九月，咸丰帝奉安定陵，恭亲王襄办奉安事宜有功，两宫太后欲加优奖。此时的恭亲王牢记"功高盖主"的古训，"以盈满为惧，再四固辞"，再也不敢领受什么奖赏了。所以，慈禧将恭亲王交宗人府议叙，宗人府评价甚好："惟恭亲王谊属宗藩，首参机务，近来事无巨细，愈加寅畏小心，深自敛抑。"慈禧很满意，特颁一谕旨："所有三月初七日谕旨，著毋庸纳入起居注，以示眷念勋劳，保全令名至意。"所以《清穆宗实录》同治四年（1865）三月初七日仅书："命恭亲王毋庸在军机处议政，并撤一切差使。"而无慈禧起草的朱谕全文。这是慈禧为缓和同奕䜣的矛盾而采取的一个步骤。

其二，恭亲王奕䜣为了表明自己的心迹，面奏两宫太后收回对其长女封为固伦公主的成命。两宫经考虑，便以同治帝名义发一上谕，同意了他的请求，去掉"固伦"二字，只封其为荣寿公主，所有一切仪制服色，仍照公主例。奕䜣怕功高贾祸，所以约束自己，谨慎行事。

总之，这场由两宫太后，主要是慈禧发起的对恭亲王奕䜣的斗争，前后经一个多月便基本结束了。来得突然，去得迅急。

这场斗争的起因是什么呢？

历来有三种说法：第一是安得海进谗说；第二是恭亲王傲慢说；第三是皇太后集权说。

第一，安得海进谗说。安得海是慈禧太后的御前太监，一名安德海，直隶南皮人。"狡黠多智，西太后甚嬖宠之。"安得海进谗言的说法，最早见于王闿运的《祺祥故事》："而孝钦御前监小安方有宠，多所宣索，王（恭亲王）戒以国方艰难，宫中不宜求取。小安不服，曰：'所取为何？'王一时不能答，即曰：'如瓷器杯盘，照例每月供一份，计存者已不少，何以更索？'小安曰：'往后不取矣。'明日进膳，则悉屏御瓷，尽用村店粗恶者。孝钦

（慈禧）讶问，以六爷（奕䜣）责言对。孝钦愠曰：'乃约束及我日食耶！'于时蔡御史闻之，疏劾王贪恣。"

就是说，安得海恃宠而骄，借慈禧名义，在物质要求上贪得无厌，遭到了正直的奕䜣的理所当然的反对。但是，狡猾的安得海设计圈套，恶进谗言，挑拨慈禧和奕䜣的关系，制造矛盾，妄图用慈禧打击奕䜣，慈禧偏偏又中了计。而这个矛盾恰被任署日讲官的蔡寿祺得知，他认为有机可乘，便上疏弹劾奕䜣。

这一说法被广为接受。《清鉴》说："得海既用事，朝士日奔其门，声势煊赫，恭王为所中，撤去议政权。"《清帝外纪·清后外传》说："孝钦御前太监小安，方有宠，多所宣索，王戒之。明日进膳，则悉用粗恶者。孝钦讶问，以六爷责言对，愠曰：'乃约束及我日用耶！'《清朝野史大观》说："安得海渐干国柄，先谮奕䜣短，以去其议政权。"《清代外史》说：安得海"先谮奕䜣短，以去其议政权"。

综上可知，这一说法广为流传。其实，慈禧偏听偏信安得海之类的太监的谗言，并因而猜忌、戒备恭亲王是完全可能的，也是可信的。

第二，恭亲王傲慢说。奕䜣自恃有功，每日奏对，时间既久，便放松了戒备，渐渐地把与两宫太后的等级森严的君臣关系，自觉不自觉地视如寻常百姓的叔嫂关系了。这是为两宫太后所绝对不允许的。

这里有四件典型事例。

其一是用人专断事。《慈禧外纪》说："恭王则于用人之权，黜陟之事，不商之于太后，或升或调，皆由己意。凡关于各省之事，亦独断而行。而宫廷之间，亦渐生嫌隙，常相抵触矣。"又说："恭王在宫廷之外，与中外官吏自由来往，不取太后意愿，辄自专擅。而太后则使太监伺察之，种种行为，皆归报于太后，乃愈启猜疑之心。"

其二是径入内廷事。两宫太后召见之地，任何人不得擅入。"无论若何大员，非总管太监传旨，不能径入。而恭王往往不俟内监传旨，径直入内，以为此制非为彼而设也。"

其三是误拿茶杯事。《祺祥故事》说："王既被亲用，每日朝，辄立谈移晷，宫监进茗饮，两宫必曰：'给六爷茶。'一日召对颇久，王立御案前，举瓯将饮，忽悟此御茶也，仍还置处。两宫哂焉。盖是日偶忘命茶。"据说，慈禧对这种越礼的行为十分反感。她们认为，这是奕䜣对至高无上的君权的一种蓄意的挑战，是不能容忍的。

其四是奏对失仪事。《慈禧外纪》说："一日召见时，恭王竟对两宫云："两太后之地位，皆由我而得之。'此言慈禧决不能忘而恕之也。"又说："凡奏对时，每由慈禧问答。一日太后言毕，恭王佯作未闻，请太后重述一次。太后有言，每抗声答之，恭王骄傲之态，每使太后不能容忍。"

奕訢的傲慢情形，于上述四端可见一斑。

对于奕訢的表现，"当时之人，皆以为恭王对于两宫之态度举动，似觉太过。以己大权在握，遂擅揽一切，未免近于骄愎"。

奕訢既然有此表现，便迫使慈禧不得不采取措施。"太后既知恭王之权渐大，常侵越己之权势，遂立意告诫恭王须明白国体，不可僭越。用人之权，视太后为转移。稍有不合，即告罢黜。"

奕訢傲慢骄愎的说法，是替慈禧张本的。当然，奕訢在作风与性格上的这个严重不足，也是确实存在着的。

第三，皇太后集权说。两宫太后，尤其是慈禧，对最高统治权一刻也没有放松过。《慈禧外纪》说："久之，慈禧于国故朝政，渐皆了然。本性专断，遂不欲他人之参与。盖其聪明才力，加以读书增其识见，于用人行政诸大端，颇得人之信服。昔之所赖，今则弃厌而疏远矣。昔日冲抑之怀，今则专断而把持之矣。"

这是说，慈禧在掌握和运用国家权力上已趋成熟，她要高度集中皇权。这就必须削弱恭王的权力。因此，她抓住战机，主动进攻，以便达到皇权独揽的目的。

这三种说法，孰是孰非？我认为，都有一定道理。内因是慈禧企图皇权独揽，外因是奕訢的用事专擅，行为不检，而诱因则是安得海的谗言。历史学者黄濬说："政变作而旋毕，自是权皆归六爷（奕訢）矣，于是有叔嫂之争。四年三月之事，除议政王之衔，以示裁抑。此中机括，不问而知为那拉后之以孝贞（慈安）为傀儡，共削恭王之权，以儆之也。"

那么，导火线是什么呢？

这里有两说，一为蔡寿祺弹劾说；二为恭亲王起立说。

前一说如上述。后一说源于《慈禧外纪》："一日恭王奏对时，忽不自检而起立，此则大背朝廷制度。凡臣工召见，不许起立，特立此制，以免臣工或有异常之举，危及皇帝。太监禀知太后，慈禧大声呼助，说'恭王起立，恐有异志，以危两宫'。侍卫闻之入内，引恭王而下，乃下一谕旨，言恭王侵朝廷大权，滥举妄动，罢议政王之位，开去军机大臣及其他宫廷要职，总理衙门之差亦撤去。"

我认为以前一说为是，后一说与事实不符。因为恭王奏对时，一般都是起立的。这条子虚乌有的记载，也许是来自于奏对失仪传闻的夸大。

总之，慈禧同慈安合作，削掉了恭王奕䜣的议政王头衔，并使奕䜣明白，他是两宫太后的臣下。生杀予夺之权，均操纵在两位年龄比他小的年轻女子手中。搞得好，可以合作；搞不好，下场可悲。肃顺等八大臣及胜保等两大臣就是前车之鉴。这是慈禧对奕䜣的一次政治试探和政治较量。试探的结果，全部剥夺奕䜣权力显然时机不够成熟；较量的结果，说明慈禧确实握有至高无上的绝对权力。奕䜣再也不敢小觑慈禧，否则后果不堪设想。其他王公大臣则更是俯首帖耳、心甘情愿地拜倒在慈禧的脚下了。

第七章　二次垂帘　倡导自强

一　鼎力支持设算学馆

同治时期，西风东渐，洋务兴起，自强肇兴。19世纪60年代兴起的自强运动在古老而封闭的中国是史无前例的。在"自强"的口号下，中国大地上出现了一批具有近代意义的新生事物。慈禧是如何对待这些新生事物的呢？如摘下有色眼镜进行历史的考察，便会发现，慈禧是坚决支持这些新鲜事物的。可以说，慈禧是自强运动的倡导者、支持者与推行者。奇怪吗？是的。但是，这是不容置疑的历史事实。

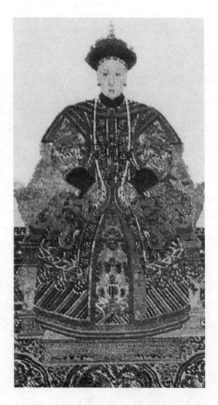

慈禧太后画像

慈禧在褫夺了奕䜣的议政王头衔之后，将皇权进一步集中到自己的手中。但在执行国策上，她仍然重用奕䜣。奕䜣虽然不兼任议政王了，仍然握有很大的实权，仍然是两宫太后及同治帝下之第一人。慈禧对奕䜣所主张和实行的自强政策是赞同和支持的。这在同治六年（1867）关于设立同文馆中的天文算学馆一事的大辩论中，可以看得很清楚。

奕䜣在同治五年十一月初五日（1866年12月11日）上一奏折，请在已开设的

京师同文馆旧址

同文馆中添设一馆，专门学习天文算学，即自然科学知识。招收对象有很大变化，不是招收幼童，而是满汉举人及恩、拔、岁、副、优五贡生等正途出身的五品以下京外各官年龄在二十岁以上者，聘请西人在馆任教。这样做可以学到根本，对制造机器、火器能起到关键作用。这是一个进步的实用的主张。慈禧认为可以办，就以同治帝的名义批示："依议，钦此。"当时同治帝只有十岁，还没有亲政，不具备决策能力。

既然慈禧批准了，奕䜣便考虑设馆招生的具体细节。经缜密考虑，奕䜣等于同治五年十二月二十三日（1867 年 1 月 28 日）又联衔上一奏折，进一步阐明设立天文算学馆的道理。当时对设立天文算学馆，保守派持顽固反对的态度。奕䜣领衔的这一奏折对保守派的种种谬论，进行了坚决的驳斥。什么"此举为不急之务"了、什么"舍中法而从西人为非"了、什么"师法西人为深可耻"了等，奕䜣都痛加批驳，又明确提出："识时务者，莫不以学西学、制洋器为自强之道。"① 并提出扩大招生范围，把翰林院编修、检讨、庶吉士等高级知识分子也列为招生对象。又为天文算学馆拟定了六项章程，包括招生对象、纪律要求、考试办法、奖惩措施、优待方法及毕业待遇等，奏折称"伏乞皇太后圣鉴训示遵行"。慈禧高瞻远瞩，顺时而动，批准了这道富有远见的奏折。

同治六年正月二十一日（1867 年 2 月 25 日），奕䜣又上一奏折，推荐原太仆寺卿徐继畬为总管同文馆事务大臣，也就是同文馆校长。《清史稿》记

---

① 《洋务运动》丛刊，第 2 册，第 24 页。

道："寻授太仆寺卿，加二品顶戴。"太仆寺卿本为从三品，徐继畬加二品顶戴，为副部级。徐继畬同时兼任总理各国事务衙门行走。以徐继畬为同文馆事务大臣，就提高了同文馆的地位，使人们不敢轻视它。这是奕䜣乃至慈禧的妙招。

当天，慈禧便明发一道上谕给内阁，批准了奕䜣的推荐。上谕曰："太仆寺卿徐继畬，老成望重，足为士林矜式。著仍在总理各国事务衙门行走，充总管同文馆事务大臣。惟寺务恐难兼顾，著开太仆寺卿缺，以专责成，而资表率。钦此。"①

慈禧当天便予以批复，不仅同意奕䜣的推荐，免去其太仆寺卿的职务，而且指示他仍在总理各国事务衙门行走，可见慈禧对洋务自强派的鼎力支持。

为了表示对自强运动的支持，两宫太后于正月二十三日发布懿旨，奖叙了奕䜣等一批自强派高级官员，旨曰："三载考绩，为国家巨典。中外满汉诸臣有能为国宣劳，勋猷卓著者，允宜特予甄叙，以示宠荣。兹当京察届期，吏部开单题请，详加披阅。恭亲王首赞枢廷，于今六年，小心谨慎，夙夜勤劳，克尽匡襄，深资抚翼，著交宗人府从优议叙。吏部尚书文祥、户部尚书宝鋆、都察院左都御史汪元方同心赞画，勤慎和衷，均著交部议叙。协办大学士、两江总督曾国藩，公忠素著，保障东南。陕甘总督左宗棠，严疆惕厉，谋划忠诚。湖广总督李鸿章，才略优常，不辞劳瘁。四川总督骆秉章，老成朔望，宣力弥勤，均著交部从优议叙。余著照旧供职。"②

这道懿旨肯定并表彰了从中央到地方的全部自强派高级官员，无形中长了他们的志气。这里受到表彰的中央一级的高级官员有：恭亲王奕䜣、吏部尚书文祥、户部尚书宝鋆、都察院左都御史汪元方。地方一级的高级官员有：协办大学士、两江总督曾国藩，陕甘总督左宗棠，湖广总督李鸿章和四川总督骆秉章。

事情本来在正常运作中。不料监察御史张盛藻跳了出来，上了一道奏折，反对招收正途出身的科甲人员学习天文算学。正月二十九日，即上谕发下刚刚八天之后，张盛藻就提出相反的意见，直斥天文算学馆。他认为自强之道不在制造轮船、洋枪，而在气节。有了气节，"以之御灾而灾可平，以之御寇而寇可灭"，关键是"读孔孟之书，学尧舜之道"，"何必令其习为机巧"？张

① 《洋务运动》丛刊，第 2 册，第 28 页。
② 《清穆宗实录》，第 7 册，第 4507 页。

慈禧太后

盛藻的意思是精神是万能的，可以打败物质。"气节"能够战胜枪炮。这真是一派胡言，不过当时很有市场。

对这个奏折，慈禧没有客气，当即发下谕旨予以驳斥，旨曰："朝廷设立同文馆，取用正途学习，原以天文算学为儒者所当知，不得目为机巧。"①

又指出："不过取西法以印证中法，并非舍圣道而入歧途，何至有碍于人心士习耶？该御史请饬廷臣妥议之处，著毋庸议。"

慈禧支持自强的态度是鲜明的、坚决的。

但是此时京城内外谣言四起，诋毁奕䜣。《翁同龢日记》记载了当时京城社会上的流言。《翁同龢日记》在同治六年（1867）二月十二日记道："同文馆之设，谣言甚多。有对联云：'鬼计本多端，使小朝廷设同文之馆；军机无远略，诱佳子弟拜异类为师。'"②

这里的"小朝廷"是诬指军机处和总理衙门，意在挑拨慈禧和奕䜣的关系，用心是恶毒的。

与此相呼应，大学士倭仁上书支持张盛藻的意见，反对设立天文算学馆。他说："窃闻立国之道，尚礼仪不尚权谋。根本之图，在人心不在技艺。"又说，"天下之大，不患无才。如以天文、算学必须讲习，博采旁求，必有为其术者，何必夷人？何必师事夷人？"他建议："伏望宸衷独断，立罢前议。"

倭仁的奏折同张盛藻的奏折，如出一辙。他们都是坚决反对开办天文算学馆。

倭仁是著名的理学大师，又是同治帝的师傅，位高权重，在意识形态领域很有发言权、很有市场。他的奏折不能小看，必须慎重对待。因此，两宫太后在养心殿东暖阁召见了倭仁、徐桐和翁同龢，询问了设立天文算学馆一事。慈禧问倭仁，为什么不能设立此馆，"倭相对未能悉畅"，倭仁说不出个所以然来。慈禧很不满意。

但京师的谣言并没有停止，而是越刮越凶。《翁同龢日记》记道："前日总理衙门尚递封奏，大约同文馆一事未见明文也。京语（师）口语藉藉，或粘纸于前门以俚语笑骂（'胡闹胡闹，教人都从了天主教'云云）。或作对句'未同而言，斯文将丧'，又曰：'孔门弟子，鬼谷先生。'"③

---

① 《洋务运动》丛刊，第 2 册，第 30 页。
② 陈文杰整理：《翁同龢日记》，第 1 册，中华书局 1989 年版，第 519 页。
③ 陈文杰整理：《翁同龢日记》，第 1 册，第 521 页。

面对谣言，奕䜣毫不退缩。他针对倭仁的攻讦，予以坚决回击。奕䜣于三月初二日上一奏折，对保守派倭仁予以反击。他上书说，洋人制胜之道，专以轮船、火器为先。而制造巧法，必由算学入手。这不是他个人的异想天开，而是同曾国藩、李鸿章、左宗棠、英桂、郭嵩焘等高级官员，往返函商的结论，是高层人士的共识，是有识之士的卓见。奕䜣最后言辞犀利地质问倭仁："该大学士既以此举为窒碍，自必别有良图。如果实有妙策，可以制外国而不为外国所制，臣等自当追随该大学士之后，竭其梼昧，悉心商办，用示和衷共济，上慰宸廑。如别无良策，仅以忠信为甲胄，礼仪为干橹等词，谓可折冲樽俎，足以制敌之命，臣等实未敢信。"①

慈禧又命军机大臣文祥将有关文件拿给倭仁看，希望他改变立场。接到奕䜣的奏折后，慈禧配合奕䜣的行动，于次日，即三月初三日，便命军机大臣文祥、汪元方到懋勤殿口传谕旨："总理衙门折一件、片二件，并摘抄曾国藩等折件信函，著倭仁阅看。" 慈禧给倭仁提供了一批内部机密的参考资料，让倭仁阅看，其目的是让他接受教育，转变立场。

但倭仁的态度很顽固。他于三月初八日又一次上书，认为办天文算学馆是"上亏国体，下失人心"，是"多此一举"，"不如不如是"。公然打出顽固保守派的大旗，死抗到底，毫不转圜。

慈禧对此极为重视。三月十三日，慈禧召见军机大臣，把倭仁的密折交给他们，让他们讨论后上奏。奕䜣于三月十九日复奏，指出倭仁反对设馆以来，京师谣言四起，煽惑人心，投考者寥寥，形势十分严峻。但奕䜣不为浮言所动，决心继续招生。同一天，奕䜣又上一折片，寓谐于庄地提出，既然倭仁提出精于天文算学的"何必夷人"？那么，"倭仁耳目中竟有其人，不胜欣幸！相应请旨饬下倭仁，酌保数员，各即请择地另设一馆，由倭仁督饬，以观厥成"。并郑重其事地调侃道："倭仁公忠体国，自必实心保举。"这是给顽固派倭仁出了一道难题。

就在同一天，慈禧配合奕䜣的奏折，给内阁明发上谕，命倭仁实施奕䜣的建议，旨曰："癸酉（三月十九日），谕内阁：总理各国事务衙门奏，遵议大学士倭仁奏，同文馆招考天文算学馆请罢前议一折。同文馆招考天文算学，既经左宗棠等历次陈奏，该管王大臣悉心计议，意见相同，不可再涉游移。即著就现在投考人员认真考试，送馆攻习。至倭仁原奏内称：'天下之大不患

① 《洋务运动》丛刊，第 2 册，第 33 页。

无才，如以天文算学必须讲习，博采旁求，必有精其术者。'该大学士自必确有所知。著即酌保数员，另行择地设馆，由倭仁督饬讲求，与同文馆招考各员互相砥砺，共收实效。该管王大臣等，并该大学士，均当实心经理，志在必成，不可视为具文。"①

总理各国事务衙门

就在同一天，隔了一段时间，慈禧又发布一个上谕，谕曰："命大学士倭仁在总理各国事务衙门行走。"②

倭仁你不是攻击总理事务各国衙门吗？我就让你去当总理各国事务衙门大臣，让你体会体会在这个同"异类"打交道的衙门的滋味。这就是慈禧同这名老夫子开的一个不大不小的玩笑。让倭仁去办天文算学馆，让倭仁去任

总理各国事务衙门

总理衙门大臣，这简直是要这个顽固老夫子的命。这是慈禧体会奕䜣的意图，故意装聋作哑，给老夫子倭仁一个难堪。《翁同龢日记》记道："朝堂水火，专以口舌相争，非细故也。"翁同龢认为这场争论不是"细故"，不

① 《清穆宗实录》，第199卷，第9页。
② 《清穆宗实录》，第199卷，第10页。

是小事。学者徐一士说："实恭王奕䜣等有意与开玩笑也。"① 这确实是慈禧和奕䜣相互默契，跟倭仁开的一个大玩笑。

不过，此法很灵验。我们看一看这位老夫子以后几天的表现。

第一次辞呈。三月二十一日，倭仁上一折，老实承认："今同文馆既经特设不能中止，则奴才前奏已无足论，应请不必另行设馆，由奴才督饬办理。况奴才意中并无精于天文算学之人，不敢妄保。"并且提出辞呈，表示不做总理衙门大臣。同一天，慈禧针对他的奏折，发一上谕，让他"仍著随时留心，一俟咨访有人，即行保奏"，对他的辞呈没有批准，想要继续为难他。这件事，传布开来，诸位大臣全都知晓。《翁同龢日记》记道："（二十二日）还坐兵部报房，与倭相（倭仁）议论，辞折未允也。""（二十三日）出偕倭（倭仁）、徐坐报房，商前事。"翁同龢、徐继畬帮助老夫子倭仁商量辞呈之事。显然，倭仁很是苦恼，没了主意。

第二次辞呈。三月二十四日，倭仁又提出辞呈。慈禧还是坚拒，准备玩上几天，折磨一下这个老顽固，也让顽固派看看我慈禧的颜色。为此，慈禧发一上谕，谕曰："戊寅（三月二十四日），谕内阁：前派大学士倭仁在总理各国事务衙门行走，旋据该大学士奏恳请收回成命。复令军机大臣传旨，毋许固辞。本日复据倭仁奏，素性迂拘，恐致贻误，仍请毋庸在总理各国事务衙门行走等语。总理各国事务衙门公务，关系紧要。倭仁身为大臣，当此时事多艰，正宜竭尽心力，以副委任，岂可稍涉推诿？倭仁所奏，著毋庸议。"②

接到上谕后，倭仁更加为难。翁同龢记载了倭仁当天的表现。《翁同龢日记》记道："遇艮翁（倭仁）于途，因邀至家，谈许久。知今日仍不准。与邸（奕䜣）语，几至拂衣而起。有顷，兰荪（李鸿藻）来邀，商酌无良策。噫！去则去矣，何疑焉。"③

这是说，时任同治帝师傅、翰林院侍讲的翁同龢对老夫子比较同情，将倭仁邀请到家，商量如何办。翁同龢知道慈禧没有批准倭仁的辞呈。倭仁说，同首席军机大臣奕䜣搭话，请他帮忙求准。奕䜣不给面子，差点发火，"几至拂衣而起"。这时军机大臣、同治帝师傅李鸿藻来了，三人又商量了半天，也没有办法。此时，年轻的三十八岁的翁同龢发了感慨，去就去呗，有什么了

① 徐一士：《一士类稿·一士谈荟》，第381页。
② 《清穆宗实录》，第199卷，第16页。
③ 陈文杰整理：《翁同龢日记》，第1册，第529页。

不起的。意思是说，到总理衙门去，也没有什么。

第三次面辞。三月二十五日，倭仁又请求慈禧召见。慈禧召见了他，由恭亲王奕䜣带领进见。倭仁当面承认没有合适人选，并请求批准他的辞呈。奕䜣"以语挤之"，即用话语讥讽他。拙于口才的倭仁无理可讲，"倭相无辞"，只好"受命而出"，仍然不批准他的辞呈。但在随后给同治帝讲课时，感到十分委屈，以致"潸焉泪下"。同治帝小皇帝不知何故，"骇愕不怡良久"。

三月二十六日，倭仁算了一卦。卦象表明，他应该辞职，"去志决矣"。

以后，翁同龢连续数日记载了倭仁的具体情况

三月二十九日："闻艮翁先生（倭仁）是日站班后，上马眩晕，遂归，未识何如也。"

四月朔："问艮峰先生疾，先生昨日上马几坠，类痰厥不语，借他人椅轿舁至家，疾势至重也。"

四月初二日："遣人问艮峰先生疾，稍愈矣。"

四月初十日："谒倭艮翁，未见，疾稍愈矣。"

四月十二日："倭中堂续假十日。"

四月十八日："问倭相疾，晤之。颜色憔悴，饮食甚少，相与唏嘘。"

五月初八日："晚谒艮峰相国，相国拟十二日请开缺。"

第四次辞呈。五月十二日："倭相请开缺，旨赏假一月，安心调理。"以上是说，倭仁因此心情郁闷，精神恍惚，上朝骑马忽然晕了过去，借别人轿子抬回了家。他便在家养病。他请求免职，这是第四次辞职。慈禧仍不准，只给了一个月假，让他养病。

慈禧为什么不准倭仁辞职，原因之一就是这场斗争不仅仅是倭仁一个人的问题。倭仁是顽固守旧派的一个典型代表。打掉倭仁的嚣张气焰，才能重惩顽固守旧派。

此时，有几位官吏上奏，支持倭仁，反对设立天文算学馆。

第一个奏折。三月二十七日，通政使于凌上一奏折，反对设立天文算学馆。

第二个奏折。四月十三日，崇实上一奏折，建议"不必朝廷为之设馆授餐"。

第三个奏折。内阁侍读学士钟佩贤借亢旱为名，攻击天文算学馆之设。钟佩贤奏曰亢旱日久，请直言极谏以资修省，内称"夏同善谏止临幸亲王府，则援旧章以折之；倭仁谏止同文馆，则令别设一馆以难之"等语，显然是站在倭仁的立场，替倭仁说话。慈禧便下一道谕旨，征求意见，同时也驳斥了

钟佩贤的话。

第四个奏折。五月二十二日，候选直隶州知州杨廷熙借机上一《奏请撤销同文馆以弭天变》的巨幅奏章，认为设立同文馆有十不可解，全面攻击洋务自强派。他开篇即说："请旨撤销同文馆，以弭天变而顺人心，杜乱萌而端风教。"接着说，"历代之言天文者中国最精，言数学者中国为最，言方技艺术者中国为备"，何必"舍中国而师夷狄"？又说："西人怀私挟诈施以蛊毒，饮以迷药，遂终身依附于彼，昏瞀不醒。"他公然提出，学习西方语言文字、算法、画法，"疆臣行之则可，皇上行之则不可"。最后请求两宫皇太后收回成命，撤销同文馆，以杜乱萌。杨廷熙的奏折集中地表达了反对设立天文算学馆的顽固守旧派的观点。这是继倭仁之后的又一次明目张胆的反扑。

慈禧看到这个奏折后十分气恼，命军机处起草驳斥杨廷熙的上谕。这道上谕于同一天发往内阁。上谕篇幅较长，集中表达了慈禧的观点，值得全文引用。谕曰："前因天时亢旱，诏求直言，原冀国计民生有所裨益。兹据都察院奏候补直隶州知州杨廷熙奏请撤销同文馆以弭天变一折，呶呶数千言，甚属荒谬！同文馆之设，历有年所。本年增习天文算学，以裨实用。历经御史张盛藻、大学士倭仁先后请罢前议，因其见识拘迂，迭经明白宣示。兹据该知州所陈十条，不过摭拾陈言，希图自炫，原可置之不论。惟有关于风俗人心者甚大，不得不再行明示。杨廷熙因同文馆之设，并诋及各部院大臣。试思杨廷熙以知州微员，痛诋在京王大臣，是何居心！且谓'天文算学，疆臣行之则可，皇上行之则不可'。普天之下，孰非朝廷号令所及，岂有疆臣可行而朝廷不可行之理？又谓'事在必行，恳请将翰林、进士科甲有职事官员撤销'，尤属荒谬！国家设立科目，原以登进人才，以备任使。曾国藩、李鸿章等均系翰林出身，于奉旨交办中外交涉事件，从无推诿。岂翰林之职专在辞赋，其国家政务概可置之不问乎？至所谓'西教本不行于中国，而总理衙门请皇上导之使行'，及'专擅挟持，启皇上以拒谏饰非之渐'等语，更为肆口诋诬，情尤可恶！推原其故，总由倭仁自派总理各国事务衙门行走后，种种推托所致。杨廷熙此折，如系倭仁授意，殊失大臣之体，其心固不可问；即未与闻，而党援门户之风，从此而开，于世道人心大有关系。该大学士与国家休戚相关，不应坚执己见，著于假满后，即到总理各国事务衙门之任，会同该王大臣等和衷商酌，共济时艰，毋蹈处士虚声，有负朝廷恩遇。至杨廷熙草莽无知，当此求言之际，朝廷宽大，姑不深责。恭亲王、宝鋆请将杨廷熙所奏十条派大臣核议，并请将该王大臣及现任各大臣均暂开总理衙门差使听候查办，自系为杨廷熙折内有'专擅挟持'等语。当此时事多艰，该王大臣等不避嫌怨。力任其难，岂可顾恤浮言，稍涉推诿，所请著毋庸议。"①

这篇上谕严厉地痛诋了杨廷熙的奏折："呶呶数千言，甚属荒谬！"并指出杨廷熙的所作所为同倭仁有很大关系："推原其故，总由倭仁自派总理各国事务衙门行走后，种种推托所致。杨廷熙此折，如系倭仁授意，殊失大臣之体，其心固不可问；即未与闻，而党援门户之风，从此而开，于世道人心大有关系。"

这道措辞严厉的明发上谕，实质是慈禧对此次大辩论的一个总结。她态度鲜明地站在奕訢等自强派一边，痛斥了倭仁等顽固派。自此，这场大辩论画上了句号。

后来，慈禧批准了倭仁的辞呈，总算饶了这位老夫子，不让他到他最讨厌的总理衙门同洋鬼子打交道了。

这场大辩论，自强派在慈禧的支持下取得了胜利，天文算学馆终于开设了。慈禧对开设天文算学馆的支持，出人意料。在短短的半年时间里，她借用同治帝的名义发出书面和口头谕旨共计十道。她知道她是在做什么。甚至板着面孔故意捉弄倭仁，她也是演戏般做的。没有慈禧的支持，一切关系国家的重大举措都是不能实行的。清代自强事业之得以开展，根本上是慈禧在起作用。这是人们长期忽略了的。当年慈禧三十二岁，春秋正盛，是想干一番事业的。为此，她对新生事物感兴趣是不足为怪的。

二 批准创建首座船厂

19 世纪 60 年代自强运动兴起后，在中国大地上出现了一批属于近代意义上的新生事物。

咸丰十一年（1861），第一座军火工厂——安庆内军械所成立。

同治元年（1862），第一支近代陆军在天津编练。

同治元年（1862），第一所翻译学校——北京同文馆设立。

同治二年（1863），第一次购买外国军舰，旋又遣散。

同治四年（1865），第一座大型综合兵工厂——江南制造总局成立。

同治五年（1866），第一座造船厂——福州船政局创办。

---

① 《清穆宗实录》，第 240 卷，第 30 页。

同治五年（1866），第一个政府考察团游历欧洲十余国。

同治六年（1867），第一所近代海军学校——福州船政学堂成立。

同治七年（1868），第一个巡回大使团出国。

同治九年（1870），第一支近代海军——北洋海军开始筹建。

光绪二年（1876），第一条铁路——吴淞铁路建成，不久又被拆毁。

光绪三年（1877），第一届赴欧海军留学生出洋。

光绪三年（1877），第一座煤矿——台湾基隆煤矿成立。

光绪五年（1879），第一条电报线——北塘至天津四十英里的电报线架设成功。

自强运动是代表先进生产力的进步运动。

慈禧对以上的自强举措，全部持积极支持的态度。

现以同治五年（1866）第一座造船厂——福州船政局创办为例，加以说明。

福州船政局是我国第一座近代化的制造兵船的军事工业，它又名马尾船政局，简称闽局或闽厂。闽局的创始人是自强派先驱、闽浙总督左宗棠。左宗棠是一位爱国主义者。创立船厂，不是他一时心血来潮，而是经过深思熟虑的。他"于此事求之十余年，诹之洋人，谋之海疆官绅者又已三载"。他焦思急虑，广求博讨，终于撰就了一篇有理有据、有血有肉的著名奏章——《拟购机器雇洋匠试造轮船先陈大概情形折》，正式建议清廷准允兴建闽局。这道奏章于同治五年五月十三日（1866年6月25日）上奏，引起了清廷高层奕䜣乃至慈禧的高度重视。

第一，他从军事与经济两个方面，有力地阐述了设立船局、自造轮船的必要性。

其一，在军事上，有利于巩固海防，捍卫京津。他奏道："况我国家建都于燕，津沽实为要镇。自海上用兵以来，泰西各国火轮兵船直达天津。藩篱竟成虚设……臣愚以为欲防海之害而收其利，非整理水师不可；欲

福州船政局

102

整理水师，非设局监造轮船不可。"

其二，在经济上，有利于筹转漕政，振兴商业。他奏道："自洋船载北货，行销各口，北地货价腾贵。江浙大商以海船为业者，往北置货，价本愈增。比返回南，费重行迟。不能减价以敌洋商，日久消耗愈甚，不惟亏折货本，寝至歇其旧业……目前江浙海运即有无船之虑，而漕政益难措手，是非设局急造轮船不为功。"总之，自造轮船，势在必行。自造轮船，其利甚多。他透辟地分析了轮船的借、雇、买、造之间的关系，得出了"借不如雇，雇不如买，买不如自造"的正确结论，从而坚定了造船的决心。

第二，又从择厂地、购机器、约洋师、筹款额、习驾驶、支薪工等各个方面，深入地论证了设局造船的可能性。

第三，又以西洋各国和东洋日本为例，类比地论述了造船的急迫性。他奏道："西洋各国与俄罗斯、眯利坚（美利坚），数十年来讲求轮船之利，互相师法，制作日精。东洋日本始购轮船，拆视仿造，未成。近乃遣人赴英吉利学文字，究其象数，为仿制轮船张本。数年后，东洋轮船亦必有成。"

综上，左宗棠从造船的必要性、可能性及急迫性各个方面剀切痛陈，阐发了自己的观点。请求清廷予以批准。清廷高层奕䜣乃至慈禧对此很为重视。

同治五年六月初三日（1866年7月14日）左宗棠又上一折，再次奏陈轮船必须自造。慈禧极为关注此事，当天照准，发出上谕："庚寅（六月初三日），又谕：左宗棠奏《现拟试造轮船并陈剿捻利用车战各折片》。中国自强之道，全在振奋精神，破除耳目近习，讲求利用实际。该督现拟于闽省择地设厂，购买机器，募顾洋匠，试造火轮船只，实系当今应办急务。所需经费，即著在闽海关税内，酌量提用。至海关结款虽完，而库储支绌，仍须将此项扣款，按年解赴部库，闽省不得辄行留用。如有不敷，准由该督提取本省厘税应用。左宗棠务当拣派妥员，认真讲求，必尽悉洋人制造驾驶之法，方不至虚靡帑项。所陈各条，均著照议办理。"[1]

慈禧对自造轮船高度重视，表现在：

其一，批准项目快速迅捷。从五月十三日到六月初三日，只短短的二十天，慈禧便批准了左宗棠的奏议。如果从左宗棠第二次上奏来算，则是当天批准的。速度之快，令人咋舌。

其二，肯定造船意义重大。慈禧代发的上谕特别强调："中国自强之道，

---

[1] 《清穆宗实录》，第178卷，第8页。

全在振奋精神，破除耳目近习，讲求利用实际。"而自造轮船就是符合这个自强精神的重要举措，"试造火轮船只，实系当今应办急务"。

其三，落实经费财力支持。这个上谕将左宗棠试造轮船所需经费，从朝廷给以支持。"所需经费，即著在闽海关税内，酌量提用。"

以上三点，足以说明慈禧对此项自强举措的高度重视。左宗棠如愿以偿。

其实，早在1860年，左宗棠就曾在杭州觅寻工匠，试造一小轮船。虽形模粗具，然试之西湖，却驶行不速。他把所造轮船给法国洋枪队教练德克碑和宁波税务司法人日意格观看，"据云大致不差，惟轮机须从西洋购觅，乃臻捷便"。德、日二人乘机出示法国轮船图册给左宗棠看，并毛遂自荐表示愿代为监造，把轮船制造理论传给中国人。后来德克碑回国，把轮船图式及船厂布置详细画成图册，并把置办外国轮机及招募洋匠等计划，寄交日意格并转左宗棠。不久德克碑再到中国，遇见了左宗棠，但未来得及签订协议。后德克碑因事赴暹罗，由日意格负责协商。

同治五年（1866）八月十九日，日意格应左宗棠之邀到了福州，两人面商了有关设局造船的一切事宜，并同赴福州罗星塔，择定在马尾山下设立工厂。

同年十月初五日，德克碑从安南到达福州，左宗棠给他看了条约全文，他表示赞同。左宗棠于是请德克碑赴上海法总领事处签字。

十一月二十九日，德克碑与日意格返闽，所有条约、条议、清折、合同、规章等件，均经法总领事白来尼签字画押担保，经左宗棠复核视为满意。

二月八日，日意格和德克碑由香港起程赴法，向法海军部报告。法海军部因未接到中国照会，乃电令香港法海军司令调查。

同治六年（1867）七月初六日，法香港海军司令电复清政府主办此事。法海军部于是转呈总统批准。法国皇帝拿破仑三世接见日意格，勉以悉心办理。法国政府之所以十分重视此计划，是因为他们认为这是丰满羽翼、扩张势力的极好时机。

八月十九日，日意格先率工头五人及工匠七人来华，抵福州后即赴船厂工作。

造船厂由日意格任正监督，德克碑任副监督。因"日意格通晓官话汉字，办事安详"。关于这两个法国人，左宗堂亦有评价："洋人不必人人皆知造船，即德克碑、日意格两人中，德克碑本系法国水师员弁，长于制造。日意格办事安详，曾充船主，洋务亦娴，但制造不逮德克碑。就两人而论，各有长短，皆不可少也。"① 因此，左宗棠交给了他们办厂的实权，"一切事务，仍责成该两员承办"。

从同治五年（1866）七月十四日慈禧批准，到同治六年（1867）八月十九日正式开办，历时十三个月，这个速度之快，是够惊人的。

以上是筹建船厂的简略过程。

最重要的是五年计划的制订问题。左宗棠在赴陕甘总督任前，与日意格、德克碑一同制订了五年计划。计划应达到的目标，左宗棠曾简要叙述："约计五年限内，可得大轮船十一只，小轮船五只。大轮船一百五十匹马力，可装载百万斤。小轮船几十匹马力，可装载三四十万斤，均照外洋兵船式样。总计所费不逾三百万两。"②

计划的基本内容日意格曾记道："船政局的基本计划决定如下：一、兴建工厂与船厂，以修造船舶并制造舰船所需的各种机器。二、建立学堂，以训练造船制器的工匠，并训练驾驶人员。三、雇用外国匠工造船制器，并教导中国工匠、匠首及艺童。四、修建拉拔（labat）式船槽一座，以修理船舶。五、兴建铁厂一座，能将本省所产的铁，以及在中国所能获取的废铁，熔炼并制成铁条铁板。"③

左宗棠除将条约、条议、清折、合同、规约照抄，咨呈军机处和总理衙门存案外，又胪举船政事一条，呈送清廷。

从以上的计划目标、基本内容和十项条目来看，五年计划目标明确，内容清楚，限期严格，规定周详。特别是合同一事，左宗棠看得很重："洋人共事，必立合同。船局延洋匠至三十余名之多，其中赏罚进退，辛工路费，非明定规约无以示信。已饬日意格等拟定合同规约，由法国总领事馆钤印画押，令洋匠一律遵守。"

与资本主义列强共事，即使签订合同，也可能是一纸空文。若不签订，更成画饼。左宗棠此举是值得称道的。

左宗棠曾对日意格、德克碑说道："条约外勿多说一字，条约内勿私取一

① 左宗棠：《上总理各国事务衙门》，《左文襄公画牍》，第8卷，第53—56页。
② 左宗棠：《详议创设船政章程折》（同治五年十一月初五日），《船政奏议汇编》，第2卷，第8页。
③ 日意格：《福州船政局》，1975年版，第10页。

文。倘有违背，为中外讪笑，事必不成。尔负我，我负国矣！"左宗棠严格要求日意格、德克碑信守条约，力任其成。

自同治八年（1869）二月十二日起，至同治十三年（1874）五月十六日第十五号轮船"大雅"号下水止，便是五年计划时间。合同规定了五年计划要在造船和育人方面分别达到的目标。造船方面，要造出大小轮船十六号。育人方面，要培训中国学生和工人五年后能独立担任制造与驾驶工作。

本书仅就造船方面加以论述，育人方面另作阐释。造船计划进展较为平稳。

同治六年（1867）九月建成船坞。船坞在马尾山麓，地势优越，"大江在前，迤南而下，群峰西拱，状若巨床"。此地原系民田，政府购买，圈为船坞。

十二月三十日，第一座船台告竣，以后又相继筑成两座。

同治七年（1868）一月十八日，举行了开工典礼。建厂进度很快。时人记载："船政局在日意格的监督之下进展很快。除了雇用的约五十名外国人之外，几百名中国工人和学徒经常在紧张工作中。厂地全部约占四十英亩，都垫了五尺高，使地平高过最高的潮水。以前本是一片沼泽的地方，如今已成为良好的厂基，有道路、机器和舒适的房屋。"

同治八年（1869）六月初十日，第一艘轮船制成下水。沈葆桢亲率各员主持了下水典礼。"万斛艨艟，自陆入水，微波不溅，江岸无声，中外欢呼，诧为神助。"中国自己制造的第一艘轮船胜利下水了。这在中国近代工业史上是一件大事。自同治七年（1868）一月十八日起，到同治八年（1869）六月十日止，仅仅用

沈葆桢

了不到一年半的短短时间，便造出了一艘真正的兵船。轮船的诞生实际上用无声的语言向列强宣告：中国人是聪明、智慧和勤劳的。外国人能办到的事，中国人经过努力也一定能办到。无怪乎，当第一号轮船"万年青"号驶赴天津时，"华夷观者如堵，诧为未有之奇"。

九月二十五日，"万年青"号轮船出洋。沈葆桢率领日意格及大小文武官员登船出港。

造船成绩显而易见。到同治十年（1871），共造成轮船六艘，有"万年青""湄云""福星""伏波""安澜""镇海"诸号。速度较快，每年下水两艘。

然而，恰在此时，同治十一年（1872）一月二十三日，内阁学士宋晋却奏议停造。他的理由是："闽省连年制造轮船，闻经费已拨用至四五百万，未免糜费太重。此项轮船将谓用以制夷，则早经议和，不必为此猜嫌之举。且用之外洋交锋，断不能如各国轮船之利便。名为远谋，实同虚耗。"

内阁学士宋晋的奏折，引起了慈禧的注意。慈禧在阅看完该奏折后，当天即发布上谕，要求调查研究此事，并尽快拿出意见来。同治十年（1871）十二月十四日慈禧代替皇帝发布上谕曰："谕军机大臣：宋晋奏，闽省制造轮船经费，已拨用四五百万。名为远谋，实同虚耗。且闻采买杂料，委员四出。虽官为给价，民间不无扰动。江苏、上海制造轮船情形亦同。请饬暂行停止，其每年额拨之款，即以转解户部。已经造成船只，拨给殷商驾驶，收其租价，以为修理之费，等语。制造轮船，原为绸缪未雨，力图自强之策。如果制造合宜，可以御侮，自不应惜小费而堕远谋。若如宋晋所奏，是徒费帑金，未操胜算，即应迅筹变通，著文煜、王凯泰通盘筹划，应否将轮船局暂行停止之处，斟酌情形，奏明办理。其上海轮船局应否一律停造，并著曾国藩、张之万、何璟，妥筹熟计，据实奏闻。原折均著钞给阅看，将此各谕令知之。"[①]

慈禧的这道上

"南琛"号铁甲巡洋舰

① 《清穆宗实录》，第325卷，第22页。

谕，明确要求有关人等"应否将轮船局暂行停止之处，斟酌情形，奏明办理"。并说"其上海轮船局应否一律停造，并著曾国藩、张之万、何璟，妥筹熟计，据实奏闻。原折均著钞给阅看，将此各谕令知之"。宋晋的奏折，无疑给正在迅捷展开的闽厂造船业，带来很大的压力。

面对着顽固派的挑战，自强派不甘示弱。宋晋的奏议理所当然地遭到了自强派高官的一致抨击。闽局创始人、陕甘总督左宗棠站在前列，总理船政大臣沈葆桢紧随其后，驳斥了宋晋的种种谬说，揭露了宋晋谬论的本质是资敌卖国。

自强派的灵魂人物、大学士、北洋大臣兼直隶总督李鸿章亦呈上著名奏章《筹议制造轮船未可裁撤折》，反对裁撤船厂。此奏章洋洋洒洒，气势逼人，开篇别具一格，拔地而起："臣窃维欧洲诸国，百十年来由印度而南洋，由南洋而东北，闯入中国边界腹地。凡前史之所未载，亘古之所未通，无不款关而求互市。我皇上如天之度，概与立约通商以牢笼之，合地球东西南朔九万里之遥，胥聚于中国，此三千余年一大变局也。西人专恃其枪炮、轮船之精利，故能横行于中土。中国向用之弓矛、小枪、土炮不敌彼后门进子来复枪炮；向用之帆蓬舟楫、艇船、炮划不敌彼轮机兵船，是以受制于西人。居今日而曰攘夷，曰驱逐出境，固虚妄之论；即欲保和局、守疆土，亦非无具而能守之也。彼方日出其技与我争雄竞胜，挈长较短以相角而相凌，则我岂可一日无之哉？"①

与顽固派权贵们的妄自尊大、闭目塞听不同，自强派的李鸿章眼观世界，注重时事。他从形势分析入手。着眼一个"变"字，看出一个"竞"字。他深感"此三千余年一大变局"的时势变迁。他疾呼"自强之道在乎师其所能，夺其所恃"。他反对空喊将夷"驱逐出境"，主张学习西方的船坚炮利，与其一决雌雄。他自信地说："况彼之有是枪炮、轮船也，亦不过创制于百数十年间，而侵被于中国如是之速。若我果深通其法，愈学愈精，愈推愈广，安见百数十年后不能攘夷而自立耶？"

此外，对于宋晋式的封建士大夫们的故步自封、愚昧无知，他也进行了颇为中肯的批评。他说："士大夫们囿于章句之学，而昧于数千年来一大变局；阻于目前苟安，而遂忘前二三十年之何以创巨而痛深，后千百年之何以

① 李鸿章：《筹议制造轮船未可裁撤折》（同治十一年五月十五日），《李书》（十六），奏稿。

安内而制外，此停止轮船之议所由起也。"

只知墨守，不明变化；只求苟安，不思振作。这便是士大夫们反对造船的缘由。李鸿章斩钉截铁地说："臣愚以谓国家诸费皆可省，惟养兵设防、练习枪炮、制造轮船之费万不可省。"

继自强派左宗棠、沈葆桢、李鸿章诸大员之后，恭亲王奕䜣据理力陈。他于同治十一年六月二十八日（1872年8月2日）奏道："虽将来能够临敌未敢预期，惟时际艰难，只有弃我之短，取彼之长，精益求精，以冀渐有进境，不可惑于浮言浅尝辄止。"①

奕䜣的奏议实际上为这场激烈的辩论作了总结。显而易见，身为当权派的自强派们占了压倒性的优势。

自此，慈禧掌握了全面情况，知道闽厂造船进展正常，就在恭亲王奕䜣递上奏折的当天，发下谕旨，对所有"船厂事宜"给予肯定，谕曰："总理各国事务衙门奏，遵议船厂事宜未可惑于浮言，浅尝辄止。应如李鸿章、左宗棠、沈葆桢所议办理。从之。"②

慈禧经过调查了解，掌握了事情的真相，于是坚决支持自强派将造船大业进行到底。

宋晋等顽固派们偃旗息鼓，鸣金收兵。

同治十一年（1872）的笔战以自强派的胜利而暂告停止，船厂坚持办了下去。在这场论战中，湘淮两派、南北两系是互相砥砺的。自强派在同顽固派的斗争中结成了一个阵线。

到同治十三年（1874）五月十六日，第十五号轮船"大雅"号下水。这就标志着五年计划的正式结束。

计划执行得究竟如何呢？这要从两方面看，有好的一面，也有差的一面。

好的一面有四点：

第一，遵守了期限。原定"约计五年限内"的时间是"约"计，实际从同治八年（1869）二月十二日起，到同治十三年（1874）五月十六日止，共用了五年零三个月的时间。很明显，日意格是按期完工的。

第二，保证了数量。原定制造"大轮船十一只，小轮船五只"。大轮船一

---

① 同治十一年六月二十八日总理各国事务衙门奕䜣等折，《洋务运动》丛刊，第5册，第127页。

② 《清穆宗实录》，第335卷，第21页。

百五十匹马力，小轮船八十匹马力。实际造成一百五十匹马力的大轮船九只，八十匹马力的小轮船五只。看起来，似乎缺两只大轮船。但是，由于中方的要求，突破计划造出一艘二百五十匹马力的大轮船，即第七号兵船"扬威"。这艘巡洋舰较之其他所造各船航速快、马力大、配炮多、载人众，后来作为南洋水师旗舰服役。为什么造了"扬威"号呢？因为当时有人提出："查轮船之设，外洋所长，全在炮位多而马力大，故能于重洋巨浪之中，纵横颠簸，履险如夷，制胜确有把握。"

大船当然比小船优越。然而，闽厂所造全系小兵船，即根驳一类。当时世界兵船有三种类型：小兵船、大兵船和铁甲舰。闽厂初设，它的技术能力只能造小兵船。但是该人建议："应设法讲求，得其奥妙。"盼望造出大兵船，当然用心良苦，应予称赞。中方后来同日意格协商，"日意格深以为然，因议定购二百五十匹马力新样轮机水缸二副，约以五个月动工，为第七号船配用"。日意格的态度是积极的。他全力以赴地参与议定购轮机、绘船图、造船身、安炮位和配水手诸事。但同时他明确说明："造一百五十匹马力轮船，一年内可成三号。如改制二百五十匹马力兵船，一年工程仅抵一半。统计一船，自开工起，须阅十五个月方能造成。"日意格如实地指出了改制此船所需时间是制原来船的将近四倍。这样原计划不能不受影响。但事实上只用了相当于制原船的两倍的时间。由于造了一艘顶两艘的"扬威"号，所以，计划规定的造船数量应视为如期完成了。

第三，注意了质量。这里所说的质量是就小兵船一类而言的。在这一等级内，船的质量尚可。就舰种来说，大多数为运输舰。这些运输舰在服役期内，基本上完成了接受的任务。

第四，培育了学工。中国最早一批近代产业造船工人即诞生在这里。

总之，五年计划的成绩是可见的。有人评道："即此一局而论，建设不到五年，船已造有如许之多。而肄习之人，亦著有成效，可谓敏捷矣。"这话不无道理。中国的闽厂从无到有，从小到大，从简到繁，从低到高，终于发展起来。法国人日意格、德克碑为了资本主义法国的利益，为了推销法国过剩的产品，为了扩大法国在中国的影响，也为了捞到个人的好处，他们在闽厂的工作一般是说得过去的。在客观上，毕竟建成了一座造船厂，造出了一批大轮船，培养了一些工程师，造就了一代新工人。

对日意格、德克碑的主观动机和客观效果应具体分析。在客观上，船厂的成绩是显见的。除此两人外，对大量的法国教习和工匠也应作具体分析，不可一概否定。闽厂是洋务自强派"自强"口号下的产物。船是中国技术人员和中国造船工人亲手造出来的。全盘否定闽厂，不啻全盘否定中国自己。闽厂无论如何是为反抗列强侵略，为中国自强御侮而设立的。

还有差的方面。我们不妨对此十五艘轮船作一详细剖析。其中，就吨位来看，一千吨以下的五艘，一千吨至一千五百吨的十艘；就马力看，除一艘二百五十匹外，其余一百五十匹的九艘，八十匹的五艘；就舰质看，全系木质；就舰种看，九艘运输舰，三艘通报舰，三艘兵舰；就配炮看，一般是三门至六门，只一艘十三门；就时速看，一般为每小时七十海里。

根据以上分析可知，这批轮船与资本主义列强的大兵船和铁甲舰相比，确实相差甚远，吨位小、马力微、舰质差、舰种单、炮数少、速度低。外人评论："为要建立海军，足以在海上与列强争相媲美，清政府自己修造并装配了一些小型的炮舰，交给中国人管驾……然而，其结果是这些小船只能供沿海岸巡缉之用；和平年月无用，战争起时是废物。"这些"小型炮舰"在列强的眼中是微不足道的。他们讥讽这些船平时"无用"，战时是"废物"。不是有的外国人说闽厂"不过是个大玩具而已"吗？我们说，同资本主义列强的造船厂比，中国的造船厂当然不行；同资本主义列强的铁甲舰比，中国的小兵船，也当然不行。这是不言自明的。资本主义列强的造船厂有近百年的历史。而闽厂只有五年的历史，这怎么能相比呢？然而，自己同自己比，就会看到闽厂创建的重要意义。

"万丈高楼平地起"，没有今天的小兵船，就不会有明天的大兵船，更不会有后天的铁甲舰。不能不说，同旧式长龙舰板相比，这些机动轮船是质的飞跃。沈葆桢说："虽精益求精、密益求密，尚有待于将来，而步能亦步、趋能亦趋已幸偿夫始愿。"

综上所述，两相比较，好的方面多于差的方面。正如光绪五年（1879）二月二十五日驻英大使曾纪泽说："福建船厂之办有成效，利多而弊少。人言籍籍，不足据也。""利多而弊少"，这个评价是恰当而公允的。

慈禧对自强派的造船盛举，一直持完全支持的态度。这和她对世界大势的深入了解是分不开的。慈禧注意了解世界大势，具有战略思维的头脑，具有长期思维的眼光。

自强运动是以兴办近代工业为中心内容，以抵制外国资本主义侵略扩张为主要目的，并对中国社会起了某些积极作用的地主阶级改革运动。可以说，它具有资本主义倾向，但又不可避免地还具有封建性和对外国资本主义的依赖性。

自强运动之所以发生在19世纪60年代，是由当时国内外的历史条件所决定的。那时，近代中国已开始走向半殖民地半封建社会，清朝统治者同资本主义的英法侵略者进行了两次交锋，都遭到了失败。以太平天国为中心的气势磅礴的农民大起义猛烈地冲击着清王朝的颓垣残壁。"内忧外患"一时并至，清朝统治阶级内部开始分化为顽固派和自强派。

顽固派的代表人物在中央有倭仁、宋晋等，在地方主要是一些内地官员。他们妄自尊大，盲目排斥西方的一切新事物，拒绝对中国封建的政治和经济制度进行任何改革，妄图保持全部旧秩序。

自强派代表人物在中央有恭亲王奕䜣、桂良和文祥等，在地方则是以曾国藩、李鸿章和左宗棠为首的湘淮系集团。他们主张学习西方的声光电化、轮船火车、机器枪炮、学校报刊等。他们认为，近代中国要富强，就必须学习西方资产阶级的自然科学知识，乃至社会政治学说。自强派是先进生产力的代表。

自强派大吏们之所以能有这样的认识，是和当时社会的主要矛盾紧密相关的。如果说，19世纪50年代到60年代初期，中国社会的主要矛盾是农民阶级与地主阶级的矛盾，那么，太平天国运动失败后，从19世纪60年代中期到七八十年代，中国社会的主要矛盾便是中华民族与列强的矛盾了。如果说，19世纪五六十年代是下层人民活跃、奋进的年代的话，那么，19世纪七八十年代便是社会上层扮演主要角色的年代了。中国社会的主要矛盾方面，也由农民阶级转化为资本主义列强了。

自强派们考虑"应如何设法自强使中国有备无患"，由此便搞起了兴"西学"、倡"洋务"的自强运动。自强派打出"自强"和"求富"的旗帜。所谓"自强"，就是开办军用工厂，生产新式武器，建立新式军队。所谓"求富"，就是为了解决军用工业的原料、资金、运输问题，而大力兴办民用工矿业和运输业。

自强运动时期，中国采用了新的先进的生产力。当然，自强派最初只是着眼于生产力的。但是，先进生产力的引进，必然要带来一系列不以他们主观意志为转移的变化。尽管这个变化是一个长期的、缓慢的、艰难的过程，但变化毕竟是开始了。中国近代资本主义的序幕由自强派揭开了。

自强运动是一个具有资本主义倾向的进步运动。它顺应了历史前进的潮流，这一点是不应抹杀的。

慈禧是坚决支持自强运动的。

随着同治帝载淳年龄的增长，慈禧在考虑他的大婚及亲政问题。

但是，让慈禧没有料到的是她的宠监安得海却被杀了。

三　宠监淂海伏诛之谜

同治八年（1869）七月发生了一件震动朝廷内外的大事，即慈禧的宠监安得海被杀。

安得海（1844—1869），一名安德海，直隶（今河北省）青县人。童年入宫，充内廷太监，人称小安子。咸丰帝北狩热河时，他随咸丰帝也到了热河。辛酉政变中，安得海在慈禧和奕䜣之间往来奔走，得到慈禧的信任。

安得海聪明伶俐，为人狡狯。据说他"艺术精巧，知书能文"，"能讲读《论》《孟》诸经"，且能察言观色，善于逢迎，"以柔媚得太后欢""孝钦后深器之"。自此，"语无不纳，厥后遂干预政事，纳贿招权，肆无忌惮"。他又"笼络朝士，使奔走其门，势焰骎骎"。

安得海屡进谗言，说奕䜣的坏话，挑拨慈禧与奕䜣的关系，使慈禧削掉了奕䜣的议政王职。这说明安得海已达到了"渐干国柄"的地步。有一次，恭王奕䜣请见慈禧。慈禧正在和安得海谈天说地，竟然推辞不见。奕䜣受到羞辱，十分恼怒，退下后对他的亲信说："不杀掉安得海，不足以对祖宗、振朝纲也。"

同治帝也很厌恶安得海，因事斥责过他。安得海便向慈禧告状，慈禧居然偏袒他，责问同治帝。因此，同治帝十分痛恨安得海，曾做了个小泥人，砍断小泥人的脑袋，太监问他是怎么回事，同治帝

难得一见的清宫太监合影

丁宝桢

狠狠地说："杀小安子！"

后来安得海晋升为总管太监。

安得海在北京待得腻了，想出京城玩玩，便请求慈禧给他一个机会。慈禧因十分宠幸安得海，就答应他到广东去为同治帝置办大婚所用的龙衣。慈禧把这个事和同治帝说了，同治帝"阳赞成之"，但却密诏山东巡抚丁宝桢做好诛杀安得海的准备。

丁宝桢（1820—1886），字稚璜，贵州平远（今织金）人。咸丰三年（1853）进士。同治二年（1863）由陕西按察使改任山东按察使。他"严刚有威"。当时蒙古名将僧格林沁亲王正在山东一带剿杀捻军，十分傲慢。他会见司道官从来不给设座位。丁宝桢来投谒前，让人转告僧王："坐则见，否则罢！"人们都吃惊丁宝桢的大胆，但"王服其强，为改容加礼"。山东巡抚阎敬铭"闻之，大称异，至是日，亲迓于郊"。后来阎敬铭很佩服丁宝桢的才能，请求退休，推举丁宝桢代替自己。这样，丁宝桢就升任为山东巡抚。

据说丁宝桢曾到北京去拜见同治帝，同治帝见他"遇事敢为"，就同慈安太后密商，慈安也认为丁是"有肝胆之人"，可以信赖。他们便命丁宝桢等待机会杀掉安得海，丁慨然应诺便回去了。现在机会来了。

同治八年（1869）七月，安得海出了京城，顺运河南下。"旗缯殊异，称有密遣"，到处吹嘘他有慈禧的密旨。他自称钦差，身穿龙衣，船上挂有一日形三足鸟旗，船旁有龙凤旗帜，并带有前站官、标兵、苏拉、僧人、妻妾、太监、女乐等数十人，乘两条大船，声势煊赫，气派非凡，一路之上品竹调丝，观者如堵。七月二十一日，据说是安得海的生日。他居然在船上悬挂龙旗，自己坐在前面，让一船男女顶礼膜拜。

丁宝桢接到同治帝密谕后便加紧行动。他当即密嘱德州知州赵新："传闻安得海将过山东，如见有不法事，可一面擒捕，一面禀闻。"而赵新是一个官场经验十分丰富的小官吏。他左思右想，瞻前顾后，如安得海过境时不报告，怕得罪丁宝桢；如明白禀报，又怕一旦不能除掉安得海，自己反而遭殃。真是左右为难。他便同幕僚商量，幕僚让他用夹单禀报。这样，如果丁宝桢不参奏，则夹单非例行公事，不能存卷，安得海就不会知道；如果参奏，则"为祸为福，丁宝桢自当之"。

赵新就用夹单密报了安得海过德州的情况。

丁宝桢根据赵新的奏报，一面具折参奏安得海，一面派东昌府知府程绳武追赶。程尾随他们的后面三日，但不敢动。丁宝桢又命令总兵王正起率兵追赶，直追到泰安才将安得海等擒获，后解至济南。

慈禧为丁宝桢写的字

安得海傲慢无礼，口出大言："我奉皇太后命，谁敢把我怎么样，你们找死啊！"在场的官员吓得不敢动他。而丁宝桢不听邪，认为等待谕旨不保靠，应该先把他杀掉。泰安知县何毓福一看真要动刀，感到非同小可，长跪力谏，请丁宝桢等待谕旨。丁宝桢说："太监私自出京，是制度不准许的。况且，我们事先没有接到指示，必诈无疑。"

当天晚上，丁宝桢就在济南诛杀了安得海，安得海的随从二十余人也一律被处死。

丁宝桢这边处死了安得海，那边奏疏上报朝廷，请旨定夺。慈禧得疏后，大为惶骇，"莫知所为"。但事已至此，也只得忍痛同慈安太后一同召见恭亲王、军机大臣和内务府大臣，研究怎么办。朝臣们都异口同声地说："祖制太监不得出都门，犯者死无赦，当就地正法。"

清朝祖制家法，对太监的管理和约束是极为严格的。清太祖努尔哈赤和清太宗皇太极时，没用太监。顺治帝进北京后，始仿明制设立太监。他吸取了明朝太监干预朝政以致亡国的教训，对太监立下了严格的规矩，在交泰殿立了一个铁牌，其牌云："（太监）以后但有犯法干政，窃权纳贿，嘱托内外衙门，交结满汉官员，越分擅奏外事，上言官吏贤否者，即行凌迟处死，定不姑贷。特立铁牌，世世遵守。"

这个规定是极其严厉的，以后各代皇帝都严格遵守这个祖制。乾隆帝认为明朝太监弄权，都是因为他们颇通文墨，便于交结营求。所以，他下令只叫太监"略知字体"即可，不让他们有更多的文化。乾隆帝对太监"待之尤严"，稍有不法，便棍棒交加。他命令内务府大臣兼管太监，规定太监官职不得高于四品，又把他们的姓大都改为王姓。因为姓王的多，不易辨识，以免太监交结大臣。乾隆时，有一个太监高云从因稍泄机密，便被处以磔刑。

慈禧是知道清代的祖制家法的。慈安、同治帝、奕䜣和诸大臣抬出祖制家法这个法宝，慈禧也不敢公然违抗。她不得不同意大家的看法。恭亲王奕䜣力争之，慈禧只得于同治八年（1869）八月初四日发下上谕。慈禧等就这次安得海出京事，连发三道上谕。这很值得深思。

第一道上谕。同治八年（1869）八月癸卯（初四日）上谕曰："丁宝桢奏，太监在外招摇煽惑一折。据德州知州赵新禀称，七月间有安姓太监，乘坐太平船二只，声势炫赫，自称奉旨差遣织办龙衣。船上有日形三足乌旗一面，船旁有龙凤旗帜。带有男女多人，并有女乐，品竹调丝，两岸观者如堵。又称本月二十一日，系该太监生辰，中设龙衣，男女罗拜。该州正在访拿，闻船已扬帆南下。该抚已饬东昌、济宁各府州，饬属跟踪追捕等语。览奏深堪诧异。该太监擅自远出，并有种种不法情事，若不从严惩办，何以肃宫禁而儆效尤。著马新贻、张之万、丁日昌、丁宝桢，迅速派委干员，于所属地方，将六品蓝翎安姓太监严密查拿，令随从人等指证确实，毋庸审讯，即行就地正法，不准任其狡饰。如该太监闻风折回直境，即著曾国藩饬属一体严拿正法。倘有疏纵，惟该督抚等是问。其随从人等有迹近匪类者，并著严拿分别惩办，毋庸再行请旨。将此由六百里各密谕知之。"①

实际上，上谕到达的前五天，安得海就已人头落地了，并暴尸三天。当时民间传说安得海是个假太监，安得海与慈禧有染。安得海被暴尸，人们看到了安得海确实是个真太监，表明了慈禧的清白。这是丁宝桢的聪明之处。

安得海所带的辎重一律收缴，有骏马三十余匹，黄金一千一百五十两，元宝十七个，极大珠五颗，珍珠鼻烟壶一枚，翡翠朝珠一挂，碧霞朝珠一挂，碧霞犀数十块。其余珍宝很多，都陆续解归内务府。

过了七天，即在八月十一日又连发两道上谕，反复强调整治太监的必要。

第二道上谕。同治八年（1869）八月庚戌（十一日）上谕曰："谕内阁：本月初三日丁宝桢奏，据德州知州赵新禀称，有安姓太监乘坐大船，捏称钦差织办龙衣。船旁插有龙凤旗帜，携带男女多人，沿途招摇煽惑，居民惊骇等情。当经谕令直隶、山东、江苏各督抚派员查拿，即行正法。兹据丁宝桢

① 《清穆宗实录》，第264卷，第10页。

奏，已于泰安县地方，将该犯安得海拿获，遵旨正法。其随从人等，本日已谕令丁宝桢，分别严行惩办。我朝家法相承，整饬宦寺，有犯必惩，纲纪至严。每遇有在外招摇生事者，无不立治其罪。乃该太监安得海，竟敢如此胆大妄为，种种不法，实属罪有应得。经此次严惩后，各太监自当益加儆惧。仍著总管内务府大臣，严饬总管太监等，嗣后务将所管太监严加约束，俾各勤慎当差。如有不安分出外滋事者，除将本人照例治罪外，定将该管太监一并惩办。并通谕直省各督抚严饬所属，遇有太监冒称奉差等事，无论已犯未犯，立即锁拿奏明惩治，毋稍宽纵。"①

这道上谕有三层含义。其一，肯定了丁宝桢先斩后奏的做法。其二，重申了严饬太监的祖制家法。其三，表明了安得海是"捏称"私自外出，罪有应得。即安得海的出京，是他个人的行为，与其他人无关。这大概是为了消除安得海是慈禧特派出京的谣传。

第三道上谕。同一天，慈禧又发下一个上谕，就对其余人犯的处治问题表态，上谕曰："谕军机大臣等：丁宝桢奏拿获招摇煽惑之太监遵旨正法，并分别查办随从人等一折，已明降谕旨宣示矣。安得海既经正法，其随从之陈玉祥、李平安二名亦系太监，均著即行绞决。此外尚有太监几人，著丁宝桢于讯明后，一并绞决，以儆效尤。其余随从人等，迹近匪类者，即懔遵前旨，分别惩办。至黄石魁一名，系何人役。折内所称前站官，究系何官，抑系冒充，并著讯明办理。安得海衣物等项，毋庸存储藩库，即由该抚派员解交内务府查收。将此由六百里谕令知之。"②

这些被处决的太监及其他人等，显然都做了冤死鬼。既然安得海已被诛杀，慈禧索性借严惩一干人等，抬高自己。

安得海伏诛，大快人心。曾国藩说："吾目疾已数月，闻是事，积翳为之一开。稚璜（丁宝桢）真豪杰也！"李鸿章阅《邸抄》看到这条消息，高兴得跳了起来，拿《邸抄》给幕客看，并说："稚璜成名矣！"

斩掉安得海是慈安、同治帝和奕䜣的一个胜利。慈禧在这场角逐中失败了，这是她始料所不及的。从中她看出来同慈安、奕䜣的权力之争非一朝一夕之功。她现在要隐忍等待，不可轻易出击。她现在还不能为所欲为。她是能屈能伸的。这个野心极大的女人为了要攫取到中国最大的权力，目前要稳

---

① 《清穆宗实录》，第264卷，第25页。
② 《清穆宗实录》，第264卷，第26页。

扎稳打，不可急切从事。

丁宝桢杀掉了安得海，慈禧并没有怪罪他。从丁宝桢的仕宦履历看，他后来一路高升，并寿终正寝。光绪二年（1876），丁宝桢入京觐见慈禧。慈禧对他十分看重，赐他紫禁城骑马，代吴棠署理四川总督。丁宝桢在四川前后十年，严惩贪污，革除陋规，改革盐法，还田于民，每年增加税收一百余万两。光绪十二年（1886）病逝，清廷特赠他为太子太保，赐谥"文诚"。可见，慈禧并没有因安得海问题而对他进行报复，反而加以重用，大概是为慈禧洗刷了莫须有的污名之故。这说明慈禧是有政治胸怀的。

关于安得海伏诛，有两说是不能成立的。

一是慈禧观戏说。《十叶野闻》说："方丁折文到京时，慈禧正观剧取乐。恭王乃立请见慈安，拟定谕旨。慈安画诺已，驰谕下山东。许丁宝桢速即就地正法，不必解京审讯。"《慈禧外纪》也持此说。又说上谕发出后，"慈禧方酣嬉于戏剧，未之知也。故丁文诚（丁宝桢）得行其志，慈禧不及援阻"。

慈禧喜欢观剧是真，但上谕不经慈禧同意便发出，即使贵如正宫的慈安也是没有这个胆量的。况且，作为政治家的奕䜣也不会干这等极易被揭穿的低级傻事。此说不能成立。

二是慈禧设谋说。今人提出"杀安得海是慈禧的一大阴谋"。他认为，杀安得海是慈禧设下的一个圈套。慈禧让安得海大张旗鼓地出京，是慈禧有意把安得海往刀刃上送。慈安和奕䜣中了她的"借刀杀人之计"。这样，她便探知了慈安、奕䜣和她明争暗斗的真面目，促使她下决心除掉这两个心腹之患。

这个说法也是不能成立的。因为，慈禧不设此圈套，她也明白，慈安和奕䜣是她实行独裁统治的绊脚石。她用不着费此周折来探明这个真面目。因此，以上两说是不能成立的。

诛杀安得海之后的大事，便是同治帝的大婚、亲政，以及亲政后的同治帝在慈禧的支持下欲修圆明园了。

四　纳谏停止圆明工程

同治十一年（1872）正月，慈安、慈禧两宫皇太后酝酿撤掉垂帘，归政同治帝。但在归政之前，必须给时年十七岁的同治帝载淳完婚。

不料，在为同治帝选择后妃的问题上，慈安和慈禧发生了争执。

慈安看中了翰林院侍讲崇绮的女儿阿鲁特氏。

崇绮（？—1900），字文山，原蒙古正蓝旗人。大学士赛尚阿之子。同治三年（1864），考中一甲一名状元。有清一代，满蒙人试汉文中状元者，只有崇绮一人。他"生平端雅"，"工诗，善画雁"。能诗善画，多才多艺。他是一位汉文化造诣颇深的蒙古族高级知识分子。阿鲁特氏，"幼时即淑静端慧。崇公每自课之，读书十行俱下。容德甚茂，一时满洲、蒙古右族，皆知选婚时必正位中宫"[①] 阿鲁特氏在其父亲的教育下，文化水平也很高。当时她十九岁，正是好年华。慈安爱其"端庄谨默，动必以礼"，很想立她为后。

崇 绮

而慈禧却看中了员外郎凤秀的女儿富察氏。她还是个小姑娘，才十四岁，姿性敏慧，容仪婉丽。慈禧"欲立之"。

阿鲁特氏虽然容貌不如富察氏，然而"望而知为有德量者"。慈安、慈禧各有所属，"相持不决"。这时只好召同治帝自己选定。"帝择东后所拟定者为后"，即选择了慈安太后中意的阿鲁特氏为皇后。这就大大地得罪了慈禧。她认为这是亲生儿子有意和自己作对。但迫于当时的形势，她不便发作，只得暂时隐忍，便同意了立阿鲁特氏为皇后，但必须定富察氏为妃子。

这样，在同治十一年（1872）二月初三日两宫发布懿旨，选翰林院侍讲崇绮之女阿鲁特氏为皇后、员外郎凤秀之女富察氏为慧妃、知府崇龄之女赫舍哩氏为瑜嫔、前任副都统赛尚阿之女阿鲁特氏为珣嫔。接着在二月十五日又发懿旨，大婚典礼定于本年九月十五日举行。在这之前的七月二十六日纳采礼，八月十七日大征礼。同一日，恭亲王奕訢上一奏折，奏请大婚礼成，应为慈安、慈禧加上徽号。两宫太后"俯如所请"。

时光荏苒，转眼大婚日期到了。九月十四日，同治帝身着礼服，亲御太和殿，遣惇亲王奕誴为正使、贝勒奕劻为副使，持节奉册宝诣皇后邸，册封阿鲁特氏为皇后。派大学士文祥为正使、礼部尚书灵桂为副使，持节奉册宝

---

① 薛福成：《庸庵笔记》，第26页。

坤宁宫

封富察氏为慧妃。九月十五日举行大婚典礼。这一天，皇后阿鲁特氏由自家邸第升凤舆，銮仪卫陈仪仗车辂，鼓乐前导，由大清中门行御道，至乾清宫降舆。同治帝身穿礼服，在坤宁宫外等候，行合卺礼。同治帝大婚便告成了。①

慈禧虽然容忍了慈安和同治帝的选择，但她对皇后阿鲁特氏是不喜欢的。据说，大婚当晚，皇后应对，颇讨同治帝欢心。同治帝让她背诵唐诗，她竟"无一字误"。同治帝对皇后愈加宠幸。他见皇后气度端凝，不苟言笑，更加敬重她。慈禧见同治帝和皇后伉俪甚笃，恩恩爱爱，很不是滋味。皇后见慈禧时，慈禧从不给她好脸色。慈禧对同治帝冷落慧妃，更是不满，对他说："慧妃贤慧，虽屈在妃位，宜加眷遇。皇后年少，未娴宫中礼节，宜使时时学习。帝毋得辄至中宫，致妨政务。"慈禧竟然以妨碍政务为理由，不准同治帝同皇后亲近，让他多亲近慧妃。同治帝不敢违背慈禧的旨意，因此就很少到皇后宫中去了。但他也不愿亲近慧妃。为此，他经常独宿在乾清宫。慈禧的干预使同治帝的婚后生活很不如意。

大婚之后便是同治帝亲政了。

同治十二年，同治帝载淳已十八岁了。

同治十二年正月二十六日（1873年2月23日，）举行了同治帝亲政大典。

二月初八日，上谕两宫皇太后崇加徽号为"慈安端裕康庆皇太后，慈禧端佑康颐皇太后"，以示尊崇。

大婚、亲政二典，相继告成。这之后，同治帝所关心的第一件事就是修复圆明园。他之所以迫不及待地想修复圆明园，是因为：

第一，报答母恩，略尽孝道。同治帝对两宫太后的垂帘听政是真诚感激

---

① 《清穆宗实录》，第340卷，第17页。

的。他感到"自御极以来，未奉两宫皇太后在园居住，于心实有未安"，而且再过两年正是慈禧四十万寿之期，为了"感戴慈恩"，"欲尽孝思"，所以要修园。

第二，小人怂恿，贪图享乐。内务府郎中贵宝、文锡力劝同治帝兴土木、修园庭。其目的是上下其手，中饱私囊。"内务府府之职，如衙门之有庶务，即俗所谓账房也。账房有折扣，有花账，已处处有弊，而内务府

圆明园遗址

更有百倍于此者。"① 内务府设六司，其中营造司掌管本府缮修等工作。营造司只有大兴土木，才有中饱贪污的机会。为此，他们便怂恿同治帝修园。同治帝周围的太监和不肖侍读王庆祺也劝说他修园。这些都促使手握皇权的同治帝决心修园。

第三，摆脱慈禧，独揽皇权。两宫太后归政后，慈安乐得颐养天年。而慈禧则不然，她仍然有时调折来看，干预朝政。这使同治帝感到必须给慈禧一个游玩的场所，以便摆脱慈禧的控制，皇权独揽，为此，他也认为必须修园。

这种种原因都促使同治帝决心修复圆明园。当时户部侍郎桂清掌管内务

① 何刚德：《春明梦录·客座偶谈》，第16页。

府，听到同治帝想修园，力陈不可。同治帝大怒，严厉斥责了桂清，并撤了他的职。

九月二十七日，他派内务府司员到四代承办园工之工程设计师雷思起家，索取三园全图。第二天便发布朱谕，决心修园。其朱谕全文如下："朕念两宫皇太后垂帘听政十一年以来，朝乾夕惕，倍极勤劳，励精以综万几，虚怀以纳舆论。圣德聪明，先被四表，遂致海宇升平之盛世。自本年正月二十六日，朕亲理朝政以来，无日不以感戴慈恩为念。朕尝观养心殿书籍之中，有世宗宪皇帝（雍正帝）御制圆明园四十景诗集一部，因念及圆明园本为列祖列宗临幸驻跸听政之地，自御极以来，未奉两宫皇太后在园居住，于心实有未安，日以复回旧制为念。但现当库款支绌之时，若遽照旧修理，动用部储之款，诚恐不敷。朕再四思维，惟有将安佑宫供奉列圣圣容之所及两宫皇太后所居之殿，并朕驻跸听政之处，择要兴修，其余游观之所概不修复。即著王公以下京外大小官员量力报效捐修。著总管内务府大臣于收捐后，随时请奖，并著该大臣等核实办理。庶可上娱两宫皇太后之圣心，下可尽朕之微忱也，特谕。"①

这道谕旨表明了同治帝修复圆明园的动机和决心，并堂而皇之地说，修复的范围是局部的，即"择要兴修"；其方法是官员"报效"，即自动捐献。

说是"择要兴修"，其实动工范围很广。当时准备重修的部分，约三千余间，包括圆明园、万春园和长春园等三园的亭台楼阁。属于圆明园的有大宫门、出入贤良门、正大光明殿、九州清晏殿、慎德堂、安佑宫、藻园、上下天光、万方安和、武陵春色、杏花春馆、同乐园、舍卫城、双鹤斋、西峰秀色、紫碧山房、北远山村、朋春门。属于万春园

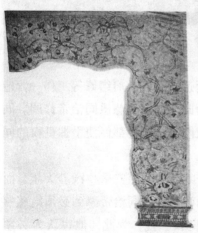

同治重修圆明园"天地一家春"装修大样之一

---

① 《晚清宫廷实纪》，第 1 辑，第 206 页。

的有大宫门、天地一家春、蔚藻堂、清夏堂，以及两园之道路、桥梁、船只、河道、码头、围墙、门楼等附属工程。属于长春园的有瀑岳开襟。以上重修部分共分六大工程。①

同治重修圆明园"万方安和"模型

不料，朱谕发下几天，十月初一日，御史沈淮上疏，请缓修圆明园。同治帝十分震怒，立即召见，严厉斥责他。

十月初二日，针对沈淮上疏，同治帝再颁修园上谕。重申只是"略加修葺"，不是大兴土木。

十月初八日，内务府司员督促开工，拆除了天地一家春、清夏堂、正大光明殿等殿宇房屋一千四百二十间之断壁残基。清理工程正式开始，行动十分迅速。

十月初九日，恭亲王奕䜣第一个报效工程银二万两。这是一个出人意料之举。与其说，他是在支持同治帝，不如说他别有深意。他是通过此举引起别人的注意，以便达到阻止建园的目的。

消息传出，御史游百川不听邪，又上疏谏阻。同治帝益发恼怒，十月十四日，朱谕革除了游百川的职务，并告诫群臣，不准再奏。同治帝想用皇权压服谏阻者。

其实，重修圆明园是慈禧太后的主张。慈禧太后亲自审看了修改的图样，有的还是她亲笔画的。天地一家春是咸丰帝在位时，慈禧居住之所。慈禧对它自然别有一番深情。而万春园又是专为慈禧设计的庭院，她对此也是格外关心。这次重修，把天地一家春的名字移于万春园中旧日水春室、敷春堂故址，建一座四卷楼，东西辟两院，并绕以游廊。北部的问月楼改为澄光阁，东部一律改为看戏台、戏台、扮戏房及附属各种房屋。"改所以备慈禧太后起居游息之所也。"慈禧对她未来的享乐之地关怀备至，甚至对其内部之装修设

① 李宗侗、刘凤翰：《李鸿藻先生年谱》（上册），第191页。

计，具体到图样花纹，都亲笔绘制。这足以说明她对重修圆明园是何等地热心！

有了慈禧做坚强后盾，同治帝便为所欲为。

同治十三年一月十九日（1874年3月7日），圆明园重修工程正式开始。

二月初七日，同治帝颁谕："双鹤斋赶紧一个月内修齐。"

三月十二日，同治帝视察工程进度，盘桓整日，不以为倦。当月下旬又传旨，再幸圆明园驻跸。

看到同治帝几乎把所有精力都用到修复圆明园上，王大臣们感到不能再沉默下去了。于是，三月十四日，醇亲王奕譞及御前大臣景寿等，联名上疏，谏阻同治帝一再巡幸圆明园。他们对修复圆明园没敢提出异议，只是认为同治帝巡幸圆明园过于频繁了。

但同治帝对这样的奏章不予理会，依然我行我素。

六月初七日，翰林院侍读学士李文田上奏，明确提出请停园工。他认为："（兴园工）此皆内务府诸臣及左右宵人，荧惑圣听，导皇上以朘削穷民为自私之利。"他的劝谏仍不起作用。

恭亲王奕訢感到事态严重，必须表态了。七月十六日，恭亲王奕訢、醇亲王奕譞等上《敬陈先列请皇上及时定志用济艰危折》。他们要求"将园工即行停止"。奕訢等上奏后，怕同治帝根本不拆阅，或留中不发，便请求召见。同治帝不见，奕訢等再三请见，同治帝不得不在接到奏折后第三天召见。奕訢等发现，奏折果然没有拆阅。在奕訢等当场要求下，同治帝被迫看了数行后，便不耐烦地说："我停工何如？尔等尚有何饶舌？"奕訢答道："臣某所奏尚多，不止停工一事，容臣宣诵。"接着便将奏折中所陈六条，逐项讲读，反复陈说。同治帝听罢大怒，吼道："这个皇位让给你怎么样？"最后，同治帝说，园工不能马上停止，"为承太后欢，故不敢自擅，但允为转奏"。

七月二十八日，同治帝召见醇王，恰逢醇王赴南苑试验大炮，于是就召见恭王，追问微行一事到底是谁说的。奕訢被逼无奈，只得答道："臣子载澂。"因为恭亲王奕訢的儿子载澂曾陪同治帝出宫游玩过，所以奕訢能够指实微行一事。同治帝的隐私被彻底揭露，大为震怒。

这时的同治帝已失去了理智，一味寻求报复。二十九日辰刻召见诸大臣，"以恭亲王无人臣礼，当重处"，于是朱笔革去恭亲王所任军机大臣及一切差使，降为不入八分辅国公，交宗人府严议。并将所革差使，分简诸王大臣。午刻，又召见王大臣及弘德殿师傅翁同龢。同治帝反咬一口，责问诸臣园工之事为什么不早奏，又责问翁同龢为什么根本不奏。翁同龢奏道："今日事须有归宿，请圣意先定，诸臣始得承旨。"同治帝说："待十年或二十年后，四海平定，库项充裕，园工可许再举乎？"诸王大臣急忙答道："如天之福，彼时必当兴修！"但作为交换条件，圆明园工程暂停，但三海要修。同治帝为自己找了个台阶。

军机大臣等退下后到军机处拟旨。递上之后，同治帝不满意，留中不发。晚间申初亲笔朱谕一道封下，交文祥等四人，即革除恭王及其子载澂的爵位。文祥等不接旨，请求召见，以图转圜。不许。递上奏片，请求修改原谕，也不许。最后文祥等递上奏片："今日仓促，散值，明日再见。"申初二刻，停止园工诏书发下。

七月三十日，同治帝发下朱谕："传谕在廷诸王大臣等，朕自去岁正月二十六日亲政以来，每逢召对恭亲王时，语言之间，诸多失仪。著加恩改为革去亲王世袭罔替，降为郡王，仍在军机大臣上行走，并载澂革去贝勒郡王衔，以示惩儆。"一夜之间，从把奕䜣降为不入八分辅国公改为降为郡王，从革去一切差使改为在军机大臣上行走。也许是稍微冷静后所做出的决定，也许是军机大臣的劝谏起了作用。但奕䜣的儿子载澂受到了牵连。

这还不算完，同治帝又颁谕尽革十位王大臣职。这十人是惇王、恭王、醇王、伯王、景寿、奕劻、文祥、宝鋆、沈桂芬、李鸿藻。罪名是"朋比谋为不轨"。这简直近于胡闹了。两宫皇太后闻听这个信息，急忙来到弘德殿，流着眼泪安慰恭亲王说："十年以来，无恭王何以有今日。皇帝少未更事，昨谕著即撤销！"事实上，同治帝惩处奕䜣的上谕早就让慈禧扣下，留中未发。

八月初一日，两宫太后懿旨，赏还恭亲王及其子载澂爵秩。是日慈禧以同治帝名义发出上谕："朕奉慈安端裕康庆皇太后，慈禧端佑康颐皇太后懿旨：皇帝昨经降旨，将恭亲王革去亲王世袭罔替，降为郡王，并载澂革去贝勒郡王衔。在恭亲王于召对时，言语失仪，原属咎有应得，惟念该亲王自辅政以来，不无劳勣足录，加恩赏还亲王世袭罔替、载澂贝勒郡王衔。该亲王当仰体朝廷训诫之意，嗣后益加勤慎，宏济艰难，用副委仁。"

八月初一日，同治帝发下了停止园工的上谕。内称："前降旨，令总管内务府大臣将圆明园工程择要兴修。嗣朕以经费支绌，深恐有累民生，已特降谕旨，将圆明园一切工程即行停止。"

由于慈禧的出面干预，一场修园风波便很快平息了。

慈禧在归政同治帝后，其固有的享乐思想恶性发展，因此立意修园。但她又不直接出面，而是躲在后台，极力怂恿同治帝修园。直到闹得满朝王大臣群起反对，她才走到前台充当正面角色。但应该说，她总算没有一意孤行，而是采纳了王大臣的建白。

圆明园停工不久，同治帝就病倒了。

五　终于实现二次垂帘

同治十三年十月二十日（1874年11月28日），同治帝患病。二十日，懋勤殿传旨，自十月二十日至十一月初一日，同治帝都不上课。有人说，他得的病是天花。其实不是天花，而是梅毒。

慈禧对同治帝的一言一行都是十分注意的。如果同治帝不出宫，他们母子几乎是天天见面，并在一起进早膳的。而且，也有太监向慈禧报告同治帝的行动。同治帝自从十月二十日着凉发病后，一直带病视事，但是没有接见大臣。

而自十一月初一日至初五日，同治帝把阅折权和批折权完全交给了李鸿藻和奕䜣，一时出现了权力真空。这对一个国家来说是非常危险的。同治帝的病看来不是短期内能治愈的。

在这种情况下，政治经验十分丰富的慈禧不能

同治帝

再在后台，她不能坐视大权旁落。她要走到前台来，由她来重新掌握最高的皇权，也就是二次垂帘听政。

经过精心准备，十一月初八日，慈禧一手导演的戏出台了。两宫太后在同治帝御榻前，召见军机大臣和御前大臣。《翁同龢日记》记道："巳正（十时）叫起，先至养心殿东暖阁。先于中间供佛处向上叩首，入见又三叩首，两宫皇太后俱在御榻上持烛，令诸臣上前瞻仰，上舒臂令观，微语曰：谁来此伏见？天颜温悴，偃卧向外，花极稠密，目光微露。"

这是第一次召见。两宫皇太后有目的地让军机大臣和御前大臣细看在御榻上的同治帝。同治帝伸出胳膊，让大家看。大臣们目睹后得出的结论是，同治帝的病不是短期内可以治愈的。

瞻仰毕，诸臣退下。过了一会儿，两宫皇太后又传旨，请诸臣再入。这是第二次召见。《翁同龢日记》记道："皇太后御中间宝座，南向。宣谕数日来圣心焦虑，论及奏折等事，裁决披览，上（同治帝）既未能恭亲，尔等当思办法，当有公论。"慈禧告诉诸臣，同治帝短时间内不能视事，关于奏折披览裁决，你们应该想个办法。《翁同龢日记》继续写道："未退时诸王奏言，圣恭正值喜事。一切奏章及必应请旨之事，拟请两宫太后权时训谕，俾有遵循。命诸臣具折奏请，退后同至枢廷拟折稿。"

这次召见，只有两宫太后在座。慈禧说，目前当务之急是奏折的"裁决披览"，同治帝不能亲自裁决，你们"当思办法，当有公论"。这是慈禧在暗示他们，应该劝谏两宫皇太后亲理政务，实行垂帘听政。王大臣明白了慈禧的本意，在退下前就奏请两宫太后"权时训谕"。这就完全明朗化了。慈禧干脆命诸臣写折奏请。

王大臣退下后，根据慈禧的意思草拟折稿，并说明两宫皇太后应立刻垂帘听政，来年二月初一日再由同治帝亲理朝政。

刚刚散去，两宫皇太后又第三次召见。《翁同龢日记》写道："甫散，又传见。趋入，待齐，入见西暖阁。皇太后谕：此事体大，尔等当先奏明皇帝，不可径请。"

本来这场戏是慈禧一手导演的，但为了演得逼真，命王大臣先奏报同治帝，不要把奏折直接送给她们。

第二天，两宫皇太后再次召见军机大臣和御前大臣。这次接见情形，《翁同龢日记》记载颇详："辰初一刻（七时十五分）又叫起，与军机、御前同入，上起坐，气色颇盛，头面皆灌浆饱满，声音有力。皇太后亦同在御榻。

上首谕恭亲王：吾语无多，天下事不可一日稍懈，拟求太后代阅折报一切折件，俟百日之喜，余即照常好生办事。并谕恭亲王当敬事如一，不得蹈去年故习。语简而厉。太后谕略如昨，并言西暖阁一起，乃出臣工之请，本恐烦皇帝心虑，故未告之。今当诸大臣，即告皇帝勿烦急，已允诸臣所请矣。上举臂以示，颗粒极足。不胜喜跃而退。"

这是说，同治帝明确宣谕"求太后代阅折报一切折件"，而皇太后在一番扭捏作态后，表示"已允诸臣所请矣"。这就说明慈禧堂而皇之地取得了阅折批折权，也就是最高的皇权。

十一月初十日，同治帝颁发上谕："朕于本月遇有天花之喜，经惇亲王等合词吁恳，静心调摄。朕思万几至重，何敢稍耽安逸。惟朕躬现在尚难耐劳，自应俯从所请。但恐诸事无所秉承，深虞旷误。再三吁恳两宫皇太后，俯念朕躬正资调养，所有内外各衙门陈奏事件，呈请披览裁定。仰荷慈怀曲体，俯允权宜办理，朕心实深感幸。将此通谕中外知之。"[1]

同治帝明确表明把最高皇权交给了两宫太后，实则是交给了慈禧。

同治帝的病在前十天，好像有所好转。

翁同龢在初十日记道："上今日脉气更好，见昨药方，用枣仁、远志，少寐故也。见起居单，歇着时却不多，而饮食亦不少，（元宝汤进六碗，一昼夜九碗，又老米粥一碗。）可庆也。"

此后同治帝的病便趋于恶化。

二十日，"腰间肿痛作痈流脓（仍有痉挛字）。项脖臂膝皆有溃烂处"。

二十三日，"脉息皆弱而无力。腰间肿处两孔皆流脓（亦流腥水），而根盘甚大，内溃则不可言，意甚为难"。

二十七日，"看昨方，按云脉滑缓无力，惟肾愈流注，脓汁虽稍见稠，而每日流至一茶盅有余，恐伤元气云云"。"起坐时少，流汁极多，殊委顿也。"

以后据《翁同龢日记》记载，其间曾请一位治外症的民间名医八十九岁的祁仲来诊治，此人是荣禄推荐的。治疗过程翁同龢记道："（二十九日）辰正（八时）见于东暖阁，上（同治帝）拥坐榻上，（枕一中官）两宫太后亦坐，命诸臣一一上前，天颜甚悴，目光炯然，痂犹有一半未落。谕今日何日？并谕及腊月应办事，枢臣奏毋庸虑及。臣奏圣心宜静。上曰胸中觉热也。退至明间，太后立谕群臣，以现在流汁过多，精神委顿，问诸臣可有良法。圣

① 《清穆宗实录》，第375卷，第5页。

虑焦劳，涕泗交下。臣因进曰，择医为上。臣荣禄曰有祁仲者，年八十九，治外证甚效，可传来诊视。太后颔之，语甚多，不悉记。退坐奏事处，有敕勿即散直。有顷传诸臣皆入，上（同治帝）侧卧，御医揭膏药挤脓，脓已半盅，色白（比昨稍稠）。而气腥，漫肿一片，腰以下皆平，色微紫，视之可骇。出至明间，太后又立谕数语，继以涕泪，群臣皆莫能仰视。午初（十一时许）祁仲到，命诸臣随入殿。良久，祁仲与李德立等入，半时许视毕，宣召至西暖阁问状，余等未与，恭（恭亲王奕䜣）、醇（醇亲王奕譞）两王入（恭邸五六刻始下，医者先出）。余等既退，则问荣君如何。曰祁仲言，此痘痛发处尚非肾俞穴（在肾俞下），冀可治，药用十全大补汤。俄而传闻令李德立仔细请脉。祁仲方未用，存案而已。"[1]

从这一记载不难看出，慈禧对同治帝的病是很关注的。但是，名医祁仲的药方却未被慈禧采纳，说明慈禧对同治帝得的是什么病心中是有数的。以后同治帝病情愈益加重，但奏事处太监却说"大有起色"，这也许是同治帝的回光返照，也许是太监怕担责任而说些吉利话吧！

翁同龢还是冷静的，每日同王大臣看方，且记日记。他对用药有一定知识。十二月初二日，他记道："今日方匆匆一看，用酒连、葛根二钱也，不可解，不可解。"用这种药是什么目的，他闹不明白。事实上，御医李德立、庄守和已经知道同治帝是治不好了。回天乏术，只是拖延时间而已。

同治帝终于死去了。《翁同龢日记》记道："即入城小憩，未醒忽传急召，驰入内尚无一人也，时日方落。有顷，惇（惇亲王奕誴）、恭（恭亲王奕䜣）邸、宝（宝鋆）、沈（沈桂芬）、英桂、崇纶、文锡同入见于西暖阁，御医李德立方奏事急，余叱之曰何不用回阳汤。彼云不能，只得用麦参散。余曰即灌可也。太后哭不能词。仓促间御医称牙关不能下矣。诸臣起立，奔东暖阁，上扶坐瞑目，臣上前遽探视，弥留矣。天惊地坼，哭号良久，时内廷王大臣有续至者，入哭而退。惨读脉案，云六脉俱脱，酉刻崩逝。"

这是关于同治帝病逝的最准确的记载。

同治帝于同治十三年十二月初五日（1875 年 1 月 12 日）死去，在位十三年，死时十九岁。

关于同治帝的死因，历来众说纷纭，不得其解。

① 陈义杰整理：《翁同龢日记》，第 2 册，第 1083 页。

大体有四种说法，一是梅毒说，二是天花说，三是疥疮说，四是梅毒加天花说。

同治帝死于梅毒说。《十叶野闻》记："与贝勒载澂（恭亲王之子）尤善，二人皆著黑衣，娼寮、酒馆暨摊肆之有女子者，遍游之。后忽病发，实染梅毒，故死时头发尽落也。"

《清朝野史大观》记："慈禧又强其爱所不爱之妃，帝遂于家庭无乐趣矣。乃出而纵淫，又不敢至外城著名之妓寮，恐为臣下所睹，遂专觅内城之私卖淫者取乐焉，从行者亦唯一二小内监而已。人初不知为帝，后亦知之，佯为不知耳。久之毒发，始犹不觉，继而见于面，盈于背，传太医院治之。太医院一见大惊，知为淫毒，而不敢言。反请命慈禧，是何病症。慈禧传旨曰：'恐天花耳！'遂以治痘药治之。"①

这是说，御医已经诊断出同治帝的病是梅毒，但他们不敢说，反而故意请命慈禧。慈禧也知道同治帝患上了梅毒。但是，她故意视而不见，把此病硬说成是天花。这样，同治帝的病就被慈禧定了调子。以上虽然都是野史记载，但很有参考价值。

同治帝死于天花说。《翁同龢日记》认为是天花，在日记中反复陈说；《慈禧外纪》也认为得的是"痘症"，即天花；徐艺圃在其撰写的《同治帝之死》一文中，引用了清室档案《万岁爷进药用药底簿》。这里记载了自同治十三年（1874）十月三十日同治帝得病召御医李德立、庄守和入宫请脉时起，直至十二月初五日同治帝死时止，前后共三十七天的脉案、处方及一百零六帖服药记录，认为同治帝肯定死于天花无疑。

同治帝死于疥疮说。《清朝野史大观》说同治帝死于梅毒，认为"言因发疥疮致命者误"。可见，有人认为是生疥疮致死的。

同治帝死于梅毒加天花说。台湾高阳先生在《慈禧全传·玉座珠帘》里即用此说，说明其有所本。

以上四说，究竟孰是孰非？笔者认为，同治帝应是死于梅毒。

野史记载同治帝出宫冶游完全是可能的。虽然清朝祖制极为严格，但是作为皇帝还是有空隙可钻的。尤其是同治帝有一段时间，整天在关注重修圆明园。也许借视察圆明园工程为由，行寻欢作乐之实。

同时，他还搞同性恋。他同翰林侍读王庆祺关系暧昧，有评说："帝竟与

① 《清朝野史大观》，第 1 册，第 82 页。

慈禧太后

王同卧起。"《李鸿藻年谱》评道:"因之宵小乘机诱惑引导,遂至日惟嬉戏游宴,耽溺男宠,日渐羸瘠,未及再祺,即以不起。""与王同卧起""耽溺男宠",即是同性恋之意。王庆祺曾和同治帝同看秘戏图即春宫画,"两人阅之,津津有味,旁有人亦不觉"。这个王庆祺,"顺天人,生长京师,世家子,美丰仪,工度曲,擅谄媚之术。初直南书房,帝爱之。至以五品官加二品衔,毓庆宫行走。宠冠同侪,无与伦比"。

同治帝死时有人写了一副对联,上联是"弘德殿广德楼德行何居惯唱曲儿钞曲本",下联是"献春方进春册春光能几可怜天子出天花"。这副对联嘲讽的正是同治帝平时的行止。

正由于此,所以在十二月十四日,即同治帝死后九天,御史陈彝上一奏章,称"查侍讲王庆祺,素非立品自爱之人,行止之间,颇多物议"。又说"去年王庆祺为河南考官,风闻撤棘之后,公然微服冶游,汴省多有知之者。举此二端可见大概。至于街谈巷议无据之词,未敢渎陈,要亦其素行不孚之明验也"。

这一奏折说得非常清楚,"行止之间,颇多物议"了,"公然微服冶游"了,"街谈巷议"了,这是在指斥王庆祺行为不端,也是在追究王庆祺导引同治帝走下坡路的责任。

当天慈禧便发下上谕:"王庆祺著行革职,永不叙用,以肃官方。"对王庆祺的处分反证了民间传闻是事出有因的,也说明了王庆祺确与同治帝有染。

还有一个证据是,十二月二十五日,总管太监张得喜等发往黑龙江为奴。十二月二十六日,革内务府大臣文锡、贵宝职。而张得喜正是导引同治帝冶游的太监。文锡、贵宝亦如是。

李德立的曾孙李镇在《文史哲》撰文《同治究竟死于何病》,认为同治帝死于梅毒。他说他问过李德立的长子,也是他的祖父。他的祖父回答说:"同治确是死于梅毒。"这是御医李德立传下的口碑资料,是可信的。

同治十三年十二月初五日(甲戌)酉刻,同治帝崩于紫禁城养心殿东暖阁。

同治帝病逝后不久,两宫太后便驾临养心殿西暖阁。急召惇亲王奕誴、恭亲王奕䜣、醇亲王奕𫍷、孚郡王奕譓、惠郡王奕详、贝勒载治、载澂,公奕谟,御前大臣伯彦讷谟祜、奕劻、景寿,军机大臣宝鋆、沈桂芬、李鸿藻,总管内务府大臣英桂、崇纶、魁龄、荣禄、明善、贵宝、文锡,弘德殿行走

131

徐桐、翁同龢、王庆祺，南书房行走黄钰、潘祖荫、孙诒经、徐郙、张家骧入。

经过一番商议，两宫皇太后宣布懿旨："醇亲王奕譞之子（御名），著承继文宗显皇帝（咸丰帝）为子，入承大统，为嗣皇帝。"①

同时又宣布了大行皇帝的遗诏。遗诏最后说："兹钦奉两宫皇太后懿旨，醇亲王之子（御名），著承继文宗显皇帝为子，入承大统，为嗣皇帝，特谕。"接着又颁布了两宫皇太后的懿旨："皇帝龙驭上宾，未有储贰，不得已以醇亲王奕譞之子载湉，承继大行皇帝为嗣。特谕。"

皇帝死后，没有下葬前，称为大行皇帝，或大行。

这就是说，因为同治帝没有皇子，只好把载湉过继给咸丰帝为子，

慈禧太后

作为嗣皇帝继承咸丰帝的皇位。等到将来载湉有了皇子，再继承已死的同治帝的皇位。言外之意，慈禧皇太后仍然是皇太后。因为载湉是咸丰帝的嗣皇帝，而不是同治帝的嗣皇帝。这样，最高皇权就仍然牢牢地掌握在慈禧的手中。

为什么立载湉为咸丰帝的嗣皇帝呢？慈禧有三点考虑。

第一，血统最近。载湉为道光帝第七子醇亲王奕譞的儿子，与同治帝是同辈兄弟。奕譞的福晋又是慈禧的妹妹。这样，慈禧既是载湉的伯母，又是载湉的姨妈。载湉既具有爱新觉罗氏的血统，又具有叶赫那拉氏的血统，具有密切的双重高贵血统。载湉继承咸丰帝的皇位，慈禧就名正言顺地当上了皇太后了。如果立溥字辈的，慈禧就得当无权无势的太皇太后了。

第二，年龄最小。载湉年仅四岁，慈禧仍可垂帘多年。载湉年幼，易于

① 《清穆宗实录》，第374卷，第4页。

管教，便于驾驭。

第三，控制最易。奕
譞比奕䜣容易控制。而其
亲妹妹在辛酉政变中"居
间传语，厥功甚伟"，也
是可以完全信赖的人。因
此，慈禧选择了载湉。

当夜，四岁的载湉便
被请进了清宫，继承了皇
位，改元光绪，"意谓缵
道光之绪也"，就是发扬
光大道光皇帝的统绪。

儿时的光绪

关于同治帝的皇位继承人问题，历来有种种说法。

一是奕䜣说。《异辞录》记道："两宫召见内廷行走、御前大臣、内务府
王公大臣、弘德殿行走、南书房行走，诸臣与焉。慈禧皇太后问曰：'皇帝宾
天，天下不可无君，孰为宜？皆伏泣不知所对。慈禧皇太后目视恭邸而言曰：
'奕䜣其为之？恭邸悲痛绝于地。"[1]

这是说，慈禧试探着让恭亲王奕䜣当皇帝，奕䜣吓昏了。这个记载是不
可信的。因为同治帝是奕䜣的侄子。叔叔继承侄子的皇位，是不可能的。慈
禧也不会做这种悖于常理的试探。

二是溥伦说。《清朝野史大观》记道："孝钦后（慈禧）泣语诸王曰：
'帝疾不可为，继统未定，谁可者？'或言溥伦长当立。惇亲王言溥伦疏属不
可。后曰：'溥字辈无当立者。奕譞长子今四岁矣，且至亲，予欲使之
继统。'"[2]

这个记载较为可信。清圣祖康熙帝以后，宗室子孙命名时辈分排行用字
是：颙、旻、奕、载、溥、毓、恒、启。同治帝载淳属"载"字辈，其晚一
辈的应为"溥"字辈。同治帝死，按照清朝祖制家法，应该在"溥"字辈中
选一人，来接替载淳的皇位。溥伦是道光帝之皇长子隐志郡王奕纬的孙子。

---

① 刘体仁：《异辞录》，第2卷，第1页。
② 《清朝野史大观》，第1册，第1卷，第85页。

133

但是溥伦的父亲载治不是奕纬的亲生子，而是从旁支过继来的继承子，血统较疏，不能视为近支宗室，所以惇亲王奕誴认为"疏属不可"。这正合了两宫太后的本意，尤其是符合了慈禧的本意。因为慈禧不想在"溥"字辈中选继承人。如果在"溥"字辈中选拔了接班人，慈禧就当上了太皇太后。

慈禧不想当太皇太后。因为当太皇太后，慈禧就失去了皇权。

三是载澍说。《清鉴》记道："帝自十月不豫，寻渐瘳。一夕，宿慧妃宫，翌晨疾大渐。召军机大臣李鸿藻入见，口授遗诏，令鸿藻书之，谓：'国赖长君，当令贝勒载澍入承大统。'凡千余言。鸿藻奉诏，驰赴储秀宫中，请急对。出袖中诏，以进。西太后大怒，碎其诏，叱鸿藻出宫。移时帝驾崩。"①

大渐是病危的意思。这是说，同治帝在病死前曾口授遗诏，命载澍继承皇位。载澍原为奕瞻子，后来过继给道光帝第九子孚郡王奕譓为子，袭贝勒爵位。载澍和同治帝同辈，且是"载"字辈中年龄最大的，当时已是成年人。

如已是成年人的载澍继位，慈禧就不能垂帘，皇权就自然他属了。这是慈禧坚决反对的。

四是载澂说。载澂是恭亲王奕䜣的长子。《慈禧外纪》记道："养心殿内，两宫太后对面而坐。凡预议者，皆跪于下。慈禧首发言曰：'皇后（阿鲁特氏）虽已有孕，不知何日诞生，皇位不能久悬，宜即议立嗣君。'恭王抗言曰：'皇后诞生之期已不久，应暂秘不发丧，如生皇子，自当嗣立。如所生为女，再议立新帝不迟也。'其余王公大臣似亦以此议为然。慈禧曰：'现在南方尚未平定，如知朝廷无主，其事极险，恐致动摇国本。'军机大臣及各大员中有三汉人，极以太后此言为然，谓：'南方乱事未定。如皇位久悬，其势实不稳固。此时慈安太后发言曰：'据我之意，恭王之子可以承袭大统。恭王在下闻之，叩头声不敢。又曰：'依承袭之正序，应立溥伦为大行皇帝之嗣子。'溥伦之父载淇（载治），亦叩头言不敢。"

从中可以看出，慈安首先提出奕䜣的儿子载澂可以继承皇位，恭亲王奕䜣不同意；慈安又提出溥伦为嗣子，溥伦之父载治也不同意。

慈安考虑的是应该符合清朝继承制的家法，但慈禧一心想的是如何抓住皇权。

其实最可靠的记载应该是《翁同龢日记》。翁同龢在十二月初五日记道："戌正（二十时）（摘缨青褂），太后召诸臣入，谕云此后垂帘如何？枢臣中

① 《清鉴》（下册），第719页。

有言宗社为重，请择贤而立，然后恳乞垂帘。谕曰：文宗（咸丰帝）无次子，今遭此变，若承嗣年长者实不愿，须幼者乃可教育。现在一语即定，永无更移，我二人同一心，汝等敬听。则即宣曰某。维时醇郡王惊遽敬唯，碰头痛哭，昏迷伏地，掖之不能起。"

从以上记载可知，实际上，御前会议十分简单，根本没有任何争论。慈禧当场宣布了她们二人的决定，王大臣皆俯首帖耳，唯命是从。这里的"现在一语即定，永无更移，我二人同一心，汝等敬听"的记载，就写实地、露骨地刻画了当时慈禧宣布懿旨的语气和神态。

这里有两个问题需要说明一下。

第一，同治帝有无秘密遗诏的谜案。正史中同治帝有一个遗诏。《清穆宗实录》载有此文，明确写到《大行皇帝遗诏》。但这个遗诏是在同治帝死后按照慈禧的意旨撰写的，体现的是慈禧的意图。这里说的不是这个遗诏，而是在同治帝死前是否曾秘密口授遗诏给军机大臣李鸿藻的问题。

《清朝野史大观》记道："穆宗（同治帝）疾大渐时，命单召军机大臣侍郎李鸿藻入见寝宫。鸿藻既至，上（同治帝）即命启帘召之入。时后（阿鲁特皇后）方问疾在侧，欲引避，上止之曰："勿须。师傅先帝老臣，汝乃门生媳妇。吾方有要言，何必引避耶？"鸿藻入，见后在侧，急免冠伏地。上曰："师傅快起，此时岂讲礼节时耶？"因执鸿藻手曰："朕疾不起矣！"鸿藻失声哭，后亦哭。上又止之曰："此非哭时。"因顾后曰："朕倘不讳，必立嗣子，汝果属意何人，可速言之。"后对曰："国赖长君，我实不愿居太后之虚名，拥委裘之幼子，而贻宗社以实祸。"上莞尔曰："汝知此礼，吾无忧矣。"乃与鸿藻谋，以贝勒载澍入承大统。且口授遗诏，令鸿藻于榻侧书之，凡千余言。所以防慈禧后者至密。书诏成，上阅之，犹谓鸿藻曰："甚妥善。师傅且休息，明日或犹得一见也。"鸿藻既出宫，战栗无人色，即驰至慈禧后宫，请急对。慈禧后召之入。既见，即出袖中草诏以进。慈禧后阅毕，怒不可遏，立碎其纸，掷于地，叱鸿藻出。旋命尽断医药饮膳，不许入乾清宫。移时穆宗崩耗闻于外矣。"①

这是关于同治帝秘密口授遗诏的最全面的记载。这里透露了一个最重要的信息是，同治帝曾经密授给大臣李鸿藻一个遗诏。而李鸿藻却将这个遗诏

---

① 《清朝野史大观》，第1册，第82页。

交给了慈禧。慈禧当即将这个遗诏撕得粉碎。而且，中断了同治帝的医药。

有人说，同治帝临终前神智不清，不可能口授遗诏。但据《翁同龢日记》记载，同治帝在死前的七天，即十一月二十五日曾召见群臣，"两宫太后亦坐，命诸臣一一上前，天颜甚悴，目光炯然，痂犹有一半未落。谕今日何日？并谕及腊月应办事。枢臣奏毋庸虑及。臣奏圣心宜静。上曰胸中觉热也"。

同治帝此时是清醒的。死前三天，即十二月初二日，"传言大有起色，昨夕兴致甚好，起坐说话矣"。这进一步说明当时的同治帝神志清醒，毫不糊涂。作为亲政的十九岁的皇帝，不会不考虑为自己确定继承人。由于惧怕慈禧太后，密传既是师傅又是军机大臣的李鸿藻，是极有可能的。但是事实究竟如何，由于正史无记载，这也就成了历史的悬案。

同治帝有无秘密遗诏的问题，目前似乎不好破解了。这给文学家提供了艺术构思的广阔空间。

皇后阿鲁特氏

第二，阿鲁特皇后之死的谜案。阿鲁特氏，户部尚书崇绮之女。同治十一年（1872）九月立为皇后。同治帝死，光绪帝即位，两宫太后懿旨，封其为嘉顺皇后。光绪元年二月二十日（1875年3月27日）嘉顺皇后死去，年仅十九岁。关于她的死，当时便有传闻，有的说是吞金，有的说是绝食。《越缦堂国事日记》说："后即服金屑，欲自杀以殉，救之而解。"《李鸿藻先生年谱》说："其后之崩，盖绝食也。"《清代野史大观》言："有谓阿鲁特氏自伤侍疾之无状，愿一死以殉载淳者。故当时曾经谕旨曰：'上年十二月，痛经大行皇帝龙驭上宾，毁伤过甚，遂抱沉疴，以表其殉夫之烈。'或曰，是特掩饰天下耳目之言，非实录也。"

阿鲁特氏之死确是一桩疑案。她死得很突然。冰冻三尺，非一日之寒。慈禧不喜欢阿鲁特氏，"不得孝钦太后欢"。据说，慈禧爱看戏，阿鲁特氏陪侍左右，"演淫秽戏剧，则回首面壁不欲观。慈禧累谕之，不从，已恨之"。阿鲁特氏身边的人劝她要同慈禧搞好关系，否则恐于己不利。阿鲁特氏说："敬则可，昵则不可。我乃奉天地祖宗之命，由大清门迎入者，非轻易能动摇也。"有人将这个话密告慈禧，慈禧"更切齿痛恨，由是有死之之心矣"。慈禧认为，阿鲁特氏是在讥讽自己不是由大清门迎入的，而是由贵人一步步升上来的。这是她所不能容忍的。以后慈禧对阿鲁特氏便百般挑剔。同治帝有病，皇后不敢去侍奉，慈禧就大骂她"妖婢无夫妇情"。同治帝弥留之际，皇后哭着前往探视，并且为同治帝擦拭脓血，慈禧又大骂："妖婢，此时尔犹狐媚，必欲死尔夫耶？"

慈禧为什么这么仇恨阿鲁特氏呢？

这一方面，是因为慈禧在为同治帝选皇后时，就不喜欢她；另一方面，是因为皇后不善于逢迎。更主要的是未来的皇权之争，这是问题的实质。

对此野史有记载，可供我们参考。《清朝野史大观》记道："及帝弥留之际，后不待召，哭而往，问有遗旨否，且手为拭脓血。帝力疾书一纸与之。尚未阅竟，忽慈禧至，见后悲惨，手拭帝秽，大骂曰：'妖婢，此时尔犹狐媚，必欲死尔夫耶！皇帝与尔何物，可与我。'后不敢匿。慈禧阅讫，冷笑曰：'尔竟敢如此大胆！'立焚之。"又有记载说："及上崩，德宗立，毅皇后以与所草之遗诏不符，剧悲痛，事为那拉氏所知，亟召至，遽批其颊曰：'尔既害吾子，尚思做皇太后耶？'毅皇后跪于地，泣不止，久之，始还宫，益痛不欲生。"

总之，这些记载透露出一个重要信息，即几乎都是围绕一个皇权继承问题。慈禧与嘉顺之争，决不是一般的婆媳不和，而是更深层次的皇权归属之争。初出茅庐的阿鲁特氏，哪里是久经沙场的叶赫那拉氏的对手。光绪帝即位后，两宫以太后的身份垂帘，阿鲁特氏便处于十分难堪的地位。她本应是太后，但做不了太后。做皇后吧，将来光绪帝亲政后必然要立个皇后。因此，就把她逼上了死路。

其父崇绮入宫探视，分析了整个情况。他很有头脑，向慈禧上奏如何办，慈禧明确地说："皇后如此悲痛，即可随大行皇帝去罢。"据说阿鲁特氏在走投无路时，曾写一字条请命于崇绮，崇绮批了个"死"字。这也是不得已而为之的。

　　两宫太后的第二次垂帘基本是和谐的。

第八章 甲申朝变 大权独揽

一 两宫之下的军机处

以奕䜣为首席军机大臣的军机处，在光绪即位、两宫三度垂帘之后，基本上没有变化。

光绪元年（1875）军机处由五人组成，即恭亲王奕䜣、武英殿大学士文祥，大学士、兵部尚书宝鋆，太子太保、协办大学士沈桂芬，太子太保、工部尚书李鸿藻。

这个班子与辛酉政变后的班子比较，基本班底没有变动。辛酉政变后的军机处由六人组成，即奕䜣、桂良、沈兆霖、宝鋆、曹毓瑛、文祥。其中桂良、沈兆霖在第二年，即同治元年（1862）相继故去。曹毓瑛在同治五年（1866）亦故去。这三人是自然减员。同治元年（1862）闰八月补了左都御史李棠阶，同治四年（1865）他又故去。同治五年（1866）补了左都御史汪元方，同治六年（1867）亦故去。同治五年（1866）三月补了左都御史胡

慈禧近身像

139

成林、文祥、宝鋆合影

家玉，因受贿，当年十二月被免职。这些人当值军机的时间都不长。

同治四年（1865）理学大师、太子太保、礼部尚书李棠阶卒，而补进了同治帝的师傅、弘德殿行走、内阁学士李鸿藻。同治六年（1867）又补进了署礼部右侍郎沈桂芬。这样，从同治七年（1868）开始，奕䜣、文祥、宝鋆、沈桂芬、李鸿藻五人组成的军机处再也没有什么变化。①

事实上，从辛酉政变后，这个班子的基本队伍就没有什么变化。除同治四年（1865）慈禧褫夺奕䜣的议政王职外，其他的人事变动均属自然减员性质，没有大风波。这个班子是较有威望、较有能力、较有效率的。

但是，文祥之死对奕䜣刺激很大。光绪二年（1876）五月文祥病故。文祥是道光二十五年（1845）进士。咸丰八年（1858），命在军机大臣上学习行走。咸丰九年（1859），转为军机大臣。直到病故，在军机处当值十九年。历经咸丰、同治、光绪三朝，可谓名副其实的三朝元老、资深重臣。他是咸丰帝逃往热河时留京的唯一的一位军机大臣、协助奕䜣办理中外交涉事宜，"于夷人非分之求，侃侃直言"。②他接触外事，思想开放，认为"方今时事可虑者甚多，而以图自强、御外患为亟"。慈禧认为他"实为股肱心膂之臣"。对于他的死，慈禧和奕䜣都是很悲痛的。说他"清正持躬，精详谋国"，是不为过的。

奕䜣在国际、国内许多重大问题的决策上，主要依赖文祥、宝鋆等人。奕䜣很贤明，也很有能力，但他毕竟是位皇子，生于深宫之中，对外界情况

① 《清史稿》，第177卷。第21册，第6298页。
② 《清史列传》，第13册，第4071页。

慈禧太后

知之有限。遇有重大疑难问题，还是文祥、宝鋆等人出主意。用宝鋆的话说："还是我们几个人帮忙。"① 他们"同寅协恭，艰难宏济"，共同渡过了难关。文祥之死，使奕䜣失去了一位重要的助手和高级的参谋。

文祥之后，宝鋆就成了军机处的前辈。宝鋆，道光十八年（1838）进士。咸丰十一年（1861），命在军机大臣上行走，旋兼总理各国事务衙门大臣。后来他曾给两宫太后进讲《治平宝鉴》。② 宝鋆政治经验丰富，具有处理复杂问题的能力，且比较开明，同奕䜣的关系又极融洽。

据宝鋆的弟子何刚德回忆，奕

沈桂芬、董恂、毛昶熙合影

䜣同宝鋆经常互开玩笑。一日将散值，宝鋆先出军机值房小解，恭王等了好一会儿。宝鋆一回来。恭王便笑着问："往何处撒宝去？""撒宝"是北京人的玩笑话，宝鋆来得也快："哪里，是出恭。"出恭是解手的文雅说法。宝、恭二字，你来我往，针锋相对，是很雅的幽默。又有一次，奕䜣从太庙出来，指着太庙里石碑下的赑屃（bì xì），对宝鋆说："汝看这个宝贝。"宝鋆，号佩蘅，贝、佩二字，音颇相近。赑屃像龟，俗称王八。这又是在开玩笑。宝鋆反应迅速，答道："这也是龙生九子之一。"这句话有两层含义：其一，据传说龙生九子，赑屃正是龙子之一；其二，是道光帝恰好生有九个皇子。你正是其中之一。这赑屃正是指你。③ 具有很高智慧的人才会有很强的幽默感。他们之间关系之密切，由此可见一斑。文祥死后，宝鋆"但持大端"。④

除奕䜣外，就是宝鋆了。

然后是沈桂芬。沈桂芬，道光二十七年（1847）进士，改翰林院庶吉士。

---

① 何刚德：《客座偶谈》，第 1 卷。

② 《清史列传》，第 13 册，第 4126 页。

③ 何刚德：《春明梦录》，第 1 卷。

④ 陈夔龙：《梦蕉亭杂记》，第 52 页。

沈桂芬

同治三年（1864）任山西巡抚。因政绩突出，同治七年（1868），命在军机大臣上行走，升为户部左侍郎。后兼任总理各国事务衙门大臣。同治九年（1870），升为兵部尚书。光绪三年（1877）任命为协办大学士。沈桂芬是军机处的主笔。个性很强，能力很强，是恭王的左右手，慈禧也很信任他。①

李鸿藻，直隶高阳人，人称李高阳。咸丰二年（1852）进士。科名比文祥、宝鋆、沈桂芬都晚。咸丰十一年（1861），特诏充任大阿哥的师傅。同治三年（1864），两宫太后任命他同大学士祁寯藻、大学士翁心存、工部尚书倭仁为同治帝的师傅。他教授认真，很得两宫好感。同治四年（1865），命在军机大臣上学习行走，仍兼弘德殿行走。同治五年（1866），母病逝，清制须停官回家守制。但慈禧懿旨认为"李鸿藻谆谆纳诲，皇帝乐从，诚不可或离左右"②，命其守孝百日后，仍回任授读并在军机处办事。光绪六年（1880），命兼任总理各国事务衙门大臣。他思想趋于保守，以理学大师自居。刘体仁说："倭文端（仁）恶洋文，则命管理同文馆；李文正（鸿藻）恶洋务，则派为总理各国事务大臣。二公终身不往，朝旨亦不催促。在政府诸士之意，但使知难而退可矣。不必强之上道，反为外交之梗也。"③李鸿藻厌恶洋务，耻于同洋人打交道。但慈禧、奕䜣偏任命他为总署大臣，却不催他上任，目的是使他"知难而退"，少发谬论而已。他同比较开明的主笔沈桂芬有矛盾，不肯附和。④沈桂芬感到"势孤"，于是把门人湖南巡抚王文韶拉进军机处。王文韶，咸丰二年（1852）进士。同治十一年（1872），任湖南巡抚。在湘九年，政绩显著。光绪四年（1878），

---

① 《清史列传》，第 13 册，第 4099 页。

② 《清史列传》，第 15 册，第 4508 页。

③ 刘体仁：《异辞录》，第 2 卷，第 46 页。

④ 《梦蕉亭杂记》，第 52 页。

慈禧太后

以署理兵部侍郎身份任军机大臣。光绪六年（1880），兼任总理各国事务衙门大臣。他曾奏详议筹边之策，分边防、筹饷、储才三大端。有人说他"赋性圆融，不敢为左右袒"。实际他很正直，不愿加入党派之争，不愿在沈、李之间偏袒任何一方。①

文祥死后，由于沈、李之间的矛盾，这个班子，"卒至群而有党，未克协恭"。

慈禧对这个班子大体上还是信任的。

辛酉政变后，自热河还京，慈禧同政变有功之臣，患难与共，所以对恭亲王奕訢不能"无畏惮意"，还是惧其三分的。对文祥、宝鋆诸老臣，她也不能"颐指而气使之"②，有许多话还是可以听进去的。

二度垂帘的慈禧需要的是稳定。政局的稳定是最重要的，因此她没有变动原来的军机处。这是作为政治家的慈禧的明智之举。虽然，她大体上信任这个班子，但是，她也在密切注意他们的一举一动。皇权，她是不会轻让于人的。

但是，天有不测风云。谁也没有料到，两宫太后之一的慈安太后突然病逝了。

二 慈安太后突然病逝

慈安太后是正宫娘娘，是后宫的一把手，位于慈禧太后之前。慈安，钮祜禄氏，满洲镶黄旗人，广西右江道穆扬阿之女。生于道光十七年七月十二日（1837年8月12日）。慈安比慈禧小两岁。咸丰二年（1852）二月，十五岁以秀女入选，封贞嫔。五月，晋封贞贵妃。六月，立为皇后。十五岁的慈安就当上了皇后。

可是，光绪七年三月初十日（1881年4月8日），慈安太后突然死去。

慈安太后死得突兀，才四十四岁，正当盛年，人们没有任何思想准备。因此，她死的当时，就产生了很多流言。有的说是被人谋害的，有的说是吞物自杀的，也有的说是正常死亡的。在流言中，谋害慈安的凶手就是慈禧了。慈禧谋害慈安的记载，在野史、笔记中流传甚广，几成泛滥之势。我们应该

---

① 《梦蕉亭杂记》，第52页。
② 何刚德：《春明梦录》，第1卷。

如何看待这些流言呢？到底是不是慈禧谋害了慈安呢？

关于她的死，出现了种种不同的说法。

归纳起来，大体有三说：第一，正常病死说；第二，被人害死说；第三，吞物自杀说。现在分别加以叙述。

第一，正常病死说。三月初十日当天发下上谕，谕曰："初九日，慈躬偶尔违和，当进汤药调治，以为即可就安。不意初十日病情陡重，痰涌气塞。遂至大渐，遽于戌时仙驭升遐。呼抢哀号，曷其有极。"①

这是政府方面发的正式哀告，写了从发病到死亡的全过程。不难看出，慈安是正常病死的。

第二，被人害死说。据说，害死的方法有两种。

其一，毒饼害死。被人害死说中

慈安太后

的凶手，指的就是慈禧，说慈禧害死了慈安。

这个说法最早来源于恽毓鼎的《崇陵传信录》："十一日（笔者按：应为初十日），慈安闲立庭中，倚缸玩金鱼，西宫太监捧盒至，跪陈曰：'外舍顷进克食（满洲语，牛奶饼之类），西佛爷（慈禧）食之甚美，不肯独用，特分呈东佛爷（慈安）。'慈安甚喜，启盒，拈一饼对使者尝之，以示感意。旋即传太医，谓东圣骤痰厥，医未入宫，而凤驭上升矣。"②

这个说法，《清朝野史大观》又加铺演："二人坐谈时，慈安后觉腹中微饥，慈禧后令侍者奉饼饵一盒进。慈安后食而甘之，谓：'似非御膳房物。'慈禧后曰：'此吾弟妇所馈者，姊喜此，明日当令其再送一份来。'慈安后方以逊辞谢。慈禧后曰：'妹家即姊家，请弗以谢字言。'后一二日，果有饼饵

---

① 《光绪朝东华》，第 1 册，第 1065 页。

② 恽毓鼎：《清光绪帝外传》（《崇陵传信录》），《清代野史》，第 4 辑，第 3 页。

数盒进奉，色味花式，悉如前。慈安后即取一二枚食之，顿觉不适，然亦无大苦。至戌刻，遽逝矣。年四十有五。噫，此可以想见矣。"①

这里有情节，有对话，比前一段记载有很大发展。

《述庵秘录》言

慈安太后居住的钟粹宫

简意赅："孝贞故喜小食，薨日，慈禧以糕饼进御，逾数时薨。"

《十叶野闻》绘声绘色："先是慈安故喜小食，常以点心盒自随，觉饥则任意取食，其间糕饼、饽饽，寒具之属罔不备。慈禧窥之稔，乃乘间言，有膳夫能制小食，颇极精致，愿献薄物，求太后鉴赏。慈安以为爱己，喜而受之，既食，适值召见军机之期，遂出坐朝。是时，光绪辛亥春三月十日也。进见者为枢府王大臣恭亲王奕䜣、大学士左宗棠、尚书王文韶、协办大学士李鸿藻等，俱言确见慈安御容和怡，无婴疾色，但两颊微赤，状如半醺，亦不以为异也。军机诸臣退。已午后四钟，内廷忽传孝贞太后崩。"②

《坚冰志》似曾目睹："未几，孝贞暴崩，唇黑类中毒者，外廷咸以为疑。"③

这些记载，是说慈禧太后阴送毒饼，害死了慈安太后。

其二，错药致死。《清朝野史大观》记道："或曰慈禧命太医院以不对症之药，致死之。"

第三，吞物自杀说。《清稗类钞》记道："或曰：孝钦实证以贿卖嘱托，干预朝政，语颇激。孝贞不能容，又以木讷，不能与之辩，大恚，吞鼻烟壶

①　《清朝野史大观》，第1辑，第1卷，第86页。
②　许指严：《十叶野闻》，《近代稗海》，第11辑，第33页。
③　许指严：《坚冰志》，第2卷，第2页。

自尽。"①

那么，慈禧为什么要毒死慈安呢？

据野史传说，原因有四：

第一，因为咸丰密诏事。据《崇陵传信录》载："相传两太后一日听政之暇，偶话咸丰末旧事，慈安忽语慈禧曰：'我有一事，久思为妹言之。今请妹观一物。'在篋中取卷纸出，乃显庙（咸丰帝）手敕也，略谓：叶赫氏祖制不得备椒房，今既生皇子，异日母以子贵，自不能不尊为太后，唯朕实不能深信其人。此后如能安分守法则已，否则汝可以此诏，命廷臣传遗命除之。慈安持示慈禧，且笑曰：'吾姊妹相处久，无闲言，何必留此诏乎？'立取火焚之。慈禧面发赤，虽申谢，意怏怏不自得，旋辞去。"

"显庙手敕"即是指咸丰帝之手诏。这里把手诏的内容也写出来了。

《清朝野史大观》记："慈安后忽慨然曰：'吾姊妹今皆老矣。旦夕当归天上，仍侍先帝，吾二人相处二十余年，幸同心，无一语勃谿。第有一物，乃畴昔受之先帝者，今无所用之矣。然恐一旦不讳，失检藏，或为他人所得，且致疑吾二人貌和而阴妒嫉者。则非特吾二人之遗憾，抑且大负先帝意矣。'语次，袖出一函，授那拉氏，使观之。那拉氏启视，色顿变，惭不可抑，函非他，即文宗所付之遗诏也。观毕，慈安后仍索还，焚于烛上，曰：'此纸已无用，焚之大佳。吾今日亦可以复命先帝矣。'"

以上两则记载，虽细节略有不同，但情节大体一致。说的是咸丰帝留有密诏，命慈安在慈禧不安分守己时，用密诏处死慈禧。慈安拿出密诏给慈禧看，并亲手焚之。这是说，由于慈安没有了尚方宝剑，慈禧便毒死了她。

第二，因为东陵致祭事。据说，在光绪六年（1880）到东陵祭奠咸丰帝，慈安认为她是正宫皇太后，在祭奠典礼时，她的位置应排在慈禧之前。而慈禧则坚决不允。两人在陵寝之地发生了激烈的争论，后来还是照慈禧的意见办了。两人并列，不分先后。但是，慈禧认为这是慈安在有意羞辱自己，"因愈不悦东宫"，而动杀机。

第三，因为金姓伶人事。据说，有个姓金的京戏演员得到慈禧的专宠，随意出入宫禁。有一次，慈安前往慈禧住处探视病情，偶见慈禧同金某躺在

① 徐珂：《清稗类钞》，第 8 册，第 3524 页。

床上。慈安对慈禧"痛数责之"。慈禧当时认了错，并把金伶逐出宫，且赐死，但慈禧也萌生了杀死慈安的念头。

第四，因为宠李连英事。据说慈禧宠信总管太监李连英，李益发骄横，唯慈禧之言是听。一日，慈安乘辇过某殿，李连英与小太监角力，对慈安置若罔闻，慈安大怒，欲杖责之。慈安这口气难咽，立刻到慈禧住处，教训了慈禧一顿，慈禧不服，两人因此闹翻。"不数日，即有慈安暴崩之事。"

以上都是野史传闻，正史无记载。平心而论，这些记载都是经不住推敲的。即使如光绪帝的日讲起居注官恽毓鼎的记载，也是不可靠的。著名学者金梁即对此提出质疑："近人依托宫闱，流言无实，尤莫甚于恽氏笔录所载孝贞暴崩事。即云显庙手敕焚毁，敕语何从而知？食盒外进，又谁确见？恽氏曾事东朝，横造影响无稽之言，后之览者，宜深辟之。"

金梁的质疑是有道理的。请问，手诏既然已经焚毁，怎么能知道手诏的内容呢？送有毒的点心，谁曾亲见呢？金梁告诫我们，应该坚决摈弃这个谬说。

学者张孟劬也认为："近代无实文人最喜依托宫闱，增成其说，凡笔之书者，大都流言委琐，羌无故实，而尤莫甚于恽毓鼎《崇陵传信录》所载孝贞暴崩事。夫既云显庙手敕焚毁，语何从而知？食盒外进，又谁经见？"

金梁和张孟劬的看法是很有道理的。

当然，因为慈安死得太突然，对于她的死，当时人也是有怀疑的。

据说御医薛福辰即持怀疑态度。《清稗类钞》记载："孝贞后崩之前一夕，已稍感风寒，微不适。翌晨召薛福辰请脉（医士为帝后诊脉称请脉）。福辰奏微疾不须服药，侍者强之，不得已为疏一方，略用清热发表之品而出。是日午后，福辰往谒阎敬铭，阎留与谈。日向夕，一户部司员满人某，持稿诣请画诺。阎召之入，画稿毕，某司员乃言：'出城时，城中宣传东后上宾，已传吉祥板（禁中谓棺曰吉祥板）矣。'福辰大惊曰：'今晨尚请脉，不过小感风寒，肺气略不舒畅耳，何至是？或西边（西太后）病有反复，外间讹传，以东西互易耶？'有顷，内府中人至，则噩耗果确矣。福辰乃大戚，曰：'天地间乃竟有此事！吾尚可在此乎？'"[①]

这是当时人记载的薛福辰的反应。不过，据《翁同龢日记》记载，御医薛福辰并没有为慈安诊脉，所以，有关薛的记载是不足为凭的。

---

① 徐珂：《清稗类钞》，第8册，第3524页。

据说军机大臣左宗棠也持怀疑态度。《清稗类钞》记道："于时左宗棠方长军机，次晨又入，与本列语孝贞病状，左顿足大声曰：'吾昨早对时，上边语言清朗周密，何尝似有病者！即云暴疾，亦何至如此之速耶？'恭王在庭，亟以他语乱之。"①

左宗棠于光绪七年（1881）正月入军机处任军机大臣，九月授两江总督离开军机处，此时正在军机处。左宗棠的怀疑倒是可以理解的。然而，这个记载不是出自左宗棠本人。我们无法证实左宗棠是否说了这样的话。

其实，记载慈安死亡前后的最权威的第一手资料是《翁同龢日记》。翁同龢当时任毓庆宫行走，是光绪帝的师傅，参与国家机要大事。而且，亲自参与了慈安的葬仪。他的记载应该是可信的。

初十日记道："慈安太后感寒停饮，偶而（尔）违和，未见军机，戈什爱班等皆请安，余等稍迟入未及也……夜眠不安，子初（二十三时许）忽闻呼门，苏拉李明柱、王定祥送信，云闻东圣（慈安）上宾，急起检点衣服，查阅旧案，仓促中悲与惊并。"②

十一日记道："子正（二十四时）驰入，东华门不拦，月明凄然。入景运门，门者亦无言，徘徊乾清门下，遇一老公、一侍卫，皆言微有所闻而不的。诸门下锁，寂无人声。出坐朝户，燮臣来，景秋翁来，云知令但云病势甚危。须臾诸公陆续来，入坐内务府板房，枢廷在彼，伯寅、绍彭皆来，犹冀门不开或无事也。待至丑正三刻（二时四十五分）开乾清门，急入，到奏事处，则昨日五方皆在，晨方天麻胆星，按云类风痫甚重。午刻（十一至十三时）一方按无药，云神识不清牙紧。未刻（十三至十五时）两方虽可灌，究不妥云云，则已有遗尿情形，痰壅气闭如旧。酉刻（十七至十九时）一方云六脉将脱，药不能下，戌刻（十九至二十一时）仙逝云云。始则庄守和一人，继有周之桢，又某共三人也，呜呼奇哉（初九日方未发）。诸臣集南书房（即摘缨），余出告同仁并谕诸司速备一切，诸司亦稍稍来，余出入景运门凡二次。日出起下，军机一起已而传旨，惇（惇亲王奕誴）、醇（醇亲王奕譞）、惠（惠亲王绵愉）三王、谟公（伯彦纳谟祜）、御前大臣、军机大臣、毓庆宫、南书房、内务府大臣同至钟粹宫。请旨入殿否，曰入。偕诸公历东廊而东，至宫门长号，升阶除冠碰头，伏哭尽哀。灵驭西首，内臣去面幂令瞻仰，痛

① 徐珂：《清稗类钞》，第 8 册，第 3524 页。
② 《翁同龢日记》（台湾）排印本，第 1100 页。

哉痛哉，即出，已辰末（九时）矣。归家小憩，而司官来回事不断。做白袍带，以青袖蒙袍，派定夹杠人数（总办八人，帮办二人，于五更时议定，令司官特回，全师照发）。午正（十二时）复入，青长袍褂，由牌楼门穿而西，先看幡竿等，到朝房小坐。始见谕旨，派惇亲王、恭亲王、贝勒奕劻、额驸景寿、大学士宝鋆、协办大学士灵桂、尚书恩承、翁同龢，恭理丧仪。遂入慈宁宫与内府诸官坐上殿，看金匮安奉正中（甚大，时灵驭已移至宫，安奉于金匮之西），看朝帝殊合式。出再至朝房，良久复入，至门外，宝相于典礼旧事皆茫然，问礼王亦云不记。归时惇邸并立，乃与议定带桌子，带喇嘛。未正二刻（十四时四十五分），大敛毕开门。余随诸公带馂馂桌子入，至檐下，宫人及内府妇人陈设毕，上由东箱来奠，余等随跪（一叩三叩），哭不停声，上起还宫。撤桌子至门外，喇嘛入唪咒，余等复入，咒毕出。无事矣，遂归。"[1]

关于慈安太后病故，人言籍籍。人们的怀疑主要集中在几点：慈安太后是否突然发病？抢救是否及时到位？遗容是否允许瞻仰？大殓是否过早过快？殓棺是否过小过陋？

翁同龢亲自参与了慈安的葬仪，是慈安葬仪的目击者，他还认真详细地撰写了日记。这些记载，并不是为了发表的。因此，他的日记是可信的。

翁同龢的记载可以澄清如下疑点：

第一，发病是否突然。从记载看，慈安发病是很突然的。初十日，她没有召见军机大臣，原因只是听说"偶而（尔）违和"。但是，半夜叫门，苏拉传信听说"东圣上宾"，慈安已经死了。

第二，治病是否及时。翁同龢半夜十二时急忙入宫，同诸王大臣一直等到午夜二时四十五分，始入宫内，这时见到了初十日御医为慈安开的五个药方。早晨药方已明白写出病情"类风痫甚重"。午间药方说"神识不清牙紧"，病势转危，险情已现。午后二方说，想尽方法灌药，但"究不妥"，即束手无策，"痰壅气闭如旧"，没有任何好转，且"有遗尿情形"，神志不清，濒临死亡了。午后六时左右"六脉将脱"，八时左右就"仙逝"了。从这五个药方看，治病是及时的。先是御医庄守和，后又是御医周之桢和某，三位在侧。但是，他们三人都没有能使慈安活过来。

第三，遗容是否允许瞻仰。王大臣到了慈安寝殿钟粹宫，慈禧命太监揭

---

① 《翁同龢日记》（台湾）排印本，第1101页。

去了"面幂","令瞻仰"。瞻仰遗容的有惇亲王奕誴、醇亲王奕譞、惠亲王绵愉三王，还有谟公（伯彦纳谟祜）、御前大臣、毓庆宫行走、南书房行走、内务府大臣等。慈禧并没有遮遮掩掩，而是大大方方地命所有在京的王公大臣都来瞻仰遗容，这既看出了慈禧的心中无鬼，也说明了慈禧远见卓识。

如果慈安是中毒身亡，其症状应该似武大郎一样。《水浒全传》第二十六回记道："何九叔说：'到那里揭开千秋幡看时，见武大面皮紫黑，七窍内津津出血，唇口上微露齿痕，定是中毒身死。'"中毒身亡的外表症状是，面皮紫黑，七窍流血，唇留齿痕。这些外在的症状是遮掩不住的。西门庆和潘金莲合谋毒死武大郎，在武大郎的身上留下了不能抹掉的证据。但是，慈安的遗体上没有任何中毒的痕迹。

第四，大殓是否过早。有的野史说，慈安的棺材很小，事实是金匮"甚大"，说明慈禧没有慢待慈安。未正二刻（十四时四十五分）大殓。皇太后死，第二天装入棺材，是完全合乎清代礼制的。据清史记载，皇太后死后一般也是第二天入殓的。有的野史说，似乎慈禧怕别人看到慈安的遗体，所以提早入殓，这是无稽之谈。

以上不难看出，慈安突然发病，很快死去。治疗是及时的，但因病情甚重，御医虽全力抢救，亦回天无术了。

那么，如何理解翁同龢的那个"呜呼奇哉"呢？其实，可以理解为死得太快，出乎意料之外，因此，翁同龢十分惊讶。

《翁同龢日记》的其他记载，也完全说明了慈禧对慈安的丧礼是极为重视的。并不像野史所说的"减杀丧仪"等。甚至连谥号，慈禧也是完全尊重王大臣所拟的"孝贞慈安裕庆和教仪天佑圣显皇后"，承认了"贞字正也"的事实。因为这是咸丰帝所命，"当时即寓正位之意"。而且翁同龢亲见慈禧亦戴孝："恭闻慈禧以白绢蒙首，簪以白金，《周礼》所谓首绖者也，缘情制礼，不胜钦服。"此情此景，翁同龢也是佩服的。

其实慈禧没有必要害死慈安。因为慈安基本上不过问政事，一味退让，对政事既不大懂，又不感兴趣。从她接见鲍超的记载，就可以看出她的政治水平了。慈安接见臣工的记载十分罕见，据说只有陈昌的《霆军纪略》中记录了光绪六年（1880）五月二十七日鲍超觐见请训情形：孝贞显皇后问：你这到湖南好多路？奏：轮船不过十余日至湖北，由湖北不过十余日即到任所。问：你咳嗽好了没有？奏：咳嗽已好。谕：我靠你们在外头，你须任劳任怨，真除情面，认真公事！奏：仰体天恩，真除情面，认真公事，不敢有负委任。

问：湖南有洋人否？奏：洋人曾到湖南，因湖南百姓聚众一赶，后遂未到湖南。……

从以上记载可以看出慈安的召见只是礼仪性的，问问身体如何，没有任何指示性意见和指导性见解，说明慈安不大懂政治。此次召见也是因为慈禧患病，慈安不得已而为之。薛福成说："东宫见大臣，讷讷如无语者。每有奏牍，必西宫为诵而讲之，或竟月不决一事。"这应该是实际情况。

慈安对慈禧构不成威胁，同时在许多重大问题上，她们俩的意见基本是一致的。因此，慈禧没有必要害死慈安。

慈安其实是死于突发的疾病。那么，慈安到底死于何种突发的疾病呢？细查《翁同龢日记》，可知慈安早就患有严重的隐疾。

《翁同龢日记》中有两则关于慈安发病的记载十分重要，但多年来一直被人们忽略了。

这两则日记是：

第一则日记。同治二年二月初九日（1863 年 4 月 6 日）："慈安皇太后自正月十五日起圣躬违豫，有类肝厥，不能言语，至是始大安。"

这时慈安才二十六岁。从正月十五日到二月初九日，共病了二十四天，病势沉重。

第二则日记。同治八年十二月初四日（1870 年 1 月 5 日）："昨日慈安太后旧疾作，厥逆半时许。传医进枳实、莱服子。"

六年后，即她三十三岁时，病情又一次发作。

从这两次发病的情形看，慈安肯定患有严重的疾病。发病的特点是"不能言语"，"厥逆半时许"。一个时辰是两个小时，半个时辰是一个小时。即突然晕倒，不省人事达一个多小时。从用药看，枳实、莱服子是起降气调肝、安神宁志作用的。懂些医道的翁同龢怀疑是"肝厥"。笔者请教了著名的中医专家，专家认为慈安患的确是厥证。厥证是以突然昏倒、不省人事、四肢厥冷为主要表现的一种病证。轻者昏厥时间较短，自会逐渐苏醒。重者则会一厥不醒而导致死亡。《类经·厥逆》指出："厥者，逆也，气逆则乱，故忽为眩仆脱绝，是名为厥……轻则渐苏，重则即死，最为急候。"《素问》认为："暴厥者，不知与人言。"《石室秘录》记道："人有忽然厥，口不能言，眼闭手撒，喉中作酣声，痰气甚盛，有一日即死者，有二三日而死者。"

慈安这两次发病类似厥证。

但这次发作来得突兀。刚开始没引起足够重视，以为只是"偶而（尔）违和"。实则是危症的前兆。从五个药方看，慈安的病十分严重，"风痼甚重""神识不清""遗尿情形""痰壅气闭"，等等。这些症状说明是突然昏倒、不省人事、口噤拳握、呼吸气粗的典型的气厥证。据专家对这三次发病的综合分析，他们认为，慈安患的是脑血管疾病，很可能是脑出血。脑出血即使现在也是不治之症，何况一百年前呢！

慈安为什么得此重病？一般诱因有两种：一种是恼怒惊骇，一种是疲劳过度。慈安是一位性情温和的人，此时也没有什么引起她烦恼的事。她的发病是因为疲劳过度。其实，光绪六年（1880）慈禧大病一场，光绪七年（1881）一月又病了一场。

《翁同龢日记》记道："云慈禧圣体渐起，十日如此，可保无事。"慈禧患病期间慈安不得不出来处理政事。慈安的知识容量、决策水平和应对能力都远远不如慈禧，她感到十分吃力。因疲劳过度引发脑出血，是极有可能的。

她的病至少发作过三次：一次是二十六岁，一次是三十三岁，一次是四十五岁。最后这次没有醒转过来。慈安应是正常死亡。

但是，不管怎么说，从后果来看，两宫垂帘变成了一宫垂帘。慈禧大权独揽，了无顾忌，我行我素，为所欲为，成了名至实归的太上皇后。

慈禧感到奕䜣权力过大，开始考虑撤换以恭亲王奕䜣为首的军机处了。

三 撤换军机唯我独尊

光绪十年（1884），即甲申年，清廷发生了重大的朝局之变。这一变动与中法战争关系密切。中法战争是由于法国推行殖民政策，侵略越南，并以越南为基地而侵略中国引起的。清朝与越南之间存在一种封建的宗主与藩属关系。清朝皇帝对越南国王实行册封，而越南国王定期派人到北京朝贡。这种关系属于东方封贡体系，与西方殖民体系有着本质的区别。清朝和越南是唇亡齿寒的关系。

光绪八年（1882）十一月，越军进攻越南西山的清军，中法战争正式爆发。对法是和是战，慈禧的态度游移不定，迁延不决。恭亲王奕䜣在中央，大学士李鸿章在地方，对法国和战举棋不定。越南西山一战，清军失败，一些地方相继失守。前军统帅、云南巡抚唐炯"弃军而逃"。清军又相继失去北宁、太原、兴化，慈禧震怒，将广西巡抚徐延旭和云南巡抚唐炯革职拿问。

慈禧对前方失利非常不满，她要乘机在中央寻找替罪羊。

恰在此时，光绪十年（1884）三月初八日，日讲起居注官左庶子盛昱上一封奏，严词弹劾张佩纶、李鸿藻，同时涉及恭亲王奕䜣和军机大臣宝鋆等。奏折的主旨是，追究越南战争失利的原因，敦促恭亲王奕䜣与各军机大臣要戴罪立功，改正前非。

然而，慈禧却把此折作了他用。慈禧对奕䜣越来越不满，耿耿于怀，必欲去之而后快。现在光绪帝年仅十四岁，慈安又已去世三年，

醇亲王奕譞

削掉奕䜣的一切权力，时机已经成熟。她要以盛昱之折为炮弹，轰击恭亲王奕䜣一干人等。

三月十三日，慈禧有一非常之举。这一天，慈禧没有像往常一样召见军机大臣，而只单独召见领班军机章京，按她的意见，御前拟旨，朱书授出。全文如下："谕内阁：钦奉慈禧端佑康颐昭豫庄诚皇太后懿旨：现值国家元气未充，时艰犹巨，政虞丛脞，民未粜（mǐ，安定）安，内外事务，必须得人而理。而军机处实为内外用人行政之枢纽，恭亲王奕䜣等，始尚小心匡弼，继则委蛇保荣，近年爵禄日崇，因循日甚。每于朝廷振作求治之意，谬执成见，不肯实力奉行。屡经言者论列，或目为壅蔽，或劾其委靡，或谓簠簋不饬，或谓昧于知人。本朝家法綦严，若谓其如前代之窃权乱政，不唯居心所不敢，亦实法律所不容。只以上数端，贻误已非浅鲜。若不改图，专务姑息，何以仰副列圣之伟烈贻谋？将来皇帝亲政，又安能诸臻上理？若竟照弹章一一宣示，即不能复议亲贵，亦不能曲全耆旧，是岂朝廷宽大之政所忍为哉？言念及此，良用恻然。恭亲王奕䜣、大学士宝鋆，入直最久，责备宜严，姑

醇亲王奕譞与爱子合影

念一系多病，一系年老，兹特录其前劳，全其来路。奕䜣著加恩仍留世袭罔替亲王，赏食亲王双俸，开去一切差使，并撤去恩加双俸，家居养疾。宝鋆著原品休致。协办大学士、吏部尚书李鸿藻，内廷当差有年，只为囿于才识，遂致办事竭蹶。兵部尚书景廉只能循分供职，经济非其所长，均著开去一切差使，降二级调用。工部尚书翁同龢甫直枢廷，适当多事，唯既别无建白，亦有应得之咎，著加恩革职留任，退出军机处，仍在毓庆宫行走，以示区别。朝廷于该王大臣之居心办事，默察已久，知其决难振作，诚恐贻误愈深，则获

咎愈重，是以曲示裒全，从轻予遣。初不因寻常一眚之微，小臣一疏之劾，遽将亲藩大臣投闲降级也。嗣后内外臣工，务当痛戒因循，各摅忠悃。建言者秉公献替，务期远大。朝廷但察其心，不责其迹，苟于国亭有补，无不虚衷嘉纳。倘有门户之弊，标榜之风，假公济私，倾轧攻讦，甚至品行卑鄙，为人驱使，就中受贿渔利，必当立扶其隐，按法惩治不贷。将此通谕知之。"①

这道懿旨，罢免了军机处的全班人马。罪名是"委蛇保荣""因循日甚""谬执成见""昧于知人"等。恭亲王奕䜣开去一切差使，家居养疾；宝鋆原品休致；李鸿藻、景廉降二级调用；翁同龢革职留任，退出军机处，仍在毓庆宫行走。

同一天，又颁发上谕："礼亲王世铎著在军机大臣上行走，毋庸学习御前大臣，亦毋庸带领豹尾枪。户部尚书额勒和布、阎敬铭、刑部尚书张之万，均著在军机大臣上行走，工部侍郎孙毓汶著在军机大臣上学习行走。"

---

① 朱寿朋：《光绪朝东华录》，第 2 册，总第 1675 页。

这就在罢免原军机处的全班人马的同时，组成了以礼亲王世铎为首的新的军机处。

三月十四日，慈禧又发懿旨："军机处遇有紧要事件，著会同醇亲王奕譞商办，俟皇帝亲政后再降懿旨。"这就是说，醇亲王奕譞成了幕后首席军机大臣。奕譞是道光帝的第七子，是奕䜣的同母弟，是光绪帝的本生父，其福晋为慈禧之胞妹。慈禧对这个胞妹"颇亲之"。爱屋及乌，对醇亲王奕譞印象亦颇佳。但奕譞的能力究不如奕䜣。

因为此次朝变发生在甲申年，史称"甲申易枢"，或"甲申朝局之变"。

这一变动出乎人们意料。慈禧对以恭亲王奕䜣为首的军机处的撤换是晚清政治史上的一个重大事件，其影响十分深远。

醇亲王奕譞在辛酉政变中功绩卓著，亲自逮捕肃顺。光绪帝继位，他又乖觉地上疏乞罢诸职，词颇悲楚，得以旨准，自是闭门谢客，做出不问政事之姿态。事实上，他一直在关注着政坛的变化。他对外坚持强硬立场，主张对外敌"不能使彼不来，要在虽来而不惧；不能遏彼不战，要在虽战而不虞"。

礼亲王世铎乃平庸之辈，但待人谦恭，"终身无疾言厉色"。他毫无主见，任首席军机后，经常到奕譞处讨指示，"不以仆仆为苦"。颇好货，"以其取赂，细大不蠲"，因此"富甲诸王"。

新军机处的组成人员，在识见、威望、能力和人品上，与原军机处相比，相差甚远。他们是一些不谙国际事务、不懂国内政情的官僚。新军机处从某种程度上讲，成了慈禧的装饰品。真是一蟹不如一蟹。有人认为，这次易枢是"易中枢以弩产，代芦服以柴胡"，是一语中的的。有人认为："枢垣大为调动，时局一大变，然所用者，似非戡乱之人，恐恣意更张，国事日坏。"

甲申年，慈禧个人取得了胜利，成了不受任何约束的拥有绝对权威的太上女皇。这是她梦寐以求的。但慈禧终究是要归政于光绪帝的。

第九章 太后归政 光绪亲政

一 挪用军款大兴园工

颐和园原名清漪园,是乾隆帝为给她的母亲钮祜禄氏庆祝六十寿辰而造的,历时十五年,耗银四百五十万两。咸丰十年(1860)英法侵略军占领北京,将清漪园及圆明园一起烧毁。同治七年(1868)御史德泰揣摩慈禧心态,上奏请修圆明园,因遭到诸王大臣反对而未果。同治帝大婚后,慈禧又欲修园,因大学士李鸿藻谏止而作罢。同治帝亲政后,在慈禧的默许下,于同治十三年(1874)开始动工修复圆明园,受到奕䜣、奕谖的阻止,但同治帝仍然我行我素。后来慈禧假充白脸,出面干涉,才平息了一场风波。应引为注意的是,此时的奕谖是反对重修圆明园的。

但是,当奕谖的儿子载湉即帝位后,奕谖却一反常态,而主张为慈禧修园了。奕谖此举是老谋深算的。一是邀得慈禧的宠幸,二是为载湉亲政预为准备。光绪三年(1877)冬,奕谖想重修清漪园,但为御史郭从矩条陈所阻。但是此后数年,奕谖一直"耿耿于心,迄难缄默"。

光绪十一年九月初五日(1885年10月12日)海军衙门成立。当日慈禧发布懿旨:"著派醇亲王奕谖总理海军事务,所有沿海水师,悉归节制调遣;并派庆亲王奕劻、大学士直隶总督李鸿章会同办理;正红旗汉军都统善庆、兵部右侍郎曾纪泽帮同办理。现当北洋练军伊始,即责成李鸿章专司其事,其应行创设筹议各事宜,统由该王大臣等详慎规划,拟立章程,奏明次第兴办。"①

①　张侠等编:《清末海军史料》,海洋出版社1982年版,第66页。

156

这道懿旨，便是设立海军衙门的正式公文。奕譞任总办，奕劻、李鸿章任会办，善庆、曾纪泽任帮办，而北洋海军的组建专由李鸿章负责。

身负总办重责的奕譞在第二年，即光绪十二年八月十七日（1886 年 9 月 14 日），上《奏请复昆明湖水操旧制折》，内称："查健锐营、外火器营本有昆明湖水操之例，后经裁撤。相应请旨仍复旧制，改隶神机营，海军衙门会同办理。"①

翁同龢深知奕譞其意，在日记中写道：此举是"盖以昆明易渤海，万寿山换滦阳也。"② 这是隐语。渤海，指北洋海军；滦阳，指承德避暑山庄。是说名义上是在昆明湖上训练水师，实际上是为了给慈禧修清漪园。

从光绪十二年（1886）起，在筹建昆明湖水师学堂的名义下，清漪园工程如排云殿便开始了。二月初一日，以光绪帝名义发布上谕："其清漪园旧名，谨拟改为颐和园。殿宇一切，宜量加葺治，以备慈舆临幸。恭逢大庆之年，朕躬率群臣，同申祝悃，稍尽区区养尊微忱。"③

清漪园改名颐和园，取"颐养冲和"之意。从此，颐和园工程便大张旗鼓地开始进行了。

此时的光绪帝已十六岁。慈禧归政在即，颐和园是其颐养天年之最佳所在，颐和园工程必须加紧进行。而颐和园工程经费无着，海军衙门便成了颐和园工程的"银库"。奕譞身任海军衙门总办，又兼管神机营。他可以名正言顺地为颐和园工程筹款了。重修颐和园挪用海军经费大体来源于以下几个方面：

一是海军巨款的息银。奕譞借李鸿章之力筹到海军巨款二百六十万两。其中广东一百万两，两江七十万两，湖北四十万两，四川一百二十万两，直隶二十万两，江西十万两。④ 奕譞命将此款存储生息，共得息银四十万两，被用来重修颐和园。

二是海防捐。海军衙门收到各省的海防捐银一百五十七万八千两。梁启超说："名为海防捐者，实皆颐和园工程捐也。"

三是所谓海军衙门"闲款"。这笔"闲款"四十五万七千五百两，用于

---

① 张侠等编：《清末海军史料》，第 396 页。

② 陈义杰整理：《翁同龢日记》，第 4 册，第 2060 页。

③ 《清德宗实录》，第 4 册，第 2325 页。

④ 张侠等编：《清末海军史料》，第 642 页。

颐和园

工程。

四是挪用海军经费正款。从光绪十四年（1888）开始，到光绪二十年（1894）计七年间，每年挪用三十万两，共拨银二百一十万两。

有学者估计，到1894年甲午战争为止，颐和园工程挪用的海防经费约为库平银八百六十万两。慈禧到底挪用了多少海军经费？有的说是三千万两，有的说是二千万两，有的说是八千万两，有的说是三百万两。因颐和园工程档案已被销毁，准确数字很难求得，但大体约八百六十万两，还是可信的。①

此外，另两项借慈禧归政后颐养之地的三海（南海、中海、北海）工程，也挪用了大量的海军经费。据统计，从光绪十一年（1885）四月起，到光绪二十一年（1895）四月止的十年中，整个三海大修工程的经费总额约为六百万两，而其中从海军衙门经费中挪用的就达四百三十六万两。② 颐和园工程和三海工程总计挪用海军衙门经费为一千三百万两。北海海军的七艘主力战舰，

① 戚其章：《颐和园工程与北洋海军》，载《社会科学战线》1989年第1期。

② 叶志如、唐益年：《光绪朝三海工程与北洋海军》，载《历史档案》1986年第1期。

即"定远""镇远""济远""经远""来远""致远""靖远"的购置费为七百七十八万两。慈禧为大修楼台殿宇所挪用的海军经费，可以再增加两支原来规模的北洋舰队。然而，奕譞在海军衙门存在的九年中没有购置过一艘新舰。慈禧为一己之私利，置海军建设于不顾，这就为中日甲午战争的失败埋下了祸根。

二　慈禧如愿实施训政

光绪十二年（1886），光绪帝十六岁，已届亲政年龄。按照清朝祖制及臣民心态，慈禧太后不得不考虑归政问题。经缜密思考，她于六月初十日召见醇亲王奕譞及军机大臣礼亲王世铎等人，表示明年归政，并发下懿旨："著钦天监于明年正月选择吉期，举行亲政典礼，所有应行事宜及应复旧制之处，著各该衙门敬谨查照成案，奏明办理，将此通谕中外知之。"①

措辞不可谓不诚恳，态度不可谓不明朗。但这都是假象。慈禧召见奕譞等人，目的既是抢先一步做出归政的姿态，又是对他们真实心理的一个政治试探。在近三十年臣事慈禧的政治生涯中，奕譞早已深谙慈禧的权术。如果慈禧诚心归政，光绪帝载湉真的亲政，作为载湉本生父的奕譞当然求之不得。因为那时他的权势比现在要更

光绪帝

---

① 朱寿朋：《光绪朝东华录》，第2册，总第2119页。

加煊赫，但他深知这只是一个不能实现的梦想，而且这个梦想稍露端倪，他就得身败家亡。这是一次不动声色、不着痕迹的心理较量。不出五天，聪明的奕譞终于想出来一个"训政"的主意，以此来代替"垂帘听政"。

六月十五日，奕譞奏道："王大臣等，审时度势，合词吁恳皇太后训政。敬祈体念时艰，俯允所请。俾皇帝有所秉承，日就月将，见闻密迩，俟及二旬，再议亲理庶务。"① 奏请慈禧训政二年，再行归政。同时为了示之以诚，又建议归政后，"必须永照现在规制，一切事件，先请懿旨，再于皇帝前奏闻"。就是说，即使归政了，目前的政治格局也要永远保存下去。世铎奏，皇太后"训政数年，于明年皇上亲政后，仍每日召见臣工，披览章奏"。伯彦纳谟祜上奏亦是此意。他们几乎异口同声地请求太后训政。《慈禧外纪》说："凡太后所用之人，皆有不安之意。恐帝亲政之后，不能保其权位也。以是之故，太后下谕归政，而上奏请延长垂帘之期者甚众。"② 这话不无道理。

面对诸王大臣的哀哀恳求，慈禧不给面子，发下懿旨："该王大臣等所请训政数年，及暂缓归政之处，均毋庸议。"并明确表示，"皇帝亲政典礼于明年正月十五日举行。"这是第一个回合。奕譞自知火候不到，便"重申愚悃"，"再行沥陈"。同时上奏队伍中又加上了锡珍、贵贤等人。一时在朝野上下形成了一片恳请训政的呼声。慈禧见时机已经成熟，便半推半就地"勉允所请"，"于皇帝亲政后再行训政数年"。③

慈禧为使训政制度化，面谕世铎等人："将应行酌复旧制，或变通办理及暂缓举行各事，宜公同酌议。"世铎心领神会，同奕譞商定款项，史称《训政细则》，其主要之点是：

其一，凡遇召见引见，皇太后升坐训政。拟请照礼臣会议，暂设纱屏为障。

其二，中外臣工呈递皇太后、皇上安折，应请恭照现式预备。奏折亦恭照现式书写。

其三，近年各衙门改归验放验看开单请旨及暂停引见人员，拟请循照旧制，一律带领引见，仍恭候懿旨遵行，排单照现章预备。

其四，乡会试及各项考试题目，向例恭候钦命者，拟请循照旧制。臣等进书恭候慈览，择定篇页，请皇上钦命题目，仍进呈慈览发下……

其五，内外臣工折奏应行批示者，拟照旧制，均请朱笔批示，恭呈慈览发下。①

这里的"恭候懿旨遵行""恭候慈览"和"进呈慈览发下"等语，明确昭示一切权力仍归慈禧，光绪帝不过是一个十足的傀儡而已。从这个《训政细则》可以看出，太后训政、皇上亲政是并行的体制，其实与过去的皇太后垂帘听政没有什么本质的区别。区别只在于光绪帝在名义上是亲政，但事事仍必须听命于慈禧太后。"光绪的亲政便成了一句面子上的空话，全部的政权依然牢牢地握在太后自己的手掌里。"②

光绪十三年正月十五日（1887年2月15日），慈禧太后为光绪帝举行亲政典礼。慈禧太后于慈宁门接受了光绪帝率王公大臣所行之贺礼，而后于太和殿受贺，在保和殿筵宴。从此，清帝国的臣民便知道光绪帝亲政了。

三　坚决归政光绪皇帝

慈禧训政后，便关注起十七岁的光绪帝的婚事来。光绪十三年十二月初八日（1887年1月20日），慈禧发下懿旨，申明皇帝大婚典礼所需物品应先作计划，报礼仪处审批。这说明为光绪帝筹办婚事事宜，已正式启动。十四年正月十七日（1888年2月28日），慈禧再颁懿旨，筹办光绪帝大婚，著户部筹拨银五百万两。五月初八日，慈禧又颁懿旨："皇帝大婚典礼，著于明年正月举行。"慈禧的这几道懿旨明确规定了光绪帝大婚的计划、费用和日期。

大婚与归政是紧密相关的，大婚后即应归政。六月十九日，慈禧懿旨："前因皇帝甫经亲政，决疑定策，不能不遇事提撕，勉允臣工之请，训政数年。两年以来，皇帝几于典学，益臻精进，于军国大小事务，均能随时剖决，措置合宜，深宫甚为欣慰。明年正月大婚礼成，应即亲裁大政，以慰天下臣民之望。著钦天监于明年二月内，敬谨选择归政吉期具奏。"③

明年一月大婚，二月便归政，即慈禧自己表示不再训政了。从懿旨看，此时的慈禧对光绪帝还是满意的。她在归政上，安排细致，态度坚决。同一

---

① 朱寿朋：《光绪朝东华录》，第2册，总第2180页。

② 德龄：《瀛台泣血记》，云南人民出版社1980年版，第192页。

③ 朱寿朋：《光绪朝东华录》，第3册，总第2463页。

天，光绪帝也发下谕旨，表示不敢不遵"慈训"。钦天监选定于明年二月初三日归政。

虽贵为皇帝，但光绪帝在婚姻上受制于慈禧，是没有选择配偶的自由的。光绪十四年十月初五日（1888年11月8日），慈禧连发两道懿旨：

第一道懿旨。是选自己的亲弟弟副都统桂祥之女端庄贤淑的叶赫那拉氏为皇后，即孝定景皇后。宣统帝即位，尊其为皇太后，上徽号为隆裕。①

第二道懿旨。是选原任侍郎长叙的两个女儿他他拉氏为嫔。十五岁的姐姐为瑾嫔，十三岁的妹妹为珍嫔。慈禧为光绪帝选中了一后二嫔。

为光绪帝选配偶，慈禧也走了一个过场。据载："光绪十三年冬，西

光绪皇后

后为德宗选后。在体和殿，召备选之各大臣小女进内，依次排立。与选者五人，首列那拉氏，都督（统）桂祥女，慈禧之侄女（即隆裕）也。次为江西巡抚德馨之二女，末列为礼部左侍郎长叙之二女（即珍妃姊妹）。当时太后上坐，德宗侍立，荣寿固伦公主及福晋命妇立于座后。前设小长桌一，上置镶玉如意一柄，红绣花荷包二对，为定选证物（清例，选后中者，以如意予之；选妃中者，以荷包予之）。西后手指诸女语德宗曰：'皇帝谁堪中选，汝自裁之。合意者，即授以如意可也。'言时，即将如意授与德宗。德宗对曰：'此大事当由皇爸爸主之（据宫监谓，当时称谓如此）子臣不能自主。'太后坚令其自选。德宗乃持如意趋德馨女前，方欲授之，太后大声曰：'皇帝。'并以口暗示其首列者（即慈禧侄女），德宗愕然，既乃悟其意，不得已乃将如意授其侄女焉。太后以德宗意在德氏女，即选入妃嫔，亦必有夺宠之忧，遂不容其续选，匆匆命公主各授荷包一对与末列之女，此珍妃姊妹之所以获选也。"②

① 赵尔巽：《清史稿》，第30册，第8932页。
② 黄濬：《花随人圣庵摭忆》，上海古籍书店1983年版，第119页。

这个内幕消息，据说是内宫太监唐冠卿传出来的。鉴于为同治帝选阿鲁特氏皇后的教训，慈禧在为光绪帝选后上是颇动了一番心思的。

《慈禧外纪》记道："太后以己之侄女选为皇后，亦具有深意。前此为同治帝选择有德有勇之阿鲁特皇后，其后常与太后反对，至其死而后已。太后惩于前事，故此次为光绪帝选后，其意重在为己心腹，以监察皇帝之行为而报告之。"① 此言过矣！当时的慈禧倒不是想在光绪帝的身边安插个密探，主要是从亲上加亲的角度考虑的。

孝定皇后受过良好的教育，性格温和，为人机敏。《清列朝后妃传稿》记道："后性纯孝，贤明淑慎，工书绘，未尝预外事。"②

瑾 妃

另据慈禧御前女官德龄记载，皇后"总是那样的和蔼可亲"，是一位"温雅可亲的皇后"。慈禧对皇后印象很好，说"宫中只有皇后和她是懂得中国文学的"。当然，光绪帝与皇后的婚姻是一个不幸的悲剧，而这个悲剧是由慈禧造成的。

珍 妃

瑾妃（1874—1924）。他他拉氏，珍妃之姐。光绪十四年（1888），选为瑾嫔。次年（1889）二月入宫。二十年（1894）正月，晋封瑾妃。同年十月，与其妹珍妃同降为贵人。二十一年（1895），仍封瑾妃。③ 她一生都在委屈中度过。慈禧、光绪帝、皇后及珍妃都不喜欢她。

珍妃（1876—1900）。他他拉氏，瑾妃之妹。光绪十四年（1888），与其姐瑾妃同被

① 《慈禧外纪》，第112页。
② 张孟劬：《清列朝后妃传稿》（下），第113页。
③ 赵尔巽：《清史稿》，第30册，第8932页。

选，为珍嫔。次年二月入宫。二十年（1894）正月，晋封珍妃。很得光绪帝宠爱。慈禧为了打击帝党，责其习尚奢华，屡有乞请，将珍妃和瑾妃均降为贵人。二十一年（1895），仍封珍妃。慈禧于二十年十二月初一日发布懿旨，缮写装裱，挂在珍妃的住处，上书："皇后有统辖六宫之责。俟后妃嫔等如有不遵家法，在皇帝前干预国政，颠倒是非，著皇后严加访查，据实陈奏，从重惩办，决不宽贷，钦此。"[1] 珍妃聪慧开朗，支持变法，慈禧十分厌恶她，所以给她戴上了紧箍咒。

光绪十五年正月二十七日（1889年2月26日），大婚礼成。是日，命大学士额勒和布为正使，礼部尚书奎润为副使，持节诣皇后邸，行奉迎礼，迎皇后凤舆入宫。

在这之前，御史屠仁守揣摩慈禧心态，上一奏折，建议"外省密折，廷臣封奏，仍书皇太后圣鉴字样"。慈禧阅后大怒，发下懿旨："若于举行伊始又降懿旨，饬令仍书圣鉴，披览章奏。是出令未几，旋即反复，使天下后世，视予为何如人耶？"她反复强调："垂帘听政，本属万不得已之举。"认为屠仁守的奏言"甚属乖谬。此事关系甚大，若不予以惩处，无以为逞臆妄言乱紊成法者戒"。将原折掷还，开去其御史差使，永不叙用。[2]

慈禧措辞严厉地驳回屠仁守的奏折，并罢了他的官，表示了坚决归政光绪帝的决心。这就阻止了延缓归政的建议，慈禧可以如期归政了。

但是，二月初二日吴大澂上一奏折，奏请尊崇醇亲王奕譞典礼。这是一件大事，不能漠然视之。慈禧太后就吴大澂的奏折，发出一个上谕，轻而易举地否定了吴大澂奏折的提议。先看吴大澂的奏折，文曰："奏为恭奉皇上亲裁大政，拟请皇太后懿旨，尊崇醇亲王典礼，以昭定制而笃天亲，恭折密陈，仰祈圣鉴事。臣窃维醇亲王公忠体国，以谦卑谨慎自持。创办海军衙门各事宜，均已妥议章程，有功不伐，天下人民所仰望。在皇太后前，则尽臣下之礼，在皇上则有父子之亲。我朝以孝治天下，当以正名定分为先。凡在臣子为人后者，例得以本身封典，贻（yì，重叠，重复）封本生父母……况贵为天子，而于天子所生之父母，必有尊崇之典礼……本生父母之名不可改易，即加以尊称，仍别以本生名号，自无过当之嫌……本年二月初三日，恭逢皇太后归政之期，拟请懿旨饬下廷臣会议醇亲王称号礼节，详细奏明。出自皇

① 杜龄：《挟制珍妃确有禁牌》，载《北京晚报》1983年7月18日。
② 朱寿朋：《光绪朝东华录》，第3册，总第2580页。

太后特旨，宣示天下，以遂我皇上孝敬之怀，以塞薄海臣民之望。"①

吴大澂建议的内容有三：其一，为光绪帝之本生父醇亲王奕譞进行封典，封以"称号"，以示尊崇；其二，为给醇亲王奕譞封号，要举行"尊崇之典礼"，即大张旗鼓地进行封典；其三，建议慈禧太后颁发懿旨，"出自皇太后特旨，宣示天下，以遂我皇上孝敬之怀，以塞薄海臣民之望"。

吴大澂的奏折给慈禧太后出了一道难题。抬出光绪帝的本生父奕譞，慈禧太后怎么办？尊崇本生父醇亲王奕譞，就等于贬斥后来母慈禧太后。这是慈禧太后绝对不能允许的。光绪皇帝已经过继给慈禧太后为继子，慈禧太后是光绪皇帝的名正言顺的继母。在光绪皇帝亲政的当下，尊崇其本生父醇亲王奕譞，会给朝野上下造成慈禧太后完全交出皇权的错觉。这对清朝皇权的稳定是非常不利的。

不过，聪明的慈禧太后立即想到了醇亲王奕譞当年的一个奏折。这个奏折，其实是奕譞的一个重要的声明。光绪帝即位之时，富有远见的奕譞当即上一奏折，表明心迹，未来如有上奏尊崇本生父之说，立即加以"屏斥"。这篇奏折曰："光绪元年正月初八日醇亲王奕譞奏：臣尝见历代继承大统之君，推崇本生父者，备载史书。其中有适得至当者焉，宋孝宗之不改子偁秀王之封也。有

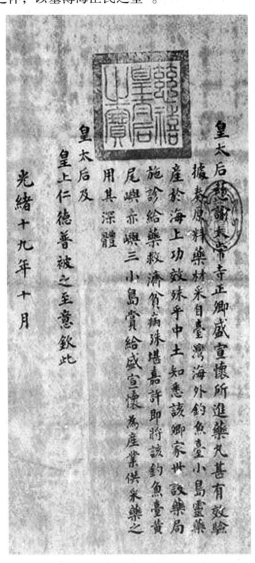

慈禧太后慈谕

① 朱寿朋：《光绪朝东华录》，第3册，总第2580页。

大乱之道焉，宗英宗之濮议，明世宗之议礼是也。张璁、桂萼之俦，无足论矣。忠如韩琦，乃与司马光议论抵牾，其故何欤？盖非常之事出，立论者势必纷沓扰攘。虽乃心王室不无其人，而以此为梯荣之具，迫其主以不得不视为庄论者，正复不少。恭维皇清受天之命，列圣相承，十朝一脉，至隆极盛，旷古罕觏。讵穆宗毅皇帝春秋正盛，遽弃臣民。皇太后以宗庙社稷为重，特命皇帝入承大统，复推恩及臣，以亲王世袭罔替，渥叨异数，感惧难名。原不须更生过虑。惟思此时垂帘听政，简用贤良。廷议既属执中，邪说自必潜匿。倘将来亲政后，或有草茅新进之徒，趋六年拜相捷径，以危言故事耸动宸聪，不幸稍一夷犹，则朝廷徒滋多事矣。合无仰恳皇太后将臣此折留之宫中，俟皇帝亲政时，宣示廷臣世赏之由及臣寅畏（寅畏：小心谨慎）本意，千秋万载，勿再更张。如有以治平、嘉靖等朝之说进者，务目之为奸邪小人，立加屏斥。果蒙慈命严切，皇帝敢不钦遵。是不但微臣名节得以保全，而关乎君子小人消长之机者，实为至大且要。所有微臣披沥愚见，预杜金壬妄论缘由，谨恭折具奏。"①

奕譞此折的中心意思，是总结历史经验，提出等到将来光绪帝亲政时，"如有以治平、嘉靖等朝之说进者，务目之为奸邪小人，立加屏斥"，而这道奏折就是预杜妄论的有力武器。事态的发展，正如奕譞所料，吴大澂即提出了这个尊崇光绪帝本生父的称号及典礼问题。

慈禧太后结合奕譞的奏折，针对吴大澂的奏疏，发出一个懿旨，一朝解决了这个难题。懿旨曰："钦奉慈禧端佑康颐昭豫庄诚皇太后懿旨：本日据吴大澂奏请饬议尊崇醇亲王典礼一折，皇帝入继文宗显皇帝，寅承大统。醇亲王奕譞谦卑谨慎，翼翼小心。十余年来，深宫派办事宜，靡不殚竭心力，恪恭尽职。每遇优加异数，皆再四涕泣恳辞。前赏杏黄轿，至今不敢乘坐。其秉心忠赤，严畏殊常，非徒深宫知之最深，实天下臣民所共谅。自光绪元年正月初八日，醇亲王即有预杜妄论一奏，内称：历代继统之君，推崇本生父母者，以宋孝宗不改子偁秀王之封为至当。虑皇帝亲政后，金壬倖进，援引治平、嘉靖之说，肆其奸邪。预具封章，请俟亲政时，宣示天下，俾千秋万载，勿再更张。其披沥之忱，自古纯臣居心，何以过此。此深宫不能不嘉许感叹，勉从所请者也。兹当归政伊始，吴大澂果有此奏。若不将醇亲王原奏及时宣示，则后此邪说竞进，妄希议礼梯荣，其患何堪设想。用特明白晓谕，

---

① 朱寿朋：《光绪朝东华录》，第 3 册，总第 2580 页。

并将醇亲王原奏发钞。俾中外臣民咸知我朝隆轨，超越古今。即贤王心事，亦此次可以共白。嗣后阚名希宠之徒，更何所容其觊觎乎！将此通谕中外知之。"①

慈禧太后懿旨明白晓示，尊崇光绪帝本生父典礼之说，是不能接受的歪理邪说。而上奏此歪理邪说的人，则是奸邪小人，是阚名希宠之徒。他们的目的是"议礼梯荣"，沽名钓誉。如果不及时加以制止，"后此邪说竞进"，"其患何堪设想"。这一懿旨，确实阻止了尊崇光绪帝本生父典礼之说的蔓延。

吴大澂何许人也？吴大澂（1835—1902），字清卿，号恒轩，又号愙斋。江苏吴县人。吴大澂青年时代"即慨然有经世之志"。同治七年（1868），中进士，后授编修。同治大婚，他认为花费过重，上疏裁减工费。"以一词臣，言人所不敢言，风采震动朝右。"同治十二年（1873），简放陕甘学政。是时，同治皇帝及慈禧太后欲修复圆明园，他以时事艰难，奏疏谏止。光绪三年（1877），授河南河北道。在河南任职期间，关心民瘼，为官清廉。光绪六年（1880），授以三品卿衔，令随吉林将军铭安办理宁古塔、三姓和珲春等地边防事宜。在吉林期间，他筹划屯垦、编练军队及兴办工厂。此外，他还招抚了啸聚山林、盗开金矿的轩效忠一伙，起到了消除内患、安定边疆的作用。光绪七年（1881），吴大澂升任太仆寺卿。光绪十年（1884），中法战争爆发。吴大澂及朝中一批官员激烈主战，反对向法国妥协，时称"清流派"。此时，吴大澂由太仆寺卿迁太常寺卿，继而又晋升都察院左都御史。当年冬，朝鲜发生"甲申政变"，日本欲乘机渔利。清廷特派吴大澂赴朝。吴大澂不辱使命，顶住日本压力，减少日本索赔款项，迫使日使退去。光绪十一年（1885），诏赴吉林，会同珲春副都统伊克唐阿与俄国使臣勘定边界。由于吴大澂的认真工作，收回了被俄国侵占的珲春黑顶子百余里土地，而且中国船只出入图们江再也不必领取执照，取得了图们江的自由航行权。光绪十三年（1887），调任广东巡抚，反对将澳门归葡萄牙管辖。光绪十四年（1888），郑州黄河决堤，命吴大澂署理河东河道总督，前往治河。是年冬，河工合龙，"大澂力居多"。治河功成，实授河道总督，加头品顶戴。光绪十五年（1889），光绪帝亲政，吴大澂疏请尊崇醇亲王奕譞称号礼节。疏入，慈禧太后震怒，遭到斥责。吴大澂差点遭致严谴，恰因母病逝，乃回籍守制，得以

---

① 朱寿朋：《光绪朝东华录》，第 3 册，总第 2581 页。

免祸。慈禧太后倒也没有怪罪吴大澂，光绪十八年（1892），又授湖南巡抚。①

以上可以看出，吴大澂是一位心地纯正、直言敢谏的高级官员。其身上有一点知识分子的天真，一股儒学之士的傻气。光绪帝亲政，吴大澂上此不合时宜的奏折，就完全说明了此点。

这是光绪帝亲政大典的一个不大不小的插曲。

光绪十五年二月初三日（1889年3月4日），光绪帝举行亲政大典。慈禧太后在慈宁宫接受光绪帝率群臣三跪九拜。然后光绪帝还宫，旋即复出御中和殿，接受执事官行礼。光绪帝再御太和殿，乐作，升座，乐止，鸣鞭三。王公百官行礼，并宣表，颁诏。②

自此，光绪帝开始正式亲政了。在光绪大婚及亲政前后，慈禧遍赏王公大臣、封疆大吏及蒙古王公等，借以笼络人心，巩固地位。

从垂帘听政，到训政，到归政，从表面上看，慈禧太后把最高的皇权逐步地移交给了光绪帝。光绪帝是她一手训练出来的皇帝，对她是绝对服从的。有人认为："大概言之，慈禧退居颐和园约有十年。此十年之中，除增加其私蓄之外，未曾干预国政也。"③ 但这只是表面现象。实质上，"太后此时，表面上虽不预闻国政，实则未尝一日离去大权。身虽在颐和园，而精神实贯注于紫禁城也"。光绪帝"用人行政，仍随时秉承，莫敢违焉"。④ 也有人分析道："是时太后初归政，方借园居娱老。上春秋盛，每事不欲自专，必秉命而行，常时辄一月数问起居。"⑤

光绪帝在慈禧的淫威下，小心谨慎地做着皇帝。慈禧虽然退居颐和园，但她仍然在幕后操纵着清朝政局。"全部的政权依然牢牢地握在太后自己的手掌里，等于她不曾退休一样。"

然而，表面也罢，实际也罢，慈禧太后毕竟正式归政了，光绪皇帝毕竟正式亲政了。随着时间的推移和政见的分歧。在清朝的上层就逐渐形成了两个政治中心，即后党和帝党。后党和帝党的形成对晚清政局的影响，至为深远。

---

① 《清史稿·吴大澂传》，第41册，总第12551页。
② 赵尔巽：《清史稿》，第10册，第2620页。
③ 《慈禧外纪》，第112页。
④ 金梁：《清帝外纪·清后外传》，第222页。
⑤ 胡思敬：《国闻备乘》，《近代稗海》，第1辑，第238页。

四　帝后两党政治纷争

光绪帝正式亲政后，以他为中心，逐渐形成了一股政治势力，人称帝党。以慈禧太后为中心，形成了另一股政治势力，人称后党。

光绪帝虽然亲政了，但许多重大问题的决策，仍然必须听命于慈禧。据翁同龢记载："现在办事一切照旧。大约寻常事上决之，稍难事枢臣参酌之，疑难者请懿旨。"①"疑难者"，即政治、经济、军事方面的重大问题，仍然要由慈禧来做决定。

慈禧常住颐和园。宫中诸事，有人转达给她。"太后亦偶往内城住一二日，皇帝则每月五六次到园请安。"因此，光绪帝的一言一行都在她的掌握之中。"太后极注意于帝之行事，凡章奏皆披览之。此无可疑者。""皇帝每遇国事之重要者，必先秉商太后，然后降谕。"②名义上慈禧太后已归政光绪帝，但实质是慈禧太后仍然牢牢把握着国家政权。光绪帝完全明了此点，因此他"事太后谨，朝廷大政，必请命乃行"。在亲政初期，"两宫固甚和睦"。这个"和睦"是以光绪帝拱手让出政权为代价的。

但是，光绪帝不是个毫无主见之辈。他不甘心于他的傀儡地位。他的近臣也认为慈禧太后的干政是不正常的。为此，在他的周围便逐渐形成了一股政治势力，便是帝党。

帝党的核心人物为翁同龢。翁同龢为大学士翁心存之子，咸丰时一甲一名进士。任同治帝师傅，在弘德殿行走。后任光绪帝师傅，在毓庆宫行走，曾任军机大臣，后被罢职。以后再授军机大臣，并为总署大臣、户部尚书、协办大学士。翁同龢原来深得慈禧信任，"恩眷甚笃"。翁同龢在被慈禧太后和光绪帝召见时，曾对光绪帝说："亲政后第一不可改章程。"光绪帝毫不犹豫地回答："断不改。"③

慈禧对他们的一问一答是非常满意的。因为这是政治上的表态，说明他们对慈禧所实行的路线和政策是完全赞同的。

然而，翁同龢后来却渐渐倾向于光绪帝，翁同龢非常忠于光绪帝。据载：

① 陈义杰整理：《翁同龢日记》，第4册，中华书局1992年版，第2262页。
② 《慈禧外纪》，第124页。
③ 陈义杰整理：《翁同龢日记》，第4册，第2256页。

"常熟（翁同龢）昵于帝，每日先至书房，复赴军机处。颇有各事先行商洽之嫌。一日，文正（李鸿藻）入直少早，常熟甫自书房至。文正甚诧。及常熟去，礼邸（礼亲王世铎）云：公始知耶？殆日日如此。"从中可见，光绪帝与翁同龢的关系非同一般，是十分密切的。时人评说："大员中最为帝所倚任者，乃翁同龢。"这是符合实际的。"常熟实隐持政权"，这话也不是过分的。

当时清廷上层早已分为"南北派"。[①] 南派有翁同龢、潘祖荫、沈文定、王文勤等，北派有李鸿藻、文祥、徐桐等。

翁同龢、潘祖荫为南派之领袖，李鸿藻、徐桐为北派之领袖。"盖太后祖北派，而皇帝祖南派也。"当时之人，皆称李党翁党，"其后则竟名为后党帝党。后党又浑名老母班，帝党又浑名小孩班"。[②]

帝党成员骨干是清流派的一些人物，多为词馆清显、台谏要角。他们自视甚高，却无权无势，不是后党的对手。

后党的成员则为京内的王公大臣、文武百官和京外的督抚藩臬，阵营整齐，实力强大。

帝党与后党是分别以光绪皇帝和慈禧太后为核心而形成的两股对立的政治力量。这两股政治力量的矛盾斗争的表面化，则表现于1894年的中日甲午战争。

而慈禧太后关注的却是她的六十大寿。

① 黄濬：《花随人圣庵摭忆》，第332页。
② 《慈禧外纪》，第126页。

第十章　发动政变　三次垂帘

一　密切关注六十大寿

　　光绪二十年（1894）十月初十日是慈禧的六十大寿。六十年为一甲子，中国人历来对六十大寿特殊重视。慈禧亦不例外。慈禧还有一个心愿，即六十大寿这一年不要出现不吉利的大事。因为四十寿诞时发生中日战争，五十寿诞时发生中法战争。她企望六十寿诞时要平平安安、欢欢喜喜地大庆一番。

　　早在光绪十八年十二月初二日（1893年1月19日），光绪帝便发布上谕，声明"甲午年，欣逢花甲昌期，筹宇宏开，朕当率天下臣民，胪欢祝嘏"。郑重委派礼亲王世铎、庆亲王奕劻及其他重臣，"总办万寿庆典"。提前将近两年，郑重选派王公大臣筹办慈禧的六十大寿，可见光绪帝对慈禧的六旬寿诞丝毫不敢怠慢。

　　十二月二十一日，慈禧发布懿旨，一面对皇帝率天下臣民为她祝六旬寿辰加以首肯，

慈禧梳妆照

一面又虚情假意地强调"毋得稍滋糜费"。

光绪十九年（1893），光绪帝命成立庆典处，专门负责六旬大寿庆典事宜，进一步在组织机构上加以落实，唯恐出现稍许差池。

慈禧事事比照乾隆帝，六旬大寿也不例外。在慈禧的授意下，有关人等查照乾隆年间办理庆典筹备情况，定于在颐和园受贺。庆典期间，慈禧太后自颐和园进紫禁城所经过的道路两旁要修葺一新，并分段搭建龙棚、龙楼、经棚、戏台、牌楼、亭座，"以昭敬慎，而壮观瞻"。

有的亲王为了邀誉，就独上奏折讨好慈禧。光绪十九年六月初二日（1893 年 7 月 14 日）礼亲王世铎奏请，在京王公大臣及外省文武官员，为共襄慈禧六旬万寿应报效银两。所谓"报效"，就是无偿赞助。礼亲王并拟出清单，在京各官应报效二十六万三千九百两，外省各官应报效九十四万三千两，中外各官共报效一百二十万六千九百两。这些报效银两统交户部，然后由庆典处"随时支取备用"。

光绪十九年十二月二十七日（1894 年 2 月 2 日）光绪帝发布上谕，声明依据皇太后懿旨，将光绪二十年（1894）十月初三日至十七日这半个月定为六旬庆典，并将六旬庆典期间的日程表颁布天下。提前十个月安排了庆典日程，考虑不可谓不周。

光绪十九年这一年，庆典处屡上奏章，光绪帝频发谕旨，为慈禧六旬庆典做着充分的准备。

转过年去，一到光绪二十年（1894），刚进正月，光绪帝便连发谕旨，筹备庆典。粗查一下，从一月初三日到一月二十七日短短二十五天，光绪帝共发布上谕三十条，而其中专为庆典的即达十三条，占三分之一强。一月初三、初四、初五这三天连续发布八道谕旨都为庆典事。而其中初三日这一天就连发五道谕旨。这五道谕旨都是光绪帝转发的慈禧太后的懿旨。

第一道是为醇亲王福晋，即慈禧之胞妹叶赫那拉氏每年著加赏银三千两。

第二道是为几位妃子"特晋荣封"，其中包括瑾嫔晋封瑾妃，珍嫔晋封珍妃。

第三道是"施恩懋赏，在廷臣工"，其中包括户部尚书翁同龢著赏戴花翎并赏用紫缰，礼部尚书李鸿藻著赏戴双眼花翎并交部从优议叙。

第四道是奖赏所有南书房、上书房行走。

第五道是加赏各省文武大臣，列首位的便是大学士、直隶总督李鸿章，著赏戴三眼花翎。

作为皇子的光绪帝是以诚心的孝，来对待慈禧母后的六旬大寿的。慈禧则毫不掩饰地直接发布懿旨为自己的六旬大寿做舆论的、心理的准备。光绪二十年一开头连珠炮似的上谕公布，足以表明六旬庆典是这一年压倒一切的头等大事。

一个国家把最高领导者的寿诞庆典作为最重要的事来抓，那就足以说明这个国家上层的腐败已达到了无可救药的程度了。日本的情报部门分析了中国的情况，深知此时发动侵华战争是难得的机会："日（日本）知今年慈圣庆典，华（中国）必忍让。"毋庸讳言，此时的光绪帝是把慈禧的六旬大寿作为他心目中的第一件大事全力以赴来办的。

光绪二十年六月二十三日（1894 年 7 月 25 日），日军不宣而战，悍然发动了甲午战争。日军舰队在丰岛海面偷袭中国运兵船队，中国船队受重创。

七月初一日，光绪帝发布上谕，对日宣战。上谕说："（日本）不遵条约，不守公法，任意鸱张，专行诡计……著李鸿章严饬派出各军迅速进剿。"[1] 光绪帝的宣战，鼓舞了对日抗战派的志气。但由于慈禧太后的阻挠，致使上层一片求和声，最终导致平壤失守和黄海战败。

自甲午战争爆发以后，随着清军的节节败退，光绪帝对六旬庆典在规模上有所考虑。他私忖，如果仍然建设点景，耗资太过。但他又不便直接向慈禧提反对意见，于是他想到了利用内外臣工采取条陈的方法以达到目的。

翰林院侍讲张仁黼深领其意，上奏请停办点景，将此款移作军费，慈禧听后十分恼怒，向御前诸臣咬牙切齿地说："今日令吾不欢者，吾亦将

日本随军摄影师拍摄的甲午战争

---

① 朱寿朋：《光绪朝东华录》，第 3 册，总第 3441 页。

日本随军摄影师拍摄的甲午战争

令彼终身不欢。"这样恶劣的表态自然便吓阻了一切有益的建白。因此，一方面是前方将士的浴血奋战；另一方面是后方慈禧的寻欢作乐。在战争激烈进行的过程中，慈禧太后礼物照收，庆典照开，戏目照演。慈禧太后的个人私欲得到了充分的宣泄。

八月十五日，日军向平壤发起疯狂的进攻。同一天，心急如焚的光绪帝不得不耐着性子先到太和殿阅视表文，然后到慈宁宫向慈禧恭进册表。除原有的"端佑康颐昭豫庄诚寿恭钦献"徽号外，又新进"崇熙"二字。大礼完成之后，正式颁诏天下。

八月十七日，日本第一军占领平壤。此前，大同镇总兵卫汝贵率盛军、高州镇总兵左宝贵率奉军、提督马玉昆率毅军、副都统丰升阿率练军等四支大军入朝参战，先敌进入平壤，本来居于优势地位。但四大军在败将直隶提督叶志超的率领下，不是积极备战，而是连日置酒高会，往来应酬。日军利用这一时机，调兵遣将，周密部署。战斗一打响，虽然有左宝贵的顽强抵抗，终因寡不敌众，而导致平壤失守。叶志超故伎重演，率军狂奔五百里，疲渡鸭绿江退入中国境内。日军强行占领了朝鲜全境。

两天之后，中国北洋海军在黄海大海战中又败给了日本海军。

自此，战火无情地烧到了中国境内。

直到此时，慈禧才感到事态的严重。她于八月二十二日发下懿旨："现当用兵之际，必应宽备饷需，除饬户部随时指拨外，著由宫中节省项下发去内帑银三百万两，交由户部陆续拨用，以收士饱马腾之效。"① 这是慈禧用实际行动支援前线的一个表示。又于八月二十六日再发懿旨："兹者庆辰将届，予亦何侈耳之观，受台莱之祝也？所有庆辰典礼，著仍在宫中举行。其颐和园受贺事宜，即行停办。"②

① 朱寿朋：《光绪朝东华录》，第 3 册，总第 3460 页。
② 朱寿朋：《光绪朝东华录》，第 3 册，总第 3465 页。

慈禧太后

慈禧太后期盼着率王公大臣赴山色秀丽、湖光潋滟的颐和园举办六十大寿的庆典。这样从西华门到颐和园必然要设立点景。对此，慈禧实在痴迷得很。即便中日甲午战火迭起，她也从来没有松口。直到陆上平壤失守、海上北洋失败，她才如梦初醒，感到再去颐和园祝寿已不合时宜，只有在紫禁城内举行了。但是，点景工程仍未停止。

有良知的大臣们在关注此事。终于，三朝元老、礼部侍郎李文田领衔率南书房、上书房的帝师们于九月十四日慨然上疏，请求慈禧停办点景。翁同龢十分赞同此举，认为"持论极正"。光绪帝内心极表赞成，但事涉母后最关注的大事，他不敢表态，因此推托道："请母后的懿旨办吧！"

第二天，礼亲王世铎传达了慈禧的懿旨，一切点景俱暂停办。工程已立架油饰的，不再添彩绸。灯盏、陈设等一律收好，等来年补祝。

这对慈禧说来，她已做了最大的让步。

但这时前方战事愈益紧张，日军在谋划强渡鸭绿江，侵略中国本土。

且看清廷在忙什么。

九月二十一日，光绪帝口传谕旨："所有应进皇太后六旬万寿贡物之王大臣，以及外省各大臣等，均著于本月二十五日呈进，其蒙古王公等于二十六日呈进，俱入福华门。钦此。"光绪帝不敢也不能违拂慈禧的心愿，但在中日战争正在紧张进行之时，他感到用明发上谕让王公大臣进贡似又不妥，不得已而改为口传谕旨。听到谕旨后，虽"群议纷纷"，但最终都表示要进贡品，即使是位极人臣的军机大臣们也"欲进矣"。只有翁同龢与李鸿藻这二位耿介之士直率地说道："至敬无文。"就是说，真正的尊敬不需要什么虚假的文饰，也就是说，用不着送礼。同时，又引用光绪十八年（1892）慈禧发布的懿旨，凡是贡物绸缎均毋庸呈进。大臣们都认为他们二位说得有道理，只有礼亲王世铎还心存疑虑，不知如何是好。

但大臣们当面一套，背后一套。

第二天，翁同龢探知："枢廷诸君仍进贡物，初犹秘之。"人家是背着他，秘密地呈献贡物。翁同龢毕竟是官场中人，不得不从众。他和李鸿藻托内务府大臣立山代办，每人送如意九支、大缎九联，并送了一些小费。

九月二十四日，光绪帝发下谕旨，公布了六旬大寿庆典的日程表，著各该衙门认真准备。

第二天，日本侵略军便强行攻过了鸭绿江，自此战火烧到了中国境内。而就在这一天，光绪帝命庆亲王奕劻、礼亲王世铎两邸，军机大臣额勒和布、

175

张之万、孙毓汶、徐用仪四枢及翁同龢、李鸿藻二师，皆穿花衣到瀛秀门外五间房"照料贡物"。而内阁、六部及将军、督抚等，都纷纷来进贡。

九月二十六日，光绪帝又发一上谕，给"所有此次呈进贡物之王大臣等，著各赏给福字一方，寿字一方，如意一柄，蟒

慈禧六十大寿的贺礼

袍一件，尺头二匹，用示行庆施惠至意"，表示答谢。

慈禧终于揭去了虚伪的遮羞布，赤裸裸地表示"加恩赏收"贡物，并予以回报，以表"行庆施惠"之意。

九月二十七日，具有讽刺意味的是，日本第一军侵占九连城，日本第二军在花园口登陆。翁同龢焦急地记道："事孔棘矣！"事态非常危急！确实，前线已焦头烂额了。

九月二十八日，光绪帝召见恭亲王奕䜣，奕䜣奏前敌情形。又召见礼亲王世铎，世铎"则犹商量庆典"。这位首席军机大臣心目中唯有慈禧，唯有慈禧的庆典。商议完毕，翁同龢已"腹枵气沮矣"。

十月初二日，翁同龢记载了当日慈禧太后乘坐金辇祝寿的情景，光绪帝及诸位王公大臣自然必须作陪。翁记道："寅正二刻（四时三十分）至西华门外恭俟。是日辰初（七时许），皇太后乘金辇出蕉园门、三座门、北长街，入西华门，由协和门至锡庆门降辇（蕉园、锡庆皆有彩殿，北长街皆有点景），入皇极门、宁寿门，先至阅是楼，后还乐寿堂。上（光绪帝）于蕉园门跪送，步行前引，至北长街后，跪，先由神武门至锡庆门，辇至，跪迎。凡辇前从官皆执如意一柄，余（翁同龢）等亦然，先叩头三，谢昨日赏长寿字、绸缎、帽纬。跪候过起，济济焉盛典哉！"

袁世凯送给慈禧的汽车

十月初三日，慈禧召见礼亲王世铎、庆亲王奕劻，"今日所言，皆系庆典"。

十月初九日这一天，日本侵略军攻占金州。也就是从这一天起，为慈禧六旬庆典在宁寿宫畅音阁听戏三日。光绪帝不敢明令禁止唱戏，但却对大臣们说："听戏三日，诸事延搁，尽可不到也。"

十月初十日是慈禧的六十大寿正日。翁同龢记道："同诣皇极门外敬俟，第一层皇极门，第二层宁寿门，王公在宁寿门阶下，皇上于慈宁门门外。巳初（九时许），驾至，步行由西门入，折东阶，皇太后御皇极殿，先宣表，上（光绪帝）捧表入宁寿门，授内侍，退出门，率群臣三跪九叩，退至新盖他达换衣。巳正二刻（十时三十分），入座听戏刻许，遂退。"

翁同龢在日记里接着写道："大连告警，宋军南趋复、金（复州、金州）。"实际上，因守将赵怀业弃炮台先行逃走，日军不费一枪一弹，唾手占领了至关重要的大连湾。前线将领的怯懦无能同后方统治者的纸醉金迷，臭味相投，遥相呼应，怎能不屡战屡败？在慈禧淫威下的光绪帝尽管对此时的祝寿已深表不满，但他也回天乏力，不得不一而再地违心扮演着尴尬的角色。

十月十一日，旅顺告警。但庆典依旧照常进行。十时三十分，翁同龢"入座听戏，叩头毕，即退，实坐不能安也"。翁同龢不得不虚应故事，走走过场。"实坐不能安也"，实在是不能安稳地坐下去，表露了他为国事焦躁的心情。

十月十二日，翁同龢记道："皇极殿宴近支王公，上（光绪帝）亲进舞。卯正三刻（六时四十五分）入宴。"光绪帝在上谕里声明："十二日，朕率领近支王公等诣皇极殿筵宴进舞。"看起来，光绪帝在祝寿上做得是很认真的。

十月十三日，慈禧升皇极殿宝座，皇后率领妃嫔及公主、福晋、命妇等诣皇极殿筵宴，皇后向慈禧进酒爵、进舞。

十月十四日，光绪帝召见军机大臣和总署大臣，商议明天接见各国公使接受祝寿国书后，赏赐宝星一事。赐宝星是光绪皇帝提出来的，但两衙门大臣都不同意。光绪帝发了脾气，"声色俱厉，意在必行"。

十月十五日，光绪帝御文华殿会见了美国使臣田贝、俄国使臣喀希尼、英国使臣欧格讷、德国使臣绅珂、法国使臣施阿兰、比国使臣陆弥业、瑞国使臣柏固、日国（日斯巴尼亚，即西班牙）使臣梁威哩。他们呈递国书，恭祝慈禧六旬大寿。

十月十六日辰初（七时许），总管太监两名奏请慈禧太后由乐寿堂乘八人花杆孔雀顶轿出养性门，至锡庆门外彩殿降舆，乘金辇，光绪帝率王公大臣跪送。然后，光绪帝步行前导至御箭亭，再跪送。慈禧大轿走后，光绪帝乘轿由景运门出神武门，至蕉园门外降舆，至黄幄次等候。过了一会儿，慈禧乘金辇至，光绪帝率王公大臣跪接。慈禧由金辇换轿走后，光绪帝急乘轿进东三座门，由御汉桥进福华门至遐瞩楼后角门降舆，步行至颐年殿等候。此时慈禧的孔雀顶轿至纯一斋后角门降舆，步行至颐年殿。先期到达的光绪帝率皇后、瑾妃、珍妃跪接，然后是伴侍膳，进果桌，陪看戏。看戏完毕，光绪帝率皇后、瑾妃、珍妃跪送，慈禧步行，从纯一斋后角门乘轿还仪鸾殿。

慈禧的六旬大寿庆典，到此总算结束了。

据户部奏称，这次六旬万寿庆典，各衙门承办工程差务等项共需银五百四十一万六千一百七十九两。而在整个甲午战争中，户部给前线的两次筹款却只有二百五十万两，还不到庆典支出的一半。

慈禧庆典的巨额耗费对急需经费的前线清军是个很大的冲击。慈禧大肆进行六旬寿典，激起人民的义愤，有人撰写对联讥讽慈禧："万寿无疆，普天同庆；三军败绩，割地求和。"还有人把贺词"一人有庆，万寿无疆"，改为"一人庆有，万寿疆无"。

光绪皇帝对慈禧太后的六旬庆典在态度上是诚心尽意的，在行动上是全力以赴的。但遭逢甲午战争，在心理上，他是十分矛盾的。光绪帝是在对母后尽孝道。

正由于此，光绪帝便不能全身心地处理前方战事。而这一切都源于慈禧太后的权势与淫威。慈禧太后在六旬庆典后便一味主和了。

慈禧太后决定对熟悉洋务的恭亲王奕訢重新起用，派他"管理总理各国事务衙门事务，并添派总理海军事务，会同办理事务"。又派他"在内廷行走"，后来又委以更大的重任："督办军务，所有各路领兵大员，均归节制。"①

但这时的奕訢已非青壮年时期的奕訢，疾病缠身，锐气全消。领略了慈禧淫威手段的奕訢现在一味听命于慈禧，主张求和。有人评道："恭邸再出，依违两可，无多建白。"② 这话是有道理的。

帝党官员瑾妃、珍妃之兄、礼部右侍郎志锐具折参劾慈禧太后的亲信军

① 朱寿朋：《光绪朝东华录》，第 3 册，总第 3488 页。
② 朱寿朋、黄濬：《花随人圣庵摭忆》，第 332 页

178

机大臣孙毓汶、徐用仪及北洋大臣李鸿章，揭露他们"互相因应""不顾后患"，阻挠光绪皇帝的抗战，建议立将孙毓汶罢斥。这就触怒了慈禧太后。慈禧太后降旨，将瑾妃、珍妃均降为贵人，并将志锐发往乌里雅苏台。

后来慈禧又命光绪帝处治了御史安维峻。安维峻在光绪二十年（1894）二月初二日，上一奏折，直斥慈禧太后："和议出自皇太后，太监李莲英实左右之，此等市井之谈，臣未敢深信，何者？皇太后既归政皇上，若仍遇事牵制，将何以上对祖宗、下对天下臣民！至李莲英是何人斯，敢干政事乎？"①

这个措辞激烈、揭痛伤疤的奏折使慈禧太后极为恼怒，也使光绪帝处于十分尴尬的地位，光绪帝不得不发下谕旨加以申斥，并给予处罚："乃本日御史安维峻呈进封奏，托诸传闻，竟有皇太后遇事牵制，何以对祖宗天下之语。肆口妄言，毫无忌惮。若不严行惩办，恐开离间之端。安维峻著即革职发往军台，效力赎罪，以示儆戒，原折著掷还。"②

光绪二十一年三月二十三日（1895年4月17日），清廷特命全权大臣李鸿章和日本特命全权大臣伊藤博文签订了《马关条约》。其主要内容：承认朝鲜独立；割让辽东半岛、台湾全岛、澎湖列岛；开放沙市、重庆、苏州、杭州为通商口岸；赔偿军费二万万两；准许日人在中国口岸进行工艺制造。

这个丧权辱国的条约是在慈禧太后的纵容下签订的。慈禧太后的"避战求和"的指导思想最终导致了清廷在甲午战争的全盘失利。

慈禧在甲午战争前后的思想与心理，从她同封疆大吏刘坤一的谈话中可见一斑。

刘坤一（1830—1902），字岘庄，湖南新宁人。廪生出身。咸丰五年（1855），以秀才身份参与围剿太平军。此后，得到族叔刘长佑的提携。咸丰十年（1860），刘长佑擢为广西巡抚，刘坤一相继升为广西布政使。与此同时，刘长佑擢为两广总督，同

签订《马关条约》

---

① 朱寿朋：《光绪朝东华录》，第3册，总第3516页。
② 朱寿朋：《光绪朝东华录》，第3册，总第3516页。

刘坤一

治四年（1865），刘坤一升为江西巡抚。同治十三年（1874），署理两江总督。光绪元年（1875），奉命调补两广总督。光绪三年（1877），刘坤一继沈葆桢任两江总督兼通商大臣。光绪七年（1881），张之洞上奏弹劾刘坤一"比年来精神疲弱，于公事不能整顿"，慈禧免去刘坤一两江总督职。从此，在家赋闲十年。光绪十七年（1891），再次任命刘坤一为两江总督，兼通商事务大臣帮办海军事务。甲午战争期间，战火烧到辽东半岛，京师震动。光绪二十年（1894）十二月初二日，朝廷命刘坤一为钦差大臣，到山海关驻节，节制关内外各军，对日继续作战。刘坤一于光绪二十一年（1895）正月十三日，从天津动身乘火车到山海关。他的到来，一定限度地遏制了日军的西进。

在这前后，慈禧曾三次召见刘坤一。刘坤一将这三次召见奏对的记录原文，全部郑重地写到了他的文集《刘忠诚公补过斋文集》里：

第一次召见。慈谕恭记。

甲午（1894）十二月朔日，入觐。蒙皇太后召见养性殿。略问江南及沿途情形讫。

谕曰：尔此来系出我意。日本之事，李鸿章固办理不善，而言者谓其有异心，未免太过。尔以为何如？

坤一对：诚如圣谕。

又谕：我赏李鸿章内帑银二十万，作军饷。言者遂谓我捐存银数百万，不思我存银何用？前代后妃多顾外家。我外家衣食粗足，谁不知之？

又谕：我本年六十生辰。原饬内外诸臣不准上礼，尔何竟至过费？

对曰：臣芹献微忱，乃蒙赐予甚厚。尚求赏一御笔字画，以便朝夕瞻仰。

谕曰：本意就要赏尔。

第二次召见。光绪二十一年十二月二十一日（1895年1月16日），出京请训，仍召见养性殿，慰勉甚至。嗣因论及安御史（安维峻）前奏，太后以其辞涉离间，怒甚。至追念文宗（咸丰帝）、穆宗（同治帝），不胜悲感，数数以褋（xiè，手帕）拭泪。

坤一奏曰：言官措辞过激，意在纳忠，或者皆沽直谏之名，断不敢稍涉离间。臣所虑者不在外廷，而在内廷。寺宦多不读书，鲜知大义。以天家母子异居，难免不以小忠小信往来，播弄是非，不可不杜其渐。

语未毕，太后谕曰：我不似汉太后，听信十常侍辈，尔可放心。但言官说我主和，抑制皇上不敢主战。史臣书之，何以对天下后世？

对曰：和战，国之大事。太后、皇上均无成心。天下后世，无不共谅。但愿太后始终慈爱，皇上始终孝敬，则浮言自息。

因历述宋英宗、明神宗两朝事。

太后谕曰：听尔所陈，我亦释然矣。皇帝甚明白，甚孝我。每闻军前失利，我哭，皇帝亦哭，往往母子对哭。我甚爱皇帝。在前一衣一食，皆我亲手料理。今虽各居一宫，犹复时时留意，尔可放心。尔如此公忠，诚宗社之福。

奏曰：臣老病无能，难以图报万一。

谕曰：尔居心忠爱，天必佑尔，俾享长年。第须善自保重。山海关天气冷，多带衣去。

是日奏对颇久。退出殿门，一内监伸三指云："一个半时辰矣。"随至朝房，恭王（奕䜣）笑问："腰腿酸痛否？"面色已改变，坤一不自觉也。

第三次召见。乙未十一月进京复命。光绪二十二年十二月初二日（1896年1月16日）太后召见鸾仪殿，赏饭。

谕曰：复命之日，皇帝即著人告我，云尔体气尚佳。今见之果然，面纹亦较上年稍纾。牙齿有几个？

对曰：上下仅存四齿。

谕曰：外面却看不出。山海关地方想已安靖，无甚游勇。若非尔守山海关，京城亦不可保。上年我焦急太过，日晚则神识昏迷。本年春间，始觉清爽。皇帝请安，我辄留之久坐，有时用膳始去。在此同餐，尚可多进饮食。

181

近日精神甚好，尔可放心。皇帝人极老成。

奏曰：知子莫若母。政府多耆旧，而皇上谦卑，每尚恭默。当此时艰孔棘，务望太后随事提撕，则大局幸甚。

谕曰：自归政后，时事不复与闻。苟有所知，自应尽言无隐，尔可放心。尔回江南，必须极力整顿海军，能否规复，可与北洋商量。

次日，桂公入见太后，太后问：尔识刘坤一否？见过几面。昨伊请训出京，颇有依恋之色，我亦深怜其老。

又次日，荣中堂入见，太后问：刘坤一动身否？天下督抚操守，以伊为第一。

坤一闻之，莫名感悚。窃尝披览史册，战国时，赵君王后于左师触龙，宋高太后于学士苏轼，君臣之间，脱略形迹，谆谆告语如对家人，诚千载一遇也。坤一以封疆外吏，仰荷慈恩，至渥极优，敢不敬谨录存，以垂不朽。新宁刘坤一恭记。①

慈禧太后十分信任刘坤一。慈禧说："若非尔守山海关，京城亦不可保。"对刘坤一以钦差大臣身份驻节山海关，予以肯定。刘坤一担心太后与皇帝之间的母子矛盾，劝说道："但愿太后始终慈爱，皇上始终孝敬，则浮言自息。"事后证明，这个担心不是多余的。

而卖国的《马关条约》的签订又使爱国的维新派崛起，从而掀起了一场有声有色的维新运动。

二　静观光绪实行变法

光绪二十二年五月初八日（1896 年 6 月 18 日）慈禧之胞妹、光绪帝之生身母、醇亲王奕譞之嫡福晋叶赫那拉氏逝去。她是在其丈夫醇亲王奕譞死去九年之后而故去的。依祖训，奕譞被定称号为皇帝本生考，而她被定称号为皇帝本生妣，以示尊崇。

她是慈禧与光绪帝之间的缓冲阀。慈禧在处理同光绪帝的矛盾时，不能不顾及她唯一的亲妹妹，更何况这个亲妹妹一直是听从她这个铁腕的姐姐的摆布的。但是，现在她撒手人寰。于是，两宫之间的龃龉便肆无忌惮地完全

① 沈云龙：《刘忠诚公补过斋文集》，《刘忠诚公遗集》，《近代中国史料丛刊》第 1 卷，第 8 页。

暴露出来。

以上是顺插一笔。甲午战争的惨重失败和《马关条约》的屈辱签订，使年轻而倔强的光绪帝，感受到前所未有的奇耻大辱。"皇上日夜忧愤，益明中国致败之故。若不变法图强，社稷难资保守。"①

中国的瓜分危机，迫在眉睫。光绪帝深知，要想使中国富强，就必须变法。而要想进行富有成效的变法，就必须有熟知西方的人才。为此，光绪帝于光绪二十三年（1897）十二月二十

慈禧太后

五日，发布上谕，谕曰："现值时局孔艰，需才尤亟。各省督抚，朝廷资为股肱耳目。其各澄心虚己，一秉大公，于所属道府州县中，无论实缺候补，详加甄别。其各举宅心正大，才识闳通，足以力任时艰者，列为上选。他若尽心民事，通达时务，均著出具切实考语，并胪列其人之实迹成效，详细具陈，以备擢用。"②

光绪帝需才若渴，他在焦灼地寻找推动变法的人才。

恰在此时，出现了资产阶级维新派康有为。

康有为（1858—1927），又名祖诒，字广厦，号长素，广东南海人。五岁能诵唐诗数百首。从小受到严格的封建正统教育。二十二岁时曾到香港旅游，

---

① 苏继祖：《清廷戊戌朝变记》，《戊戌变法》丛刊，第 1 册，第 330 页。

② 朱寿朋：《光绪朝东华录》，第 4 册，总第 4014 页。

康有为

受到西方文明熏陶。三十四岁时在广州万木草堂讲学，"讲中外之故，救中国之法"。后来写成重要著作《新学伪经考》和《孔子改制考》。这是两部冲击封建势力提出改制变法的理论著作。三十七岁时，他趁入京应考之机，联合各省应试举人一千三百余人，于光绪二十一年四月初八日（1895年5月2日）发动"公车上书"，联名请愿。不久，康有为中进士，授工部主事。于同年五月十一日呈送《上清帝第三书》。这次上书送到了光绪帝面前。光绪帝认真阅后，甚为满意，"皇上嘉许"。① 并命人将其另行抄录三份，一份呈送慈禧，一份留在乾清宫，一份发往各省督抚会议。这说明光绪帝对康有为的上书极其重视。以后康有为又上《第四书》《第五书》，但均为守旧派大臣阻格，没有送达光绪帝。

但这时光绪帝师翁同龢发现了康有为。翁同龢深知甲午战败的根本原因是没有变法，因此他到处搜求有关变法的书来读，"见康之书大惊服"。② 以后又见到了康有为，同康有为反复讨论时务，"乃益豁然"，从此"专主变法"，与从前比判若两人。翁同龢诚恳地向光绪帝推荐康有为："康有为之才，过臣百倍，请皇上举国以听。"同时给事中高燮曾亦抗疏推荐，请皇上召见。光绪帝也极想召见，不料为恭亲王奕訢所阻。奕訢谏道："本朝成例，非四品以上官不准召

康有为《大同书》手稿

---

① 梁启超：《戊戌政变记》，中华书局1954年版，第1页。
② 梁启超：《戊戌政变记》，中华书局1954年版，第2页。

见。今康有为乃小臣，皇上若欲有所询问命大臣传语可也。"①

奕䜣总算找到了一个变通的办法，就是让大臣给传话。

遵照谕旨，总署五大臣李鸿章、翁同龢、荣禄、廖寿恒、张荫桓，于光绪二十四年正月初三日（1898年1月24日），在总署西花厅接见了康有为。

荣禄先发制人，态度冷傲地说："祖宗之法不能变！"

康有为早有准备，面色从容地驳道："祖宗之法，以治祖宗之地也。今祖宗之地不能守，何有于祖宗之法乎？即如此地（总理衙门）为外交之署，亦非祖宗之法所有也。因时制宜，诚非得已。"

廖寿恒不失时机地追问："那么，应该怎样变法呢？"

康有为胸有成竹地答道："宜变法律，官制为先。"

李鸿章阴阳怪气地问道："然则六部尽撤，则例尽弃乎？"

康有为毫不犹豫地答道："今为列国并立之时，非复一统之世。今之法律官制，皆一统之法。弱亡中国，皆此物也，诚宜尽撤。即一时不能尽去，亦当斟酌改定，新政乃可推行。"

翁同龢十分关切地询问："如何筹款呢？"

康有为爽朗乐观地回答："日本之银行纸币，法国印花，印度田税，以中国之大，若制度既变，可比今十倍。"②

接着康有为又侃侃而谈，介绍了西方国家有关法律、度支、学校、农商、工矿、铁路、邮信、会社、海军及陆军等方面的法制情况，并分析了日本的维新变法。推崇日本"仿效西法，法制甚备"，认为日本"与我相近，最易仿摹"。同时自荐了他编辑的《日本变政考》和《俄大彼得变政记》，极有参考价值，可供皇帝"采鉴"。

李鸿章

---

① 梁启超：《戊戌政变记》，中华书局1954年版，第10页。
② 《康南海自编年谱》，《戊戌变法》丛刊，第4册，第140页。

这次召见，从午后三时直到黄昏。荣禄对康有为抱有极大的政治偏见，没等接见完毕，他便先行退出。

第二天，光绪帝迫不及待地召见了军机大臣和总署大臣，垂询五大臣接见康有为有关情况。军机大臣、总署大臣翁同龢上奏了接见的全过程。光绪帝很感欣慰，总算找到了一个理想的变法人才。他想立即召见，但恭亲王奕䜣认为不妥。奕䜣认为，可以让康有为条分缕析地上奏陈述自己的变法主张，如果皇帝认为有可取之处，再命召见不迟。

光绪帝很尊重奕䜣的意见，便下谕让康有为条陈所见，并进呈《日本变政考》和《俄大彼得变政记》。

西花厅的接见是一次引人注目的重要接见。五位重臣集体接见一位小官这个事情的本身便非同寻常。更何况这五位重臣，又分属自强派、维新派和守旧派呢！由于有了这次考察兼考试性质的接见，才使得光绪帝与康有为的进一步联系有了可能。

必须指出的是，据可靠的记载，这此接见是依据慈禧的懿旨进行的。光绪帝本有此意，但如没有懿旨，他是不敢做此安排的。退一步讲，即使他单独发下这个上谕，五大臣也不会俯首帖耳地照办的。别人不说，守旧派荣禄就不会听命。

《清廷戊戌朝变记》记道："正月，康初上之书，上呈于太后。太后亦为之动。命总署王大臣详询补救之方、变法条理，曾有懿旨焉。否则王大臣未见，未虚心下问也。"①

这是说，五大臣接见，首先是慈禧太后的动议，"康初上之书，上呈于太后。太后亦为之动"。康有为的上书，是呈给慈禧太后的，慈禧太后看了受到启发。因此，命总署五大臣接见康有为，"详询补救之方、变法条理"。为此，特别发下懿旨。如果没有懿旨，就不会有这次"虚心下问"的接见，这是显而易见的。

后来，光绪帝下谕，让康有为条陈所见，并进呈《日本变政考》和《俄大彼得变政记》。光绪帝如饥似渴地阅读了《日本变政考》和《俄大彼得变政记》，越发感到必须立即着手变法，否则社稷难保。但他却没有真正的皇权，处处受制于慈禧，寸步难行。不得已，他找到了庆亲王奕劻说："太后若仍不给我事权，我愿退让此位，不甘做亡国之君。"奕劻把这话转呈慈禧。慈

---

① 苏继祖：《清廷戊戌朝变记》，《戊戌变法》丛刊，第1册，第331页。

禧一听便大怒道："他不愿坐此位，我早已不愿他坐之。"奕劻耐心劝说，慈禧才说："由他去办，俟办不出模样再说。"奕劻把慈禧的意思转告光绪帝。光绪帝心中有了底，便到颐和园面见慈禧，慈禧对光绪帝说："凡所施行之新政，但不违背祖宗大法，无损满洲权势，即不阻止。"慈禧给予了光绪帝实行维新变法的底线，就是"不违背祖宗大法"。这是一个危险的底线。

慈禧答应光绪帝在"不违背祖宗大法"的前提下可以实行变法。这是政治改革方面的重大许诺。

慈禧为什么允许光绪帝实行变法呢？大体应该有三点原因。

一是列强的环逼。甲午战后，中国面临被列强瓜分豆剖的危机。在失掉显赫的皇权的威胁面前，慈禧与列强之间的矛盾便异常尖锐起来。她不能不顾及她的祖业、她的江山和她的皇位。她想到了"自强"。光绪二十五年九月初二日（1899 年 10 月 6 日），她在召见盛宣怀时即谈到了"自强"："奏对：所以此刻联交（取得列强的帮助）要想他们帮助，断做不到，只得讲究自强。请皇太后还在自强的自字上面打算。上（慈禧）问：你说的甚是，必要做到自强。但是现在外国欺我太甚，我所以十分焦急。"① 慈禧深感到"外国欺我太甚"，因此她也认为"必要做到自强"。同时，她在后来同她的侍卫女官德龄也谈道："我希望我们中国将来会强大。"变法是自强之一途，为此，她同意变法。据载："后（慈禧）尝告德宗（光绪帝），变法乃素志。同治初，即纳曾国藩议派子弟出洋留学，造船制械，凡以图富强也。"② 慈禧表白自己"变法乃素志"，而且举出同治年间派人留洋、造船制械等新政都是经她旨准而得以实行的实例，来证明变法确实是她本来的想法。

二是臣下的奏陈。甲午战败，外衅危迫，四邻交逼，分割立至。当此之时，上自朝廷，下至士民，都在酝酿变法。康有为发动的"公车上书"最具代表性。据载，康有为的上书曾感动过慈禧。苏继祖记道："恭邸（奕䜣）薨逝，康复见用，太后亦为所上之书感动，乃极力排挤谗谤皇上及康也。"③ 这是说，当时有一种舆论对光绪帝和康有为不利，是慈禧回护了他们。

三是皇帝的坚请。光绪帝信任翁同龢。翁同龢主张变法，翁同龢的主张

---

① 《盛宣怀未刊信稿》，中华书局 1960 年版，第 276 页。
② 费行简：《慈禧传信录》，《戊戌变法》丛刊，第 1 册，第 464 页。
③ 苏继祖：《清廷戊戌朝变记》，《戊戌变法》丛刊，第 1 册，第 332 页。

对光绪帝颇有影响。光绪帝很喜欢"浏览新书"。他读过刘瑞芬的《英法政概》、宋育仁的《采风记》和黄遵宪的《日本国志》。这些书都介绍了西方的体制和日本的变法。光绪帝把阅读所得讲给慈禧听，即"遂为后（慈禧）言"。同时明确地申明了自己的观点："徒练兵制械，不足以图强。治国之道，宜重根本。"而且进一步把冯桂芬的《校邠庐抗议》"进后（慈禧）览"。《校邠庐抗议》初作于1861年。当时虽未正式刊印，但其主张被洋务自强派的高官显宦们广为传播，已为人们所熟知。1885年正式刊印，流播更广。这部书不是洋务思想的一般启蒙读物，而是新兴的"学西方、谋自强"的时代精神的论纲。慈禧读过后，"亦称其剀切"。慈禧同意光绪帝变法，"第戒帝毋操之过蹙而已"，只是表示光绪帝做事不要操之过急，并且明确表态："苟可致富强者，儿自为之，吾不内制也。"让光绪帝自行变法，她不加以牵制。

慈禧同意变法，但这时却出现了意外，即恭亲王奕䜣的病逝。暮年的奕䜣对变法持慎重态度。"䜣持祖宗旧制不可尽更，新进之士不可遽用，帝亦听之。"由于奕䜣的特殊地位，慈禧亦让其三分，但奕䜣更多的是约束光绪帝。光绪帝要召见康有为，亦为奕䜣谏阻，"不能行其志"。奕䜣于光绪二十四年（1898）四月初十日病卒。这就为光绪帝实行变法提供了方便。奕䜣"上（光绪帝）及太后皆严惮之，亦多赖其调和。王死，而翁同龢独持朝政，两宫之声气始隔矣"。奕䜣之死，使得慈禧与光绪帝之间失去了另一个重要的中间调解人。这就使他们之间的矛盾容易激化。

既然得到慈禧首肯，光绪帝便着手实行变法。在中央，他依靠的是主张变法的翁同龢。光绪帝经常单独召见翁同龢，一起商讨变法事宜。这就引起守旧派大臣的嫉恨。他们群起而攻之，恶人先告状，到慈禧面前告翁同龢，说"一切只有翁同龢能承皇上意旨"。慈禧咬牙切齿地答道："俟到时候，我自有办法。"由此，翁同龢引起慈禧的嫉恨，慈禧暗下决心除掉翁同龢。

光绪帝加快了变法的步伐。

光绪二十四年四月十三日（1898年6月1日）御史杨深秀奏，请定国是。四月十八日，杨深秀奏，请告先祖，誓群臣以变法。这个奏折是康有为代拟的。四月二十日，侍读学士徐致靖奏，外患已深，请速定国是。在臣下的一再请求下，光绪帝命翁同龢拟旨明发。

光绪二十四年四月二十三日（1898年6月11日）是一个重要的日子。这一天光绪帝发布谕旨，明定国是，变法自强。

四月二十五日，光绪帝命工部主事康有为于本月二十八日预备召见。

与此同时，慈禧同荣禄密谋胁迫光绪帝于四月二十七日连发四道谕旨。

第一道谕旨是罢免翁同龢。旨曰："协办大学士户部尚书翁同龢近来办事多未允协，以致众论不服，屡经有人参奏。且每于召对时，谘询事件，任意可否，喜怒见于词色，渐露揽权狂悖情状，断难胜枢机之任。本应查明究办，予以重惩。姑念其在毓庆宫行走有年，不忍遽加严谴。翁同龢著即开缺回籍，以示保全。"①

翁同龢时任协办大学士、军机大臣、总理大臣、户部尚书并会办军务，最为光绪帝宠信。光绪帝事前并不知道慈禧要罢免翁同龢，慈禧完全是突然袭击，令光绪帝措手不及。据说："皇上奉此谕后，惊魂万里，涕泪千行，竟日不食，左右近臣告人曰：

翁同龢

'可笑皇上必叫老翁下了镇物了。'"② 这一天恰好是翁同龢的生日，情绪颇佳，"喜而不寐"。在诞辰的一天，突聆宣诏，"开缺回籍"，真如五雷轰顶。第二天，翁同龢到得宫门同光绪帝告别，"在道右碰头，上回顾无言，臣亦黯然如梦"。③ 光绪帝竟然没敢召见翁同龢，没敢同翁同龢说一句话。就这样，光绪帝在大臣中最亲密的助手被削掉了。慈禧不动声色地砍掉了光绪帝的臂膀。

第二道谕旨是重申收回二品以上大臣的任命权。谕曰："嗣后在廷臣工，仰蒙慈禧端佑康颐昭豫庄诚寿恭钦献崇熙皇太后赏项及补授文武一品暨满汉

---

① 《清德宗实录》，第6册，第3815页。

② 苏继祖：《清廷戊戌朝变记》，《戊戌变法》丛刊，第1册，第332页。

③ 《翁文恭公日记》，《戊戌变法》丛刊，第1册，第524页。

侍郎，均著于具折后，恭诣皇太后前谢恩。各省将军都统督抚提督等官，亦一体具折奏谢。"① 谢恩的原则是，谁任命的向谁谢恩。向慈禧谢恩，即昭示二品以上高级官吏的任免权由慈禧收回。慈禧向大小臣工晓示用人权是掌握在我的手里。慈禧在组织上收回了高级官员的任免权。

第三道谕旨是慈禧准备秋天到天津阅操。谕曰："本年秋间，朕恭奉慈禧端佑康颐昭豫庄诚寿恭钦献崇熙皇太后銮舆，由火车路巡幸天津阅操。所有海光寺、海防公所两处屋宇著荣禄迅即修饰洁净，预备一切。并著胡橘棻将火车铁路一并料理整齐，毋得延误。"② "阅操"即阅兵之意，阅兵是兵权所属的示威性举措。只有真正握有兵权的人才有资格检阅军队。慈禧让光绪帝陪着她到天津检阅在全国最有战斗力的北洋诸军，其目的就是向军内外传播一个重要信息，即兵权掌握在我慈禧的手里，全国的军队都必须听我慈禧一人指挥。这道谕旨，通过光绪帝的口告知朝廷内外，虽然已归政光绪帝，但兵权却仍然操纵在我慈禧手中。军权的归属决定舆论的导向。

第四道谕旨是任命荣禄诸多要职。谕曰："命直隶总督王文韶迅即入觐，以大学士荣禄暂署直隶总督。"王文韶入京后不再担任直隶总督，而任军机大臣，仍兼总理大臣，很受信任。但荣禄此次受到极大重用，由署直隶总督而为正式直隶总督，并任军机大臣，管兵部事，同时节制北洋海陆诸军，成为慈禧最为信任的握有军事实权的显宦。老谋深算的慈禧把军政大权交给了她最信任的荣禄了。

荣禄（1843—1903），字仲华，别号略园，瓜尔佳氏，满洲正白旗人。咸丰二年（1852）初任主事，后升工部员外郎。同治元年（1862），醇亲王奕譞调他任神机营翼长。后因镇压人民起义有功，升任副都统、总兵、内务府大臣。他善观风色，长于逢迎，后来投靠慈禧。光绪四年（1878）升任步军统领、工部尚书，后因病免职。光绪十七年（1891）外调为西安将军。二十年

荣　禄

① 《清德宗实录》，第 6 册，第 3815 页。
② 《清德宗实录》，第 6 册，第 3815 页。

（1894）入京祝慈禧六十大寿，又授步军统领。二十一年（1895）升兵部尚书。二十二年（1896）任命协办大学士。二十三年（1897）他上奏折，称："外交之进退，视其兵之多寡强弱以为衡。强则公法所不能拘，弱则盟约皆不可恃。"① 因此，他主张整顿军备，大练新兵。他的主张很得慈禧的赏识，而且采纳了他的建白。

荣禄很会察言观色，并懂得兵权的重要。慈禧罢免了翁同龢，很想让荣禄入军机处。但荣禄极力推辞，他冠冕堂皇地说，"去一汉员，仍宜补一汉员"。而荣禄的真实用意却是"揽握兵柄"，因此，他"自求北洋大臣"。

在这之前，荣禄已商请慈禧垂帘听政。这很得慈禧好感。这次荣禄得到任命，在出北京之前，他又再三恳请慈禧垂帘听政。

慈禧心有顾忌地说："非图安逸，恐又招揽权之讥。"

荣禄诌媚讨好地答："揽权者，臣下之谓也，非所论于太后。明事人，断无是言；不明事者，何足重轻。"

荣禄曾遍邀王公大臣联衔恳请慈禧垂帘训政，其目的是制造一个声势煊赫的吁请慈禧垂帘的运动，以便上下勾结，夺取光绪帝的皇权。但当时慈禧与光绪帝的矛盾并没有达到水火不相容的程度，慈禧感到没有必要直接垂帘，还是退居幕后指挥的好。然而，由于荣禄这些示忠的举动，使慈禧更加宠信他了。

这四道谕旨是在四月二十七日即光绪帝决定召见康有为的前一天公布的。这四道谕旨体现的是慈禧的意图，而且是针对光绪帝的。皇权集中体现在谕旨权、用人权和军事权三方面。这四道谕旨的公布即表明了谕旨权、用人权和军事权都在慈禧的掌握之中，光绪帝的权力是极其有限的。这就使慈禧处于左右逢源、进退裕如的有利地位。

慈禧弓弦张满，待机而发。在光绪帝实行变法之前，慈禧做好了充分的准备，她不怕光绪帝会跳出她的手心。她要静观变法。

四月二十七日，康有为赴颐和园，暂住户部公所。

四月二十八日，康有为去仁寿殿朝见光绪帝，先到朝房等候。在这里，同荣禄不期而遇。荣禄轻蔑地看了看康有为，傲慢而挑衅地问道："以子之槃槃大才，亦将有补救时局之术否？"

---

① 《清史列传》，第 15 册，第 4497 页。

康有为面对荣禄的无礼，斩钉截铁地答道："非变法不可。"

荣禄以为康有为软弱可欺，进一步逼问："固知法当变也。但一二百年之成法，一旦能遽变乎？"

康有为忍无可忍，愤然地斥道："杀几个一品大员，法即变矣。"

荣禄闻听此言，猛然一惊，心想："这小子太狂悖了，等着瞧，早晚要除掉你！"[①]

光绪帝先召见荣禄，荣禄奏劾康有为"辩言乱政"。荣禄奏毕出来，康有为才进去奏对。光绪帝早就急切地想见一见康有为，康有为亦渴望拜谒光绪帝，今天终于如愿以偿，两人都格外激动。

光绪朝服像

光绪帝询问康有为的年岁出身。康有为答后即切入主题："四夷交迫，分割荐至，覆亡无日。"

上言："皆守旧者致之耳。"

康对："上之圣明，洞悉病源。既知病源，则药即在此。既知守旧之致祸败，则非尽变旧法与之维新，不能自强。"

上言："今日诚非变法不可。"

康对："近岁非不言变法，然少变而不全变，举其一而不改其二。连类并败，必致无功。譬如一殿，材既坏败，势将倾覆，若小小弥缝补漏，风雨既至，终致倾压。必须拆而更筑，乃可庇托。然更筑新基，则地之广袤，度之高下，砖石楹桷之多寡，窗门槛楗之阔窄，灰钉竹屑之琐细，皆须全局统算，然后庀材鸠工，殿乃可成。有一小缺，必无成功。是殿终不成，而风雨终不能御也。"

光绪帝认为说得有道理。

康对："今数十年诸臣所言变法者，率皆略变其一端，而未尝筹及全体。又所谓变法者，须自制度法律先为改定，乃谓之变法。今所言变者，是变事

① 苏继祖：《清廷戊戌朝变记》，《戊戌变法》丛刊，第 1 册，第 354 页。

慈禧太后

耳，非变法也。臣请皇上变法，须先统筹全局而全变之，又请先开制度局而变法律，乃有益也。"

光绪帝颔首称是。

康对："臣于变法之事，尝辑考各国变法之故，曲折之宜。择其可施行于中国者，斟酌而损益之，令其可施行。章程条理，皆已备具。若皇上决意变法，可备采择，但待推行耳。泰西讲求三百年而治，日本施行三十年而强。吾中国国土之大，人民之众，变法三年，可以自立。此后则蒸蒸日上，富强可驾万国。以皇上之圣，图自强，在一反掌间耳。"

上曰："然，汝条理甚详。"

康对："皇上之圣，既见及此，何为久而不举，坐致割弱？"

光绪帝听到这，胆怯地瞅瞅帘外，长叹一声，无可奈何地说："奈掣肘何？"

这个举动被敏锐的康有为看在眼里，知道光绪帝畏惧慈禧。康有为灵机一动，巧妙地答道："就皇上现在之权，行可变之事。虽不能尽变，而扼要以图，亦足以救中国矣。惟方今大臣，皆老耄守旧，不通外国之故，皇上欲倚以变法，犹缘木以求鱼也。"

上曰："伊等皆不留心办事。"

康对："大臣等非不欲留心也。奈从资格迁转，至大位时，精力已衰，又多兼差，实无暇晷。无从读书，实无如何。故累奉旨办学堂，办商务，彼等少年所学皆无之，实不知所办也。皇上欲变法，惟有擢用小臣，广其登荐，予之召对，察其才否，皇上亲拔之，不吝爵赏，破格擢用。方今军机总署，并已用差，但用京卿、御史两官，分任内外诸差，则已无事不办。其旧人且姑听之，唯彼等事事守旧，请皇上多下诏书，示以意旨所在。凡变法之事，皆特下诏书，彼等无从议驳。"

上曰"然。"①

光绪帝在颐和园仁寿殿召见了康有为。召见是在亲切而务实的气氛中进行的。君臣无间，一问一答。就八股、办学、铁路、矿务、购舰、练兵、游学、译书、用人等方方面面的问题交换了看法。时间不知不觉间溜走，已过了两个半小时，"从来所少有也"。

光绪帝很满意，随即命康有为在总理衙门章京上行走，并授予他专折直

① 《康南海自编年谱》，《戊戌变法》丛刊，第4册，第145页。

光绪便服像

奏权，以后如有奏言不必由大臣代转。这是光绪帝给予康有为的特殊的信任。

这是光绪帝对康有为的第一次，也是唯一的一次召见。这次召见为百日维新定下了基调。此后，百日维新便大张旗鼓地开展起来了。

从四月二十三日光绪帝"诏定国是"开始，到八月初六日慈禧发动政变为止，光绪帝实行变法一百零三天，史称"百日维新"。

百日维新期间，光绪帝发下的道道谕旨像雪片一样飞向了社会，产生了巨大的影响。维新派欢欣鼓舞，守旧派神色沮丧。

对光绪帝的谕旨，守旧派们或是模棱不奉，或是阳奉阴违，或是避重就轻，或是造谣阻格。当时谣言盛行："京中已有裁撤六部九卿，而设立鬼子衙门，用鬼子办事之谣。"变法谕令的推行，遭遇到了巨大的阻力。尤其在衙门的裁撤上，因涉及官员的具体利益，阻力更大。

七月十四日，光绪帝发下一个重要谕旨，裁撤詹事府等六衙门及三省巡抚。主要内容：

一是裁撤詹事府、通政司、光禄寺、太仆寺、鸿胪寺、大理寺等六个闲散衙门，分别归并内阁及礼部、刑部办理。

二是裁撤督抚同城之湖北、广东、云南三省巡抚及东河总督。

三是裁撤各省不办运务之粮道及向无盐场之盐道。

这道谕旨显示了光绪帝意图改革官制的决心。但这一举动造成"京师惶恐"，且"正符将欲裁九卿六部之谣"。这就使变法遇到了更大的阻力。

七月十九日，光绪帝发下了百日维新以来的一个最重要的谕旨，即罢免礼部六堂官。被罢免的六位堂官是：礼部尚书怀塔布、许应骙、左侍郎堃岫、右侍郎溥颋、署左侍郎徐会沣、署右侍郎曾广汉。而礼部主事王照著赏给三品顶戴，以四品京堂候补。

为什么光绪帝要罢免这六位高级官员？因为礼部主事王照的条陈上奏，根据光绪帝的指示，本应由该衙门的各堂官代递。但由于王照条陈大多为新政，遭到礼部尚书许应骙的阻格。光绪帝了解实情后，十分气愤，反问道："似此故意抑格，岂以朕之谕旨为不足遵耶？若不予以严惩，无以儆戒将来。"光绪帝的目的是杀一儆百，以利后来。

这是光绪帝在忍无可忍的情况下，自亲政以来第一次行使自己的官吏罢免权。作为拥有至高无上权力的皇帝，罢免其手下的官吏，对错与否，本无足轻重。但是光绪帝此举却触犯了慈禧在四月二十七日所做的二品以上高官到其面前谢恩的谕旨。慈禧的那道谕旨是在暗示二品以上高官的任免权只掌握在她的手里，光绪帝无权涉足其间。光绪帝罢免的礼部六堂官正是一二品大员。很显然，这就触犯了天条。这是慈禧绝对不能允许的。梁启超说："皇上于二品以上大员，无进退黜陟之权。彼军机大臣及各省督抚等屡抗旨，上愤极而不能黜之。此次乃仅择礼部闲曹、无关紧要之人。一试其黜陟，而大变已至矣。"这个分析是很有道理的。

礼部尚书怀塔布兼管内务府，他的妻子和女儿经常入宫陪伴慈禧，很得慈禧欢心。怀塔布被罢职后，他的妻子向慈禧哭诉冤枉，求慈禧为其做主。慈禧很恼怒光绪帝办事"操切"，并召怀塔布赴颐和园"详询本末"。怀塔布率内务府人员数十人"环跪于西后前，痛哭而诉皇上之无道"。慈禧倒颇为冷静，"令其暂且忍耐"。她要再看看光绪帝能走多远。

这时的光绪帝已感到守旧派对自己的切齿痛恨。但他"有不顾利害，誓死以殉社稷之意"，把个人安危置之度外，所以"益放手办事"。

七月二十日，光绪帝发布谕旨，任命内阁候补侍读杨锐、刑部候补主事刘光第、内阁候补中书林旭、江苏候补知府谭嗣同，均赏加四品卿衔，在军机章京上行走，参与新政事宜。军机章京，俗称小军机。参与新政，"犹唐之参知政事，实宰相之任也"。这是说，这四人像唐朝的宰相参知政事，实则成了四位新宰相。以后凡有章奏，都由四人阅览；凡有上谕，皆由四人拟稿。而原来的军机大臣则形同虚设，"不能赞置一词，咸愤愤不平，怒眦欲裂于此四臣矣"。原来的军机大臣被冷落在一旁，对新任命的军机章京恨之入骨。

七月二十二日，光绪帝又命李鸿章、敬信毋庸在总理衙门行走，罢免了他们的总署大臣之职。这等于火上浇油。

四天来，光绪帝连发三道上谕，罢免大臣，任命小官，激起朝野的震动，引起慈禧的不满。

时值光绪帝到颐和园向慈禧请安，慈禧当面训斥了光绪帝。

慈禧责备光绪帝说："九列重臣，非有大故，不可弃；今以远间亲，新间旧，徇一人而乱家法，祖宗其谓我何？"

光绪帝痛哭流涕地谏道："祖宗而在今日，其法必不若是；儿宁忍坏祖宗之法，不忍弃祖宗之民，失祖宗之地，为天下后世笑也。"①

光绪帝的倔强固执的态度益发引起刚愎自用的慈禧的憎恨。慈禧本来想通过自己的劝阻，使光绪帝有所收敛。但是，此时的光绪帝在执行自己的政治路线上表现得异常坚决，不想轻易地听命慈禧。在慈禧的眼里，光绪帝简直是一意孤行。

慈禧感到只是口头上的劝阻已不能使光绪帝就范，她要付诸行动。于是，她密派内务府大臣怀塔布、立山等七人同往天津拜谒荣禄，密商对策。"是日（七月二十二日），天津有人见自京乘火车来督署者数人，势甚耀赫，仆从雄丽。有言内中即有怀公塔布、立公山也。"怀塔布、立山是慈禧的亲信。他们是以慈禧特派代表的身份，亲奉"太后的密谕"，同荣禄商讨如何对付光绪帝的谋略的。

七月二十二日后，慈禧进入了政变的准备阶段。在这之前，慈禧是在冷静地默观光绪帝的变法。

那么，慈禧对光绪帝的变法到底持什么态度呢？梁启超在《戊戌政变记》里说："西后与荣禄等既布此天罗地网，视皇上已同釜底游鱼，任其跳跃，料其不能逃脱，于是不复防闲，一听皇上之所为。"又说："盖彼之计划早已定，故不动声色也。"②

总之，梁启超认为，慈禧允许光绪帝实行变法是企图废掉光绪帝的一个"阴谋"。用荣禄的话说："姑俟其乱闹数月，使天下共愤，罪恶贯盈，不亦可乎？"其意是说，让光绪帝先闹去，到时候再算总账。

光　绪

①　胡思敬：《戊戌履霜录》，《戊戌变法》丛刊，第 1 册，第 376 页。
②　梁启超：《戊戌政变记》，第 63 页。

慈禧太后

这个观点被史学界普遍接受。

笔者以为不然。慈禧对新法不是一开始就持反对态度的。中日甲午战争失败后的割地赔款对她也是一个刺激。如果实行新政能使中国富强，使她的江山更加稳固，她对新政也是不会排斥的。慈禧是一个纵横捭阖的政治家，却不是一个眼光敏锐的思想家。她的文化有限，读书不多，而且又届六十三岁高龄，对西方知之甚少。但是，她对西方的新法并不是一开始就拒绝的。她有引进来试一试的想法。这和早年她支持奕䜣、曾国藩、李鸿章的洋务运动是一脉相承的。当然，她允许的变法是有限度的变法，即"祖宗之法不可变"。在这个前提下，她允许光绪帝做一些尝试。如果尝试成功，是她支持的结果；如果尝试失败，她便可以诿过于人。她退居后台，处于有利的裁决地位。为了免于失控，她才如前所述连发四道上谕。

当时有的人也不同意梁启超的观点。

苏继祖在《清廷戊戌朝变记》里说："然推之太后之心，未必不愿皇上能励精图治也，未必不愿天下财富民强也。至变法当变不当变，未必有成见在胸也。不过明目达聪，仅寄见于诸王大臣。以为诸王大臣皆曰贤，即天下皆曰贤矣；诸王大臣皆曰可杀，即天下皆曰可杀矣。今见皇上锐意变法，而赴诉失德者，纷来哭诉。无道者日至，则当初暂假事权之美意，激成骄敌纵恶之机心，故以为非废立皇上，逐杀新党，一概归复旧制，不足以安天下之心，不足以存宗社之守，于是有八月初六之变焉。"①

这里的"暂假事权之美意，激成骄敌纵恶之机心"，就把慈禧当初放权光绪帝准其变法，又限制光绪帝而再度训政的思想变化过程表述得十分清楚。

陈夔龙在《梦蕉亭杂记》里说："光绪戊戌政变，言人人殊，实则孝钦（慈禧）并无仇视新法之意。"② 他认为，慈禧并不是仇视新法。

费行简的《慈禧传信录》里说："后（慈禧）尝告德宗（光绪帝），变法乃素志。同治初，即纳曾国藩议，派子弟出洋留学，造船制械，凡以图富强也。若师日人之更衣冠，易正朔，则是得罪祖宗，断不可行。"慈禧表白她是主张变法的，"乃素志"。但是，她主张的是有限度的变法，"得罪祖宗"是不行的。

慈禧虽然同意光绪帝进行不违背祖制的有限度的变法，但这个变法必须

---

① 苏继祖：《清廷戊戌朝变记》，《戊戌变法》丛刊，第1册，第329页。
② 陈夔龙：《梦蕉亭杂记》，《戊戌变法》丛刊，第1册，第491页。

有利于她的统治。如果危及她的乾坤独揽的太上皇后的地位，她就会毫不留情地把包括新法在内的一切都打翻在地。

三 秘密进行政变准备

光绪帝先罢礼部怀塔布等六位大员，后又免去李鸿章、敬信的总署大臣之职，引起守旧大臣的一片惊恐，"旧臣惶骇"。内务府诸大臣赴颐和园，在慈禧面前跪了一地，告光绪帝的罪状，说光绪帝"妄变祖法"，请慈禧立即训政。但此时的慈禧并没有马上跳起来，"后不许"，没有答应他们的请求，她还要看一看再说。

那么，到底是什么事情触动了慈禧敏感的神经，使她决心发动政变呢？

大体有三件事：

第一件是立山的造谣。内务府大臣立山跪请慈禧训政，慈禧没有马上答应。于是他向慈禧造谣说："上（光绪帝）派太监往各使馆，请去西后。"慈禧最担心的是外国列强迫使她下台。听到这个消息，她是不能容忍的，"西后大怒"，于是，她便发动了政变。

第二件是光绪帝召见伊藤博文。伊藤博文（1841—1909）自光绪十一年（1885）起，四任日本首相。十四年（1888）起三任枢密院院长。被世人目为日本"明治国家权力的象征"。伊藤曾以日方全权代表的身份与李鸿章进行议和谈判，以强硬态度逼签《马关条约》。

伊藤于光绪二十四年（1898）七月二十三日由朝鲜来到中国。二十六日至天津，次日谒荣禄。荣禄在北洋医学堂设宴为其接风，袁世凯、聂士成作陪。但荣禄心中有事，"神色惨沮不欢，未遑终席，借事辞去"，半途退席。荣禄对伊藤的到来十分戒备。因为当时御史李岳瑞等上书，请皇帝用外国人为客卿，朝臣们斥李岳瑞卖国，骂他为汉奸。正当此时，伊藤到津，朝廷上下一片流言，说伊藤是康有为勾引来的，将入军机处。恰好光绪帝又拍来电报，询问伊藤可

伊藤博文

慈禧太后

否在津多留几天，伊藤回电答可以待两星期。这似乎又进一步印证了光绪帝要用外国人为顾问官的流言，使"守旧者皆惶悚不安"。

伊藤于七月二十九日抵京。八月初一日谒总署王大臣。同日，康有为赴日本大使馆会见了伊藤。伊藤问："然则贵国数月以来，着意变法，而未见推行之效，何哉？"康有为答以慈禧之掣肘、德宗之无权、顽固守旧大臣之阻挠，并请伊藤觐见慈禧"剀切陈说"，以使"回心转意"。伊藤答道："既如此，仆谒见皇太后，谨当竭尽忠言。"①

八月初二日，又赴张荫桓宅夜宴。

至此，伊藤来华后的一举一动都在慈禧的掌握之中。而荣禄"盖将借此发难，以惑太后听耳"，荣禄想以此为借口，鼓动慈禧发动政变。

光绪帝下令于八月初五日召见伊藤。这使慈禧十分紧张，所以八月初四日，慈禧于酉刻匆忙从颐和园还宫，目的是想监视光绪帝召见伊藤。因此，有人评说："而借口发难，实由于伊藤之来也。"果然，当初五日光绪帝召见伊藤时，慈禧坐在屏风后监听，光绪帝不能畅所欲言，"仅能与照例数语而退"。光绪帝与伊藤寒暄了几句，没谈任何实质性问题，就匆匆结束了接见。

不管怎么说，光绪帝接见伊藤确实引起了慈禧的警觉。这促使慈禧下决心发动政变。

第三件是对慈禧到天津阅兵的误解。史学界流行的说法是，光绪帝于四月二十七日发的四道谕旨之一是说本年秋间慈禧到天津阅兵，其目的是借阅兵之机废掉光绪帝。

这种说法最早见于梁启超的《戊戌政变记》。梁说："外人不谙朝事，或疑因维新之急激，遂以致败。由未知废立之局早定，西后荣禄，预布网罗，听其跳跃，专待天津阅兵以行大事耳。"② 这个"以行大事"，就是借机废掉光绪帝之意。《慈禧外纪》说："西历一千八百九十八年之八月，即中历七月之末，太后与守旧党已联成一气，但深谋而未发表，欲俟九月同帝到天津后始行之。"这个"到天津后始行之"的含义即是到天津废掉光绪帝。康有为在《康南海自编年谱》里说："谋定于天津阅兵而行废立。"

他们都认为秋天到天津阅兵是慈禧借机废掉光绪帝的一个阴谋。果真如此吗？笔者却以为不然。到天津去废掉光绪帝，这是高看了光绪帝，低估了

---

① 汤志钧：《戊戌变法人物传稿》（增订本），下编，第642页。

② 梁启超：《戊戌政变记》，第24页。

慈禧。此时的慈禧虽然退居二线，但她实际上仍然牢牢地控制着皇权。光绪帝只不过是一个傀儡而已。她要想废掉光绪帝，只要下个懿旨就可以了，不费举手之劳，实际上也确实如此。她发动政变之时，也只是由颐和园还宫，宣布一下，光绪帝便束手就擒。而当天，她又返回了颐和园，根本没在皇宫继续监视光绪帝。这说明她压根儿没把光绪帝视为平等的对手。夺取光绪帝的表面上的皇权真是易如反掌。在北京可以轻易解决的问题，为什么非要大动干戈到天津不可呢？

1905 年，清朝军队阅兵及训练照片

　　而实际上，到天津阅兵是荣禄为了迎合慈禧喜欢游玩的心理而上的奏折。当时北京的大臣们听说太后、皇帝"竟欲冒险以坐火车"，纷纷上言，认为"大非帝王尊贵之道"，且"相顾惊骇"，然而"太后则甚以为乐"，并"谓己从未坐过火车，今初次乘坐，视为有趣之事"。

　　苏继祖也持这个看法："恭邸初薨，太后欲往天津阅兵，皇上谏止，太后甚怒其阻挠。此举荣相迎合者也。据云：连日召对所商，即游览天津之事。此说甚合。尚有人说，此亦荣属人奏请者，盖以阅兵为名耳。"这就是说，荣禄为迎合慈禧，奏请太后与皇帝同赴天津阅兵，皇帝认为太后出行不妥，谏言阻止，不想让慈禧到天津游览，"太后甚怒"。看起来，当时的争论主要是以太后和皇帝之尊，出京远行是否适宜，而不是别的。

　　但是，随着百日维新的深化，帝后两党矛盾的加剧，到天津阅兵之举却逐渐变得复杂化了。

先是后党官僚有意放风，说到天津阅兵之时对光绪帝如何如何。帝党的一些年轻的维新派们听到信号，十分惊惶，便千方百计为光绪帝出谋划策，以摆脱所谓的窘境。

幼稚的维新派落入了老辣的守旧派设置的圈套。

直到此时，维新派们才感到有抓军权的必要。康有为"虑九月天津阅兵，即行废立，夙夜虑此"。为此，他连上奏折，提出四条建议：

第一条，设参谋部。他建议仿效日本，设立最高军事领导机关参谋本部，由皇帝亲自掌握。"选天下虎罴之士，不二心之臣于左右，上亲擐甲胄而统之。"

第二条，改变年号。建议把光绪二十四年改为维新元年，"以新天下耳目"。

第三条，变更服制。"请变衣服而易旧党心态。"

第四条，迁都上海。"借行幸以定之，但率通才数十人从办事，百官留守，即以弃旧京矣。"北京暮气太沉，只有迁都上海，才能有利于变法。

对康有为的四条建议，"上皆然之"，光绪帝都表赞同。但是，很明显，这四条建议基本属乌托邦性质，是书生之见，在当时的条件下，是根本不可行的。远水解不了近渴。

经反复考虑，他们把目光移向了袁世凯。他们认为，袁世凯手握兵权，曾经率兵远驻朝鲜，了解外国情形。同时，又积极参与强学会的活动，不同于武夫董福祥和聂士成，是个有头脑的人。他们的结论："拥兵权，可救上者，只此一人。"但是，他们又担心袁世凯与荣禄关系密切，怕袁世凯不听从光绪帝的指挥，所以派人进行试探。

这个人就是康有为的亲信弟子徐仁禄。徐仁禄试探袁世凯，袁世凯十分机警地夸赞康有为是"悲天悯人之心，经天纬地之才"。

徐仁禄用话激他，试探他对荣禄的态度，说道："我与卓如（梁启超）、芝栋（宋伯鲁）、复生（谭嗣同）屡奏荐于上，上言荣禄谓袁世凯跋扈，不可大用。不知公何为与荣不洽？"

老练的袁世凯深知此话的用意，便好像恍然大悟似的答道："昔常熟（翁同龢）欲增我兵，荣禄谓汉人不能任握大兵权。常熟曰：曾（曾国藩）、

袁世凯

201

左（左宗棠）亦汉人，何尝不能任大兵？然荣禄卒不肯增也。"

书生气十足的康有为们，根本不是老于世故的袁世凯的对手。

徐仁禄把对话情形告知康有为们，认为"袁为我所动"，决定向光绪帝推荐。为此，先由徐致靖上奏推荐，又由谭嗣同上递密折，请光绪帝召见袁世凯，加官优奖，以备不测。光绪帝即于七月二十六日发出上谕："电寄荣禄，著传知袁世凯，即行来京陛见。"①

这是一道明发上谕，是经过慈禧的亲信荣禄，单独传见握有兵权的袁世凯。袁世凯正在天津东南七十里的小站练兵。平地一声雷。袁世凯的被传见引起了慈禧及后党的警觉。慈禧一党在密切注视着事态的发展。

光绪帝此举不算明智，但舍此，他又有什么办法呢？

到天津阅兵将行废立之说，时人苏继祖持完全不同的看法。他认为，如果慈禧欲行废立，"必在宫中调兵入卫，决不及出京到天津行此大举动也"。废掉光绪帝只是宫内之事，不必行"大举动"。这话很有道理。他又进一步分析道："况今日京师之臣民，不知有是非久矣。苟行废立，尚有敢谓其不然者乎？不待兵力以压制之耳。所以蓄意五年不敢遽行者，恐天下不服，外人干预也。天津一区北洋数军，能抗天下，能拒外人乎？太后、荣相宁不知之？故知断非来天津行废立也。"② 这个分析是很有见地的。

在这个分析的基础上，他又进一步推论道："一念之差，又不择人，贸然以刀柄付之，致我圣主有倒悬之危，谁之咎哉？"他认为由于错误地分析了形势，草木皆兵，上了圈套。以致授人以柄，遭致失败。

综上三件事，即外人干涉、召见伊藤和天津废立，都引起慈禧的极大不满，慈禧于是决定发动政变。但她在伺机寻找更为恰当的理由。

四　突然发动戊戌政变

光绪二十四年（1898）七月二十六日发生了两件非同寻常的事，一是光绪帝明发上谕召见袁世凯，二是日本首相伊藤博文抵达天津。这两件事荣禄都是当事者。前者荣禄是负责转达谕令，后者是荣禄曾宴请伊藤。荣禄为慈禧的亲信。他把这两件事的所有有关情报全部电告慈禧。从这一天起，慈禧

①　上谕二一一条，《戊戌变法》丛刊，第2册，第84页。
②　苏继祖：《清廷戊戌朝变记》，《戊戌变法》丛刊，第1册，第336页。

态度大变。

光绪帝敏感地注意到了此点。七月二十八日，光绪帝赴颐和园请安，欲趁机向慈禧请示开懋勤殿一事。但当他向慈禧请安时，慈禧没有像往常一样答话，而是一言不发。"太后不答，神色异常"，把个光绪帝吓得没敢说话，"惧而未敢申说"。

光绪帝自颐和园回宫，回想"太后神色迥异寻常，自知有变"，便于当日召见杨锐，授以密谕："朕惟时局艰难，非变法不能救中国。非去守旧衰谬之大臣，而用通达英勇之士，不能变法。而皇太后不以为然。朕屡次几谏，太后更怒。今朕位几不保。汝康有为、杨锐、林旭、谭嗣同、刘光第等，可妥速密筹，设法相救。朕十分焦灼，不胜企望之至。特谕。"①

这是一封十万火急的求救信。其中心意思是"今朕位几不保"，就是说"现在我的皇位几乎保不住了"。让康有为等维新派人士，赶快想主意，"设法相救"。

杨锐接读密诏，因没有思想准备，十分"震恐"，乱了方寸。"不知所为计"，不知道自己应该干什么，竟然迷迷糊糊地把这封密诏压了下来。

而此时后党干将荣禄却十分清醒。"荣禄见袁世凯被召"，马上调兵遣将，预为防备。"即调聂士成守天津，以断袁军入京之路。调董福祥军密入京师，以备举大事。"②

荣禄已经做好了军事部署。

八月初一日，光绪帝第一次召见了袁世凯。在颐和园毓兰堂，光绪帝召见袁世凯，"垂询军事甚详"。③ 召见后，上谕提升袁世凯为候补侍郎。这是破格提拔，以示专宠。

八月初二日，光绪帝第二次召见袁世凯，笑着说："人人都说你练的兵、办的学堂甚好，此后可与荣禄各办各事。"这个"此后可与荣禄各办各事"的话，就明确地挑明了袁世凯不必听荣禄的指挥，而应直接听命于皇上。但老练的袁世凯装聋作哑。

自七月二十八日光绪帝给杨锐一密诏，至今已是五天了，但迟迟没有回音。听说康有为还没有离开北京，光绪帝焦急异常。他担心康有为的安危，

①　梁启超：《戊戌政变记》，第65页。
②　《康南海自编年谱》，《戊戌变法》丛刊，第4册，第160页。
③　袁世凯：《戊戌日记》，《戊戌变法》丛刊，第1册，第549页。

又无法取得联系，只得冒险明发上谕："工部主事康有为，前命其督办官报局，此时闻尚未出京，实堪诧异。朕深念时艰，思得通达时务之人，与商治法。康有为素日讲求，是以召见一次，令其督办官报。诚以报馆为开民智之本，职任不为不重。现筹有的款，著康有为迅速前往上海。毋得迁延观望。"①

这是光绪帝用明发上谕的方法，告诉康有为迅速离京，否则凶多吉少。看到上谕，"国人骇悚，知祸作矣"。同时，又急召林旭，由他带出另一密诏给康有为："朕今命汝督办官报，实有不得已之苦衷，非楮墨所能罄也。汝可迅速出外，不可延迟。汝一片忠爱热肠，朕所深悉。其爱惜身体，善自调摄，将来更效驰驱，共建大业。朕有厚望焉。特谕。"②

一明谕，一密诏，都是敦促康有为、林旭等尽快出京，以避风险。

但是，当天康有为没有见到密诏，只于晚间回家时看到了明谕。这帮文人不是积极想办法，而是在宋伯鲁家饮酒唱曲，"曲终哀恸，谈事变之急，相与忧叹"。唉声叹气，束手无策。

八月初三日早，林旭持密诏来，康有为跪诵后，才感到事态极为严重。林旭不仅带来了促康出京之密诏，还带来了在杨锐手中搁了五天的密诏，也交给了康有为。康有为急找来谭嗣同一起读研密诏，"跪读痛哭"。他们从密诏中分明清晰地听到了光绪帝垂危的呼救声。于是，又急找来梁启超、康广仁等商量对策，大家不约而同地想到了袁世凯，决定由谭嗣同抵其寓所，说袁勤王。

当日晚，袁世凯接到荣禄电报，说有英船多只游弋大沽海口，传令袁世凯迅速回津听候调遣。这是荣禄在密切注视袁世凯的动向，试探袁世凯的忠心。

夜色已深，袁世凯正在思考荣禄电报的含义，谭嗣同突然来访。

周旋之后，针对袁告以现有英船游弋海上，要尽快回津的话，谭云："外侮不足忧。大可忧者，内患耳。"

袁世凯

① 《光绪朝东华录》，第 4 册，总第 4195 页。
② 梁启超：《戊戌政变记》，第 65 页。

袁急询其故。

谭云："公受此破格特恩，必将有以图报。上方有大难，非公莫能救。"

袁谓："予世受国恩，本应力图报称，况己身又受不次之赏，敢不肝脑涂地，图报天恩，但不知难在何处？"

谭云："荣某近日献策，将废立弑君，公知之否？"

袁认为这一定是谣言，断不足信。

谭云："公磊落人物，不知此人极其狡诈。"语意一转，又说，"公如真心救上，我有一策，与公商之。"

此时谭拿出一个行动草稿，袁世凯初五请训时，请光绪帝面付朱谕一道，令其带兵赴津，见荣某出朱谕宣读，立即正法。即以袁世凯为直隶总督。迅速载袁某部兵入京，"派一半围颐和园，一半守宫"，大事可定。

袁追问道："围颐和园欲何为？"

谭云："不除此老朽，国不能保，此事在我，公不必问。"

袁谓："皇太后听政三十余年。迭平大难，深得人心。我之部下，常以忠义为训戒，如令以作乱，必不可行。"

谭云："我雇有好汉数十人，并电湖南召集好汉多人，不日可到。去此老朽，在我而已，无须用公。但要公以二事，诛荣某，围颐和园耳。如不许我，即死在公前。公之性命在我手，我的性命亦在公手，今晚必须定议。我即诣宫，请旨办理。"

袁世凯摸到全部底细，心中有了数，知道明显拒绝是愚蠢的，只好设词推宕。

袁道："天津为各国聚处之地，若忽杀总督。中外官民，必将大讧，国势即将瓜分。且北洋有宋、董、聂各军四五万人，淮练各军又有七十多营，京内旗兵亦不下数万。本军只七千人，出兵至多不过六千，如何能办此事？恐在外一动兵，而京内必即设防，上已先危。"

谭云："公可给以迅雷不及掩耳，俟动兵时，即分给诸军朱谕，并照会各国，谁敢乱动？"

袁谓："本军粮械子弹，均在天津营内，存者极少。必须先将粮弹领运足，方可用兵。"

谭云："可请上先将朱谕交给存收，俟布置妥当，一面密告我日期，一面动手。"

袁谓："我万不敢惜死，恐或泄露，必将累及皇上。臣子死有余辜，一经纸笔，便不缜密，切不可先交朱谕。你先回，容我熟思，布置半月二十日，方复告你如何办法。"

谭云："上意甚急，我有朱谕在手，必须即刻定准一个办法，方可复命。"

于是，谭出示朱谕，袁阅后发现为墨笔所书，不是原件，认为有假。

袁谓："此非朱谕，且无诛荣相、围颐和园之说。"

谭云："朱谕在林旭手，此为杨锐抄给我看的。确有此朱谕，在三日前所发交者。林旭等极可恶，不立即交我，几误大事。谕内另议良法，即有二事在其内。"

袁谓："青天在上，袁世凯断不敢辜负天恩。但恐累及皇上。必须妥筹详商，以期万全。我无此胆量，决不敢造次为天下罪人。"接着又转移话头说："九月即将巡幸天津，待至伊时，军队咸集，皇上下一寸纸条，谁敢不遵，又何事不成？"

谭云："等不到九月即将废弑，势甚迫急。"

袁谓："即有巡幸之命，必不至遽有意外。必须至下月，方可万全。"

谭云："如九月不出巡幸，将奈之何？"

袁谓："现已预备妥当，计费数十万金。我可请荣相力求慈圣，必将出巡，保可不至中止。此事在我，你可放心。"

谭云："报君恩，救君难，立奇功大业，天下事入公掌握，在于公；如贪图富贵，告变封侯，害及天子，亦在公。唯公自裁。"

袁谓："你以我为何如人？我三世受国恩深重，断不至丧心病狂，贻误大事。但能有益于君国，必当死生以之。"[1]

以上主要是说，谭嗣同说："荣某近日献策，将废立弑君，公知之否？"荣禄要杀光绪帝了，你知道吗？袁世凯不相信，认为是谣言。谭嗣同说："公如真心救上，我有一策，与公商之。"此时谭嗣同拿出一个行动草稿，让袁世凯初五请训时，请光绪帝面付朱谕一道，令袁带兵赴津，见到荣禄出朱谕宣读，立即将荣禄正法。杀掉荣禄后，即以袁世凯为直隶总督，迅速载袁世凯所部军队火速进京，"派一半围颐和园，一半守宫"，大事可定。这是康有为等策划的杀荣禄救光绪帝的极为秘密的行动计划。谭嗣同和盘托出，是破釜沉舟的做法。袁世凯问："包围颐和园，想要干什么？"谭嗣同答："不除此老朽慈禧，国不能保，此事在我，公不必问。"袁世凯说："皇太后听政三十余

---

① 袁世凯：《戊戌日记》，《戊戌变法》丛刊，第1册，第550页。

年，迭平大难，深得人心。我之部下，常以忠义为训诫，如令以作乱，必不可行。"谭嗣同说："我雇有好汉数十人，并电湖南召集好汉多人，不日可到。去此老朽，在我而已，无须用公。但要公以二事，诛荣禄，围颐和园耳。如不许我，即死在公前。公之性命在我手，我之性命在公手。今晚必须定议，我即诣宫，请旨办理。"这就把维新派包围颐和园、劫杀皇太后的全部计划都泄露给了袁世凯。

至此，袁世凯摸到了维新派的全部底细，心中有了数。又看到谭嗣同一副拼命三郎的模样，知道明显拒绝是愚蠢的，只

袁世凯

好假意答应下来。谭嗣同被袁世凯信誓旦旦的花言巧语所欺骗，起来深深地作了个揖，并赞扬袁世凯为"奇男子"，然后告退。

袁世凯静夜独坐，反复筹思，如痴如病，冀得良方。他深知自己已临深渊，稍一不慎，便会摔个粉身碎骨。经认真比较，思路愈益清晰。很明显，就双方的实力而言，优势在慈禧及后党一方，光绪帝及帝党只不过是慈禧的掌上玩物而已。

袁世凯决定把宝压在慈禧身上。

八月初五日，光绪帝第三次召见袁世凯。此时的光绪帝已被严密监视。袁世凯进言："古今各国变法非易，非有内忧，即有外患，请忍耐待时，步步经理。如操之太急，必生流弊。"光绪帝"为动容"，但是他知道有人监视，故一言未发。

袁世凯从光绪帝的表现上，已经完全觉察到光绪帝被限制了自由。因此，袁世凯退下后急忙回津，到天津时已是黄昏，便直奔荣禄府第，谒荣禄，迫不及待地尽泄内情，告发了康有为，以及光绪帝。

荣禄大吃一惊，当夜电告慈禧。慈禧看到电报，勃然大怒，于第二天早晨自颐和园匆匆返宫，召见光绪帝，愤怒地斥责道："我抚养你二十多年，你竟敢听信小人的话谋害我吗？"光绪帝吓得浑身战栗，说不出话来，良久嗫嚅道："我没有这个意思。"慈禧气急败坏地大声骂道："糊涂虫！今天没有我，

明天还会有你吗?"①

这一天, 即光绪二十四年 (1898) 八月初六日, 慈禧御便殿召见诸位王大臣, 发动宫廷政变。王大臣跪于案右, 光绪帝跪于案左, 同时设竹杖于座前。宫殿里弥漫着一股杀气。

慈禧疾言厉色地讯问光绪帝:"天下者, 祖宗之天下也, 汝何敢任意妄为! 诸臣者, 皆我多年历选, 留以辅汝, 汝何敢任意不用! 乃竟敢听信叛逆蛊惑, 变乱典型。何物康有为, 能胜于我选用之人? 康有为之法, 能胜于祖宗所立之法? 汝何昏聩不肖乃尔!"

光绪帝战栗不已, 不知所对。

慈禧把如剑的目光转向跪在地上的王公大臣们。看着这一群老迈昏愦的亲信, 她气不打一处来, 怒气冲冲地训斥道:"皇帝无知, 汝等何不力谏! 以为我真不管, 听他亡国败家乎? 我早已知他不足以承大业, 不过时事多艰, 不易轻举妄动, 只得留心稽察管束。我虽人在颐和园, 而心时时在朝中也。我唯恐有奸人蛊惑, 所以常嘱汝等不可因他不肖, 便不肯尽心国事。现幸我还康健, 必不负汝等也。今春奕劻再四说, 皇上既肯励精图治, 谓我亦可省心。我因想外臣不知其详, 并有不学无术之人, 反以为我把持, 不许他放手办事。今日可知其不行矣。他是我拥立者。他若亡国, 其罪在我, 我能不问乎? 汝等不力净, 是汝等罪也。"

王公大臣们匍匐在地, 默默承受, 不敢应对。

慈禧又把犀利的目光移向了皇帝, 恶狠狠地质问道:"变乱祖法, 臣下犯者, 汝知何罪? 试问汝祖宗重, 康有为重, 背祖宗而行康法, 何昏愦至此!"

一言不发的皇帝觉得应该做点申辩, 便战战兢兢地说:"是固自己糊涂, 洋人逼迫太急, 欲保存国脉, 通用西法, 并不敢听信康有为之法也。"

竟敢申辩, 嚣张已极! 慈禧益发愤怒, 声音更加冷厉地说:"难道祖宗不如西法, 鬼子反重于祖宗乎? 康有为叛逆, 图谋于我, 汝不知乎? 尚敢回护也!"

皇帝吓得魂飞天外, 只顾颤抖, 不知如何应对。

慈禧穷追不舍, 厉声问道:"汝知之乎? 抑同谋乎?"

皇帝听不太清, 又不敢问, 又不能不答, 便胡乱地答道:"知道。"

慈禧不依不饶:"既知道还不正法, 反要放走?"

---

① 恽毓鼎:《崇陵传信录》,《戊戌变法》丛刊, 第 1 册, 第 476 页。

皇帝随口应道："逮捕杀掉。"

这其实是一场不准辩白的审判。法官是慈禧，罪犯是光绪帝。

当天，慈禧迫不及待地以光绪帝的名义发下两道谕旨：一是宣示慈禧训政；二是捉拿康党要犯。

第一道谕旨是昭示朝廷内外，实行"训政"。旨曰："丁亥（八月初六日），现在国事艰难，庶务待理。朕勤劳宵旰，日综万几。兢业之余，时虞丛脞。恭溯同治年间以来，慈禧端佑康颐昭豫庄诚寿恭钦献崇熙皇太后两次垂帘听政。办理朝政，宏济时艰，无不尽美尽善。因念宗社为重，再三吁恳慈恩训政。仰蒙俯如所请，此乃天下臣民之福。由今日始，在便殿办事。本月初八日，朕率诸王大臣在勤政殿行礼。一切应行礼仪，著各该衙门敬谨预备。"[①]

第二道谕旨是捉拿康有为和康广仁。旨曰："工部候补主事康有为，结党营私，莠言乱政，屡经被人参奏，著革职。并其弟康广仁，均著步军统领衙门拿交刑部，按律治罪。"[②]

光绪二十四年八月初七日（1898 年 9 月 22 日），慈禧又单独审问光绪帝一次。

八月初八日，史载："己丑（八月初八日），慈禧端佑康颐昭豫庄诚寿恭钦献皇太后训政，上诣勤政殿行礼。"[③] 光绪帝率百官在勤政殿恭贺慈禧训政。

康有为

杨 锐

刘光第

① 《光绪朝东华录》，第 4 册，总第 4200 页。
② 《光绪朝东华录》，第 4 册，总第 4200 页。
③ 《光绪朝东华录》，第 4 册，总第 4200 页。

这次训政，就是六十三岁的慈禧实行的第三次垂帘。

慈禧又把勤政殿变成了审判庭。这一次，慈禧变了招数，让群臣质讯皇帝。皇帝成了名副其实的被告，颜面尽失，威风扫地。慈禧将从皇帝书房中及康有为寓所中查抄的奏章、说帖等件，命群臣质询，逐条审讯。其中有杨锐、林旭依据皇帝的旨意催促康有为迅速出京的信函，慈禧大怒，追问皇帝。皇帝不敢承认，推托说这是杨锐的主意，与己无涉。

慈禧又追问围园弑母之谋。光绪帝真不知此事，又有口难辩。慈禧极为愤恨，当即下旨，捉拿维新党人。旨曰："张荫桓、徐致靖、杨深秀、杨锐、林旭、谭嗣同、刘光第，均著先行革职，交步军统领衙门拿解刑部审讯。"①

戊子（八月初七日），又专门针对首犯康有为，特别颁发一道逮捕令，上谕曰："电寄荣禄：工部候补主事康有为，现经降旨革职拿办。兹据步军统领衙门奏称，该革员业已出京，难免不由天津航海脱逃。著荣禄于火车到处及塘沽一带，严密查拿。并著李希杰、蔡钧、明保，于轮船到时，立即捕获，毋任避匿租界为要。"②

同时囚禁皇帝于瀛台。瀛台，位于北京三海，即北海、中海、南海之一的南海。四面环水，北架一桥以通往来。瀛台多树，主体建筑涵元殿位于瀛

康广仁

杨深秀

林旭

① 《光绪朝东华录》，第4册，总第4201页。
② 《清德宗实录》，第426卷，第11页。

台的中心。瀛台本是皇室避暑和游览的胜地，但自此以后却变成了囚禁光绪帝的图圄。光绪帝除了每天被拉去早朝外，便不得自由出入了。慈禧把原来皇帝身边的太监一律撤走看押，另派其心腹太监二十余名监视皇帝。皇帝成了被软禁的囚徒。

慈禧以训政之名，行亲政之实。形式上太后与皇帝并排坐着，像两位君主。但奏对时，皇帝不许说话。有时太后示意皇帝说话，他才勉强说上一二句。光绪帝成了真正的木偶。这第二次训政，实则是慈禧太后的第三次垂帘。

慈禧发动的这次宫廷政变在戊戌年，因此也叫戊戌政变。

那么，维新派是否有谋围颐和园、劫制皇太后的计划呢？

关于围园劫后的问题，从政变当时直到现在都是两种观点，一是否定说；另一是肯定说。

关于否定说。

梁启超说："当时北京之人，咸疑皇上三密诏中，皆与诸臣商废西后之事。而政变之时，贼臣借此以为谋围颐和园之伪诏以诬污皇上者也。"[1] 他认为，政变之时慈禧发布的谋围颐和园的诏旨是诬污皇帝的"伪诏"。

康有为在《康南海自编年谱》里曾写道："乃属谭复生入袁世凯所寓，说袁勤王，率死士数百扶上（光绪帝）登午门而杀荣禄，除旧党。"只字未提围颐和园、劫西太后事。这是考虑到被囚的光绪帝的安危，避而不谈此事。

苏继祖则认为："若云有围园弑母之谋，吾敢以身家性命相保。欲加之罪，何患无辞，真千古奇冤也。"[2] 他以身家性命担保，没有围园弑母之谋。

关于肯定说。

胡思敬记道："（谭嗣同）引有为入卧室，取盘灰作书，密谋招袁世凯入党。用所部新建军，围颐和园，以兵劫太后，遂锢之。"[3] 写了策划围园劫后的过程。

费行简书曰："（康有为）奋然曰：与其逐禄（荣禄），曷若禁后（慈禧）。吾保国会会友袁世凯，方治兵小站，是人敏锐敢任事，可引其以兵守颐和园，然后谏后勿干外政。"[4] 这里写了康有为提议兵谏皇太后。

---

[1]　梁启超：《戊戌政变记》，第64页。
[2]　苏继祖：《清廷戊戌朝变记》，《戊戌变法》丛刊，第1册，第348页。
[3]　胡思敬：《戊戌履霜录》，《戊戌变法》丛刊，第1册，第377页。
[4]　费行简：《慈禧传信录》，《戊戌变法》丛刊，第1册，第465页。

此外，就是袁世凯所写的《戊戌日记》。这里记载了维新派试图游说袁世凯围园劫后。但很多人认为袁的日记是在美化自己，诋毁帝党，因而其内容是不可信的。

幽禁光绪帝之瀛台

其实，这一争论目前已完全解决了。中国社会科学院近代史研究所的杨天石研究员的两篇文章《康有为谋围颐和园捕杀西太后确证》《康有为"戊戌密谋"补证》①，就用新发现的史料有力地证明了维新派确实曾计划围园弑后。

杨天石在日本立命馆大学教授松本英纪的帮助下，借阅了日本外务省档案缩微胶卷，从中发现了康有为策划围园弑后的确证。最可靠的确证是毕永年的《诡谋直纪》。

毕永年，湖南长沙人，号松甫。少年时读王船山遗书，渐有兴汉灭满的民族革命思想。少时与谭嗣同、唐才常相友善，共商救国大计，并从事联络会党的活动。戊戌政变前夕抵京，谭嗣同将其引荐给康有为。康欲命其领兵围园便宜行事。光绪二十五年（1899）初，他把当时的活动写成了日记《诡谋直纪》，并交给了日人平山周。现摘示于后：

（光绪二十四年）七月二十九日（1898 年 9 月 14 日）夜九时，（康有为）召仆（毕永年）至其室，谓仆曰："汝知今日之危急乎？太后欲于九月天津大阅时弑皇上，将奈之何？吾欲效唐朝张柬之废武后之举，然天子手无寸兵，殊难举事。吾已奏请皇上，召袁世凯入京，欲令其为李多祚也。"

八月初一日，仆见谭君（谭嗣同），与商此事。

谭云："此事甚不可，而康先生必欲为之，且使皇上面谕，我将奈之何！我亦决矣。兄能在此助我，甚善。但不知康欲如何用兄也。"

午后一时，谭又病剧，不能久谈而出。

① 杨天石：《康有为谋围颐和园捕杀西太后确证》，载《光明日报》1985 年 9 月 5 日。

夜八时，忽传上谕，袁以侍郎候补。康与梁正在晚餐，乃拍案叫绝曰："天子真圣明，较我等所献之计尤觉隆重，袁必更喜而图报矣。"

康即起身命仆随至其室，询仆如何办法。

仆曰："事已至此，无可奈何，但当定计而行耳，然仆终疑袁不可用也。"

康曰："袁极可用，吾已得其允据矣。"

乃于几间取袁所上康书示仆，其书中极谢康之荐引拔擢，并云赴汤蹈火，亦所不辞。

康谓仆曰："汝观袁有如此语，尚不可用乎？"

仆曰："袁可用矣，然先生欲令仆为何事？"

康曰："吾欲令汝往袁幕中为参谋，以监督之何如？"

仆曰："仆一人在袁幕中何用，且袁一人如有异志，非仆一人所能制也。"

康曰："或以百人交汝率之，何如？至袁统兵围颐和园时，汝则率百人奉诏往执西后而废之可也。"初三日，但见康氏兄弟及梁氏等纷纷奔走，意甚忙迫。

午膳时钱君告仆曰："康先生欲弑太后，奈何？"

仆曰："兄何知之？"

钱曰："顷梁君谓我云：先生之意，其奏知皇上时，只言废之，且俟往颐和园时，执而杀之可也。未知毕君肯任此事乎？兄何不一探之等语。然则此事显然矣，将奈之何？"

仆曰："我久知之，彼欲使我为成济也，兄且俟之。"①

毕永年自有主见。他认为袁世凯与康有为本无关系，此举绝不可恃。于是拒绝了康有为的请求，并致书谭嗣同陈说利害，劝他尽快出走，谭嗣同不听。于是，毕永年径赴日本，在横滨拜谒了孙中山，并参加了兴中会。

光绪二十四年八月十三日（1898年9月28日），慈禧下令杀害了杨深秀、杨锐、林旭、谭嗣同、刘光第、康广仁，史称"六君子"。次日，慈禧以光绪帝的名义颁布上谕："谕：近因时事多艰，朝廷孜孜图治，力求变法图强。凡所设施，无非为宗社民生之计。朕忧勤宵旰，每切兢兢。乃不意主事康有为，首倡邪说，惑世诬民。而宵小之徒，群相附和，乘变法之际，隐行其乱法之谋。包藏祸心，潜图不轨。前日竟有纠约乱党，谋围颐和园，劫制皇太后，陷害朕躬之事。幸经觉察，立破奸谋。又闻该乱党私立保国会，言保中国不

---

① 《日本外务省档案》，一·六·一、四—二—二，四九一三一五—四九一三一八。

保大清。其悖逆情形，实堪发指。朕恭奉慈闱，力崇孝治。此中外臣民之所共知。康有为学术乖僻，其平日著述，无非离经叛道非圣无法之言。前因讲求实务，令在总理各国事务衙门章京上行走，旋令赴上海办理官报局。乃竟逗遛辇下，构煽阴谋。若非仰赖祖宗默佑，洞烛几先，其事何堪设想。康有为实为叛逆之首，现已在逃。著各省督抚一体严密查拿，极刑惩治。举人梁启超与康有为狼狈为奸，所著文字，语多狂谬，著一并严拿惩办。康有为之弟康广仁及御史杨深秀、军机章京谭嗣同、林旭、杨锐、刘光第等，实系与康有为结党，隐图煽惑。杨锐等每于召见时，欺蒙狂悖，密保匪人，实属同恶相济，罪大恶极。前经将各犯革职拿交刑部讯究。旋有人奏，若稽时日，恐有中变。朕熟思审处，该犯等情节较重，难逃法网。倘语多牵涉，恐致株累。是以未俟复奏，于昨日谕令，将该犯等即行正法。此事为非常之变，附和奸党，均已明正典刑。康有为首创逆谋，罪恶贯盈，谅亦难逃显戮。现在罪案已定，允宜宣示天下，俾众咸知。我朝以礼教立国，如康有为之大逆不道，人神所共愤。即为覆载所不容。鹰鹯之逐，人有同心。至被其诱惑甘心服从者，党类尚繁，朝廷亦皆察悉，朕心存宽大，业经明降谕旨，概不深究株连。嗣后大小臣工，务当以康有为为炯戒，力扶名教，共济时艰。所有一切自强新政，胥关国计民生，不特已行者，亟应实力举行。即尚未兴办者，亦当次第推广，于以挽回积习，渐臻上理，朕实有厚望焉。将此通谕知之。"①

这个上谕气急败坏地指责康有为谋围颐和园、劫制皇太后的策划，下令追捕康有为。同时下令逮捕梁启超，并就昨天处决杨深秀、杨锐、林旭、谭嗣同、刘光第、康广仁等"六君子"作了说明。康有为一再否认此事。但究其实际，康有为确实曾谋划围园弑后，应该不折不扣地恢复这个历史的本来面目。

在这个上谕的结尾，强调地说道："至被其诱惑甘心服从者，党类尚繁，朝廷亦皆察悉，朕心存宽大，业经明降谕旨，概不深究株连。嗣后大小臣工，务当以康有为为炯戒，力扶名教，共济时艰。所有一切自强新政，胥关国计民生，不特已行者，亟应实力举行。即尚未兴办者，亦当次第推广，于以挽回积习，渐臻上理，朕实有厚望焉。将此通谕知之。"这里宣示两层意思：

其一，明降谕旨，概不深究株连。这是极其重要的。在当时变法维新的大气候下，许多有识之士都加入到了维新变法的历史潮流中来。如果深究株

① 《光绪朝东华录》，第4册，总第4205页。

连，就要兴起恶性大狱，慈禧太后预见到了此点，故强调概不深究株连。

其二，自强新政，亟应实力举行。慈禧太后宣示，不应以人废言、以人废事，自强新政，已经推行的，要坚决实行。"即尚未兴办者，亦当次第推广。"

此道上谕的这两点，当然是慈禧太后本意的体现。过去常常被有意无意地忽略了。

同时，又发一上谕，谕曰："已革户部左侍郎张荫桓，居心巧诈，行踪诡秘，趋炎附势，反复无常，著发往新疆，交该巡抚严加管束。沿途经过地方，著各该督抚等遴派妥员押解，毋稍疏虞。已革翰林院侍读学士徐致靖，著刑部永远监禁。翰林院编修、湖南学政徐仁铸，著革职永不叙用。"①

参与维新的张荫桓、徐致靖和徐仁铸等三人，都分别受到了惩处。

慈禧太后把刚刚兴起的戊戌维新运动扼杀在摇篮之中。守旧派进行了血腥的反攻倒算，对维新派或降、或关、或流、或杀。"六君子"的殷红的鲜血洒在了菜市口的粗蛮的硬土上。维新派噤若寒蝉，守旧派弹冠相庆。

偌大的中国又重新陷入了黑暗、麻木及愚昧之中。

等待老迈而破旧的中国的是更大的历史灾难。

自戊戌政变后，慈禧进行了第三次垂帘，直到光绪三十四年（1908）驾崩。

而戊戌政变后，慈禧是怎样一种心态呢？这从她召见近代大实业家盛宣怀的对话中可见一斑。

五　召见巨商吐露心声

光绪二十五年九月初一日（1899 年 10 月 5 日），慈禧召见了督办铁路大臣、大理寺少卿盛宣怀。召见之后，盛宣怀本人追记了奏对的全部内容。因这次召见，是在上一年八月十三日（9 月 28 日）杀六君子一年之后，又在下一年五月二十五日（6 月 21 日）下诏向列强宣战的八个月之前，故所记谈话对了解慈禧当时的心态便十分重要。

盛宣怀（1844—1916），字杏荪，别号愚斋。道光二十四年九月二十四日（1844 年 11 月 4 日），出生于江苏武进县的一个官宦之家。科场不顺，屡试不中。后入李鸿章幕，得李赏识。盛宣怀结识李鸿章，使他的一生有了重大转

---

① 《光绪朝东华录》，第 4 册，总第 4205 页。

机。因李鸿章提倡洋务，具体经办洋务企业的盛宣怀便成了近代最有名望的大实业家。盛宣怀创办许多实业，任轮船招商局督办、电报局总办、华盛纺织总局督办、铁路总公司督办、中国通商银行督办、汉阳铁厂督办，同时又任天津海关道兼津海关监督。盛宣怀得到慈禧太后的支持，成了一个举足轻重的风云人物。他以铁路总公司为核心，近握轮船、电讯、纺织、银行，遥控汉冶萍，声势煊赫。慈禧太后曾说："今日看来，盛宣怀是不可少之人。"①

盛宣怀是在其事业如日中天时，被慈禧太后召见的。他在给其夫人的信中说："我初二日见皇太后，六刻工夫，问话极多，看来圣眷甚好。"对于此次奏对记录，他极为重视，一再嘱咐："此本无底稿，幸勿遗失……面呈父亲慈览，勿示外人。"

下面即为奏对全文。

己亥年（1899）九月初二日，奏对自记。

九月初二日九点一刻跪安，十点二刻下来。

上问：汝从保定火车来？

奏对：臣赴保定验收已完工程，又料理保定铺轨，约明年四月正定可以通车。

上问：卢汉何时开工？

奏对：汉口土工现已办到孝感，约明年秋后信阳州可以通车。两头同做明年可成一千里。其余一千四百里两头分做。据工程司说再有两年可以全完。

上问：此路是借哪一国的银子？

奏对：卢汉是借比国四百五十万镑，五厘九扣，实收四百零五万镑，约合中国银子三千万两。原估需银四千三百万两，奏准户部拨款一千三百万，合并算来可以够用。现今部款艰难，大约三百万一时难筹，而且银子到内地换钱又吃亏，工程司恐怕不够。黄河桥工估价五百万两，暂时只可缓造，将来再说。

上问：黄河活沙如何造桥？

奏对：虽是活沙总可以打到老土，至多亦不过数十丈。闻外国亦有此种河道造桥，亦甚坚固，但是工本实在难少。

上问：时事艰难，外国人欺我太甚，如何是好？

奏对：中国局势不仅坏于甲午打仗，实在坏于胶州。当时臣两次电达总

---

① 盛宣怀：《愚斋存稿初刊》附录，《盛宣怀行述》。

慈禧太后

理衙门，极说胶澳断不可让。胶澳一失，旅大必去。此时放手太速，俄、德两国合谋而至。英、法两国恐落后着。法索广州湾为图两广、云南之计，英请保护长江以达四川。

上问：西藏亦可虑。东三省陵寝所在。现饬认真练兵，亦无成效，如何是好？

奏对：东三省确实可虑，外国从前动以兵船恫吓，究竟兵船运来兵不能多，即如法国之战，尚可支持。俄国东半边皆寒苦之地，现借巨款造路，直达吉林。今得旅顺、大连湾海口。已定准直达奉天而至旅大，其势已成。臣过烟台访闻，旅顺俄兵有万余人，添设大炮，布

盛宣怀晚年像

置周密。其意何居？俄国阴险，从前取我兴安岭一带，划我伊犁之地，皆属智取巧夺，不费兵力。将来俄路成功，他若寻衅端，要我东三省，我力不能制，到那时只可答应他。德国、法国、英国以及日本国，恐怕俄国独占先着，亦必打注意。此却不可不趁此五年计划之内，赶紧设法练兵。

上问：日本与俄国不对？

奏对：人多说日本甲午之战颇知懊悔，其实不然。日本非待我好。他亦虑东三省若为俄得，唇齿相依，于他不利。然日本力量断不足以敌俄。胶事之后，刘坤一、张之洞与臣密议，想联英、美、日三国以抵制俄、法、德三国。臣即谓中国太弱，英虽忌俄，而中国兵力、饷力太不中用，窃恐英国不愿为其难，而愿为其易。去年贝思福来觇（chān，窥视）我国势，皇太后知之否？

上问：贝思福来商议练兵，我知此事。

奏对：贝思福先到京，又到北洋、南洋，后到湖北来拜。臣问其来意，据称：议院公举我来看中国局势。如能自强，自当帮助中国；如不能自强，只好自打主意。西三月开议院时即行定议。今年果然，英俄两国订立密约。

上问：听说俄国要如何，英国不管；英国要如何，俄国不管。

奏对：此即是英国自打主意，为其易不为其难了。英既不能借他牵制日本力量，又不足牵制。只剩美国。美与英最相好，虽无占我土地之心，他见英如此，亦断不帮我。所以此刻联交要想他们帮助，断做不到。只得讲究自强，请皇太后还在自强的"自"字上面打算。

上问：你说的甚是，必要做到自强。但是现在外国欺我太甚，我所以十分焦急。

奏对：外面亦听说皇太后宵旰焦劳，但亦不过于着急。今日局势虽然比前更难了，然而中国地大物博，出的人亦聪明，出的货物亦多。日本地小民贫，尚且能自强，岂有中国不能自强之理！同治年间，皇太后垂帘时候，削平大难，中兴天下，能用得曾国藩、胡林翼、李鸿章、左宗棠几个人，即如阎敬铭、李瀚章、沈葆桢等，虽不能带兵亦各有长处。现在要练兵筹饷，总要先讲究得人，方能办事。

上问：现今毛病在上下不能一心，各省督抚全是瞻徇，即如州县官案件尚且不肯说真话。外国能得上下一心，所以利害。

奏对：各大臣受恩深重，都有忠君爱国之心，但见识各有不同，大概心中总有六个字毛病。

上问：哪六个字毛病？

奏对：总说是："办不到，来不及。"

上问：这句话只可上头说，他们如何可存此见解！

奏对：臣想"办不到"，亦要办；"来不及"，只好赶紧办。

上问：督抚中亦有几个好的，总不能个个好。你看北洋练的兵可靠得住？

奏对：臣看袁世凯、聂士成两军均照德国操法，大家说好，可惜人太少。

上问：总要各省多练兵，不然南边人到北边去不合，北边人到南边去亦不合。

奏对：臣总说至少要制兵二十万，还要有民兵，预备打仗时可以添补。

上问：各省亦有二十万兵。

奏对：现在勇营已如从前之绿营，虽多无益。必要有二十万人一律选练、一样章程、一样枪炮，方算得是好兵。如果胶州之事，有十万精兵，便不至于软到如此。但是，练新兵总要裁去无用之兵。否则两倍饷，总是难筹。

上问：总要汰弱留强。如今兵勇毫无胆子，打土匪还好，与外国打仗就要跑，是何道理？

奏对：从前陆兵见贼即跑，后来湘淮军出来，稍有枪炮，将领稍有识见。

兵勇心中拿定打胜仗，自然胆大了。人各有性命，胆子是从识见中来。外国枪炮实在厉害，又快又准。我们枪炮不及做，将官又无主意，兵勇心中以为必打败仗，于是一闻炮声，即要跑了。此不能怪兵勇不好。洋人常说中国兵是顶好的，就是带兵官不好。

上问：我想兵将总要打仗，方能打出好手来。可惜日本后来不打了。意大利为沙门湾的事，我很想与他打仗。他知浙江省有准备，他又不来了。

奏对：沙门湾事，幸赖皇太后坚持定见，不然俄、德、英、法四大国之外都要来了。但目前兵力亦只可备而不用，如果真打，兵饷亦属难筹。甲午之后臣屡询日本人：那年打仗究竟用的萨思马老将或是学堂练出来的新将？他说老将甚少，都是学堂出来之新将。问他何以一出手就如此打得好？他说日本照西国式样，平常操演就如两军对垒，各决胜负。胜者赏，负者罚。去年大操，我们派人去看，确是与打仗一样，所以能练出胆识来。如同袁世凯、聂士成两军亦可对仗试试。若不如此，虽操得好，总是得其皮毛。

上问：练兵总要筹饷，如何是好。

奏对：天下之利不外三种。第一是天地自然之利，如开矿等各处地上所出之产。第二是中外通商之利。进口货要少，出口货要多，关税要考究。出口货以丝茶为大宗，近年来他们都种茶做丝了，恐怕将来不可靠。第三是取商民税厘之利，确最容易，此即是损下益上。本朝深仁厚泽，亦不肯多取于民，只得于商务上格外考究，因其利总在商务上得来。

上问：商务确要考究，去年所办的叫什么农工商务。到如今毫无益处，有人说要设商务大臣，方能办得来。

奏对：中国并非无钱，只是向来于商太看得轻。士农工商，以商字为末了一个。更有一种坏处，有钱的人只讲究官谋私利，决不肯做开矿等有益公家之事。臣迭次奉旨经手所办铁路、矿务、轮船、电线、铁厂、银行，以及学堂，多要想详细奏明，但恐时刻工夫说不及了。

上回：何谓学堂？

奏对：是教习洋务之学堂，曾经奏过在天津、上海两处开办的。

上问：矿务办得如何？

奏对：臣办的是湖北铁矿。现在铁厂、炼钢。卢汉铁路用的钢轨，均系自己所炼，与外国一样好。现造枪炮亦是用自己所炼的精钢，比造轨之钢更要加工。

上问：买外国枪炮总是不好的。我们总要自己多造，天津亦能造得。

奏对：外国枪炮打仗之时，他要守局外之例，买他的格外为难。自己造并不难。多设厂更费，不如将已成之厂扩充。

上问：有人来说湖北另有一块地可以添造？

奏对：添造不难，就是经费为难。其实多造，价钱方能便宜。枪炮现是张之洞办理，臣是办的铁厂。中国要富，将来仗着是开矿。

上问：开矿确是天生的自然之利。

奏对：开矿不可全与外国人。他们现今纷纷要来造铁路、开矿。在开矿图利，造铁路还不止图利。现在中国自己做主，要造的路只有津榆、津卢、卢汉、粤汉，这是我们自己要叫他南北相通，好调兵，好运出土货到海口，卖出钱来。其余俄、德、法所要铁路，皆是他要造的，将来权不归我，难保不以保护铁路、矿务为名，长驱直入。

上问：各省教案亦不得了。

奏对：从前不解他何以肯赔钱各处设教堂，现在晓得行教是与我百姓通气。闻说各省现办保甲，恐又是具文。如果能办得好，亦可消弭教案，并可将壮丁愿充兵者登造册籍，以备征兵，免得招些市井无赖之徒。

上问：你今年多少岁数？

奏对：臣今年五十六岁。

上问：记得你常在直隶省？

奏对：臣是二十余岁李鸿章奏调入营，故亦略知军务。后来还蒙恩典放过山东关道，又调直隶关道。

上问：你可能通外国语言文字？出过洋否？

奏对：臣不曾学过外国语言文字，亦不曾出洋。

上问：你办洋务还要用翻译？近来汉奸甚多。

奏对：臣用的翻译都是正派人。臣亦格外谨慎，所以一个翻译不放心，总用两个翻译，使不敢蒙蔽。

上问：这个法子甚好。我晓得你办事极认真。国中艰难，还要你认真好好地办。

奏对：臣蒙恩典，总是遵旨认真办理。但臣所办的事总是极难的事。人不知道，百般毁谤。若不是忍辱负重，早已不成了。这班闹的人，叫作清议。恐将来总有一天办不动。

上问：不错，是叫作清议。都是这般人闹坏了，不然皇帝亦不至于如此着急。你不要管他，只是认真做去就是了。

奏对：臣总竭尽心力而已。

皇太后问皇上说：你亦问他几句话。

皇上问：你可是从湖北到保定来？

奏对：臣是从上海到天津，再到保定。

皇上问：上海一带，年岁如何？

奏对：江南六七八月，雨太多。稻子还不大碍，棉花大坏了。近年百姓多种棉花，七八月间大雨，棉花一项民间亦要少收一二千万银子。

皇太后：南边多雨。北边再三个月不下雨，麦子不能种。宫中天天求雨，你在北边二十年，你晓得这时候不是下雨的时候。天时亦不好，外国又是如此，我近来焦急得睡不着觉，苦得很。

奏对：天下之大，水旱偏灾，总是有的。天下事只要得人，皇太后不必过于焦灼。皇太后是识得人的。只要内外有十几个，同心协力，练成二十万好兵，不难自强的。

上问：你何时动身出京？

奏对：臣尚有事与总理衙门商量，俟商量妥当后，再行请训。①

以上便是盛宣怀所追记的奏对全文，这是了解慈禧的珍贵的第一手资料。这一年慈禧是六十五岁。从谈话看，慈禧的思路是清晰的，反应是敏捷的。召见的谈话是征询式的、探索式的和随意式的，因此显得轻松而自然。从中所看到的慈禧的思想也应该是真实的。

慈禧反复强调"外国人欺我太甚"，而且一再申明"必要做到自强"，这种心态应该是合乎逻辑的。但是，她又流露出"很想与他（意大利）打仗"的想法，这实质上便是义和团运动时慈禧排外蛮干的思想基础。从谈话的全部内容看，她对引进外国的科技、实业、学校是感兴趣的。

---

① 《盛宣怀未刊信稿》附录，第274页。

第十一章 宣战洋人 庚子西狩

一 慈禧谋废光绪皇帝

光绪二十四年（1898）四月以来，北京的谣言极多，其中有很多是说光绪帝身染重病的。初言患淋症，继言患腹泻症，继言患遗精症，继言患咳嗽症。说法很多，不一而足。问他们从哪里听来的消息，几乎都说是从内务府太医院传出来的，而且说得有鼻子有眼儿的。

更有甚者，有的人说光绪帝之所以患病，是因为吃了某人进的红丸。这某人，有的说是张荫桓，有的说是康有为。显然这是造谣。目的是陷害张荫桓和康有为。对此，当时即有人指出，其目的是"以为他日弑害皇上及坐康、张等罪名之地也"。①

以后，又传谕天下，为光绪帝选名医，治痼疾。光绪二十四年八月初十日（1898 年 9 月 25 日），慈禧以光绪帝名义发布上谕："朕躬自四月以来，屡有不适，调治日久，尚无大效。京外如有精通医理之人，即著内外臣工，切实保荐候旨。其现在外省者，即日驰送来京，勿稍延缓。"②

慈禧发布这个上谕是为废黜光绪帝制造舆论，并不是真的要为光绪帝治病。

这从她下令搜捕康有为的过程中可以看得一清二楚。

康有为逃出京师后，慈禧下令在全国范围内加紧追捕。慈禧密电上海道蔡钧，让其严密查拿康有为。蔡钧照会英国驻上海代理总领事白利南，声称

---

① 梁启超：《戊戌政变记》，第 63 页。
② 《军机处上谕档》。

他要派人搜查自天津开来的所有英国轮船，以逮捕康有为。白利南仅答应自派两名巡捕上船查缉，拒绝中国派员登轮搜捕。无奈，蔡钧只好提供康有为的照片，以便搜捕。

白利南事先得到李提摩太请求援救康有为的电报。在征得英国政府同意后，于八月初九日清晨，派上海工部局职员濮兰德，乘驳船往吴淞口外去截住"重庆号"。他借着照片，很快便找到了康有为。

濮兰德问："君为康某乎？"

康有为不认识这位外国人，姑漫应之曰："然。"

此时英人把康引入一室，指着照片问道："此君之相乎？"

康有为答："然。"

濮兰德问："君在北京曾杀人否？"

康有为奇怪地笑答："吾安得为杀人事，何问之奇也？"

英人立即拿出上海道蔡钧抄写的一道上谕，上写："吾（康有为）进红丸弑上，即密拿就地正法。"康有为看过后，失声痛哭。

濮兰德问："汝有进丸弑上事乎？"

康有为答："我受特达之知，赞变新法，天下皆知，愧不能报，安有弑理？"当即把光绪帝给他的密谕书写出来，并哭诉事件的原委。

濮兰德说："我英人濮兰德也。我领事固知君是忠臣，必无此事。且向知汝之联英恶俄，特令我以兵船救君，可速随我下轮。事不可迟，恐上海道即来搜船。"

康有为随他上了驳船。康有为听说光绪帝可能被弑，又不知英人是何居心，真是痛不欲生，竟欲蹈海自毁，并留下了绝命诗和遗书。濮兰德见状，安慰他说："上大行尚无确信，但传闻耳，可待之。"康有为才稍微稳定下来。

在戊戌维新前后，维新派领袖主张联英日拒帝俄。日本、英国为了在中国培植有利于他们的政治势力，因此，在戊戌政变后对维新派采取了保护和营救的政策。

从以上不难看出，慈禧确实使用了诬陷康有为给光绪帝进红丸的卑鄙手段，以达到一箭双雕的目的。

八月以后，把每天给光绪帝看病的脉案药方予以公布，"传示各衙门"。①

---

① 恽毓鼎：《崇陵传信录》，《戊戌变法》丛刊，第1册，第477页。

下边人言籍籍，人心汹汹，猜测皇命不保。这时一位商人候选知府经元善，在上海联合海外侨民，公电慈禧，"请保护圣躬"。慈禧大怒，下旨命捕拿经元善。但是，谋废光绪帝的劲头却减缓了。

光绪帝病重的谣传很盛的时候，英、法两国出面干涉了。出于在华利益的考虑，列强不同意更换皇帝。英国大使和法国大使一同来到总署，推荐法国医生给光绪帝看病。总署大臣上奏慈禧，慈禧不准；又奏请，又不准。两国大使挑明地说："荐医者非为治病吃药，缘贵国此番举动离奇，颇骇听闻，各国国家商定验看大皇帝病症，为释群疑。已奉国家之电，不能不看。"庆亲王奕劻又奏请慈禧，直接说明原委。慈禧不服，对军机大臣不屑地说："皇上有病，外国岂能干预。且外国医生，也不配看皇上病。"

话虽然如此说，但她终不敢得罪外国，只得同意外国医生为光绪帝治病。外国医生为光绪帝治病的情况，已公布的史料没有准确记载。近年来，学者关精明曾在中国第一历史档案馆所藏内务府案件中，发现了法国驻京使馆医官给光绪帝诊病的档案。[1] 这和苏继祖的《清廷戊戌朝变记》里记载的"荐法医"暗合。[2]

光绪二十四年九月初四日（1898 年 10 月 18 日），法国驻京使馆医官多德福，在慈禧特派的端郡王载漪、庆亲王奕劻及军机大臣的共同监视下，自带翻译，来到瀛台为光绪帝诊病。多德福先是恭阅了光绪帝亲自交给他的《病源说略》，接着询问了病情。《病源说略》谓："身体虚弱，颇瘦劳累，头面淡白，饮食尚健，消化滞缓，大便微泄色白，内有未能全化之物，呕吐无常，气喘不调，胸间堵闷，气怯时止时作。"

根据自述，光绪帝虽然认为自己有病，但"饮食尚健"，即不是病入膏肓。

多德福为光绪帝听诊、化验，其描述的病情是："肺中气音尚无常现症，而运血较乱，脉息数而无力。头痛，胸间虚火，耳鸣头晕，似脚无根，加以恶寒，而腿膝尤甚。自觉指木，腿亦酸痛，体

明信片上的光绪

①　关精明：《外国医生曾为光绪诊病》，载《历史档案》1984 年第 3 期，第 132 页。
②　苏继祖：《清廷戊戌朝变记》，《戊戌变法》丛刊，第 1 册，第 359 页。

有作痒处，耳亦微聋，目视之力较减。腰疼。至于生行小水之功，其乱独重。一看小水，其色淡白而少，迨用化学将小水分化，内中尚无蛋青一质，而分量减轻，时常小便，频数而少，一日之内于小便相宜，似乎不足。"

多德福确诊其为"腰败"。"按西医名曰：腰火长症。"因为"腰败"，使人体中排泄的渣滓，"不能合小水而出，血复运渣滓散达四肢百体，日渐增积，以致四肢百体，有如以上所开之乱"。

他认为，"腰败"是光绪帝的百病之源。

他提出的治疗方法是："总宜不令腰过劳累，而能令渣滓合小水同出之。"

其治疗方案是："养身善法，总之莫善于惟日食人乳或牛乳矣，他物均不宜入口。每日约食乳六斤左右，而食牛乳时，应加入辣格多思约一两五钱（此物系化取牛乳之精洁者，译名曰乳糖），如此食乳须数月。若以药而论，则用外洋地黄末，实属有功。腰疼，干擦可安痛楚。西洋有吸气罐，用之成效亦然。"

多德福自信地认为，如完全照此治疗，可使"小便调和，喘气闷堵可除，以致病身大愈"。

对于光绪帝的遗精症，他指出："少腹皮肉既亦虚而无力，不克阻精之妄遗。宜先设法治腰，然后止遗精。"

从关精明所发现的这份医案不难看出，光绪帝确实身患多种疾病，但不是不治之症。通过给光绪帝诊病，英、法等列强得到第一手资料，即一是光绪帝还健在；二是光绪帝虽然体弱多病，但患的不是绝症。因此，慈禧欲因光绪帝患病而废黜他的阴谋便受到外国的干涉。光绪帝没有被废黜，同列强的出面直接干预是紧密相关的。

慈禧虽然皇权独揽，但在列强的干预面前，在对待光绪帝的去留问题上，她颇多踌躇，还不敢一意孤行。

然而，慈禧恨透了光绪帝，还是处心积虑地要废黜他。但是，了解中外大事的军机大臣荣禄，不赞同此举。

可是，劝说慈禧谈何易事，荣禄为此内心极为焦躁。适逢大学士李鸿章奉谕旨任两广总督。在上任前，他向荣禄辞行，见荣禄面带忧色，问道："因为什么事情，荣中堂这么忧虑？"

荣禄忧心忡忡地答道："南海虽边远，实一大都会。得君往，朝廷无南顾之忧。君行将高举远引，跳出是非圈外，福诚无量。而我受恩至渥，责备亦最严。近数日来，求生不能，求死不得，将何以教我？"

225

接着，荣禄把慈禧欲废黜光绪帝的谋划和盘托出，告诉李鸿章。李鸿章还没听完，便急切地高声说道："此何等事，讵可行之今日？试问君有几许头颅，敢于尝试此事？若果举行，危险万状。各国驻京使臣，首先抗议。各省疆臣，更有仗义声讨者。无端动天下之兵，为害曷可胜言。东朝圣明更事最久，母子天伦，岂无转圜之望。是在君造膝之际，委曲密陈，成败利钝，言尽于此。"①

荣禄闻听此言，怅然若失，感到非同小可。恰在此时，承恩公崇绮、大学士徐桐、尚书启秀等亦谋废立，"咸思邀定策功"。他们思考着怎样才能邀得废黜光绪帝的首功。他们秘密起草了一个奏折，建议废黜光绪帝，想邀荣禄署名。他们知道，荣禄虽在亲王下，但最为慈禧亲信，"言无不从，大权实归之"。

荣禄有鉴于此，与他们虚与委蛇，但请求慈禧单独召见。

荣禄问："传闻将有废立事，信乎？"

慈禧答："无有也，事果可行乎？"

大阿哥溥儁

荣禄说："太后行之，谁敢谓其不可者？顾上（光绪帝）罪不明，外国公使将起而干涉。此不可不慎也。"

慈禧谓："事且露，奈何？"

荣禄说："无妨也。上（光绪帝）春秋已盛，无皇子。不如择宗室近支子，建为大阿哥，为上嗣。兼祧穆宗，育之宫中，徐篡大统，则此举为有名矣。"

慈禧沉吟良久，答道："汝言是也。"②

在此之前，荣禄事先探听了外人及疆臣的意见，外人反对。电询刘坤一，刘复电称："君臣之分已定，中外之口宜防。扶危定倾，责在公等。"

① 陈夔龙：《梦蕉亭杂记》，《戊戌变法》丛刊，第1册，第479页。
② 费行简：《慈禧传信录》，《戊戌变法》丛刊，第1册，第478页。

疆臣也明确表示反对废黜光绪帝。①

废立之事遂不成。于是，荣禄提出为光绪帝建储，策立大阿哥。阿哥，在清代宫廷指皇子。大阿哥是指皇长子，即有继承皇位权的皇子。

慈禧经反复考虑，选中了端郡王载漪之子溥儁为"大阿哥"。本来慈禧很厌恶载漪。但为什么偏偏选中了溥儁为大阿哥呢？主要原因是大阿哥血统最亲。溥儁的祖父是惇亲王奕誴。奕誴是道光帝的第五子，是咸丰帝的五弟，是慈禧的五内弟。而且，奕誴在辛酉政变中"有隐德于太后"，立过功。溥儁的父亲是端郡王载漪，载漪兄弟在戊戌政变中又"告密于太后"，故"太后尤德之，使掌虎神营"。同时，载漪的福晋是慈禧的弟弟承恩公桂祥的女儿，是慈禧的亲侄女。② 她聪明伶俐，"雅善词令"③，且颇能迎合慈禧的意旨，"日侍左右"。这样，溥儁既是惇亲王奕誴的嫡长孙，又是慈禧太后的侄外孙。溥儁就具有了爱新觉罗和那拉氏的双重高贵的血统，血统最亲。慈禧选中他，绝非偶然。

慈禧决定后，便召亲近支王公贝勒、御前大臣等，并命军机大臣按己意草诏。慈禧在慈宁宫，召光绪帝入，以诏示之，盛气凌人地问道："你看怎么样？"

光绪帝畏缩地磕着头说："这正符合我的愿望。"

慈禧紧追不舍："你既然愿意，那就抄录一遍，发出去罢。"

说罢，命内侍捧来朱笔，让其照录一通。第二天，便发下此上谕："曾奉皇太后懿旨，俟朕生有皇子，即承继穆宗毅皇帝（同治帝）为嗣。统系所关，至为重大。忧思及此，无地自容，诸病何能望愈。用再叩恳圣慈，就近于宗室中慎简贤良，为穆宗毅皇帝立嗣，以为将来大统之畀。再四恳求，始蒙俯允。以多罗端郡王载漪之子溥儁继承穆宗毅皇帝为子。钦承懿旨，欣幸莫名。谨敬仰遵慈训，封载漪之子溥儁为皇子。将此通谕知之。"④

时间是光绪二十五年十二月二十四日（1900 年 1 月 24 日）。从此，溥儁被尊为大阿哥。

既然溥儁被立为同治帝的皇子，那么，与同治帝同辈的光绪帝便成为多

① 《清朝野史大观》，《戊戌变法》丛刊，第 1 册，第 272 页。
② 《清史稿》，第 30 册，第 9101 页。
③ 《清稗类钞》，第 1 册，第 391 页。
④ 《光绪朝东华录》，第 4 册，总第 4465 页。

余的了。光绪帝处于岌岌可危的随时可能被废黜的境地。

然而，大阿哥溥儁"不乐读书"，常与太监打水漂玩。他曾跟随慈禧西狩至西安，表现得胸无点墨，亦胸无大志。慈禧很失望，很受伤。

当时怀来县知县吴永因迎驾有功，很得慈禧赏识。吴永被派往湖北，采办粮台，拜见了湖广总督张之洞。张之洞忽然对他谈起了大阿哥："此次祸端，实皆由彼而起，酿成如此大变，而现在尚留处储宫，何以平天下之人心？且祸根不除，尤恐宵小生心，酿成意外事故。彼一日在内，则中外耳目，皆感不安，于将来和议，必增无数障碍。此时亟宜发遣出宫为要着。"

张之洞让吴永将此话面奏慈禧。吴永答应："冒死言之。"吴永回到陪都西安后，觉得此事关系重大，便面见首席军机大臣荣禄，询问将此事上奏慈禧是否适宜。荣禄经慎重考虑，答复"也可以说得"。吴永于是决意陈奏。

一日召见奏对毕，吴永见慈禧神气和悦，便趁机斗胆奏道：

"臣此次自两湖来，据闻外间舆论，似对于大阿哥，不免有些说法。"

慈禧面色严肃起来，警觉地问道："外边说些什么，与他们有什么关系？"

吴永见事已至此，只得硬着头皮边磕头，边奏道："大阿哥随侍皇太后左右，当然无关涉于政治，但众意以为此次之事，总由大阿哥而起。现尚居留宫中，中外人民，颇多疑揣，即交涉上亦恐多增障碍。如能遣出宫外居住，则东西各强国，皆称颂圣明，和约必易就范。臣在湖北时，张之洞亦如此说，命臣奏明皇太后、皇上；并言此中曲折，圣虑必已洞烛，不必多陈；第恐事多遗忘，但一奏明提及，皇太后定有区处。"

慈禧反应极快，稍作凝思，便答道："这件事，你要保守秘密，不要再说了。到汴梁（开封），我自有办法。"①

在回銮途中的开封，于光绪二十六年十月二十日（1900 年 12 月 11 日）发布上谕："奉懿旨，溥儁著撤去大阿哥名号，立即出宫，加恩赏给入八分公衔俸，毋庸当差。"②

这是慈禧在心中早已谋划好了的。

溥儁性甚顽劣，太监根本不把他当回事。"众皆狎玩而厌恶之。"他出宫时，"宫监等均在旁拍手，以为快事也"。溥儁出宫后，住进了东四北小街的惇亲王府，后来与蒙古罗王之女结婚。但恶习不改，吃喝嫖赌，家财败尽。

---

① 吴永：《庚子西狩丛谈》，岳麓书社 1985 年版，第 82 页。

② 吴永：《庚子西狩丛谈》，岳麓书社 1985 年版，第 121 页。

慈禧太后

民国后，曾担任总统府的挂名参议，领取干薪。后来挂名参议被取消，于是生活更加穷愁潦倒，只得依靠妻兄塔王旺布里贾拉接济。塔王将他们夫妇接到塔王府居住，过了一段安生日子。塔王死后，溥儁备受冷落，忧郁成疾，不日而终。

册立溥儁为大阿哥是慈禧决策上的一个重大失误。她的本意是以大阿哥来代替光绪帝，以便更加牢固地掌握住至高无上的皇权。但溥儁不争气，引来了列强的干涉和疆臣的劝谏。在此情形下，慈禧不得不作出新的决策，决定废黜溥儁。

以上是后话先说。下面我们再来看看慈禧对待洋人的态度。

二　宣战洋人进攻使馆

慈禧仇视洋人由来已久。

甲午战争的失败，对慈禧震动很大。戊戌政变后，她想废黜光绪帝，却遭到列强驻京公使的干预，慈禧"不悦"。慈禧下令搜捕康有为，康有为在英国人的庇护下隐藏在英国管辖的香港。慈禧悬赏十万金欲购康有为的首级，英兵防卫森严，杀手们无从下手。慈禧闻听此种情况，对英国恨之入骨，咬牙切齿地发誓道："此仇必报！"当时她正在用早餐，顺手把美丽的玉壶摔得粉碎，且挥舞着拳头高声道："我发誓，此仇早晚要报！"当然，英国人保护康有为，是出于在中国培植不同政见者的需要。

册立溥儁为大阿哥，也遭到各国公使的抵制。载漪为使册立大阿哥得到列强的支持，曾派人遍邀各国公使出席册封仪式，但公使们无一赴约。慈禧也邀请各国公使夫人赴宴，趁玩得高兴的时候，提出了欲立溥儁为大阿哥的想法，但公使夫人未表赞同。这使慈禧很没面子，十分恼怒，"日夜谋所以报"，在寻找报仇的方法。

恰在此时，义和团运动在北方兴起。义和团，又名义和拳，起源很早。19世纪末，列强对中国的侵略有增无已，伴随着政治、军事、经济的侵略，在文化方面，外国教会的势力在华也迅速发展。这给外国教会比较多的山东、直隶等省的人民以很大的威胁。农民把对列强的不满，集中地发泄在外国教堂、教民及洋人身上，这就形成了爱国的反洋教运动。义和团先后打出了"助清灭洋""保清灭洋""兴清灭洋""扶清灭洋"的旗帜，说明他们把斗争的矛头直指洋人。

这正符合慈禧仇视洋人的心理。慈禧开始对义和团是主张剿灭的，后来她主张利用。慈禧想要报复洋人，但一时又找不到可以利用的力量。恰在此时，义和团运动兴起了。慈禧误认为义和团是可以利用的生力军。她便一意孤行，向洋人宣战。慈禧的错误决策，导致了一系列悲惨的结局。

她愚蠢地认为，依靠义和团的法术可以打败洋人。为此，慈禧不顾敌我双方力量对比的巨大差距，决意向洋人宣战。慈禧太后欲利用义和团来打击洋人。

慈禧欲用拳民对付洋人，但对拳民尚不摸底。因此，她于光绪二十六年五月初九日（1900年6月5日），派刑部尚书赵舒翘到京畿一带，名为宣布上谕，实则暗查拳民。五月初十日，又派大学士刚毅赴保定察看拳民。赵舒翘"见其皆市井无赖，乞丐穷民，殊不足用"。回京途中，赵、刚相遇。他们面见慈禧，猜测慈禧的意图，没有报告实情，反而振振有词地说："义民无他心，可恃。"这样的回答，正合慈禧的心意。

慈禧决意向洋人宣战。为此，她召开了四次御前会议。

第一次御前会议是五月二十日（6月16日）午刻召开的。是日，慈禧及光绪帝在仪鸾殿东室召见王大臣、六部、九卿，约百余人，室中跪满，后至者跪于槛外，恽毓鼎亦在其中。因此，他在《崇陵传信录》中的记载应是可信的。

光绪帝一反往日默不作声的惯例，首先发话。他"诘责诸臣，不能弹压乱民，色甚厉"。侍读学士刘永亨膝行而前，斗胆奏道："臣顷见董福祥，欲请上旨，令其驱逐乱民。"话没说完，端王载漪指点着，厉声高叫道："好！此即失人心第一法！"刘永亨吓了一跳，不敢再吱声。慈禧默默地观察着，先不表态。太常寺卿袁昶在槛外高声呼叫道："臣袁昶有话上奏！"光绪帝命其进殿，袁昶忧心忡忡地说道："衅不可开。纵容乱民，稍至不可收拾。他日内讧外患，相随而至，国何以堪？"接着又说，"拳实乱民，万不可恃。就令有邪术，自古及今，断无仗此成事者。"慷慨欷歔，声震殿瓦。慈禧太后恶狠狠地瞪着他，质问道："法术不足恃，岂人心亦不足恃乎？今日中国积弱已极，所仗者人心耳，若并人心而失之，何以立国？"说罢面向众臣，提高腔调道："今京城扰乱，洋人有调兵之说，将何以处之？尔等有何见识？各摅所见，从速奏来。"

群臣纷纷奏对，有说应该剿杀的，有说应该招抚的，有说应该速止洋兵的，有说应该调兵保护的。众说纷纭，莫衷一是。

侍读学士朱祖谋冒死直问太后："皇太后信乱民敌西洋，不知欲传何人办此大事？"慈禧气愤地答道："我恃董福祥。"朱祖谋急切地应道："董福祥第一不可恃。"慈禧遭到如此顶撞，当即大怒，变了声调地问道："汝何姓名？"朱祖谋答："臣为翰林院侍读学士朱祖谋。"碰着这样不怕死的家伙，慈禧也无可奈何。

从以上的一问一答中，我们可以体味出当时殿廷辩论的激烈。第一次御前会议只是摆出了问题，但没有解决。

第二次御前会议是五月二十一日（6月17日）申刻召开的。慈禧召见大学士、六部、九卿于仪銮殿。慈禧先假惺惺地说道："皇帝意在和，不欲用兵，余心乱矣。今日廷论，可尽为上言。"兵部尚书徐用仪不赞成用兵："用兵非中国之利，且衅不可自我先。"又辩论了一会儿，看着时机已届成熟，慈禧亮出底牌道："顷得洋人照会四条：一、指明一地，令中国皇帝居住；二、代收各省钱粮；三、代掌天下兵权……今日衅开自彼，国亡在目前，若竟敢手让之，我死无面目见列圣。等亡也，一战而亡，不犹愈乎？"群臣纷纷磕头说："臣等愿效死力。"慈禧见此情景，又预留地步地高声说道："今日之事，诸大臣均闻之矣。我为江山社稷，不得已而宣战，顾事未可知。有如战之后，江山社稷仍不保，诸公今日皆在此，当知我苦心，勿归咎予一人，谓皇太后送祖宗三百年天下。"群臣又磕头说道："臣等同心报国。"

就这样，群臣屈服于慈禧的淫威，通过了向洋人宣战一事。

退下殿来，有人问荣禄，照会四条，为何宣布三条？荣禄答道，另一条是勒令皇太后归政，"太后讳言之"。众臣大悟。但照会是从哪个渠道交来的，人们仍心存疑虑。问总理衙门，他们不知道是怎么回事。问北洋督臣裕禄，答复无此事。后来才知道是江苏粮道罗嘉杰得到的消息，密告荣禄，荣禄密报慈禧。由此，慈禧极为愤恨，决意开战。其实，后来经调查，这个照会是假的。不过，这个假照会却起到了真作用。

以后于二十二日、二十三日又连续召开了两次御前会议，太后决定宣战。

光绪二十六年五月二十五日（1900年6月21日），发布宣战诏书，慈禧正式向各国宣战。宣战诏书曰："我朝二百数十年，深仁厚泽。凡远人来中国者，列祖列宗，罔不待以怀柔。迨道光、咸丰年间，俯准彼等互市，并乞在我国传教。朝廷以其劝人为善，勉允所请。初亦就我范围，讵三十年来，恃我国仁厚，一意拊循，乃益肆枭张，欺凌我国家，侵犯我土地，蹂躏我人民，勒索我财物。朝廷稍加迁就，彼等负其凶横，日甚一日，无所不至。小则欺压平民，大则侮慢神圣。我国赤子，仇怒郁结，人人欲得而甘心。此义勇焚烧教堂、屠杀教民所由来也。朝廷仍不开衅，如前保护者，恐伤我人民耳。故再降旨申禁，保卫使馆，加恤教民。故前日有拳民教民，皆我赤子之谕。原为民教解释宿嫌，朝廷柔服远人，至矣尽矣。乃彼等不知感激，反肆要挟，昨日复公然有杜士立照会，令我退出大沽口炮台，归彼看管，否则以力袭取。危词恫喝，意在肆其猖獗，震动畿辅。平日交邻之道，我未尝失礼于彼，彼自称教化之国，乃无礼横行。专恃兵坚利器，自取决裂如此乎？朕临御将三十年，待百姓如子孙，百姓亦戴朕如天帝。况慈圣中兴宇宙，恩德所被，浃髓沦肌，祖宗凭依，神祇感格，人人忠愤，旷代所无。朕今涕泪以告先庙，慷慨以誓师徒，与其苟且图存，贻羞万古，孰若大张挞伐，一决雌雄？连日召见大小臣工，询谋金同。近畿及山东等省，义兵同日不期而集者，不下数十万人。至于五尺童子，亦能执干戈以卫社稷。彼尚诈谋，我恃天理；彼凭悍力，我恃人心。无论我国忠信甲胄，礼义干橹，人人敢死；即土地广有二十余省，人民多至四百余兆，何难翦彼凶焰，张国之威？其有同仇敌忾，陷阵冲锋，抑或仗义捐资，助益饷项，朝廷不惜破格懋赏，奖励忠烈；苟其自外生成，临阵退缩，甘心从逆，竟作汉奸，即刻严诛，决无宽贷。尔普天臣庶，其各怀忠义之心，共泄神人之愤，朕有厚望焉。"①

从此，清廷利用义和团正式向洋人开战了。其实，在宣战之前，就已经开战了。战场是天津和北京两地。在北京，主要是清军包围、攻打使馆的战斗。

本来，进入五月，北京的局势愈益复杂。留居北京的洋人已处于一种被包围的人质状态。这时各国政府决定就地成立联军，以英国海军中将西摩尔为统帅，内计英兵七百三十六人、德兵四百五十人、美兵一百人、俄兵三百一十五人、法兵一百五十八人、奥兵二十五人、意兵四十人、日兵五十二人，共计一千八百七十六人。② 这是由各国海军组成的一支陆战队。

五月十四日（6月10日），西摩尔率领的八国联军自天津向北京入侵。但是，他们遭到了清军及拳民的顽强抵抗，受到很大损失，不得不退回天津。

北京的外国人盼望西摩尔联军到来，但这下落空了。

① 罗惇融：《庚子国变记》，上海书店1982年版，第10页。
② 《英国蓝皮书有关义和团运动资料选译》，中华书局1980年版，第40页。

五月二十四日（6月20日）午后，清军对使馆开始正式进攻。英国驻华公使窦纳乐报告说："下午四时整，清军从北面和东面开火，主要是对着奥地利和意大利的工事的，于是开始了中国政府军队对北京各国使馆的有组织的进攻。"①

董福祥

攻打使馆的主要是两支部队，一支是荣禄统辖下的董福祥的甘军；另一支是荣禄直接指挥的武卫中军。

荣禄和董福祥不折不扣地执行了慈禧太后进攻使馆的命令。从五月二十四日起至六月十八日止的二十五天里，这两支很有战斗力的部队猛烈地进攻了使馆。但是，他们的进攻是有所选择的。进攻的重点是肃王府和法使馆，而有意避开了各国公使及其家属集中的英使馆。《庚子使馆被围记》写道："为予等根据地之英使馆，所受影响至少。"②

与此同时，八国联军在大沽口登陆。登陆的八国部队总计军官五百二十人，士兵一万三千五百人。各国分别为：德国军官四十四人，士兵一千三百人；英国军官一百八十四人，士兵一千七百人；日本军官一百一十九人，士兵三千七百零九人；俄国军官一百一十七人，士兵五千八百一十七人；法国军官十七人，士兵三百八十七人；美国军官二十人，士兵三百二十九人；意大利军官七人，士兵一百一十三人；奥地利军官

八国联军侵入皇宫大清门

① 《英国蓝皮书有关义和团运动资料选译》，中华书局1980年版，第40页。
② 《庚子使馆被围记》，《义和团》丛刊，第2册，第289页。

十二人，士兵一百二十七人。并携带五十三门野战炮和三十六挺机关枪。这群武装到牙齿的强盗，先进攻天津，然后进攻北京。

攻打使馆，但尽可能不伤害公使及其家属的生命，这是慈禧的本意。慈禧这样做是希图把各国公使作为人质，以达到屈辱求和的目的。

直到七月二十日，八国联军侵入北京，烧杀抢

八国联军在乾清宫内

掠，无恶不作。此时，清军进攻使馆才被迫停止。

三 仓促西狩一路艰辛

光绪二十六年（1900）七月二十一日，八国联军侵入北京的第二天。天尚未明，心力交瘁的慈禧太后如坐针毡，一夜未睡。镇国公载澜神色慌张地跑入仪鸾殿内，急切地向慈禧奏道："夷兵要攻东华门了！"

慈禧知道事情极为紧迫，慌忙穿上宫装，欲投水自尽。载澜紧忙拉住她的衣服，急切地劝说道："不如且避之，徐为后计。"

慈禧一听，也有道理，便就高下驴。她急忙换上一件蓝葛衫，装扮成逃难的老妇模样，悲切地边哭边走，尚未梳头。慈禧忙乱中紧盯着光绪帝。她要光绪帝跟她一起走。光绪帝仅着白绢单衣，其余行李铺盖一律未及携带。

《西巡大事记》记载了慈禧逃走时之窘况，文曰："七月二十日，皇太后召见军机大臣三次，会议城守。咸相顾愕眙，无敢出一语。次日凌晨，仓促启行。时惟近支王公、御前大臣四五人，候旨乾清门外。太后御蓝葛衫出宫，御镇国公载澜车。皇上御白绢单衣，御左翼总兵英年车。皇后、大阿哥御民车随扈。瑾妃闻警迟，徒步出宫门，遇刚毅，为赁一车送之。庄王（载澜）、府王遣一车送之，追及两宫于颐和园。两宫于园内少坐片刻，即启銮。随扈者，自载澜、英年外，仅溥伦、那彦图、定昌、志钧，并宫监十余人及画苑

缪女供奉而已。日晌午，太监于村民家觅鸡卵数十枚以进。未刻天雨，申刻，抵贯市民人李光裕家宿，光裕具大车三辆以进。于是，瑾妃以下始有车。二十二日抵怀来，县令吴永具供馔，太后食之而喜曰：'吾今日始得一饱耳。'二十三日，抵宣化府，口北道钟培、知府李肇南、知县陈本，备黄轿二乘、蓝轿两乘以进。而扈从大小官员及各勤王之师乃稍稍集，太后留驻一日而行。汉官威仪，乃略具矣。"①

慈禧临行前想到了珍妃。她把所有的妃嫔都召来，对她们说："现在只有一个人不能和我一起走。"珍妃被从钟粹宫后北三所寿药房召来。珍妃不知道她的处境极其危险，竟大胆地向慈禧进言："皇帝应该留京。"慈禧最怕的就是这个，听后恨得牙齿痒痒的。慈禧眼珠一转，杀机顿起，冷笑道："现在还成话吗？义和团捣乱，洋人进京，怎么办呢？我们娘儿跳井吧！"让珍妃跳井自尽。珍妃哭求道："请太后恩典，奴才没犯重大罪名。"慈禧逼视珍妃，冷酷地说："难道留我们遭洋人毒手吗？你先下去，我也下去。"珍妃吓得叩首哀求，慈禧不以为动，急呼太监崔玉贵，崔玉贵对珍妃残忍地说："请主儿遵旨吧！"珍妃反诘道："你为什么也这样逼迫我？"崔玉贵笑嘻嘻地道："主儿下去，我还下去呢！"珍妃大怒道："你不配！"慈禧忽然大怒道："把她扔下去吧！"崔玉贵扭住珍妃，把她投下了井。②

处死了珍妃，慈禧就放心地西狩了。

记载慈禧西巡的著作，最权威的当属王弢夫著《西巡大事记》，此书出版于民国二十一年（1932）。

珍妃井

---

① 《西巡大事记》，《清季外交史料》，第4辑，书目文献出版社1987年版，第3995页。

② 黄濬：《花随人圣庵摭忆》，第93页。

王弢夫在清朝枢廷工作了二十年，对清廷中央的军国大事，"悉有记札"。同时，王弢夫曾"随扈西巡"，这本书就是根据他的记载及摘抄撰写的。王弢夫的儿子王亮，字希隐，将其父所记之《清光绪朝外交史料》百数十册，进行了"增删编校"，付诸印制。《西巡大事记》乃是该书的一部分。这部书的特点是"视各私家著录，尤为翔实"。由于作者王弢夫是慈禧西巡的亲历者，因此本书比其他关于慈禧西巡的著述，都更加具体、更加翔实、更加准确、更加权威。

下面笔者逐日摘抄《西巡大事记》慈禧西巡前三天的记载，文曰：光绪二十六年七月二十一日辰初刻。皇上闻洋兵入城之警，仓促奉皇太后启銮，巡幸山西。出西便门，至颐和园小坐，遂行七十里。傍晚大雨，驻跸贯市镇之清真寺。皇太后御辅国公载澜车，载澜参乘。皇上御左翼总兵英年车，英年参乘。皇后、瑾妃、大阿哥（名溥儁）从，随扈者自载澜、英年外，喀尔喀郡王那彦图、贝子溥伦、公定昌、志钧、军机大臣尚书赵舒翘、侍郎溥兴六人。

二十二日，行经南口，出居庸关七十里，驻跸怀来县之岔道镇。皇上奉皇太后初定十七日启銮。先一日，有旨派荣禄、徐桐、刚毅、崇绮留京办事，不奉旨，于本日诣岔道行在请安。皇上大怒，饬令回京。皇太后以为言，始令随扈军机大臣兵部尚书刚毅诣行在请安，并献皇太后便衣一袭。怀来县知县吴永来迎驾，以蓝舆进皇太后。皇上御驼轿，贯市李家（李名光裕，业舆轿者）所进也。皇后、大阿哥、瑾妃，亦由李家各备驼轿，以此前进。

二十三日，辰初刻大雨。行二十里，抵榆林驿进饘（zhān，稠粥）。行四十里，驻跸怀来县城。直隶口北道钟培、宣化府知府李肇南、宣化县知县陈本来迎驾。皇太后、皇上始乘黄轿，皇后、瑾妃、大阿哥皆乘蓝轿。

旨传谕：怀来县知县吴永，行在随扈。兵丁炎天奔走，辛苦异常。著怀来县无论何款，筹凑若干，先行酌给兵饷，勿致枵腹。并传谕下站，一律照办。

旨寄：护理山西巡抚李廷箫，朕奉慈舆，昨日已抵居庸关，向山西进发。著李廷箫速来迎驾。山西巡抚毓贤，无论行抵何处，著李廷箫传旨，迅即带兵扼守固关，以防后路（六百里，交宣化县陈本发）。

上谕：甘肃布政使岑春煊，首先带兵趋赴行在，著即督办前路粮台事务。

上谕：寄大学士荣禄、徐桐、礼部尚书崇绮，均著留京办事。所有京城军务及地方要务，随时奏闻，以慰廑系。其应行随扈人员，催令速赴行在

（由堂交奇克伸布差递，二十九日折回未达。三十日重缮，交何乘鳌差递）。

旨寄：甘肃提督董福祥，著董福祥亲带马队，赶赴行在随扈。步兵各营著扼守获鹿，以防直晋交界。该提督威望素著，著务须闻命即行，朕心翘盼之至。

旨寄：河南巡抚裕长、护理山西巡抚李廷箫，现在随扈官兵众多，饷项不继。河南应解京饷，著裕长提前赶解。山西应解京饷及河东道部拨新饷，著李廷箫设法速解行在（以上各封，借用怀来县印）。[①]

以上作者详细记载了慈禧西巡前三天的细节。

慈禧一行出紫禁城的神武门，向北经皇城的地安门，再出内城的德胜门，往陕西逃去。七月二十三日，慈禧狼狈逃至直隶（今河北省）怀来县，县令吴永第一个以县令的身份来接驾。慈禧稍事整顿，就召见吴永。在二总管太监崔玉贵的带领下，吴永跪见慈禧。

问：汝系何名？

答：臣名吴永。

问：旗人汉人？

答：汉人。

问：何省？

答：浙江。

问：尔名是何永字？

答：长乐永康之永。

问：哦，是水字加一点耶？

答：是。

问：是何班次，何时到任？

吴永一一作答。

问：到任几年？

答：三年矣。

问：县城离此多远？

答：二十五里。

问：一切供应有无准备？

---

① 《西巡大事记》，《清季外交史料》，第4辑，第4006页。

答：已敬谨准备，惟昨晚方使得信，实不及周至，无任惊恐。

问：好，有预备即得。

在和吴永一问一答之后，慈禧忽然放声大哭。

说：予与皇帝连日历行数百里，竟不见一百姓，官吏更绝迹无睹。今至尔怀来县，尔尚衣冠来此迎驾，可称我之忠臣。我不料大局坏到如此。我今见尔犹不失地方官礼数，难道本朝尚获安全无恙耶？

话音哀切凄楚，吴永也伤心落泪。慈禧哭罢，情绪稍微稳定，又诉说沿途苦况。

谓：连日奔走，又不得饮食，既冷且饿。途中口渴，命太监取水，有井矣而无汲器。后井内浮有人头，不得已，采秫秸秆与皇帝共嚼，略得浆汁，即以解渴。昨夜我与皇帝仅得一板凳，相与贴背共坐，仰望达旦。晓间寒气凛冽，森森入毛发，殊不可耐。尔试看我已完全成一乡姥姥，即皇帝亦甚辛苦。今至此已两日不得食，腹馁殊甚，此间曾否备有食物？

曰：本已备肴席，但为溃兵所掠；尚有小米绿豆粥三锅，预备随从尖点，亦为彼等掠食其二，今只余一锅，恐粗粝不敢上进。

谓：有小米粥，甚好甚好，可速进。患难之中得此已足，宁复较量美恶？

召见了这么长时间，慈禧太后突然想起了光绪帝。她说："尔当叩见皇帝。"于是面向太监李莲英（李连英）说："莲英，尔速引之见皇帝。"

此时的吴永才敢正面看看皇帝。皇帝立在左边空椅之旁，身穿半旧无色细行湖绉棉袍，宽襟大袖，上无外褂，腰无束带，发至逾寸，蓬首垢面，憔悴已极。吴永大吃一惊，但不敢稍有表示。他向皇帝行跪拜礼，皇帝默不作声。光绪帝于两天前痛失爱妃，而且是那样地被慈禧惨无人道地害死。此时的光绪帝痛不欲生，形同槁木，他哪里还想说话呢？

吴永退出后，急忙将小米粥送入。太监出来要筷子，仓促间吴永将其随身携带的小刀牙筷擦一擦送了上去。其他人没有筷子，慈禧命折秫秸梗代替。

隔了一会儿，总管太监李莲英出来，翘着大拇指对吴永夸奖道："尔甚好。老佛爷甚欢喜。尔用心伺候，必有好处。"接着又问，"老佛爷想食鸡卵，能否取办？"

吴曰：此间已久无居人，安能得此？然姑且求之。

李曰：好好，尔用心承应，能讨老佛爷喜欢，必不吃亏。

后来吴永还真的找到了五个鸡蛋。慈禧吃了三个，将剩下的两个赏给了光绪皇帝。

就这样，慈禧太后圣驾一路西行。七月二十七日（8 月 21 日），两宫抵达宣化府，驻跸四日。二十八日，慈禧下诏求直言。二十九日，命护理陕西巡抚端方预备驻跸之所，准备入陕。八月初六日至山西大同，驻跸四日。不知出于何种考虑，慈禧反而任命主战派端郡王载漪为军机大臣、辅国公载澜为御前大臣。这不是有意同外国对着干吗？八月十三日，杨儒致电李鸿章，主张两宫即日回京，以利和议。但慈禧只顾西行。八月十七日，抵达太原。闰八月初七日，李鸿章奏，请将载勋、刚毅、载澜、英年、载漪、赵舒翘先行革职撤差。闰八月初八日，两宫离太原赴西安。九月初四日（10 月 26 日），抵达西安。

逃到西安，慈禧感到安全了，就不再前行。

九月初五日，各国公使一致通牒，要求慈禧惩治载漪、载勋、载澜、溥静、毓贤、李秉衡、董福祥、刚毅、赵舒翘、英年等十一个祸首。

在列强的威逼下，慈禧采取拖延的手法，希图从轻处理同她站在一起的诸位王大臣。然而，列强要求苛刻，不予重惩，绝不答应。为此，慈禧对这些王大臣曾经发下四道谕旨，一次比一次处治得重。

第四道谕旨是光绪二十七年一月初三日（1901 年 2 月 21 日）颁发的。谕令载勋自尽，毓贤正法。载漪、载澜定为斩监候，加恩发往新疆，永远监禁。英年、赵舒翘赐令自尽。并令和议全权大臣奕劻、李鸿章照会各国，将启秀、徐承煜交回，即行正法。刚毅定为斩立决。而徐桐、李秉衡定为斩监候。但因他们已故，业经革职，撤销恤典，应免再议。

一味蛮干的慈禧终于屈服于列强的屠刀之下。

在此之前，已为被其下谕旨杀害的不主张攻打使馆的五大臣徐用仪、立山、许景澄、联元、袁昶恢复官职，从而也就恢复了他们的名誉。

和议全权大臣庆亲王奕劻、大学士李鸿章虽同列强进行了软弱的讨价还价，但无济于事。在列强的威逼和慈禧的授意下，他们代表清政府，于光绪二十七年七月二十五日（1901 年 9 月 7 日），与英、德、俄、美、法、奥、日、意等八国，还有西班牙、比利时、荷兰等三国，共十一国的代表签订了和约。因 1901 年是夏历辛丑年，故称《辛丑条约》，共十二款：一、对德谢罪；二、惩办祸首；三、对日谢罪；四、于外国坟墓被掘处建碑；五、禁止军火运入；六、赔款四亿五千万两；七、使馆驻军；八、削平大沽炮台；九、各国于北京山海关间驻兵；十、张贴禁止仇外之上谕；十一、修浚白河、黄浦江；十二、改总理衙门为外务部。

签订《辛丑条约》

这是一个丧权辱国的不平等条约。《辛丑条约》是八国联军出动武力侵略中国签订的极端不平等条约，无论从内容还是后果看，都是近代社会对中国影响最大的条约。这个条约的签订和实施，标志着中国完全变成了半封建半殖民地社会。

和议既成，各国联军便于光绪二十七年八月初五日（1901 年 9 月 17 日）退出北京。八月二十四日（10 月 6 日），慈禧自西安起行回京。一路扰民，慈禧于光绪二十七年十一月二十四日（1902 年 1 月 3 日）回到北京。

四　回銮北京别样心绪

九月十六日（10 月 27 日），慈禧一行抵达洛阳，驻跸至九月二十四日启行。在抵达洛阳的第二天，即九月十七日（10 月 28 日），两宫召见了河南巡抚于荫霖，同他进行了长篇谈话。

于荫霖，字次棠，吉林省伯都讷厅人。咸丰九年（1859）进士，改庶吉士，授编修。光绪十一年（1885），升为广东按察使。二十四年（1898），升为湖北巡抚。二十七年（1901），调任河南巡抚。此人思想比较守旧，但为官清正。

九月十七日巳刻（上午九时至十一时），在河南行宫召见于荫霖。巳刻入，请安毕，旁跪。皇太后顾皇上，使问。上问话未听清晰。

慈禧画像

奏对：臣耳聋，请皇上大声说。

皇太后说：是问你几时来的？

奏对：臣初五日到来。

上问：你就住在河南省吗？

奏对：住在南阳。为圣驾回銮，来趋觐天颜。

上问：原来哪想出来？大家推着拉着，也不知怎么迷迷糊糊直至出西直门方明白，哪想出来来着。宫内缸里前几天令他们俱把水上满，本无出来之意。

奏对：幸而皇太后、皇上出来，此正天下臣民之福。

上问：你们几时知道的？

奏对：七月二十后，传闻不一。彼时臣等惶惑不知所措。直到八月初五日，始知确信。此半月内非复人世。我皇太后、皇上受此番艰难险阻，臣耳不忍闻，口不忍言，此皆臣子之罪。臣身为疆臣，不能救急，尤罪无可逭。

至此，皇太后戚然，以巾拭泪不已。自己亦不觉泪下。

奏对：天下仍仰仗皇太后、皇上，以图将来挽回。

上问：你今年多少年纪？

奏对：臣六十四岁。

上问：看你精神还好。你有病是什么病？

奏对：臣自前年在湖北遇病后，左耳聋，仅剩一二成听得。右耳从前尚有六七成，近亦不过五成可听。所以皇上的话听不见。又腿力迟滞，最苦是睡不着。少用心便犯，彻夜不睡，次日便头晕。

上问：可不是睡不着便头晕不好受。今日要用的人，皆是外人不答应。

奏对：臣受皇太后、皇上曲全，感激无地。臣深知皇太后、皇上不得已之苦衷。

皇太后和颜悦色地说：你们都知道吗？

奏对：都知道。

上问：你在湖北几年？

奏对：一年半。

上问：张之洞办事还好？

奏对：办事尽心。

上问：他办洋务还好？

奏对：他留心外国情形，通晓洋务。

上问：湖北交涉教案事多，州县中能办教案者尚有人？

奏对：也还有。

上问：你从何官出来？

奏对：臣从翰林院衙门出来。先蒙恩放荆宜施道（叩头），旋升广东臬司，放云南布政，未到任。丁忧起服后，放台湾布政，未到任，被议罢官。二十年奉旨发行依某奉天军营。二十一年，蒙恩署安徽布政（叩头）。二十四年，实授云南布政，未到任。旋升湖北，上年到河南。时至今日，无论什么事，全在得人。

上问：正是，就是乏人用，连出使也没人用。

奏对：今日朝廷势孤，臣以病躯，不能即刻出来报效。然言念时局，刻刻疚心。臣具有天良，岂敢自图安逸。以臣愚见，什么是人才？存心忠爱，朴实不欺，向着国家者，才是真人才。

太后首肯。

因奏：臣平日留心体察访问，意中尚有数人，恐面奏不能记得。可否具折上达，听后录用。

上问：可以，尽管具折。

又奏：今日法诚当变。所

慈禧与德龄合影

变条目亦全是应办之事。但我中国积弊，人心不变，法断变不好。就是面子变，骨子亦断不能变。中国之病，全是粉饰欺蔽。皇太后、皇上哪里知道折上说的全靠不住，全是纸上空谈。总而言之，全坏在一个利字。这个病根不去，譬如盖房子，地基不清，如何盖得好？即如洋人税务司，他的薪水厚。除薪水外，就能不要一个钱。洋人最看不起中国者，中国官吏全是舞弊。中国无一个不要钱之官，无一个见得人的钱。以臣愚见，莫若先外从督抚以至州县，以及一差一事，凡干系利字者，全行揭开。进款若干，出款若干，明白揭出。可去者去，不可去者不必强去。不但使之足用，并当使之有余。如此使个个人心里干净，光明白地，然后但去实心办事，方能办一件是一件。不然无论如何变法，必是欺上加欺，蔽上加蔽。今日哪个不是用的皇太后、皇上的钱，全不知感激，正是为此。且变法宜专、宜简。即如科举一事，谕旨令以"四书""五经"为本，诚得其要……

上曰：可不是嘛，外国全讲一力字。无论怎办，兵不强，断不行。

又奏：中国与外国情形不同，且无论大学堂造就人才，效验通天下。读书人断非大学堂所能容纳，须令家自为学。即请饬下政务处，赶紧选定书籍，明白宣示，书籍越简越好。有书可念，自不患人不去学。再游历一事，请皇太后、皇上要加慎重。中国事全是坏在汉奸。

太后首肯。

奏曰：虽以曾国藩之孙，且入洋籍。出洋学生有薙发者，上年又有入富有票者。中国弱，外国强，人人皆正欲依附外国，以保身家。若如所奏，翰林非游历不开坊，部署非游历不外放，恐中国臣子皆为外国所用矣。此弊甚大，请皇太后、皇上千万慎重。若亲王出洋，却不妨这些人先心向国家，且真有益于联邦交。

又奏：易名之典，本属朝廷特恩，非臣下所敢擅请。但予谥当首先节臣。臣敢冒昧渎陈，请皇太后、皇上择死事惨烈者，宽以予谥，以风励天下。我高宗纯皇帝（乾隆帝）于前朝节臣，无论官之大小，且宽以予谥。况此次死事之臣，乃朝廷养士之报，总请多予几个谥。

皇太后说：至今尚有未查出者。

对：此次通州男妇死者甚多。

太后沉吟未答。

又奏曰：臣所知者，如崇绮之子葆初，死节甚惨。

太后曰：他是全家殉难。

又奏：前侍郎宝廷之子寿富、富寿兄弟同殉难，尤宗室难得。又世袭子爵钟祺，乃系从容就义。从李秉衡出京，将李秉衡殓毕，又赴京殉节。

问：他是甚官？

对：世袭子爵。

又奏：王廷相朝廷恤典本已不薄，但再请加恩予谥，庶以风励天下。

又奏：停科举之旨一下，天下士子皇皇（惶惶），条约臣不深知。皇太后、皇上回京以后，但能开科，不妨借河南贡院乡会试，以固人心。

皇太后曰：本来是固结人心要紧，你说的话都是当办的事。

又奏：臣来觐觐天颜，皇太后万寿在即，仍要到省城祝皇太后万寿。

太后顾皇上，令言，语未听真。

皇上问曰：你是奉天人？

对：吉林人。

又问话，未听清。

太后接着说：是问你出来几年没回去。

对：臣自（光绪）二十一年出来，七年没回去。

停须臾。

皇上说：你下去吧！

起时腿费力，倚门。

太后说：你尽管扶着。

遂扶而起，又停须臾，乃出。太后见腿费力，遂大声呼曰：你们来人招呼着。

两太监扶至九卿房。

当时奏对大概如此，至前后次第，则有记忆不清者。[1]

慈禧回銮途中接见地方官员，目的一是为了解地方政情；二是为了推卸战争责任；三是为讨好方面重臣；四是为探讨有关政策。于荫霖反对停止科举，反对建立学堂，反对官吏出洋，反对学生薙发。这是一位忠心而守旧的官僚。他的奏对反映了一部分守旧官僚的意见。慈禧对他的奏言姑妄听之。慈禧说："外国全讲一力字。无论怎办，兵不强，断不行。"这也许是庚子西巡后，慈禧太后对军队重要性的最新认识。基于这个全新认识，慈禧全力推

---

① 于荫霖：《悚斋遗书·日记》，第 6 卷，第 42 页。

行军事改革，裁汰绿营，编练新军。

从洛阳启銮后，经开封，过正定，于十一月二十四日（1902年1月3日）抵达保定。驻跸四日，于十一月二十八日（1902年1月7日）从保定启銮。铁路局特备火车一列，共二十二节车厢。其中上等花车四辆，皇太后、皇上各用两辆。火车抵马家堡，两宫先后下车。慈禧与光绪帝分别乘御人抬黄缎轿，前呼后拥，入永定门。踏上新修御道，缓缓而行。日映鸾旗，风吹羽盖，天仗极为严整。有的洋兵尚未撤走，在城墙上围观，有的脱帽挥巾表示敬礼。慈禧在轿内仰视，面带微笑作答礼。大驾一直进大清门，入乾清宫。

慈禧又重新回到了她日思夜想的北京，重又登上了她须臾不愿离开的太后宝座。

第十二章　下诏变法　实行新政

一　下诏罪己决心变法

为了洗清自己，坐稳江山，慈禧在西逃的第五天，就以光绪帝的名义发布谕旨，承认"负罪实甚"。此后，她又连续发布了五道谕旨，宣示全国，决心变法，其中还郑重地宣布了变法诏书。

第一道谕旨。光绪二十六年七月二十六日（1900 年 8 月 20 日），狼狈逃至宣化县之鸡鸣驿。慈禧痛定思痛，以光绪帝的名义，下诏罪己，承认"负罪实甚"。谕曰："不谓近日衅起，团教不和，变生仓促，竟致震惊九庙，慈舆播迁。自顾藐躬，负罪实甚。然祸乱之萌，已非朝夕……知人不明，皆朕一人之罪。小民何辜，遭此涂炭！"①

慈禧经此大难，反思自己的言行，感到应该下诏罪己，承认"负罪实甚"。

第二道谕旨。过了两天，即七月二十八日，在宣化府城又下诏直言。诏曰："自来图治之原，必以明目达聪为要。此次内讧外侮，仓促交乘。频年所全力经营者，毁于一旦。是知祸患之伏于隐微，为朕所不及察者多矣。惩前毖后，能不寒心！自今以往，凡有奏事之责者，于朕躬之过误，政事之阙失，民生之休戚，务当随时献替，直陈无隐。当此创巨痛深之后，如犹恶闻诤论，喜近谄谀，朕虽薄德，自问当不至此。"②

慈禧在"创巨痛深之后"，真诚地作出了虚心纳谏的姿态。

---

① 《西巡大事记》，《清季外交史料》，第 4 册，第 4008 页。
② 《光绪朝东华录》，第 4 册，总第 4537 页。

第三道谕旨。十月初十日，在西安行在，慈禧又借光绪帝之口第三次降谕求言，谕曰："上谕：自播迁以来，皇太后宵旰焦劳，朕尤痛自刻责。深念数十年积习相仍，因循粉饰，以致酿此大衅。现正议和，一切政治，尤须切实整顿，以期渐图富强。慈训谓：取外国之长，乃可补中国之短；惩前事之失，乃可作后世之师。欲求振作，当议更张。著军机大臣、大学士、六部九卿、各直省督抚、驻扎各国使臣，各就现在情形，参酌中西政要，举凡朝章国政、吏治民生、学校科举、兵政财政等，有因有革，有省有并，各举所知，限两个月内详悉以闻。毋得粉饰具文，敷衍入奏。将此通谕知之。"①

慈禧在西安行在，进一步反思自己的问题，取得了一个新的认识："取外国之长，乃可补中国之短；惩前事之事，乃可作后世之师。欲求振作，当议更张。"慈禧深深感到学习外国的重要性。因此，慈禧提出"各就现在情形，参酌中西政要"，命中外臣工提出改革建议。她要求在两个月之内，王大臣等奏报关于变法的有关事宜。

第四道谕旨。过了两个月，应者寥寥。在内外压力面前，慈禧在西安行在，颁布了变法诏书。光绪二十六年十二月初十日（1901年1月29日），以光绪帝名义郑重地发布变法诏书。因诏书重要，现全文摘引，诏书曰：

"丁未谕：世有万祀不易之常经，无一成不变之治法。穷变通久，见于大《易》。损益可知，著于《论语》。盖不易者三纲五常，昭然如日星照世。而可变者令甲令乙，不妨如琴瑟之改弦。伊古以来，代有兴革。当我朝列祖列宗，因时立制，屡有异同。入关以后，已殊沈阳之时。嘉庆、道光以来，渐变雍正、乾隆之旧。大抵法积则敝，法敝则更，惟归于强国利民而已。

自播迁以来，皇太后宵旰焦劳，朕尤痛自刻责。深念近数十年积习相仍，因循粉饰，以致酿成大衅。现正议和，一切政事，尤须切实整顿，以期渐致富强。慈训以为，取外国之长，乃可补中国之短；惩前事之失，乃可作后世之师。自丁（西）戊（戌）以还，伪辩纵横，妄分新旧。康逆之祸，殆更甚于红巾。迄今海外逋逃，尚以富有贵为等票，诱人谋逆。更借保皇保种之奸谋，为离间宫廷之计。殊不知康逆之讲新法，乃乱法也，非变法也。该逆等乘朕躬不豫，潜谋不轨。朕吁恳皇太后训政，乃得救朕于濒危，而锄奸于一旦，实则剪除叛逆。皇太后何尝不许更新，损益科条。朕何尝概行除旧，酌中以御，择善而从。母子一心，臣民共睹。今者恭承慈命，壹意振兴，严祛

① 《西巡大事记》，《清季外交史料》，第4册，第4078页。

新旧之名，浑融中外之迹。中国之弱，在于习气太深，文法太密。庸俗之吏多，豪杰之士少。文法者，庸人借为藏身之固，而胥吏恃为牟利之符。公私以文牍相往来，而毫无实际。人才以资格相限制，而日见消磨。误国家者在一私字，祸天下者在一例字。

晚近之学西法者，语言文字、制造器械而已，此西艺之皮毛，而非西学之本源也。居上宽，临下简。言必信，行必果。服往圣之遗训，即西人富强之始基。中国不此之务，徒学其一言一话一技一能，而佐以瞻徇情面、肥利身家之积习，舍其本源而不学，学其皮毛而又不精，天下安得富强耶？总之，法令不更，锢习不破，欲求振兴，须议更张。著军机大臣、大学士、六部九卿、出使各国大臣、各省督抚，各就现在情弊，参酌中西政治，凡朝章国政、吏治民生、学校科举、军制财政，当因当革，当省当并，如何而国势始兴，如何而人才始盛，如何而度支始裕，如何而武备始精，各举所知，各抒所见，统限两个月内，悉条议以闻。再行上秉慈谟，斟酌尽善，切实实行。"①

诏书开篇着重说明变法的必要性，即"无一成不变之法"，变法的目的是"强国利民"。接着为自己镇压戊戌变法进行辩解，斥责康有为之谈新法，"乃乱法也，非变法也"。其中最重要的一段话是"皇太后何尝不许更新，损益科条。朕何尝概行除旧，酌中以御，择善而从。母子一心，臣民共睹。今者恭承慈命，壹意振兴"，这是说，戊戌政变"实则剪除叛逆"，"皇太后何尝不许更新"？表示"母子一心"，"壹意振兴"。又进一步分析了中国软弱的原因，强调学西方不仅要学"西艺之皮毛"，而要学"西政之本源"。谕令王公大臣"参酌中西政治，举凡朝章国政、吏治民生、学校科举、军制财政"等方面，"各举所知，各抒所见"，并限期两月，条议上奏。

从以上的四道谕旨看，慈禧太后的决心似乎很大。但是，朝廷内外臣工反应却极为冷淡。原因很简单，此时的当务之急不是变法，而是议和。慈禧在西安行在，联军仍侵占北京。议和尚无头绪。此时诏谕变法，臣工们都以为这是慈禧故作姿态，并非真心。

第五道谕旨。看看动静不大，慈禧又进一步表态。光绪二十六年十二月二十五日（1901 年 2 月 13 日），慈禧以光绪帝的名义，再颁"自责之诏"。进一步强调初十日变法谕旨为"国脉之转机"，要求内外臣工，妥速议奏，实力奉行。在这个诏谕中，慈禧提出了臭名昭著的卖国口号："量中国之物力，

---

① 《光绪朝东华录》，第 4 册，总第 4602 页。

慈禧太后

 该图右侧为竖排文字：

结与国之欢心。"把好端端的中国置于任人宰割的羔羊的位置上。

中外臣工对这道上谕仍保持沉默。尤其是作为清廷支柱的封疆大吏及信息灵通的驻外使节，则更是一言不发。殷鉴不远，他们不愿意自投罗网，再蹈康梁覆辙。因为他们深知，慈禧太后是善变的，她可以翻手为云、覆手为雨。

虽然慈禧连续发布了五道谕旨，但王大臣仍然沉默。

他们对慈禧太后在静默观察。

二　切实推行多项新政

为了表示变法的决心，为了解除人们的顾虑，慈禧决定先在组织机构上进行改革。经过深思熟虑，慈禧下令组建督办政务处。这是变法的领导机关，机关的组成人选都是当今政权的一流人物。慈禧赋予这个机关至高无上的权威。

督办政务处的设立，表明了慈禧实行变法的决心。从此，王大臣们才感到，慈禧一再求言，表示变法，不像是故作姿态。

因此，封疆大吏刘坤一、张之洞才敢于递上奏折，建言变法。

针对反应稀少的冷漠局面，慈禧决心设立督办政务处，以实际行动打破沉闷的僵局。光绪二十七年三月初三日（1901 年 4 月 21 日），慈禧以光绪帝名义下令成立督办政务处，以便大力推动变法。上谕说："上年十二月初十日，因变通政治，力图自强，通饬京外各大臣，各抒所见，剀切敷陈，以待甄择。近来陆续条陈，已复不少。惟各疆臣使臣，多未奏到。此举事体重大，条件繁多，奏牍纷烦。务在体察时势，决择精当，分别可行不可行，并考察其行之力不力。非有统汇之区，不足以专责成而挈纲领。著设立督办政务处，派庆亲王奕劻、大

张之洞

249

学士李鸿章、荣禄、昆冈、王文韶、户部尚书鹿传霖为督办政务大臣，刘坤一、张之洞亦著遥为参与。各该王大臣等，于一切因革事宜，务当和衷商榷，悉心评议，次第奏闻。俟朕上秉慈谟，随时更定。回銮后，切实颁行。示天下以必信必果、无党无偏之意。其政务提调各官，该王大臣等务择心术纯正、通达时务之员，奏请简派，勿稍率忽。此事预限两月，现已过期。其未经陈奏者，著迅速条议具奏，勿再延逾观望，将此通谕知之。"①

光绪二十七年军机大臣共五人，即礼亲王世铎、荣禄、王文韶、鹿传霖、瞿鸿機。其中世铎已病，瞿又在以后的四月入值，当时只有荣、王、鹿三人在。他们三人全部入督办处。当年的大学士是五位，即李鸿章、昆冈、荣禄、王文韶、孙家鼎，孙是十二月任命的。当时在位的只李、昆、荣、王四人，他们四人全部进入督办处。

这就是说督办政务处，是由当时中央的全部军机大臣和全部大学士及地方的最有影响的疆臣组成的，而庆亲王奕劻是暂时没有任命的首席军机大臣。从人员组成不难看出，督办政务处地位显要，规格崇隆。慈禧给予督办政务处很大的实权，这就使她所推行的新政出台较快，施行较易。

督办政务处的设立使慈禧新政的推行有了组织保证。

慈禧一再求言，又设立了督办政务处，给人的感觉不像是故作姿态。地方疆臣两江总督刘坤一、湖广总督张之洞，感到慈禧真的要实行变法了。于是，他们经过认真的准备，先后于五月二十七日、六月初四日和六月二十七日联衔会奏，连上三折，时称《江楚会奏变法三折》。

这三道奏折成为了慈禧新政的核心内容。

同年八月二十日，上谕和懿旨肯定了变法三折，谕旨说："自经播越，一载于兹。幸赖社稷之灵，还京有日。卧薪尝胆，无时可忘。推积弱所由来，叹振兴之不早。近者特设政务处，集思广益，博采群言，逐渐施行。择西法之善者，不难舍己从人；救中法之弊者，统归实事求是。数月以来，兴革各事，已降旨饬行，惟其中以条目繁重，须待考求，或事属创举，须加参酌。回銮以后，尤宜分别缓急，锐意图成。兹据政务处大臣荣禄等面奏变法一事，关系甚重，请重申诚谕，示天下以朝廷立意坚定，志在必行，并饬政务处随时督催，务使中外同心合力，期于必成。用是特颁懿旨，严加责成，尔中外臣工，须知国势至此，断非苟且补苴所能挽回厄运。唯有变法自强，为国家

① 《清德宗实录》，第7册，第4426页。

安危之命脉，亦即中国民生之转机。予与皇帝为宗庙计，为臣民计，舍此更无他策。尔诸臣受恩深重，务当将应行变通兴革诸事，力任其难，破除积习，以期补救时限。昨据刘坤一、张之洞会奏整顿中法、仿行西法各条，事多可行。即当按照所陈，随时设法，择要举办。各省疆吏亦应一律通筹切实举行，大要不外言归于实，用得其人。予与皇帝宵吁焦劳，母子一心，力图兴复。大小臣工其各实力奉行，以称予意，将此通谕知之。"①

这里肯定了《江楚会奏变法三折》"事多可行"，命令有关部门"随时设法，摘要举办"。

事实上，《江楚会奏变法三折》成了慈禧推行新政的纲领性文件。

在慈禧的旨意下，出台了一系列新政的措施。

从光绪二十七年三月（1901 年 4 月）成立督办政务处起，到光绪三十一年十一月（1905 年 12 月）成立学部止，五年间慈禧发布了一系列除旧布新之政令。重要的大约有三十项，现分述如下：

奕助

一、裁汰各衙门胥吏差役。

二、停止捐纳实官。光绪二十七年八月二十九日（1901 年 10 月 11 日），上谕颁发慈禧懿旨，命停止捐纳实官。

三、归并詹事府于翰林院，复命裁撤河东河道总督缺，一切事宜归河南巡抚兼管。

四、裁撤云南、湖北两省巡抚缺，由湖广、云贵总督兼管。

五、裁撤广东巡抚缺，以两广总督兼管。

上列五项，为五年间除旧之新政。

六、设立督办政务处。

七、改总理各国事务衙门为外务部。光绪二十七年六月初九日

---

① 《光绪朝东华录》，第 4 册，总第 4771 页。

（1901 年 7 月 24 日）发布上谕。外务部为六部之首，简派庆亲王奕劻总理外务部事务，大学士王文韶为会办大臣，瞿鸿禨为外务部尚书兼会办大臣，太仆寺卿徐寿朋为左侍郎，联芳为右侍郎。

八、设立商部，将路矿总局裁并。以载振为尚书，伍廷芳、陈璧为左、右侍郎。

九、设立练兵处。命奕劻总理练兵事务，袁世凯充会办，铁良襄同办理。

十、设立巡警部。以署兵部左侍郎徐世昌为尚书，内阁学士毓朗、直隶后补道赵秉钧为左右侍郎。

十一、设立学部。以荣庆为尚书，熙英、严修为侍郎，并以国子监归并学部。

上列六项，为五年间新设之机关。

十二、命各省绿营防勇，限于本年内裁去十分之二三。

十三、命各省筹设武备学堂。

十四、复命将各省原有各营严行裁汰，精选若干营，分为常备巡警等军。

十五、命铁良会同袁世凯办理京旗练兵事宜。

十六、设立练兵处，命奕劻等管理。

十七、在河南举行秋操，命袁世凯、铁良为阅兵大臣。

上列六项，为五年间关于军事之新政。

十八、复开经济特科，辛丑四月癸卯始策试各省所举人员于太和殿，取袁嘉谷等二十七人。

十九、命整顿翰林院，课编、检以上各官以政治之学。

二十、命出使大臣访察游学生咨送回华，听候录用。

二十一、命自明年为始，乡会试等均试策论，不准用八股文程式。并停止武生试及武科乡会试。

二十二、命各省所有书院于省城改设大学堂，各府及直隶州改设中学堂，各县改设小学堂。

二十三、命各省选派学生出洋留学。

二十四、颁布学堂章程。凡由学堂毕业考取合格者，给予贡生、举人、进士等名称。这是我国近代第一部完备的教育法规。

二十五、停止乡会试及各省岁科考试。

上列八项，为五年间关于学校之新政。

二十六、颁布《商会简明章程》。

二十七、颁布《大清商律》。这个商律包含了西方资本主义商法的内容。

二十八、颁布《公司注册章程》。这个章程是鼓励中外商人自由发展工商实业的。

二十九、颁布《矿务章程》。

三十、修改《大清律例》。

上列五项，为五年间法律之新政。

上述这些改革举措都是在慈禧旨意下进行的。这里包括行政制度的改革、军事制度的改革、教育制度的改革和法律制度的改革。

行政制度的改革。清朝在官场实行一种"捐纳"制度，实际上是公开的卖官鬻爵。这种做法造成了大量的贪污腐化。官府胥吏没有固定薪金，他们靠收取贿赂维持生计，百姓深受其害。此外，有些衙门有名无实。因此，上谕决定取消书吏，废除捐纳。撤销河东河道总督，也撤销云南、湖北和广东的巡抚。詹事府被并入翰林院。这些被撤销的衙署都是多余的。与此同时，慈禧又下令创设了一些新的官署。首先是将总理衙门改组为外务部。总理衙门是在 1861 年作为军机处的一个机构成立的。总署内有多达十人以上的兼任大臣。因为总理衙门是非正式的，西方列强感到与它谈判很不方便。新成立的外务部是一个常设的正式机构，内设一名大臣、两名会办大臣及两名侍郎。这便开始瓦解了自隋唐沿袭下来的传统的六部建制。新的外务部成了第七部，由亲王兼管部务，外务部比其他六部的级别要高。这确实是个巨大的变化。以后又设立了商部、巡警部和学部。

军事制度的改革。慈禧深深感到军制必须改革，改革的目的就是整编腐朽的旧式军队，建立一支强大的新式军队。慈禧谕旨，取消旧式武举，命各省创办武备学堂。同时，决定裁减百分之二十至百分之三十的绿营。决定在北京设立练兵处，作为中央军事领导机关，控制各省的新军。大力裁减冗兵，决心编练新军，这是重要的军事改革。

教育制度的改革。教育改革包括改革科举制，创办新学堂和鼓励留学生几个方面。1904 年《学堂章程》的颁布，说明这一改革有了整体规模。这个章程规定中国的学堂以日本学堂为模式，正规教育实行初、中、高三级。初等小学堂收七虚岁至十二虚岁的学生，高等小学堂收十二虚岁至十六虚岁的学生，中等学堂收十六虚岁至二十一虚岁的学生，高等学堂收二十一虚岁至二十四虚岁的学生。分科大学收二十四虚岁至二十八虚岁的学生。最高一级为通儒院。通儒院或分科大学的毕业生被授予进士功名；高等学堂毕业生被授予举人功名；

中学堂和高等小学堂的毕业生则取得生员（秀才）的功名。这就使新式学堂的毕业生有了正规官员候补者的资格。1905 年 12 月建立了学部，作为中央的教育行政机构。以上具有近代色彩的教育改革，具有重大的历史意义。

法律制度的改革。清代的中国没有与西方近代相似的民法和商法。而发展工商业，对民法和商法的需要增加了。为此，制定了《商会简明章程》《大清商律》和《公司注册章程》等。同时，按照西方的模式修订《大清律例》。

如何评价慈禧的新政呢？我认为，慈禧的新政是光绪帝变法的继续。当年，慈禧太后发动了成功的戊戌政变，在软禁光绪帝的同时，她毫不留情地摧毁了光绪帝所实行的新法。但是，只不过两年，慈禧太后又亲手修复了她原来摧毁了的东西，而且向前发展了。

历史学者萧一山说："（慈禧新政）似较戊戌百日维新时所举之条目为多，其实全未出光绪帝当时变法之范围，更未出刘坤一、张之洞所建议之范围，不过分一事为数诏，延百日为五年而已。戊戌变法时，最注意者为废科举，兴学校。此次变法之成就，亦以废科举兴学校二事为最者。惟派游学一事，各省所行者，较之戊戌以前为积极。光绪二十八九年间，日本留学生骤增至数千人，虽官派者不过十之二三，而此种留学生对于立宪、革命二运动，皆发生极大影响。"慈禧实行的新政所产生的巨大的反效果，是她始料不及的。

慈禧这样做的目的是什么呢？她真的想要进行改革吗？对此，东洋文库近代中国研究中心历史教授市古宙三认为："为了防止反满势力的壮大，并要保持督抚们和外国人的支持，不管清朝统治者喜欢与否，除了改革别无选择余地。实际上，政府原先本无自己的改革方案。它只需要保持改革的门面，而对实际内容则毫不关心……改革的目的毋宁说是为了保卫清政府不受汉人与外国人两者的攻击。换言之，改革是为了保住清王朝。"换言之，改革的目的是慈禧为了保住由她统治的清王朝的一统江山。

对于慈禧的新政时人加以猛烈抨击。《中外日报》载文揭露道："既内恐舆论之反侧，又外惧强邻之责言，乃取戊己两年初举之而复废之之政，陆续施行，以表明国家实有维新之意。"黄遵宪痛斥曰："今回銮将一年，所用之人，所治之事，所搜刮之款，所娱乐之具，所敷衍之策，比前又甚焉，展转迁延，卒归于绝望，然后乃知变法之诏，第为辟祸全生，徒以之媚外人而骗吾民也。"

有识之士逐渐意识到，只行新政不变国体，是治标不治本，国家无以富强。因此，变更国体的议论便生发了，进而导致筹备立宪之议。

第十三章 接受建言 筹备立宪

一 派遣重臣出洋考察

晚年的慈禧太后比较注意西方事物。除实行部分新政外，她又接受了有识之士的建言，准备在中国实行君主立宪制。为此，慈禧派王公大臣出国考察。她认真听取了这些王公大臣考察的观感和建议，并结合中国国情，准备部分地实行改革。

载泽《考察政治日记》

戴鸿慈《出使九国日记》

慈禧设立了筹备实行君主立宪的专门机关，并部分改革了中央和地方的官制。

从光绪二十九年（1903）末开始，一些有远见、识外情的封疆大吏和驻外使节便陆续进言慈禧，应预备立宪。这年的十二月初四日，云贵总督丁振铎、云南巡抚林绍年，电请清廷从速变法，以挽危局。光绪三十年二月初七日（1904年3月23日），出使法、俄、英、比的大臣孙宝琦、胡惟德、张德彝、杨兆鋆，奏请变法，以激人心，植立国本。光绪三十一年五月三十日（1905年7月2日），直隶总督袁世凯、湖广总督张之洞、署两江总督周馥，联衔奏请立宪，要求先派遣亲贵出洋考察各国政治，后实行立宪政体。

慈禧接受了他们的建议，决定派遣大臣出洋考察各国政治。三十一年六月十四日（1905年7月16日），以光绪帝名义颁发上谕，谕曰："方今时局艰难，百端待理，朝廷屡下明诏，力图变法，锐意振兴。数年以来，规模虽具而实效未彰。总由承办人员向无讲求，未能洞达原委。似此因循敷衍，何由起衰弱而救颠危？兹特简载泽、戴鸿慈、徐世昌、端方等，随带人员，分赴东西洋各国考求一切政治，以期择善而从，嗣后再行选派分班前往。其各随事谘询，悉心体察，用备甄采，毋负委任。所有备员经费如何拨给，著外务部、户部议奏。钦此。"①

这就是派遣镇国公载泽、户部尚书戴鸿慈、兵部侍郎徐世昌、湖南巡抚端方，以及后来旨派的商部右丞绍英等五大臣出洋考察政治的谕旨。

八月二十六日，五大臣在正阳门乘火车出京。正拟开行，陡闻轰震之声，载泽、绍英均受微伤。掷放炸弹的革命党人吴樾以身殉国。五大臣行期只得另定。

九月二十八日，改派山东布政使尚其亨、顺天府丞李盛铎，会同载泽、戴鸿慈、端方前往各国考察政治。因徐世昌已经授巡警部尚书，绍英炸伤未愈，均不能去。

五大臣分两路，路线上有分有合。戴鸿慈、端方为一路；载泽、尚其亨、李盛铎为一路。

戴、端一行自光绪三十一年十一月十一日（1905年12月7日）从北京起，到光绪三十二年六月二十一日（1906年8月10日）回到北京止，在八个多月的时间里，先后考察了日本、美国、英国、法国、德国、丹麦、瑞典、挪威、奥地利、匈牙利、俄国、比利时、荷兰、瑞士、意大利等十五国。

① 《清德宗实录》，第8册，第5018页。

载、尚、李一行于光绪三十一年十一月二十日（1905 年 12 月 16 日）自上海赴日本起，到光绪三十二年五月二十一日（1906 年 7 月 12 日）返抵上海止，在七个月的时间里，先后考察了日本、美国、英国、法国、比利时等五国。

现在我们专门研究一下戴鸿慈、端方一路的考察情况。

戴鸿慈（1856—1910），字光儒，号少怀。[1] 光绪二年（1876）进士，授翰林院庶吉士，翌年散馆授编修。光绪五年（1879），外放提督山东学政。光绪十一年（1885），督学云南。光绪二十年（1894），大考翰詹列一等，擢庶子，充日讲起居注官。同年，中日战争爆发。戴鸿

戴鸿慈、端方合影

慈坚决主张武力抵抗，连连上疏弹劾李鸿章"调遣乖方，迁延贻误"。同年七月，擢升翰林院侍讲学士。庚子年（1900），八国联军侵入北京，慈禧被迫西狩。时已升任内阁学士、刑部左侍郎的戴鸿慈，于次年赴西安行在。同年冬，随慈禧还京，转为户部右侍郎。其间，戴鸿慈上《敬陈治本疏》等，多所建言。戴鸿慈的一系列表现，引起慈禧的高度注意。为此，慈禧将赴列国考察的重任交给了他。

端方（1861—1911），字午桥，托忒克氏，满洲正白旗人。世居直隶丰润（今河北丰润）。光绪八年（1882）中举，任员外

戴鸿慈、端方与随员合影

---

① 此据《民国佛山忠义乡志·戴鸿慈传》。《清史稿》《清史列传》均作字少怀。

郎，升迁郎中。光绪二十四年（1898），出任直隶霸昌道。京师创办农工商局，端方奉旨督理。十月，任陕西按察使，晋布政使，进而护理巡抚。义和团运动爆发，端方参与东南互保，严禁义和团在陕西活动。慈禧西狩西安，端方护驾有功，得到慈禧的信任。光绪二十七年（1901），端方升任湖北巡抚。光绪二十八年（1902），署理湖广总督。光绪三十年（1904），调江苏，署理两江总督。寻调湖南，任湖南巡抚。先后在江苏、湖南举办新政，提倡新学，建立图书馆，派遣留学生，设立幼儿园。光绪三十一年（1905），端方奉召入京。在日俄战争期间，端方注意研究宪政问题，并同日本自由民权运动温和派领导人大偎重信建立了联系，书信探讨宪政问题。慈禧由是擢升其为闽浙总督，将其派往东西各国考察政治。①

光绪三十一年（1905）十一月十一日，钦差出使各国考察政务大臣戴鸿慈、端方，率领内阁中书陆宗舆等随员三十八人，自北京起程考察欧美各国。

第一国日本。十一月二十三日，戴鸿慈一行，乘坐豪华的西伯利亚邮船，自上海起航，往日本长崎驶去。十一月二十四日，到日本长崎。二十八日，到日本神户，参观华侨创办的同文学校。二十九日，到日本横滨，参观正金银行，参观大同学校。大同学校乃华侨创办，校内有女教习和女学生。戴鸿慈接见了女教习和女学生。日记中记道："次女学校之女教习率女生入见，勉以女学近方盛行，皇太后（慈禧太后）拟兴办女学堂于京师。诸生学成，必沐特殊之宠待。"

第二国美国。十二月初三日，起程赴美国檀香山。十一日早七时，抵达檀香山。十二日早九时，起航赴旧金山。十八日，抵达旧金山。二十九日，抵达美国首都华盛顿。戴鸿慈、端方偕驻美国公使梁震东率随员十人，至白宫拜谒美国总统卢斯福（Roosewelt），呈递国书。这位美国总统就是西奥多·罗斯福。

19世纪欧洲国家的博物院

①《清史稿》，第42册，第12786页。

西奥多·罗斯福（1858 年 10 月 27 日—1919 年 1 月 6 日）是美国历史上的第二十六任总统。其总统任期为 1901 年 9 月 14 日至 1909 年 3 月 3 日。他继任总统时，不到四十四岁，是美国历史上最年轻的总统。他出生于纽约的一个富有的家庭，父亲是银行家。他是老西奥多·罗斯福与马撒（米蒂）布洛克的第二个孩子，有兄妹四人。罗斯福毕业于哈佛大学。因为他是第三十二任总统富兰克林·罗斯福的远方堂叔，又是富兰克林·罗斯福夫人的伯父，所以现在人们通常称西奥多·罗斯福为老罗斯福总统，而称富兰克林·罗斯福为小罗斯福总统。

光绪三十二年（1906）一月初七日，参观国会图书馆，并在美国议院旁听。日记记道：

（一月）初七日，晴。早与午帅（端方，字午桥）、梁使（驻美公使梁震东）带参随等往观图书馆。馆建于一千八百八十六年，鸠工十一年乃就。其中华石为墙，雕瓷作瓦，四围绘历代故事，庄严明净，兼而有之。高楼十二层，皆藏图书，而下层则阅书处也。书堂精石，罗列万国文字，尤为大观。书籍庋藏者，凡一万五千种。每日至此阅书者，率二千人。观书之时，先取观书目，有所欲取，即按号数录投铁筐中，主者即以书仍由筐递至，来往间计时不过一分三十秒钟而已。馆在议院之后，故附属于议院，而设以供议员之查阅者也。有时议事不决，须验之书者，亦四分三十秒可送至，便何如也。闻馆中购书之费凡十万元，每年经费约四十万元，而建筑费凡七百万元。然书不皆自购得，其来因有三：一是与各国互换而得者；二则私家送馆庋藏者；三则每年陆续增购者是也。

后到喀撒徒儿（Capital）。喀撒徒儿者，议院、大审院、图书馆之总名。其中央为大审院，亦曰联邦法院，左右则上下议院也。法院为最高裁判解释法文之地，无事不常启，仅至两议院坐听一刻而归。时上议院方议开河经费事，下议院方议出入口关税事云。

按：美国上下议院之制，上院议绅由各省选举。美分四十五省，省二人，故为额九十人。任期六年，每二年易其三分之一。议定律例、宪法一切之事，大约关于宪法者为多。下院议绅由地方选举。每户口满三万者，许举一人。任期二年一易。议定之事，大约关于筹款者为多。每岁以西十二月开会，以逾年三四月闭会，遇有故，则或改迟焉。下议院演说，每员限十五分钟。此上议院所无，亦以人众使然也。如立论激烈至于争竞者，议长得而退之（上院以副总统为议长，下院则自举议绅为议长）。然文明国人，恒以正事抗论，裂眦抵掌，相持未下，及议毕出门，则执手欢然，无纤芥之嫌。盖由其于公私之界限甚明，故不此患也。议院制度，他书具详，姑述其略以备检。[①]

第三国英国。光绪三十二年（1906）二月初二日，抵达英国首都伦敦，驻英公使汪大燮来迎。先是，二月初一日，清廷发布上谕，戴鸿慈升任礼部尚书。

二月初四日，参观英国下议院与上议院。日记记道：

观下议院。院为长方形，式与他国微异，其法度亦不尽同。议员分为政府党与非政府党两派。政府党与政府同意，非政府党则每事指驳，务使折中至当，而彼此不得争执。诚所谓争公理，不争意气者，亦法之可贵者也。

按：英国下议院议事之制，于堂中设议长位，下为书记官位，其两旁皆议员席也。政府党，亦曰众党，列于右，以内阁大臣为首；非政府党，亦曰少党，列于左，以其党中之领袖为首。两党员皆各从其领袖之指挥，以决胜负焉。议员之额，凡六百七十名，皆择有公民资格者，以秘密投票法选之，任期为七年。

观上议院，即贵族院也，皆以世爵之家充之，然人数较少于庶民院。

按：英国贵族院之制，以国中世袭贵族、代理贵族与大僧正、僧正等充之，凡五百二十九名。其任期有终身者，有七年者。自立法言之，两院之权力本相等。然以实际论，则下院之势力较大。凡立一法，在下院议案已成者，贵族院对之虽有修正之权，而无反抗之力。故虽名为共定法律，大抵仍视舆论为转移而已。[②]

第四国法国。光绪三十二年（1906）二月初六日，抵达法国首都巴黎，驻法公使刘式训、参赞唐在俊来迎。

二月初九日，参观上议院。日记记道：

初九日，晴。早十一时，往观上议院，即元老院也。

按：法国元老院制度、规模，一切与美相仿，定额为三百人，由选举会（会以县、郡、町、村会议员组织之）于各县中选之。年非四十以上者，不得应选。任期凡九年。九年中，每三年改选其三分之一，与美国元老院之制、每二年改选三分之一者微异焉。

其投匦（guǐ，匣子）法：匦以铜为之，如巨腹瓶，然有盖可启闭。投者

---

① 戴鸿慈：《出使九国日记》，湖南人民出版社1982年版，第84页。
② 戴鸿慈：《出使九国日记》，第111页。

分白片、蓝片，凡赞成用白，反对用蓝，此前所未睹也。

……

初十日，晴，天气甚佳。早十一时，往观下议院，又曰代议院。其规模及投瓯法，与上院略同。

按：法国代议院议员选举之法，依法律所定，各分县为各选举区，每七万人得选代议士一人。其各县人口不齐者，至少亦得选三人，凡为额五百八十四人。议员年须在二十五岁以上，任期为四年。

构筑伟固，内藏织画甚众。①

第五国德国。光绪三十二年（1906）二月十三日，抵达柏林，驻德使臣荫昌偕参随、学生来迎。

二月三十日，觐见德国皇帝与皇后，送达国书。德皇及皇后宴请戴鸿慈、端方等，并赐宝星，且对中国变法提出个人看法。德皇曰："变法不必全学外国，总须择本国之所宜，如不合宜，不如仍旧。"

二月十四日，参观联邦议院。日记记道：

（十四日），午一时，往观联邦议院。此为联邦会议之所，与各国上议院、下议院名义稍殊，而其规模、制度大致无异。会议厅甚大，议员座位按号排列如员数。观者皆在楼上凭观。旁有皇座，备德皇降临之用焉。余等旁听一时许，乃出。并观藏书室、阅报室、办公室、饭厅等处，结构明丽，朔画精工。②

十九日，阴雨。午一时，往观裁判所。此普鲁士王国裁判，属之内部，柏林只此一所，自高等法堂至小法堂皆在焉。先观小法堂，上坐者五人：中为正法官，次为陪法官二人，又次则书记官一人、政府所派检察官一人。旁一栏设有几，被告者坐之。而法官者，为辩护士位。其余四人，率司书记者也。廷丁往来传递案卷及伺候观客。室前，即听审栏。入观者随意，惟严整勿哗而已。次观高等法堂，规模稍广。上坐五人如前，皆玄衣、玄冠；盖法官开庭之礼服，类取平顶之冠、博袖之衣，两法堂皆然也。旁坐陪审员十二人，由于公举。而法官坐者，为原告、辩护士，其被告人则羁木栏中。栏后有门通羁押所，引致于此。寻导观各案卷所及检查旧案之法。虽以他邦之民，数年之久，是否再犯，有无积案，一查立办。观其编次，井井有条不紊，洵

---

① 戴鸿慈：《出使九国日记》，第116页。
② 戴鸿慈：《出使九国日记》，第119页。

可效法。然非先编户口，岁列统计，有以立其根本而为之预备，则逃犯亡命，改易姓名，孰从查之？是以户口不清，万事无从下手，宁独检案一事而已耶？①

（二十三日）观普鲁士下议院。时非会期，故无可留观者。

按：普鲁士代议院（Abgeordnetenhaus），其议员之总数凡四百三十二名，任期以五年为限。选举之法，乃依人民纳税额之多寡而定。其投票之数，乃分区内之选举人为三级，三级各自投票，按本区选举议员者之定数，各选三分之一，然后使选举议员，所谓间接选举是也。此选举人，约人口过于二百五十人而得一名。议员之资格，则必年满三十而有公民权且系普鲁士国人而后可。投票之时，盖用书名，得过半数者乃为当选。凡一切财政法案，必于代议院原始发案。即预算案，亦先提出于代议院，而后乃交出于贵族院，使定可否焉。此代议院组织之大略也。②

第六国丹麦。光绪三十二年（1906）三月二十三日，抵达丹麦首都可本海根（Kjobenhavn，即哥本哈根）。二十四日，觐见丹麦国王及王后等，因有丧在身，故不设宴招待，后来丹王赠送宝星。在丹麦参观了新枪试射，参观造船厂、奶油厂，参观博物院、烟酒公司，往戏院观剧，参观病院、电力制造所，参观农务学堂、马浆医院、大学堂、贫民小学堂、旧王宫、军器陈列院，参观大北电报公司、油画院、美术院。

关于丹麦，戴鸿慈日记记道：

丹麦为欧洲原隰（xí，低湿之地）之国，三面临海，地方狭小，面积仅十五万二千一百八十方里，人民二百五十余万，而政治、工商，多可观者。政体为君民共主，有上下议院。行政凡分八部：曰内部、曰外部、曰法部、曰度支部、曰陆军部、曰海军部、曰文部兼教部、曰冰岛大臣。国中常备、续备兵止六万名。其可法者，则就学用强迫主义，普通教育遍于国中。自余瓷器、麦酒、电政、医学，至为发明。以蕞尔小国，土地辟，田野治，乘海线延长之优胜，商业兴盛，舟船如织，百姓欢愉，乐保太平，介于列雄而无侵削之惧，地虽偏小，大邦或来取法焉。③

第七国瑞典。光绪三十二年（1906）三月二十九日，抵达瑞典首都士德

---

① 戴鸿慈：《出使九国日记》，第123页。
② 戴鸿慈：《出使九国日记》，第131页。
③ 戴鸿慈：《出使九国日记》，第186页。

贺伦（Stockholm，即斯德哥尔摩）。三十日，觐见瑞典摄政王。后来分致国王、王后、摄政王、王妃礼物。摄政王赠赐戴鸿慈、端方北斗宝星各一，赠送随员十三人宝星各一。国王举行宴会欢迎钦差大臣等一行。

四月初三日，参观上下议院，日记记道：

（四月）初三日……午后，往观上下议院。其选任、更换、开会、解散之法，悉与各国无异。惟上院议员九年一任，凡一百五十人，由各郡选举会、市会举之，其职在按宪法办理全国之事。有以各部大臣充之者，惟为驻使不能充议员也。九年期满，仍有议员之资格，盖不啻永久议员矣。下院议员三年一任，凡二百三十人，皆由公举，非出派任。必纳税八百克郎奴以上，乃克与选焉。观各办公室，洵知议员分三股：一曰民法股，一曰宪法股，一曰国用股。股各一室，陈书、会议，深得集思广益之法。[①]

第八国那威（挪威）。光绪三十二年（1906）四月初四日，抵达挪威首都克里士地亚那（Christiania），此乃奥斯陆之旧名。觐见挪威国王，立谈良久。

第九国奥地利（奥匈帝国）。光绪三十二年（1906）四月十六日，抵达奥地利首都维也纳，新任驻奥公使李经迈等来迎。十七日，觐见奥国皇帝。

四月十八日，参观上下议院。日记记道：

（四月）十八日，晴。早九时，观上下议院。

按：奥国以贵族院与代议院组织国会。贵族院无员数，以贵族之成年以上者及大僧正、僧正之为世袭议员者，有功国家而经皇帝特许者充之。代议院员数凡三百五十三名，以各领地之大地主、都、府、市、町、商法会议局、郡、村之各代议士充之。[②]

第十国匈牙利。光绪三十二年（1906）四月二十三日，抵达匈牙利首都布达丕士（Budpest，即布达佩斯）。

第十一国俄国。光绪三十二年四月二十六日，抵达俄国首都圣彼得堡。二十八日，觐见俄国皇帝尼古拉二世（Nicolas Ⅱ）及其皇后，读颂词，递国书。俄皇答词。大礼官代表国家设宴请之。

闰四月初二日，往访俄国前首相维特，日记记道：

（闰四月）初二日，晴。早，在寓。午一时，往访前相维特（Witte），坐

---

① 戴鸿慈：《出使九国日记》，第 195 页。
② 戴鸿慈：《出使九国日记》，第 211 页。

谈移晷，因叩其政见。言中国立宪，当先定法律，务在延中西法律家斟酌其宜；既定之后，君民俱要实行遵守，然后可言立宪，约计总以五十年准备。谓欲速不能，过迟不可。上急行而下不足以追步，则有倾跌之虞；上不行而下将出于要求，则有暴动之举。语多罕譬，颇切事情。余惟中国今日之事，方如解悬，大势所趋，岂暇雍容作河清之俟？准备之功，万不能少，然不必期之五十年之后。所谓知行并进者，乃今日确一不移之办法也。顾空言立宪，而国民无普通知识与法律思想，则议法语奉法，略无其人，弊与不立宪维均。故广兴教育与多设法律学校，分班出洋学习法律，尤为根本之图，此则归国后所亟宜注意之事也。①

第十二国荷兰。光绪三十二年（1906）闰四月初六日，抵达荷兰海牙，荷兰驻使陆征祥来迎。初七日，至荷兰首都阿姆士得敦（Amsterdam，即阿姆斯特丹）离宫，觐见荷兰女王。

初八日，参观荷兰下议院。日记记道：

（闰四月）初八日，阴。早十一时，往观下议院。院故王宫地，议堂规模不大。议长正面坐，书记官坐其前，各部院大臣之坐，自余议员凡一百余人。两旁凭楼，左则报馆之采事，右则旁听客席也。所议之事，凡分六股，与他国略同。各股均有办公室，为股员会议之地。是日所议为官员薪俸问题。②

第十三国比利时。光绪三十二年（1906）闰四月初十日，抵达比利时首都布鲁舍勒（Brusells，即布鲁塞尔），驻使杨兆鋆来迎。十二日，戴鸿慈、端方觐见比利时国王奥普尔二世（Leopold II），并接受国王宴请。

第十四国瑞士。光绪三十二年（1906）闰四月十七日，抵达瑞士首都巴仑（Bern，即伯尔尼）。当天，往谒瑞士总统裴路（Ferror）及副总统买雷（Müller）。回寓，总统及副总统答拜。又赴总统请宴。戴鸿慈等往见总统，日记记道：

十九日，晴。早十一时，往见总统夫人。总统及其子均在家，有孙尚幼，庭宇甚小，器服质朴。总统夫妇引观其花园，摘花相赠，设茶酒、饼食，情谊甚殷，并赠相片。十二时，与陆使带诸参随往见总统。至署，则总统已往客店相见矣。因返寓俟之。良久，与其子步行而至，引见参随已，旋辞去……

① 戴鸿慈：《出使九国日记》，第 225 页。
② 戴鸿慈：《出使九国日记》，第 230 页。

按：瑞士人民三百万余，山川秀美，户口安乐，为局外中立国。总统一年更换。国中所产，以时表、雕木为最……

可见，瑞士为民主政体，总统一年一换。

第十五国义大利。光绪三十二年（1906）闰四月二十日，抵达义大利（意大利）米兰（Milano），驻意公使黄诰来迎。二十六日，觐见国王及王后。二十八日，往王宫赴宴，国王及王后宴请。席间，王后娴应对而王素缄默，与各国稍殊。

二十四日，参观意大利首都罗马之议院。日记记道：

（闰四月）二十四日，晴。午，往观上议院，有客室、阅报室，全国报章备焉。有办公室，楼上悬历任议长像。旁室，油画作历史故事。其他室，则各股分职司所司处也。观议堂，议长中坐，前十一位为各部大臣，书记官旁议长坐其左右。列为如半月，环议长而坐，皆各省代表员也。面议长之室，为王及后坐。其楼上，则左为报馆，右为贵族。议员由王派，大约年满四十岁者，于各部高等级教会选之。或其产业于三年内纳直接税三千利意（义币Liri，即里拉）者。至其任期之长短与人数之多寡，由国王定之。凡亲王，年至二十一岁，皆为议绅，然必满二十五岁，乃可投票决议。次观藏书楼、阅书室、藏书綦富。此楼以砖作地，余并方平巨石，甚美观。阅名人石像，室室皆有，石刻极工，可喜也。上院议长、副议长各一人，书记官四人，议员三百九十余人，分为五局。

观下议院。此院距上议院不远，规模略旧，地颇黑暗，以木材构筑，宏丽视上院稍逊。观议堂，议长中坐，议员三百人环向之，余并与上院同。楼上观者座分为各阑，有外交官席，有眷属席，有女宾席，有报馆席，有亲王席，条理秩然，可以为法。别有憩室、饭室、书楼、阅报室、电话所、邮政所、办公所。书楼甚高，以白石筑之，颇为伟观。下院议长、副议长各一人，书记官八人。议员凡五百八人，年满二十一岁，由各选举会选举之，任期为五年，分为九局及委员会四。

按：义国任命大臣之权，操诸国王之手。而大臣之不职者，得由下议院控诉之，而由上议院以裁判之。欧洲诸国，政治相维，其法至善，胥此道也。①

戴鸿慈、端方一行自光绪三十一年十一月十一日（1905年12月7日）从

---

① 戴鸿慈：《出使九国日记》，第208页。

北京起程，到光绪三十二年六月二十一日（1906 年 8 月 10 日）回到北京为止，在八个多月的时间里，先后考察了日本、美国、英国、法国、德国、丹麦、瑞典、挪威、奥地利、匈牙利、俄国、比利时、荷兰、瑞士、意大利等十五国。戴鸿慈说道："乙巳（光绪三十一年，1905）六月，鸿慈遂同受出使五国之命，自东徂西，圆行一周。以八月之内，历十五国之地，行十二万里之程。亚、美、欧、非四洲之风土，大东、大西、太平三洋之航路，踪迹所之，城市欢动。"

戴鸿慈、端方等出使各国考察政治使团，经八个月，渡三大洋，越四大洲，行十二万里，考十五国，长途跋涉，备极艰辛，不辱使命，业绩宏大。这是晚清时期中国的一项值得称道的外交盛举。长期以来，我们对此重视不够，评价过低。这是很不公平的。戴鸿慈此行，其收获颇丰，主要有：

其一，谒见了各国的国家元首。考察十五国，尽可能地谒见了各国的国家元首。戴鸿慈、端方等觐见了美国总统罗斯福、德国皇帝与皇后、丹麦国王与王后、瑞典摄政王、瑞典国王及王后、挪威国王、奥匈帝国皇帝、俄国皇帝尼古拉二世及皇后、荷兰女王、比利时国王奥普尔二世、瑞士总统裴路、意大利国王及王后，呈递国书，致送问候，传达善意，宣示信息。

其二，考察了各国的政治体制。根据戴鸿慈日记记载，每到一国，戴鸿慈等都要认真地考察该国的政治体制。只要有可能，就要亲自到上下议院，亲自旁听议员议政。对各国的政治体制，或民主体制，或君主体制，或君主立宪体制，都记载甚详，加以剖析，给以总结，以备将来分析采择。

其三，参观了各国的声光电化。考察使团每到一国，都要详细考察其方方面面，参观其声光电化。即以美国为例，在檀香山，他们谒见檀岛总督，参观中华会馆、水族院。在旧金山，参观了商场、商业银行、车船公司、士丹佛大学（斯坦福大学）、加利福尼亚大学。在林肯，参观了农务院、监牢、省会办事处、林肯大学。在芝加哥，参观了疯人院、青年会、居留院、屠兽场、农器制造厂等。在匹兹堡，参观了炼钢厂、制玻璃厂。在华盛顿，参观水师学堂、户部衙门、基督教青年会、油画院、老兵院、华盛顿墓、福迈尔兵操、图书馆、上议院、下议院等。在纽约，参观了万国宝通银行、公估局、商务公所、裁缝机器厂、烟叶公司、炮台、哥伦比亚大学、永命保险公司、大报馆、美术院、博物院、天主教堂、私人住宅、救火署、社会办事署、煤油公司。在费城，参观武备学校、铸币局、汽车机制造厂、船厂、独立厅。在埃尔迈拉，参观改良所、女学堂。在伊萨卡，参观干尼路（康奈尔）大学。

慈禧太后

在尼亚加拉，参观大瀑布、电力制造公司、麦饼公司。在波士顿，参观图书馆、美术院、会议独立堂、旧礼拜堂、船坞、哈佛大学、教会。在劳伦斯，参观织绒厂、太平织布公司。在纽黑文，参观耶鲁大学。其参观范围，涉及诸多领域、诸多方面，这使代表团诸公眼界顿开，思路大增。大工业生产使西方各国创造了人间奇迹，也使考察使诸公十分震惊。

其四，探访了各国的精神产品。考察使团对各国的精神产品注意考察，诸如大学堂、小学堂、中学堂、女学堂、巡警学堂、水师学堂、武备学堂、农务学堂、手艺学堂、工艺大学堂、油画院、美术院、博物院、图书馆、蜡人院、大教堂、戏剧院等。

其五，否定了维特的立宪时间。戴鸿慈在俄国，拜访了俄国前首相维特。维特建议："（中国立宪）约计总以五十年准备。谓欲速不能，过迟不可。上急行而下不足以追步，则有倾跌之虞；上不行而下将出于要求，则有暴动之举。"戴鸿慈否定了这个"五十年准备"的立宪建议，认为："准备之功，万不能少，然不必期之五十年之后。"戴鸿慈认为："所谓知行并进者，乃今日确一不移之办法也。"可以"知行并进"，即边学边干，学干并行。

戴鸿慈、端方等五大臣到各国均受到礼遇。他们会见了各国政府要员，实地考察了列国的政治制度，并亲眼目睹了各国工业、交通、军备、文化、教育的先进状况，思想震动，眼界大开。

二 接受建言宣示立宪

李盛铎被派为驻比利时大臣，暂未回国。其余四大臣归国后，屡蒙召见。七十一岁的慈禧对他们表现出了空前的热情。她召见载泽两次，端方三次，戴鸿慈两次，尚其亨一次。慈禧"垂问周详"，四大臣皆痛陈中国不立宪之害及立宪后之利。"两宫动容，谕以只要办妥，深宫初无成见。"慈禧太后和光绪帝两宫对四大臣报告的内容，都非常感兴趣。对他们关于实行立宪的建议，表示可以接受。

出使四大臣载泽等共同上一奏折，敦促清廷宣布立宪。奏折为《出使各国大臣奏请宣布立宪折》文曰："我国东邻强日，北界强俄，欧美诸邦，环伺逼处，岌岌然不可终日。言外交，则民气不可为后援；言内政，则官常不足资治理；言练兵，则少敌忾同仇之志；言理财，则有剜肉补疮之虞。循是以往，再阅五年，日本之元气已复，俄国之宪政已成，法国之铁道已通，英国之藏情已熟，美国之属岛已治，德国之海力已充，棼然交集，有触即发，安危机关，岂待蓍蔡（shī cài，蓍草和龟甲，均为卜筮所用之物，此指卜筮）？臣等反复衡量，百忧交集，窃以为环球大势如彼，宪法可行如此，保邦致治，非此末由。惟是大律大法，必须预示指归，而后趋向有准。开风气之先，肃纲纪之始，有万不可缓，宜先举行者三事：

一曰宣示宗旨。日本初行新政，祭天誓诰，内外肃然，宜略仿其意，将朝廷立宪大纲，列为条款，腾黄刊贴，使全国臣民，奉公治事，一以宪法意义为宗，不得稍有违悖。

二曰布地方自治之制……

三曰定集会言论出版之律。集会言论出版三者，诸国所许民间之自由，而民间亦以得自由为幸福。然集会受警察之稽查，报章听官吏之检视，实有种种防维之法。非若我国空悬禁令，转得法外之自由。与其漫无限制，益生厉阶，何如勒以章程，咸纳规物。宜采取英德日本诸君主国现行条例，编为集会律、言论律、出版律，迅即颁行，以一趋向，而定民志。

以上三者，宪政之津髓，而富强之纲纽……伏愿我皇太后皇上宸衷独断，特降纶音，期以五年改行立宪政体……"①

载泽、端方、戴鸿慈、尚其亨等四大臣建议，"期以五年改行立宪政体"。

但是，一些顽固守旧的大臣，却百般阻挠，"或以立宪有妨君主大权为说，或以立宪利汉不利满为言，肆其簧鼓，淆乱群听"。②

面对一片反对声，"泽（载泽）、戴（戴鸿慈）、端（端方）诸大臣地处孤立，几有不能自克之势"。载泽等四大臣几乎都挺不住了。"幸两宫圣明，不为浮言所惑，谕令详晰指陈，冀备采择。"慈禧老谋深算，没有轻易否定四大臣的建议，而是命他们详晰指陈，冀备采择。

于是，载泽又上一密折，敷陈大计，力言今日国势民情，均非立宪不可。文曰："窃奴才前此回京，曾具一折，吁请改行立宪政体，以定人心，而维国势。仰蒙两次召见，垂询本末，并谕以朝廷原无成见，至诚择善，大知用中，奴才不胜欣感。旬日以来，庶夜筹虑，以为宪法之行，利于国，利于民，而最不利于官。若非公忠体国之臣，化私心，破成见，则必有多为之说，以荧惑圣听者。盖宪法既立，在外各督抚，在内诸大臣，其权必不如往日之重，

① 《出使各国大臣奏请宣布立宪折》，《辛亥革命》丛刊，第2册，第24页。
② 《辛亥革命》丛刊，第4册，第14页。

慈禧太后

其利必不如往日之优，于是设为疑似之词，故作异同之论，以阻挠于无形。彼其心，非有所爱于朝廷也。保一己之私权而已，护一己之私利而已。顾其立言，则必曰防损主权。不知君主立宪，大意在于尊崇国体，巩固君权，并无损之可言。以日本宪法考之，证以伊藤侯爵之所指陈，穗积博士之所讲，君主统治大权，凡十七条：

一曰，裁可法律，公布法律，执行法律，由君主。

一曰，召集议会、开会、闭会、停会及解散议会，由君主。

一曰，以紧急勒令代法律，由君主。

一曰，发布命令，由君主。

一曰，任官免官，由君主。

一曰，统率海陆军，由君主。

一曰，编制海陆军常备兵额，由君主。

一曰，宣战、讲和、缔约，由君主。

一曰，宣告戒严，由君主。

一曰，授与爵位勋章及其他荣典，由君主。

一曰，大赦、特赦、减刑及复权，由君主。

一曰，战时及国家事变，非常施行，由君主。

一曰，贵族院组织，由君主。

一曰，议会展期，由君主。

一曰，议会临时召集，由君主。

一曰，财政上必要紧急处分，由君主。

一曰，宪法改正发议，由君主。

以此言之，凡国之内政外交，军备财政，赏罚黜陟，生杀予夺，以及操纵议会，君主皆有权统治之。论其君权之完全严密，而无有丝毫下移，盖有过于中国者矣。以今日之时势言之，立宪之利有最重要者三端：

一曰，皇位永固。立宪之国君主，神圣不可侵犯。故于行政不负责任，又大臣代负之；即偶有行政失宜，或议会与之反对，或经议院弹劾，不过政府各大臣辞职；别立一新政府而已。故相位旦夕可迁，君位万世不改，大利一。

一曰，外患渐轻。今日外人之侮我，虽由我国势之弱，亦由我政体之殊，故谓为专制，谓为半开化而不以同等之国相待。一旦改行宪政，则鄙我者，转而敬我，将变其侵略之政策，为平和之邦交，大利二。

一曰，内乱可弭。海滨洋界，会党纵横，甚者倡为革命之说，显其所以煽惑人心者，则曰政体专务压制，官皆民贼，吏尽贪人，民为鱼肉，无以聊生，故从之者众。今改行宪政，则世界所称公平之正理，文明之极轨，彼虽欲造言，而无词可借；欲倡乱，而人不肯从。无事缉捕搜拿，自然冰消瓦解，大利三。

立宪之利如此，及时行之，何嫌何疑，而或有程度不足者。不知今日宣布立宪，不过明示宗旨为立宪之预备。至于实行之期，原可宽立年限。日本于明治十四年，宣布立宪，二十二年始开国会，已然之效，可仿而行也。"①

即是说，虽然实行君主立宪了，但君主仍然拥有绝对的权威，慈禧可以完全放心。端方连上三折：第一折敷陈各国宪法；第二折言必须立宪；第三折则请详定官制。"两宫览奏，大为感动。"慈禧命王公大臣召开会议进行辩论。辩论的结果是应该实行宪政。

看看条件成熟了，慈禧就于光绪三十二年七月十四日（1906 年 9 月 2 日）以光绪帝的名义发布上谕，宣示实行预备立宪，谕曰："光绪三十二年七月十三日内阁奉上谕：朕钦奉慈禧端佑康颐昭豫庄诚寿恭钦献崇熙皇太后懿旨，我朝自开国以来，列圣相承，谟烈昭垂，无不因时损益，著为宪典。现在各国交通，政治法度，皆有彼此相因之势，而我国政令积久相仍，日处阽险，忧患迫切。非广求知识，更订法制，上无以承祖宗缔造之心，下无以慰臣庶治平之望，是以前派大臣分赴各国考察政治。现载泽等回国陈奏，皆以国势不振，实由于上下相睽，内外隔阂，官不知所以保民，民不知所以卫国。而各国之所以富强者，实由于实行宪法，取决公论，君民一体，呼吸相通，博采众长，明定权限，以及筹备财用，经画政条，无不公之于黎庶。又兼各国相师，变通尽利，政通民和有由来矣。

时处今日，唯有及时详晰甄核，仿行宪政，大权统于朝廷，庶政公诸舆论，以立国家万年有道之基。但目前规制未备，民智未开，若操切从事，涂饰空文，何以对国民而昭大信。故廓清积弊，明定责成，必从官制入手。亟应先将官制分别议定，次第更张，并将各项法律，详慎厘订，而又广兴教育，清理财务，整饬武备，普设巡警，使绅民明悉国政，以预备立宪基础。著内外臣工，切实振兴，力求成效。俟数年后规模粗具，查看情形，参用各国成法，妥议立宪实行期限，再行宣布天下，视进步之迅速，定期限之远近。著

① 《奏请宣布立宪密折》，《辛亥革命》丛刊，第 4 册，第 27 页。

慈禧太后

各省将军、督抚，晓谕士庶人等发愤为学，各明忠君爱国之义，合群进化之理，勿以私见害公益，勿以小忿败大谋，尊崇秩序，保守和平，以备储立宪国民之资格，有厚望焉。将此通谕知之，钦此。"①

自四大臣归国到宣示立宪，仅一月余，说明慈禧对此事是抓得很紧的。这里是说，虽然要"仿行立宪"，"但目前规制未备，民智未开，若操切从事，涂饰空文"。因此，决定先从改革官制入手，逐步实行立宪。

三　艰难推行官制改革

七月十四日，慈禧以光绪帝名义发布上谕，作为立宪之预备，命先行厘定官制。任命载泽、世续、那桐、荣庆、载振、奎俊、铁良、张百熙、戴鸿慈、葛宝华、徐世昌、陆润庠、寿耆、袁世凯等十四人为编纂官制大臣，任命奕劻、孙家鼐、瞿鸿禨为总司核定大臣。

七月十八日，官制编纂馆成立。

九月二十日，经慈禧裁定，改革后的中央各衙门官制正式公布。原来准备采用西方的责任内阁制，被慈禧否定，又恢复了军机处。"军机处为行政总汇，雍正年间本由内阁分设，取其近接内廷，每日入值承旨，办事较为密速。相承至今，尚无流弊，自毋庸复改。内阁军机处一切规制，著照旧行。"② 慈禧离不开军机处。

改革后的新的中央各衙门为十一部四院一府。十一部：外务部、吏部、民政部、度支部、礼部、学部、陆（海）军部、法部、农工商部、邮传部、理藩部。四院：资政院、审计院、督察院、大理院。一府：军谘府。十一部有的是原设的部，有的是合并一些职能重复的部门形成的。太常寺、光禄寺、鸿胪寺，合并入礼部；巡警部、步军统领衙门所掌事务及户、礼、工部所掌有关民政事务，合并入民政部；户部与财政部、税务处，合并为度支部；旧兵部、练兵处、太仆寺，合并为陆军部；轮、路、邮电诸署，合并为邮传部；商部、工部合并为农工商部。

中央官制的改革是一个进步。

除外务部外，各部均设尚书一员，侍郎两员，不分满汉。

---

① 《清德宗实录》，第 8 册，第 5148 页。

② 《清末筹备立宪档案史料》（上册），中华书局 1979 年版，第 463 页。

九月二十一日，经慈禧批准，公布了新任命的中央各机构的官职。军机大臣：奕劻、瞿鸿禨仍为军机大臣，世续补授军机大臣，林绍年在军机大臣上学习行走。各部尚书：外务部管部大臣奕劻，尚书瞿鸿禨，吏部尚书鹿传霖，度支部尚书溥颋，礼部尚书溥良，陆军部尚书铁良，法部尚书戴鸿慈，邮传部尚书张百熙，理藩部尚书寿耆，民政部尚书徐世昌，学部尚书荣庆，农工部尚书载振。免去鹿传霖、荣庆、徐世昌、铁良军机大臣职。①

中央官制改革后，又进行地方官制改革。官制编纂馆综合各方反映，于光绪三十三年五月二十七日（1907年7月6日），编成了一个限期十五年，一律通行的《各省官制通则》上报慈禧。当天，慈禧便批准了这份文件。旨令改各省按察使为提法使，增设巡警劝业道，裁撤分守分巡各道，酌留兵备道。分设审判厅，增易佐治员。由东三省先行开办，直隶、江苏择地试办。其余各省，体察情形，分年分地，请旨办理，统限十五年一律通行。②

此外，又修订了法律。如《大清刑事民事诉讼法》《大清新刑律草案》，先后编就。

原来经慈禧批准在中央设立考察政治馆。后经奕劻奏请，将考察政治馆改为宪政编查馆。慈禧命将此馆变为"宪政之枢纽"，并订制了规则。宪政编查馆拟定九年为预备立宪筹备期。

慈禧能同意实行立宪，是人们始料不及的。有人评论说："以专制暴戾之西太后，于晚年训政之日，乃有采用立宪制之意，此亦事之至奇者也。"③ 这确实是一件非常奇特的事。

据说，在决定派遣五大臣出洋时，慈禧曾说："立宪一事，可使我满洲朝基础永远确固，而在外革命党亦可因此消灭。候调查结局后，若果无妨害，则必决意实行。"④

这就说明，在五大臣出洋前，慈禧就看清楚了可以实行君主立宪，就定了调子。

针对慈禧担心立宪会危及君权，载泽反复说明："君主立宪，大意在于尊崇国体，巩固君权，并无损之可言。"同时，又出主意说，"不知今日宣布立

---

① 《清德宗实录》，第8册，第5170页。
② 《清德宗实录》，第8册，第5257页。
③ 《辛亥革命》丛刊，第4册，第4页。
④ 《辛亥革命》丛刊，第4册，第4页。

宪，不过明示宗旨为立宪之预备。至于实行之期，原可宽立年限。"①

这话包含了欺骗人民的意思。因此，有人评论："清廷之预备立宪也，以迁延为唯一之方法。"②

慈禧关注的是她的乾坤独揽的君权。如果实行君主立宪，既可以使君权永固，又可以减少各方面的压力，她何乐而不为呢？但为稳妥起见，她仍然采用了拖延战术。不管怎么说，她确实为立宪做了一些准备工作，这一点是应予肯定的。

---

① 《辛亥革命》丛刊，第 4 册，第 29 页。
② 《辛亥革命》丛刊，第 4 册，第 6 页。

第十四章 两宫宾天 丛生谜团

一 光绪驾崩留下谜团

光绪帝被幽禁于瀛台。他成了慈禧太后的十足的傀儡。他深知，他的生命完全操纵在慈禧太后的手里。珍妃之死，使他更加认识到慈禧太后的心肠之狠和手段之毒。于是，他便韬光养晦，以图东山再起。然而光绪帝却驾崩了。

光绪帝于光绪三十四年十月二十一日（1908年11月14日）崩逝于中南海瀛台的涵元殿。其实，自光绪二十四年（1898）戊戌政变后，光绪帝就成了慈禧太后的一个十足的傀儡。召见臣工时，他只有陪坐的份儿，被剥夺了任何发言权。只是在慈禧命他问话时，他才说上一二句不关痛痒的话，且声音极低，有时需太后重复，臣子方能听见。

对此，怀来县知县吴永有极为形象的记载："先相对数分钟，均不发一言。太后徐徐开口曰：'皇帝，你可问话。'乃始问：'外间安静否？年岁丰熟否？'凡历数百次，只此两语，即一日数见亦如之。二语以外，更不加一字。其声极轻细，几如蝇蚊，非久习，殆不可闻。"①

光绪帝这样做，一方面固然是怯于慈禧的淫威；另一方面也不排除他是有意在韬光养晦，以求有朝一日，东山再起。因此，他在慈禧面前表现出来的是忠顺、木讷，好像对政治已完全失去了兴趣。这是他深自愧悔呢，还是韬光养晦呢？或者二者兼而有之，则不得而知了。

光绪帝死后，不到二十四小时，慈禧太后亦宾天。即不到二十四小时，

---

① 吴永口述：《庚子西狩丛谈》，第74页。

两宫相继死去。而且，光绪帝在先。这就使人们自然地产生了诸多疑忌。联想到他们之间十几年的恩恩怨怨，人们不禁要问，为什么这么巧合？是不是其中有鬼？

关于光绪帝之死，就产生了几种说法。第一，被人害死说；第二，正常死亡说；最近又出现了一个科学最新说。

第一，被人害死说。

私家记载对光绪帝之死便生出了种种猜测，其中多数说法是光绪帝是被毒死的，而其凶手又说法不一。被疑为凶手的有五人，即袁世凯、李连英、崔玉贵、奕劻和慈禧。

其一是袁世凯。袁世凯因戊戌政变告密有功，颇受慈禧及荣禄的赏识。李鸿章病逝后，袁世凯被任命为署直隶总督兼北洋大臣，接了李鸿章的班。光绪二十八年（1902）五月又实授直隶总督兼北洋大臣，以后又兼商务大臣、电政大臣及会办练兵事务大臣。袁世凯又训练出了北洋六镇新军，兵力骤增至九万余人，形成了以他为首脑的北洋军事政治集团。因其势力急剧膨胀，遭到满洲亲贵的疑忌，慈禧亦担心其尾大不掉，酿成后患。为此，于光绪三十三年七月二十七日（1907年9月4日）免去其直隶总督兼北洋大臣职务，授为外务部尚书、军机大臣。其目的是剪除其令人担忧的兵权。但不管怎么说，袁世凯仍稳握兵权。袁世凯虽然官运旺达，如日中天。但是，他有一个最大的心病，即他深知，因戊戌政变，光绪帝是对他切齿痛恨的。

吴永根据亲眼所见的记载，是很有说服力的。他记道："宫监对于皇上，殊不甚为意，虽称之为万岁爷，实际不啻为彼辈播弄傀儡。德宗亦萎靡无仪表，暇中每与诸监坐地作玩耍，尤好于纸上画成大头长身各式鬼形无数，仍拉杂扯碎之；有时或画成一龟，于背上填写项城（袁世凯）姓名，粘之壁间，以小竹弓向之射击，既复取下剪碎之，令片片作蝴蝶飞。盖其蓄恨于项城至深，几以此为常课。"[①]

袁世凯，字慰庭（又作慰亭、慰廷），别号容庵，河南省项城县袁寨人。称袁世凯为袁项城，是一种出生地称呼，因袁世凯出生在河南项城。这里生动逼真地画出了光绪帝对袁世凯的仇视。光绪帝如此痛恨袁世凯，袁世凯自然心中有数。如果光绪帝死于慈禧太后之后，袁世凯就有被光绪帝杀头的可

---

① 吴永口述：《庚子西狩丛谈》，第74页。

能。为此，由袁世凯主谋暗害光绪帝也是极有可能的。

当时人就有这种猜测。宣统帝溥仪在《我的前半生》里写道："我还听见一个叫李长安的老太监说起光绪之死的疑案。照他说，光绪在死的前一天还是好好的，只是因为用了一剂药就坏了，后来才知道这剂药是袁世凯使人送来的。"[①] 其实，清宫规定，皇帝用药的手续十分严格。袁世凯不敢随便进药，进了药，皇帝也不能随便服用。细分析这段话，溥仪是听老太监说的，老太监是听别人说的。这些话都是口口相传，因此，不能作为凭据。

尽管袁世凯有作案的动机，但迄今为止没有发现任何确凿的证据。因此，不能指认袁世凯是谋害光绪帝的凶手。

李连英

其二是李连英。李连英（1848—1911），原名李英泰，字灵杰，道号乐元，入宫后赐名李连英，后被误写为李莲英。祖籍浙江绍兴。后来，辗转迁徙到直隶河间府大城县。

道光二十八年十月十七日（1848年11月12日），李连英生于直隶河间府大城县李家村。家境贫寒，兄弟五人，李连英行二。李家村紧靠在子牙河边上，是个十年九涝的低洼地带。只要小雨连绵，便颗粒无收。因为穷，这里许多人家便把孩子送去当太监。清宫里的太监大多是这一带人。

李连英的父亲李玉，因生活无着，就携带全家迁到北京。先在西直门外开了个熟生皮子的作坊，叫永德堂李皮作坊。人称皮硝李。后来全家搬到海淀大有村定居。咸丰四年（1854）李连英七岁净身。咸丰六年（1856）九岁进宫。入宫后分到懿贵妃，即后来的慈禧太后名下，在储秀宫当了一名小太监。

李连英机警聪敏，很得慈禧好感。咸丰十年（1860）英法联军火烧圆明园，十二岁的李连英随驾去热河。咸丰十一年（1861）咸丰帝死，十三岁的李连英随两宫太后返京。有人说，在辛酉政变中李连英给慈禧与奕䜣传递密信，因而立了大功。慈禧把这样重大的使命交给一个十三岁的小孩子去完成，这是不可能的。事实上，当时传递密信使用的是方略馆的递信通道。

同治六年（1867）十九岁，被封为二总管。

同治八年（1869）二十二岁，安得海被杀，李连英晋封为大总管。一个二十二岁的青年人便得此殊荣，不能不说，李连英有非同常人之处。这正如《李莲英（李连英）墓葬碑文》所记："此掖廷人破格之举，自开国以来未有若是之光荣者也。"慈禧还竟然不顾祖制，亲赐李连英二品顶戴，赏穿黄马褂。李连英深得慈禧宠幸，权倾朝野，炙手可热。更有甚者，慈禧不顾舆论反对，居然于光绪十二年（1886）亲派李连英以监军的身份，同醇亲王奕譞、北洋大臣李鸿章一起去视察北洋海军。四月，奕譞、李鸿章、李连英视察了旅顺、威海卫、烟台等处炮台及水陆操练。《李莲英墓葬碑文》记道："当醇邸（醇亲王奕譞）观兵海口，公从之，维持左右。"这就开创了有清以来太监干政的恶劣先例。但是，李连英城府很深。他深知，太监干政是违反清朝祖制的，有杀头的危险，而且安得海便是前车之鉴。为此，他在出行前，便把二品顶戴换成了四品顶戴。因清朝祖制太监最高不得过四品。而且，据《宫女谈往录》载，在海船上，他不住给他专门准备的仅次于七王爷的豪华的客舱，而是住在七王爷的套间里。同时，不同任何官员接触。平时只是在奕譞身边站班侍候，低眉敛目，不置一词，自认为是太后派来伺候七王爷的。晚上，亲自动手给七王爷奕譞洗脚。就这样，一行下来，他反而博得了奕譞和李鸿章的好感。作为大太监，李连英并没忘乎所以。他如同走钢丝，始终小心行事，瞻前顾后，不敢恃宠而骄。[①]

但是，因李连英为慈禧之宠监，人们便猜测光绪帝衔恨李连英。传说在慈禧患病时，李连英为保全自己，同慈禧合谋毒杀了光绪帝。

慈禧御前女官德龄在《瀛台泣血记》里写道："万恶的李莲英（李连英）眼看太后的寿命已经不久，自己的靠山，快要发生问题了，便暗自着急起来。他想与其待光绪掌了权来和自己算账，不如还是让自己先下手的好。经过了几度的筹思，他的毒计便决定了。'近来奴婢听许多人说，万岁爷的身子很不好。'凑某一个机会，他就悄悄地向太后说，语气是非常的奸猾。'奴婢愿意

---

① 金易、沈义羚著：《宫女谈往录》，紫禁城出版社1992年版，第315页。

去瞧瞧他看，或者可以使他的身体好起来。'他这一串说话的深意，当时太后究竟有没有听清楚，实在没有人敢断定了。但为稍存忠厚起见，我们不妨姑且说她因为病中精神恍惚，所以没有窥测到李莲英的真意。就在李莲英说过这一番话的第二天，光绪便好端端地也害起厉害的病来了。当下少不得就召御医进宫诊视，无奈他们谁都想不到其中会有下毒的阴谋。诊下他的脉，一个也说不出是什么病症。只得随便煮一些开胃安神的药让他喝喝，只有光绪自己心里是明白的。他料定必是给李莲英在饮食中下了毒，存心要谋杀他。但李莲英究竟下了什么毒呢？应该怎样才解救得了，他就无法可想了。那时只有一个人是可以救他的，那就是太后。可惜太后到底不曾出来干涉。于是她就在无形中帮助李莲英达到了目的。"①

胡思敬在《国闻备乘》里说："德宗先孝钦一日崩，天下事未有如是之巧。外间纷传李莲英与孝钦有密谋。予遍询内廷人员，皆畏罪不敢言。"②

上述的记载都是耳闻，而非亲见。这就不能作为直接证据。我们进一步思索，也找不到光绪帝仇恨李连英的动机。尽管野史记载李莲英如何苛待光绪帝，但实际情况并非如此。因为李连英身为太监，他自知是个地位卑下的奴才。他既怕得罪太后，又怕开罪皇帝。因此，他在光绪帝面前始终是诚惶诚恐的。这是在预留地步。慈禧洞烛其心。为此，李连英曾一度宠衰。只是李连英仍像没事儿似的示之以诚，才逐渐恢复了原来的地位。

总之，说李连英谋害光绪帝，只是人们的一种猜测，实在拿不出任何确凿的证据。

其三是崔玉贵。崔玉贵为慈禧御前的首领太监，也深得慈禧宠幸。八国联军攻入北京，慈禧在逃跑前，命崔玉贵将珍妃从软禁之地北三所提出来，然后扔到井里。珍妃是光绪帝之爱妃。崔玉贵是杀害珍妃的刽子手。回銮后，慈禧为取悦西方列强，便着意改变自己的形象，放风说本不想杀害珍妃，而是崔玉贵误听懿旨，擅自所为，并将其逐出宫去。后来风声小了，又将崔玉贵召回宫中。崔玉贵自知，如果光绪帝亲政，他是逃不过一刀的。人们也是这样分析的。自然，他便成了杀害光绪帝的嫌疑犯之一。但是，任何人也拿不出像样的证据。

---

① 德龄著：《瀛台泣血记》，云南人民出版社1980年版，第357页。
② 胡思敬：《国闻备乘》，《近代稗海》，第1辑，第285页。

其四是奕劻。胡思敬在《国闻备乘》里记道："迨奕劻荐商部郎中力钧入宫，进利剂，遂泄泻不止。次日，钧再入视，上（光绪帝）怒目视之，不敢言。钧惧，遂托疾不往。谓恐他日加以大逆之名，卖己以谢天下也。"①

这是说，奕劻借郎中力钧之手毒害光绪帝。可是，奕劻为什么无缘无故地要谋害光绪帝呢？于理不通。这显然是道听途说。

其五是慈禧。恽毓鼎在《崇陵传信录》里记道："时太后病泄泻数日矣。有谮上者，谓帝闻太后病。有喜色。太后怒曰：'我不能先尔死！'"既然如此，慈禧似乎就命人将光绪帝先行谋害了。

奕 劻

但细究原委，这仍然是一种传说，无法指实。

以上人们传说的五名凶手，充其量也只是令人怀疑的嫌疑犯。因为没有任何使人信服的证据，证明他们是真正的凶手。

我们知道，如得不到慈禧太后的指令或默许，任何人也是不敢对光绪帝下毒手的。谋害皇帝是大逆不道，要祸灭九族的。即便某些人有这种图谋，也是不敢轻易出手的。

那么，慈禧是不是一定要杀掉光绪帝呢？种种迹象表明，慈禧虽然痛恨光绪帝在戊戌政变期间的叛逆行为，但经义和团事件、仓皇西狩及顺利回銮这样历史的大震荡，也许是光绪帝的养晦之计起了作用，也许是慈禧年事已高，反正他们之间的关系有所缓和。"太后常劝勉皇帝鼓励精神，有顾恤之意"，"太后此时，知皇帝已无反对太后意旨之心也。帝病亟，太后戒饬太监，以后帝来请安时，不可使久候于外。又命令议国政时，免他跪地迎送之礼"。慈禧这样做也许是故意给别人看的。但不管怎么说，慈禧自信是完全可以驾驭光绪帝的。同样自信的是自认为，完全可以活过光绪帝的。鉴于此，她为

---

① 胡思敬：《国闻备乘》，《近代稗海》，第 1 辑，第 285 页。

什么非要害死光绪帝呢？

第二，正常病死说。

其实，根据确凿无误的档案资料，经多人考证，可以确认光绪帝是死于疾病。这从历史学者朱金甫、周文泉著《从清宫医案看光绪帝载湉之死》和《慈禧太后之死》等文，可以得出这样的结论。

光绪帝四岁入宫，照顾他的是太监和宫女，得不到亲生父母的细心照料，自幼便体弱多病。在如同铁男人似的慈禧的严苛管教下，光绪帝的身心俱受到不可逆转的戕害。

前文已经提到，光绪二十四年九月初四日（1898 年 10 月 18 日），法国驻京使馆医官多德福曾赴瀛台为光绪帝治病。光绪帝把自己亲自书写的《病源说略》当面交给了多德福。《病源说略》承认自己有病。多德福听诊后，诊断其为"腰败"。"按西医名目：腰火长症。"同时指出，光绪帝的遗精之症，因"少腹皮肉既亦虚而无力，不克阻精之妄遗。宜先设法治腰，然后止遗精"。当时的光绪帝虽只有二十八岁，但已是疾病缠身了。

以后他的病情不仅没有得到控制，反而愈益加重。清宫档案中便存有光绪三十三年（1907）光绪帝自书的《病原》："遗精之病将二十年，前数年每月必发十数次，近数年每月不过二三次，且有无梦不举即遗泄之时，冬天较甚。近数年遗泄较少者，并非渐愈，乃系肾经亏损太甚，无力发泄之故……痿弱遗精之故，起初由于昼间一闻锣声即觉心动而自泄，夜间梦寐亦然……腿膝足踝永远发凉……稍感风凉则必头疼体酸，夜间盖被须极严格……其耳鸣脑响亦将近十年。其耳鸣之声，如风雨金鼓杂沓之音，有较远之时，有觉近之时。且近年来耳窍不灵，听话总不真切，盖亦由于下元虚弱，以致虚热时常上溢也。腰腿肩背酸沉，每日须令人按捺……此病亦有十二三年矣……行路之时，步履欠实，若稍一旁观，或手中持物，辄觉足下欹侧荡摇。"

很明显，三十七岁的光绪帝几乎全身是病。

光绪三十四年（1908），光绪帝的病情更为严重。宫中御医无计可施，只得征召江苏名医陈秉钧和曹元恒入京诊视。虽经他们多方调治，效果仍不明显。四月初四日，两位名医在会诊的脉案中写道："皇上脉弦数较减，轻取重按，皆虚弱无力。审察病由，耳响作堵，有增无减，足跟作痛，有减无增。现在腰痛不止，上连背部，下及胯间。考腰为肾府，封藏有亏，肝木上升，脾湿下陷。偏于右者，以左属血、右属气，气血不能流贯，风湿两邪，窜经入络。"从脉象看，病情愈益严重了。

在这种情况下，慈禧再次向全国征求名医。五月初八日，慈禧通过军机处向有名的封疆大吏发出急电，催调名医入京。电文曰："入春以来，皇上圣躬时有欠安。在京名医，诊治无效。希尊处精选名医，资送迅速来京，恭候传诊。"

这次征召来京的名医有吕用宾、周景涛、杜钟骏、施焕等人。其中江苏名医杜钟骏曾著《德宗请脉记》一书，详细记述了他为光绪帝治病的经过。

七月十六日，杜钟骏首次在仁寿殿给皇帝请脉。当时，慈禧也在座，以示关怀。

皇上问："你瞧我脉怎样?"

杜答道："皇上之脉左尺脉弱，右关脉弦。左尺脉弱先天肾水不足，右关脉弦后天脾土失调。"

皇上问："我病了两三年都治不好，什么原因呢?"

杜答道："皇上之病非一朝一夕之故，其所虚者由来渐矣……"

杜钟骏认为光绪帝的病由来已久，不是轻易可以治愈的。

同一天，光绪帝又自书了《病原》："腰胯筋络酸跳，疼痛增重，牵及小腹两旁皆作跳痛。早晨洗面手不能举，腰不能俯，所有上下阶及行动坐立卧起，咳嗽用力时皆牵震作痛，早间初起时尤重，甚至呼吸皆觉费力。屡用补肾除湿之药，非但无效，且近来每晚间睡时偶有心跳惊醒之候，宜另设法医治。"可见，此时的光绪帝全身剧痛，呼吸困难，举步维艰，已病入膏肓了。

进入十月，光绪帝的病已露险象。

杜钟骏在《德宗请脉记》中记载:

十月×日夜间，内务府忽派人来说："皇上病重，堂官叫来，请你上去请脉。"予未及洗脸，匆匆上车，行至前门，一骑飞来云："速去! 速去!"行未久，又来一骑，皆内务府三堂官派来催促者也。及至内务公所，周君景涛已经请脉下来。云："皇上病重。"坐未久，内务府大臣增崇引予至瀛台，皇上坐炕右，前放半桌，以一手托腮，一手仰放桌上，予即按脉。良久，皇上气促口臭，带哭声而言曰："头班之药服了无效。问他又无决断之语，你有何法救我?"予曰："臣两月未请脉，皇上大便如何?"皇上曰："九日不解，痰多气急心空。"……请脉看舌毕，因问曰："皇上还有别话吩咐否?"谕曰："无别话。"遂退出房门外，皇上招手复令前谕未尽病状，后退出至军机处拟方。

予案中有实实虚虚，恐有猝脱之语。继大臣曰："你此案如何这样写法，不怕皇上骇怕吗？"予曰："此病不出四日，必有危险。予此来未能尽技为皇上愈病，已属惭愧。到了病坏尚看不出，何以自解？公等不令写原无不可，但此后变出非常，予不负责，不能不预言。"

很明显，光绪帝已迫近死期了。

光绪帝驾崩当天的情况，杜钟骏的《德宗请脉记》记载详细：

至十九日夜，与同事诸君均被促起，但闻宫内电话传出预备宾天仪式，疑为已经驾崩。宫门之外，文武自军机以次守卫森严。次早六钟，宫门开，仍在军机处伺候，寂无消息。但见内监纷纭，而未悉确实信息。至日午，继大臣来言曰："诸位老爷们久候，予为到奏事处一探消息，何时请脉。"良久，来漫言曰："奏事处云，皇上今日没有言语。你们大人们做主，我何能做主。你们诸位老爷们且坐坐罢。"未久，两内监来传请脉。于是，予与周景涛、施焕、吕用宾四人同入。予在前先入，皇上卧御床上。其床如民间之床，无外罩，有搭板，铺毡如上。皇上瞑目。予方以手按脉，瞿然惊寤，口目鼻忽然俱动，盖肝风为之也。予甚恐虑其一厥而绝，即退出。周、施、吕，次第请脉毕，同回至军机处。予对内务三公曰："今晚必不能过，可无须开方。"内务三公曰："急须开方，无论如何写法均可。"于是，书危在眉睫，拟生脉散药，未进，至申刻（十五时至十七时）而龙驭上宾矣。

光绪帝死于十月二十一日酉刻，而不是申刻。杜钟骏记错了。此时光绪帝年仅三十八岁。

其实在此之前的十月二十一日子刻（二十三时至一时），光绪帝已进入弥留状态。当即由张仲元、全顺、忠勋等御医诊视，脉案记载如下："十月二十一日子刻张仲元、全顺、忠勋，请得皇上脉息如丝欲绝。肢冷，气陷，二目上翻，神识已迷，牙齿紧闭，势已将脱。谨勉拟生脉饮，以尽血忱：人参一钱，麦冬三钱，五味子一钱。水煎灌服。"

而后杜钟骏、周景涛二人亦入宫诊视。杜所书之脉案："十月二十一日，臣钟骏请得皇上脉左三部细微欲绝，右三部若有若无。喘逆气短，目瞪上视，口不能语，呛逆作恶。肾元不纳，上迫于肺，其势岌岌欲脱。"

光绪帝此时只剩一息游丝了。

光绪三十四年十月二十一日酉正二刻三分（1908年11月14日18时33分），光绪帝"龙驭上宾"，乘龙升天了。

历史学者朱金甫、周文泉认为："光绪帝自病重至临终之时，其症状演变属进行性加剧，而无特殊或异常症状出现。其临终时的证候表现，乃是病情恶化之结果。因之，笔者认为光绪帝是死于疾病。"

笔者认为，他们根据确凿无误的档案所作出的结论是很有道理的。

光绪帝确实是死于疾病。

第三，科学最新说。

关于光绪帝死因的研究，2008 年取得重大进展。2008 年 11 月 2 日，"清光绪帝死因"研究报告会在北京举行。早在 2003 年由中央电视台清史纪录片摄制组、清西陵文物管理处、中国原子能科学研究院反应堆工程研究设计所和北京市公安局法医检验鉴定中心等单位专家组成了研究小组。这个研究小组逐步形成了目标清晰的"清光绪帝死因"专题研究课题组。现在他们向媒体正式公布了他们的研究成果。由此，困扰史学界达百年的光绪帝死因谜案，真相大白。这要先从光绪帝崇陵的随葬物说起。

崇陵是光绪皇帝爱新觉罗·载湉的陵寝，位于清西陵东北部的金龙峪。光绪帝在位三十四年（1875—1908）。崇陵是中国历代皇帝中的最后一座陵寝，宣统元年（1909）破土兴建，民国三年（1914）竣工。崇陵的建筑物数量与规模，完全依照同治帝的惠陵，建筑工巧。陵园仪树中有罕见的罗汉松和银松。地宫中合葬着光绪帝和他的隆裕皇后。光绪帝驾崩时，陵尚未建，

崇　陵

他的梓宫（棺椁）在故宫观德殿暂安。

1913年12月13日（农历十一月十六日），光绪皇帝和隆裕皇后才葬入崇陵地宫，当时崇陵尚未完工。1914年崇陵地宫建成。

1938年秋季，一伙不明身份的武装人员盗掘了崇陵地宫。传说，崇陵被盗是当年参加过修建工程的人所为。还有的说是当地一股匪徒所为。崇陵地宫究竟被谁盗劫，到现在也没有定论。他们对地宫的结构十分熟悉。将光绪帝棺椁的尾部凿开一个大洞，把光绪帝的遗体从棺内拖出，掠走了棺内的随葬品。又将东旁的隆裕皇后的外椁毁坏，将棺盖打开，盗走了棺内葬宝。

经国家文物管理部门批准，1980年6月15日，清西陵管理处对崇陵地宫进行了保护性清理。墓葬破坏严重，专家进行了精心的清理。墓葬清理完毕后，再次予以封闭。为了今后研究之用，清西陵管理处的专家，将光绪皇帝、隆裕皇后的头发及部分尸骨和遗物带出，保存于库房之中。这是一个有远见卓识之举。他们的这个超前而果断的决策，为百年后破解光绪帝死因之谜，立了头功。

2003年，中央电视台清史纪录片摄制组，到河北省易县清西陵采访时，得知1980年曾对清光绪帝及隆裕皇后所葬崇陵棺椁进行清理并重新封闭。光绪帝、隆裕皇后的头发被移至棺椁外，在清西陵管理处库房保存。经与北京市公安局法医检验鉴定中心专家初步研讨后，征得河北省文物局、保定市文物管理部门及清西陵文物管理处的同意，摄制组将清光绪帝多根（两小缕）头发送至中国原子能科学研究院反应堆工程研究设计所二九室进行测试。由此，中央电视台清史纪录片摄制组、清西陵文物管理处、中国原子能科学研究院反应堆工程研究设计所二九室和北京市公安局法医检验鉴定中心四个单位的相关人员，逐步形成了目标清晰的"清光绪帝死因"专题研究课题组。该课题在研究过程中，作为《国家清史纂修工程重大学术问题研究专项课题（清光绪帝死因研究）》正式立项。

"清光绪帝死因"专题研究课题组发布研究报告称，在不能开棺直验且时隔久远等不利研究因素下，专家们历时五年，由光绪帝头发中的砷含量入手，利用"中子活化""X射线荧光分析""原子荧光光度"等一系列现代专业技术手段，通过开展对比、模拟实验、双向图例等工作，对清西陵文物管理处提供的光绪帝遗体的头发、遗骨、衣服以及墓内外环境样品进行了反复的检测、研究和缜密的分析后，最终确证：光绪帝突然"驾崩"系急性胃肠性砒霜中毒所致。

那么，这一结论是采用什么科学方法得出的呢？这是用核分析方法，测定光绪帝头发中的砷含量得出的。为什么要检验光绪帝尸体的头发中的砷含量？因为头发是人体的重要组成部分，参与人体代谢并能"记录"特定时期人体积蓄的某些元素信息。因此，依据头发不同截段的微量元素含量，可推测不同时期人体微量元素的摄取水平，进而探求微量元素在人体内的变化情况，研究人体与外界环境之间的关系。

2003 年，课题组首先采用中国原子能科学研究院微型反应堆仪器中子活化法（核分析方法），测定了提取于光绪帝的两小缕头发，其方法是：将光绪帝的头发按照国际原子能机构推荐的方法清洗，自然晾干，剪切成 1 厘米长的截段，第一缕头发长度为二十六厘米，剪切成二十六小段；第二缕头发长度约为六十五厘米，剪切成五十九小段，逐一编号、称重和封装，入堆辐照后，逐段分析头发中的元素含量。

结果显示，光绪头发中含有高浓度的元素砷，且各截段含量差异很大。第一缕头发的砷高峰值出现在第十段（2404 微克/克），第二缕头发的砷高峰值出现在第二十六段（362.7 微克/克）和第四十五段（202.1 微克/克）。检测结果显示，光绪帝的两缕头发中的砷含量明显高于正常值，且各截段含量差异很大。这就是说，拿光绪帝头发某段的砷含量 2404 微克/克，同当代健康人的正常砷含量 0.14 微克/克相比，两者相差一万七千倍。光绪帝头发中的砷含量已经超出了正常人所能承受的极限。

专家对此进行了全面深入的查证。对与光绪帝同一时期、同一类别的人和物进行砷元素对比为探究光绪帝头发中砷含量高的成因，研究人员以光绪帝为中心，以关联性和可比性为原则，对同一时期、同一类别的人和物进行了一系列的对比实验，并结合当时的具体情况进行了综合分析。

光绪帝头发高含量的砷是否来自棺椁内外的环境？研究人员测出了光绪帝墓内外环境中物品的最高砷含量。结果表明，光绪帝头发中的最高砷含量是其棺椁内物品最高砷含量的八十三倍，是墓内外环境样品最高砷含量的九十七倍。这表明，光绪帝头发中的高含量砷元素，并非来自环境的沾染。

在检测中，意外地发现了两个重要的现象：一是内衣的砷含量高于外衣；二是胃肠部位衣服的砷含量，大大高于其他部位的衣服。由此，专家得出结论：光绪帝尸骨内的砷，来源于体内。

光绪帝头发高含量的砷是否来自药物慢性中毒？另外，光绪帝头发中的异常高砷含量截段既不在发根处，也不在发梢处。依据头发的生长规律和砷中毒机理，这些头发上的高含量砷不应是正常摄入自然代谢形成的。研究人员将光绪帝的头发与当代慢性砷中毒患者的头发的砷进行对比研究，结果发现，前者头发中的最高砷含量是后者的六十六倍，而且砷含量分布曲线与后者也截然不同。这表明，光绪帝头发中高含量的砷元素并非慢性砷中毒形成。

光绪帝头发砷的高含量是否为当时人的正常值？研究还证实，同时对比测试的头发砷含量，与光绪同时代并埋在一起的隆裕皇后为 9.20 微克/克，清末一个草料官干尸头发为 18.2 微克/克。光绪帝头发中的最高砷含量是同年代生活环境相似的成年人隆裕皇后头发砷含量的二百六十一倍，是同年代成年人清代草料官头发砷含量的一百三十二倍。这表明，光绪帝头发中的最高砷含量确实属于异常现象。综上所述，研究人员得出结论，造成光绪帝头发上高含量砷元素异常的成因，只能是来自其尸体的沾染。

毒物究竟是什么？光绪帝遗骨、头发、衣物中高含量的砷化合物就是砒霜。砷在自然界多以氧化物或硫化物的形式存在。主要有砒霜（三氧化二砷）、雄黄（二硫化二砷）、雌黄（三硫化二砷）等，其中砒霜是剧毒砷化物。光绪帝体内的砷是哪种呢？专家采用了液相色谱/原子吸收光谱联用分析法进行分析，其结果显示，光绪帝体内之砷为三氧化二砷，也就是人们常说的砒霜。

2006 年后，课题组听取并研究了刑事技术、法医学等多个领域的专家意见，决定按照案件侦查思路和专业技术规范，扩大取样分析范围，以进一步确证光绪帝砷化合物的来源。由于光绪帝的棺椁在 1980 年清理后严密封存，不能重新开棺。为达到扩大取样分析范围，课题组再次提取光绪帝头发残渣物及散落的头发，并首次提取光绪帝遗骨及衣物样品，进行砷的分布研究。

据介绍，研究人员依照物质吸附和信息转换还原的原理，对光绪帝的遗骨及靠近其尸体特殊部位的衣物进行取样检验。采样部位、采样方式均按照规范的法医开棺检验方式、方法和要求进行。光绪帝头发上局部有结痂物状的残渣，研究人员用镊子刮取残渣物，然后再取刮掉残渣物的头发，分别分析砷的含量。取样完毕后，把从整体头发上掉落的碎发和残渣物也分别取样。结果表明，这些残渣物的砷含量明显高于头发，说明它们是光绪帝头发高含量砷的来源。在前期研究的基础上，研究人员由此进一步推断：这些残渣物的唯一来源只能是光绪帝中毒死亡后的尸体。据介绍，砷中毒死者尸体腐烂后，器官组织中的砷可能会沾染到骨骼上。

光绪帝棺椁进行清理后，共有肩胛骨、环椎骨、脊椎骨、肋骨等七块遗骨保存于清西陵文物库房内。研究人员刮取这些遗骨表面的附着物进行了砷含量检测，结果表明，一些遗骨表面沾染了大量的砷。种种研究结果表明，光绪帝遗骨、头发、衣物中高含量的砷化合物为剧毒的三氧化二砷，即民间常说的砒霜。经医学上测定，人体口服砒霜六十毫克至二百毫克，就会中毒死亡。据研究者测算，仅光绪帝的头发的砒霜含量就已经高达二百零一毫克。光绪帝摄入体内的砒霜总量明显大于致死量。

由此，课题组得出最后的结论：光绪帝系急性胃肠性砒霜中毒死亡。

那么，凶手是谁呢？现在尚不能确定。因此，这个谜案的研究，还应继续进行下去。

二 当机立断溥仪即位

光绪三十四年十月初十日（1908 年 11 月 3 日），慈禧在皇宫内庆贺她的七十四岁大寿。她自认为莺歌燕舞，海内升平，很是志得意满。西藏的达赖喇嘛又特意向慈禧祝贺，慈禧更是喜形于色。她特颁懿旨，赐居雍和宫，加封其为诚顺赞化西天大善自在佛。白天，慈禧参加为她举行的祝寿庆典。晚上，她又兴致勃勃地出席在西苑颐年殿的演戏祝贺。直到戏散，她才回到仪鸾殿就寝。

在这之前，慈禧已患慢性腹泻之病。这几日，又吃了些不易消化的乳酪果饼，腹泻又加剧了。据《内起居注》记载，自十月十六至十九日，慈禧没有参与政务活动。这说明慈禧病情加重了。这时，她感到光绪帝病情已呈危象，应该考虑立嗣问题了。

据说，在此期间，慈禧曾秘密召见军机大臣世续和张之洞，征询为光绪帝立嗣的意见。其实，慈禧早就心中有数，她不过是做做样子罢了。根据慈禧的意见，拟任命醇亲王奕譞之子载沣为监国摄政王，立载沣的儿子溥仪为皇嗣子。

慈禧询问为光绪帝立嗣，谁更合适。世续、张之洞心中暗道，如果再立一个小孩子，又会造成另一个皇太后垂帘，于国不利。

于是，合词奏道："国有长君，社稷之福，不如径立载沣。"他们推荐醇亲王奕䜣之子，时年二十五岁的载沣。载沣之前已被任命为军机大臣。

慈禧悲悲切切地答道："你说得很好。但是，不为穆宗（同治帝）立后，终无以对死者。今立溥仪，仍令载沣主持国政，是公义私情两方面都没有遗憾了。"慈禧综合了他们的建白，和盘端出了自己的看法。即立载沣之子为嗣，由载沣主政。

载沣半身像

张之洞反应敏锐，知道慈禧定下的事是不能轻易改变的，不如顺着好："然则宜正其名。"名不正则言不顺，应该先给载沣一个名分。

慈禧虚心求教："古代有成例吗？"

张之洞毕竟胸中有数，顺利答道："前明有监国之号，国初有摄政王之名，皆可援以为例。"

慈禧很快作出决策，果断地说："好，可以两用。"即监国和摄政两用，载沣可任命为监国摄政王。

张之洞看看火候到了，急忙进一言："皇帝临御三十余载，不可使无后。古有兼祧之制，似可仿行。"兼祧，即一个皇帝同时兼做两个皇帝的继承人。因为同治帝和光绪帝都没有后人，所以，溥仪既是同治帝载淳的继承人，又是光绪帝载湉的继承人。

慈禧极为明敏，她完全洞悉张之洞谏言的本意。这时她不忙于回答，而是默不作声，反复思索。过了好一会儿，她紧盯着张之洞说："凡事不必泥古。此事姑从所请，可即拟旨以进。"慈禧同意了张之洞的建议。

在这之前，慈禧派庆亲王奕劻到东陵恭送佛像，因达赖说佛像放在东陵可以驱邪，为太后治病。同时，庆亲王亦可顺道视察东陵工程

张之洞

288

进展情况。因此，庆亲王没有能够参与为光绪帝立嗣的谋划。等他回京后，这已经成为事实了。庆亲王只得顺水推舟表示同意了。

慈禧当机立断，于十月二十日连发三道谕旨。

第一道："上（光绪帝）不豫。谕内阁：朕钦奉慈禧端佑康颐昭豫庄诚寿恭钦献崇熙皇太后懿旨：醇亲王载沣之子溥仪著在宫内教养，并在上书房读书。"

第二道："又谕：朕钦奉皇太后懿旨：醇亲王载沣授为摄政王。"

第三道："谕军机大臣等：朝会大典、常朝班次，摄政王著在诸王之前。"

事情发展迅速。第二天光绪帝便死去了："上疾大渐（病危），酉刻（十七至十九时），崩于瀛台之涵元殿。"

慈禧又于十月二十一日（11月14日）连发三道懿旨。

第一道："钦奉慈禧端佑康颐昭豫庄诚寿恭钦献崇熙皇太后懿旨：摄政王载沣之子溥仪著入承大统，为嗣皇帝。"

第二道："又钦奉皇太后懿旨：前因穆宗毅皇帝未有储贰，曾于同治十三年十二月初五日降旨，大行皇帝生有皇子，即承祧穆宗毅皇帝为嗣。现在大行皇帝龙驭上宾，亦未有储贰，不得已以摄政王载沣之子溥仪承继毅皇帝（同治帝）为嗣，并兼承大行皇帝（光绪帝）之祧。"

第三道："又钦奉皇太后懿旨：现值时事多艰，嗣皇帝尚在冲龄，正宜专心典学。著摄政王载沣为监国。所有军国政事，悉秉承予之训示，裁度施行。俟嗣皇帝年岁渐长，学业有成，再由嗣皇帝亲裁政事。"①

这三道懿旨，既宣布溥仪承继同治帝为嗣，又宣布溥仪兼祧光绪帝，同时宣布载沣为监国摄政王。而这里最重要的一句话是"所有军国政事，悉秉承予之训示，裁度施行"。说明此时的慈禧，仍然坚信自己会像从前一样大权独揽、隐握朝纲的。她完全没有想到自己会很快地撒手人寰。基于对自己寿命的这种自信，她就没有必要急于害死光绪帝。

立嗣溥仪的经过，载沣的日记很有参考价值。现抄录如下："二十日。上（光绪帝）疾大渐。上朝，奉旨派载沣恭代批折，钦此。庆王（庆亲王奕劻）到京，午刻同诣皇太后仪鸾殿，面承召见。钦奉懿旨：醇亲王载沣著授为摄政王，钦此。又面承懿旨：醇亲王载沣之子溥仪著在宫内教养，并在上书房

---

① 《清德宗实录》，第8册，第5459页。

读书，钦此。叩辞至再，未邀俞允，即命携之入宫。万分无法，不敢再辞。钦遵于申刻由府携溥仪入宫。又蒙召见，告知已将溥仪交在隆裕皇后宫中教养，钦此。即谨退出，往谒庆邸（庆亲王奕劻）。

二十一日。癸酉酉刻（十七至十九时），小臣载沣跪闻皇上崩于瀛台。亥刻（二十一至二十三时），小臣同庆王（庆亲王奕劻）、世相（世续）、鹿协揆（鹿传霖）、张相（张之洞）、袁尚书（袁世凯）、增大臣崇（增崇），诣福昌殿。仰蒙皇太后召见，面承懿旨：摄政王载沣之子溥仪著入承大统为嗣皇帝，钦此。

摄政王载沣及宣统帝溥仪

又面承懿旨：前因穆宗毅皇帝未有储贰，曾于同治十三年十二月初五日降旨，大行皇帝即承继穆宗毅皇帝（同治帝）为嗣。现在大行皇帝（光绪帝）龙驭上宾，亦未有储贰，不得已以摄政王载沣之子溥仪承继穆宗毅皇帝（同治帝）为嗣，并兼承大行皇帝（光绪帝）之祧。钦此。又面承懿旨：现在时势多艰，嗣皇帝（溥仪）尚在冲龄，正宜专心典学，著摄政王载沣监国。所有军国政事，悉秉予之训示裁度施行。俟嗣皇帝年岁渐长，学业有成，再由嗣皇帝亲裁政事，钦此。是日住于西苑军机处。"

以上日记应是真实可信的，即慈禧立嗣是在两天之内完成并宣诏于全部军机大臣的。

慈禧为什么要选择溥仪为嗣皇帝呢？这和溥仪的出身是密不可分的。溥仪的祖父醇亲王奕譞，是道光帝的第七子，是咸丰帝的七弟。溥仪的父亲载沣，是醇亲王奕譞的第五子。奕譞有四位福晋，生了七

幼年溥仪

子三女，第一子和第三、四子早殇，第二子载湉当了光绪帝，因此，作为第五子的载沣就承继了醇亲王位。溥仪是载沣的长子。从血统上看，溥仪是道光帝的曾孙，是醇亲王奕譞的嫡孙，是光绪帝载湉的亲侄儿。

醇亲王奕譞的福晋是慈禧的亲妹妹。

溥仪的亲生母亲瓜尔佳氏，是荣禄的女儿。瓜尔佳氏从小就生活在宫里，慈禧很宠爱她。载沣和她的婚事，是慈禧钦定的。

溥仪是慈禧太后亲妹夫奕譞的孙子，又是他最宠任的军机大臣荣禄的外孙。关系如此密切，慈禧选择他为继承人就不足为怪了。至此，这一皇位继承的难题就轻松地解决了。

年仅三岁的溥仪是在光绪三十四年十月二十日（1908年11月13日）被乳母王焦氏抱入宫的。入宫的第三天，慈禧病逝。十一月初九日（11月24日），溥仪举行了登极大典。

三 政治巨人突然病逝

慈禧平时患有肠胃之病，但身体素质很好，不影响她的政务活动。《慈禧外纪》记道："虽以七十之高年，而毫不呈衰状者也。然此外亦无大病，精神仍好，言语如昔，仍每日勤劳国政。太后常自言能享高寿。"① 慈禧经常自己说"能享高寿"，这个记载是符合实际情况的。

但是自光绪三十四年（1908）六月以后，慈禧的身体突然不适。到了九月，即增加了腹泻症。以后腹泻病久治不愈，且愈发严重，实则变成了痢疾。

自十月初六日起，太医院院使张仲元为慈禧主治。当日的脉案是："十月初六日，张仲元、李德源、戴家瑜请得皇太后脉息左关弦缓，右寸关较前稍平。肠胃未和，寅卯辰连水泻三次，身肢力软。总由肺不制节，水走肠间，脾运迟慢，是以食后糟杂等症未减。"②

"连水泻三次，身肢力软"，说明慈禧身体消耗很大，已十分衰弱。

十月初十日，是慈禧的七十四岁寿辰。连续庆贺六天，慈禧必亲自到场。

---

① 《慈禧外纪》，第316页。

② 朱金甫、周文泉：《论慈禧太后那拉氏之死》，载《故宫博物院院刊》1985年第4期，第5页。

这对慈禧的病情影响更大。

十月十四日，慈禧的病情明显加剧。由名医吕用宾入诊，其脉案云："皇太后六脉均见数象，寸口微浮。头痛目倦，心中糟辣难受，烦躁不安，口渴舌干，咳嗽，时而恶寒发热。种种病情，皆由胃气不降，表感不清，湿热蕴结所致。"

十月二十一日酉刻，光绪帝崩逝。慈禧安排溥仪为嗣皇帝，是带病进行的。光绪帝病逝，慈禧的病情也发生很大变化，显然更加严重了。张仲元、戴家瑜的脉案云："皇太后脉息左寸关至数不匀，右部仍躁。肝气冲遂，胃燥不清，以致时作咳嗽，顿引胸肋窜痛。口渴舌干，精神异常萎顿，小关防多，胃纳太少。"

十月二十二日，张仲元、戴家瑜作出最后诊断："请得皇太后六脉已绝，于未正三刻（十四时四十五分）升遐。"

光绪三十四年十月二十二日（1908年11月15日）未刻，慈禧太后宾天了。

她是死于老与病。

在此之前，即十月二十二日晨，慈禧自觉不好，感到要不久于人世，很快地安排了后事。在完全清醒的情况下，慈禧命起草遗诏。遗诏经过了慈禧的修改，得到了慈禧的首肯。显然，遗诏反映了慈禧的意愿。

遗诏中所表现的对光绪帝的悼念之情，就不好下断语了，也许是"人之将死，其言也善"。为此，她连发两道懿旨，以安排后事。

第一道懿旨："谕内阁：朕钦奉慈禧端佑康颐昭豫庄诚寿恭钦献崇熙太皇太后懿旨：现命摄政王载沣监国。所有应行礼节，著内阁各部院会议具奏。"

这就给予了摄政王载沣监国的名义，称监国摄政王。

第二道懿旨："又谕：朕钦奉太皇太后懿旨：昨经降旨，特命摄政王为监国。所有军国政事，悉秉承予之训示，裁度施行。现予病势危笃，恐将不起，嗣后军国政事，均由摄政王裁定。遇有重大事件，必须请皇太后（隆裕皇太后）懿旨。由摄政王随时面请施行。"

这道懿旨表明，慈禧把国家政事的最高决策权全部交给了载沣。但同时又留了个尾巴，遇有重大事件仍必须请示隆裕皇太后裁定。不管怎么说，慈禧已意识到自己到了生命的最后一刻，应该交出政权了。

载沣是慈禧的侄儿兼外甥，隆裕是慈禧的侄女。溥仪既有爱新觉罗的血统，又有叶赫那拉的血统。皇权没有落到其他姓氏的手中。这也许是慈禧的一种自以为得意的神机妙算。

慈禧又命起草遗诏。遗诏得到她的首肯。她在安详中死去。她死后发表遗诏曰："予以薄德，只承文宗显皇帝（咸丰帝）册命，备位宫闱。迨穆宗毅皇帝（同治帝）冲年嗣统，适当寇乱未平，讨伐方殷之际。时则发捻交讧，回苗侜扰，海疆多故，民生凋敝，满目疮痍。予与孝贞显皇后（慈安）同心抚训，夙夜忧劳。秉承文宗显皇帝遗谟，策励内外臣工暨各路统兵大臣，指授机宜，勘求治理，任贤纳谏，救灾恤民。遂得仰承

隆裕皇太后

天庥，削平大难，转危为安。及穆宗毅皇帝即世，今大行皇帝（光绪帝）入嗣大统，时事愈艰，民生愈困，内忧外患，纷至沓来，不得不再行训政。前年宣布预备立宪诏书，本年颁示预备立宪年限，万几待理，心力俱殚。幸予体气素强，尚可支拄。不期本年夏秋以来，时有不适。政务殷繁，无从静摄。眠食失宜，迁延日久，精力渐惫，犹未敢一日暇逸。本月二十一日，复遭大行皇帝（光绪帝）之丧，悲从中来，不能自克，以致病势增剧，遂至弥留。回念五十年来，忧患迭经，兢业之心，无时或释。今举行新政，渐有端倪。嗣皇帝（溥仪）方在冲龄，正资启迪。摄政王（载沣）及内外诸臣，尚其协力翊赞，固我邦基。嗣皇帝以国事为重，尤宜勉节哀思，孜孜典学。他日光大前谟，有厚望焉。丧服二十七日而除，布告天下，咸使闻知。"①

这个遗诏是慈禧在神智完全清醒的状态下命军机大臣草拟的。拟后进呈，慈禧阅后，命改定数处，又加入数句。加上的是遗诏中的"不得不再行训政"之语。

遗诏中的"复遭大行皇帝（光绪帝）之丧，悲从中来，不能自克，以致病势增剧，遂至弥留"等句，表现了对光绪帝之死的悼念，就不好判断其是否出于真心了。

---

① 《清宣统政纪实录》，第 1 册，第 14 页。

慈禧说："我几次垂帘，不知内情的人，有的认为是我贪图权势。实际情况是形势迫使我不得不这样做。"这种说法，明眼人一看便知是言不由衷的。

慈禧临死之前的最后一句话，真是完全出人意料。她说："以后勿再使妇人预闻国政。此与本朝家法有违，须严加限制。尤须严防，不得令太监擅权。明末之事，可为殷鉴。"

这也许是慈禧太后的从政将近五十年的经验之谈。

四　陵墓精湛陪葬奢侈

慈禧陵墓的建造分为两个阶段，第一个阶段耗时六年，第二阶段耗时十四年。共用时二十年。慈禧棺材里的珠宝，价值五千万两白银。慈禧的陵墓，充分表现了慈禧的穷奢极欲，挥霍无度。

慈禧死后，埋葬在河北省遵化县西六十里的清东陵的菩陀峪定东陵，至今尸骨犹存。

清东陵位于河北省遵化县境内的马兰峪，始建于顺治十八年（1661）。共有皇帝陵五座：顺治帝的孝陵、康熙帝的景陵、乾隆帝的裕陵、咸丰帝的定陵、同治帝的惠陵；皇后陵四座：顺治帝生母孝庄文皇后昭西陵、顺治帝孝惠章皇后的孝东陵、咸丰帝孝贞显皇后（慈安）的普祥峪定东陵、咸丰帝孝钦显皇后（慈禧）的菩陀峪定东陵，还有妃嫔陵寝五座。共计帝、后、妃陵寝十四座。其中最引人注目的是乾隆帝的裕陵和慈禧太后的菩陀峪定东陵。

清东陵内咸丰帝定陵之东，并排矗立着两座规模大小相同的皇后陵寝，名定东陵。普祥峪定东陵位于西，是慈安的墓；菩陀峪定东陵位于东，是慈禧的墓。两座陵寝是在同治十二年（1873）八月二十日同时兴工，至光绪五年（1879）六月竣工，历时六年，共耗银四百八十多万两。

这两座陵墓设施完备、建材精良、规模宏伟、工艺精湛，在清代皇后陵中均为上乘。慈安的陵，在慈安死后顺利地使用了。

慈禧的陵，情况则完全不同。慈禧对她的陵墓的部分建筑很不满意，故下令拆除重建。光绪二十一年（1895），慈禧颁旨将建成二十二年的菩陀峪"晚年吉地"的三殿全部拆除，就地重建。这个工程持续了十四年，到慈禧死时才算完工。三殿的梁木、门窗上，彩画出二千四百多条金龙；三殿内外六十四根金柱上，镂刻着六十四条金龙；三殿的花纹，仅叶子金就用了四千五百九十二两。

慈禧随葬的珍宝究竟有多少？她的心腹太监李连英曾参加了慈禧入殓仪式。据李连英和他的侄子所著《爱月轩笔记》记载：先在棺底铺上三层金丝串珠宝绣花锦褥，厚七寸，上面镶着大小珍珠一万三千六百〇四颗，红宝石、篮宝石大小八十五块，祖母绿宝石二块，白玉二百〇三块。锦褥之上又盖了一层绣满荷花的丝褥，丝褥上铺满五分重的圆珍珠一

慈安、慈禧定东陵鸟瞰

层，共有二千四百粒。在这层珍珠之上再铺一层绣佛串珠薄褥，薄褥上用二分珍珠一千三百二十颗。这三层褥和三层珠加起来共厚一尺多。

慈禧尸身入棺前，在头前部，放置一个翠荷叶，满绿碧透，精美无比；在脚下部，放置一个粉红色的碧玺大莲花，荧光闪闪，秀丽夺目；身穿多层寿衣，仅两件衣服上，就用了大珍珠四百二十颗，中珍珠一千颗，小珍珠四百五十颗，各色宝石大小共一千一百三十五颗；胸前佩戴着两挂朝珠，共用珍珠八百颗，宝石三十五块；头戴凤冠一顶，正中镶嵌着一颗特大珍珠，系外国贡品，大如鸡卵，为盖世奇珍；臂间放置十八尊蚌佛，身旁放置一百零八尊佛像，其中金佛、翠佛、玉佛、红宝石佛各二十七尊；脚下放置西瓜、甜瓜、桃、李子、枣、杏等二百多件翡翠宝石果品；身左有一支玉藕，身右有一株红珊瑚树；为了填充空隙，又倒入了四升珠宝，共数千颗。

这一棺的珠宝，据当时人估计，值白银五千多万两。慈禧凤冠上的大珍珠，价值白银一千万两。

慈禧的陵墓，表现了慈禧的穷奢极欲、挥霍无度。

1928 年 7 月 4 日，军阀孙殿英盗掘了慈禧陵，慈禧陵损失惨重。

1928 年 8 月 19 日，前清护陵大臣、镇国公载泽等代表废帝溥仪，草草地将慈禧重新收殓。

1979 年，开放了慈禧太后的菩陀峪定东陵。慈禧太后的菩陀峪定东陵在整个清朝的陵寝中，在建筑规模、文物价值和工艺水平上，都是最高的，具有代表性。

第十五章 生活起居 铺张奢华

一 一天活动紧张忙碌

人们对慈禧太后一天的工作和生活情况非常关注，她一天到底干什么？现根据金易、沈义羚著《宫女谈往录》等有关史料，简单地叙述一下慈禧太后一天的活动。我们现在叙述的是光绪二十四年（1898）慈禧太后第三次垂帘以后的某一天。

慈禧晚年一度住在储秀宫。慈禧起床很早，大体在每天的寅时（三时至五时）。从来没有在五点以后起过床，即使退居二线在颐和园，也是如此。寅时，慈禧睡醒坐起，侍寝的宫女趴在地下磕头，高声喊道："老祖宗吉祥!"这是发出一个信号，告诉有关人等慈禧起床了。这时，在屋里值夜的三个宫女，在屋门值夜的两个宫女，就撤走了。四时，储秀宫的宫门正式开锁，宫门的戒严解除了。

忙碌的早晨。上朝前，慈禧要做七件事：

第一件事是泡手。司衾的宫女叠完被后，用银盆端来一盆热水，将慈禧的双手用热手巾包起来，将双手在热水盆里浸泡多时，要换两三次水。这是慈禧的健身法之一。慈禧的手保养得很好，很像十八岁姑娘的手。

第二件事是洗脸。慈禧不是一般意义上的洗脸，而是用热手巾热敷脸。然后，慈禧坐在梳妆台前，由侍寝的宫女给其敷香粉，点胭脂。香粉和胭脂，都是慈禧亲自研制的。

第三件事是梳头。民间传说李连英平时给慈禧梳头，这是不正确的。给慈禧梳头的是一个老太监梳头刘，叫刘德盛。梳头刘是一个温和、斯文的人，很会讲笑话，他一边梳头，一边说笑。慈禧很爱听他讲笑话。此时，老太监

迦南香木嵌金寿字手串，慈禧时用

张福送上一碗银耳奶茶。慈禧就用银勺吃着银碗里的银耳。李连英给没给慈禧梳过头呢？梳过，但那是在慈禧从北京西逃的路上。因为梳头刘一时没能跟上来。后来梳头刘跟了上来，李连英就不给慈禧梳头了。

第四件事是散步。慈禧有散步的好习惯。农历二月初二，龙抬头。过了二月初二，慈禧顺应节气，便要开始散步了。早晨梳洗完毕，吃了一小碗百合银耳，走出寝宫。李连英陪着，崔玉贵在后面跟着，四个侍女排成两行随侍着。这时慈禧几乎不说话，静悄悄地数着脚步走。不愿有任何事打扰她的宁静。从这一天起直到十月，慈禧像钟表一样，按时起床，按时散步，极有规律。天天如此，从来也没松懈过。

第五件事是吸烟。散步回来，慈禧要吸烟。慈禧爱吸水烟，不慌不忙地吸完两管水烟，就要喝茶了。民间传说慈禧吸食鸦片烟，没有那么回事。慈禧不喜欢吸旱烟，就是所说的关东烟。慈禧喜欢吸水烟，储秀宫里管水烟叫"青条"。这是南方为慈禧特殊进贡来的，也叫潮烟。

第六件事是喝茶。慈禧边吸烟，边喝茶。慈禧喜欢喝奶茶，要在茶里兑人奶或牛奶。

第七件事是吃饭。寿膳房要敬早膳了。慈禧的早膳在储秀宫的东次间用。早膳是用大提盒由太监送来的。早膳十分丰盛，有二十几样。有各种粥，如玉田红稻米粥、江南香糯米粥、薏仁米粥、八宝莲子粥、八珍粥、鸡丝粥等；有各种茶汤，如杏仁茶、鲜豆浆、牛骨髓茶汤等；有各种主食，如麻酱烧饼、油酥烧饼、白马蹄、萝卜丝饼、清油饼、焦圈、糖包、糖饼，也有清真的饺子、炸回头等；还有豆制品的素什锦，以及卤制品，如卤鹅肝、卤鸡脯等。

吃过早点，漱完金口，喝半杯茶，吸一管烟，慈禧到储秀宫西次间更衣室更衣。慈禧换上莲花底满缀珍珠的凤履，戴上两把头的凤冠，披上彩凤的凤衣。这时内廷总管太监李连英发号施令，指挥调度。轿子抬到储秀宫门口，慈禧上轿坐稳。左边是手捧水烟袋的内廷总管太监李连英，右边是手捧红绿头签膳牌（即叫起的名单）的内廷回事太监崔玉贵。两人紧扶着轿杆，后随着一群护卫，到养心殿上朝去了。

清代皇帝上朝称为"叫起"。意思是"叫皇帝起来上朝"，或是"叫王公大臣起来上班"。这是皇帝或垂帘听政的皇太后召见军机大臣、王公显贵、满汉大学士、六部堂官或封疆大吏等传达谕旨、听候奏对的最高形式。清朝皇帝每天都要叫起。自雍正帝以后，叫起的对象大

玛瑙按摩器，慈禧时用

多是军机大臣。一般是一天叫起一次。有时遇到紧急情况，可叫起二三次。第一次叫起称"头起"，以后称"二起""三起"。皇帝叫起，同军机大臣等议论朝政，解决问题。清朝的皇帝是勤政的，很少耽误叫起。慈禧更是勤于政务，绝不耽误叫起。

　　慈禧叫起有许多政务需要处理。从《王文韶日记》可见一斑。王文韶时任军机大臣、大学士。光绪二十七年（1901）军机大臣只有五位，即礼亲王

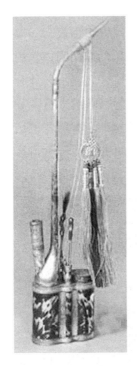

世铎、荣禄、王文韶、鹿传霖和瞿鸿禨。其中世铎已病。王文韶是每次叫起必到。他的日记具有很高的史料价值。从他的记载来看，慈禧是很勤政的。叫起的时间，一般是早九时。慈禧同军机大臣对话，有话即长，无话即短。最少的是一刻，即十五分钟；最多的是四个小时。大多在一个小时左右。

　　慈禧曾经接见各国公使。光绪二十七年十二月二十一日（1902年1月30日），就接见了英、法、俄、美、日、意、奥、比等十二国使臣。

　　慈禧还曾宴请各国公使夫人及随员眷属。据《王文韶日记》记载，光绪二十七年十二月二十三日（1902年2月1日），慈禧在养性殿接见了八国公使夫人和随员眷属十三人、子女八人。在乐寿堂赐宴，分男女两处。光绪帝也亲自参与此事。在清朝历史上，皇太后、皇帝亲自接见外国公使夫人，这是首次，是创纪录的。慈禧创造了这个纪录。无怪王文韶赞美道："此乃千古未有之创举，可谓躬逢其盛矣！"

银质雕花镀金水烟袋，慈禧时用

　　叫起之后，慈禧回到储秀宫。先到西次间更衣，去

掉头上的首饰，轻松一下。饽饽房敬献一次点心。点心是新出炉的，大体是满汉饽饽之类。慈禧胃口好，吃得痛快淋漓。慈禧一天吃六顿饭，三次正餐和三次加餐。现在看来，吃的多了点。然后，喝一碗茶，吸两管烟。过了一会儿，就传官房了。"官房"，就是便盆。慈禧的官房是檀香木雕刻的，非常讲究，这个官房现已找不到了。据说，已经火化了。

之后，光绪皇帝、隆裕皇后、瑾贵妃都来请安。

这之后，慈禧就静下心来看奏折了。看奏折是在储秀宫东稍间，也叫静室。慈禧的文化水平不高，但她勤于学习，善于学习。加之绝顶聪明，记忆力又特别的好，因此，慈禧能够看懂文言文的奏折，而且能够很快地抓住奏折所论述的主旨。

慈禧在奏折上不作批示，也不画圈。她有自己的特殊方法，就是在奏折上用拇指的指甲画道。有的画竖道，有的画叉子，有的打钩子。军机处的章京都明白是什么意思。看完奏折，太监崔玉贵以最快的速度将奏折送到军机处，由军机大臣处理。一天的公事就办完了。军机处在养心殿南墙外，紧靠内廷。

这时要进午膳了。

皇太后、皇帝吃饭叫"用膳"，开饭叫"传膳"。皇后以下叫用饭，一律不叫"用膳"。慈禧用膳，中餐和晚餐在储秀宫之南的体和殿的东两间内。用膳期间，慈禧身旁垂手站立着四个体面的太监，负保护与监督之责。另外有一个老太监侍立一旁，专门负责给慈禧布菜。菜摆齐了，侍膳的老太监喊一声"膳齐"，才请慈禧入座。这时慈禧用眼睛看哪个菜，侍膳的老太监就把这个菜往慈禧眼前挪，用羹匙将菜舀进布菜碟里。慈禧吃后如果说了一句"这个菜还不错"，就再用匙舀一次。到此为止，老太监就将这个菜往后撤，不能再舀第三次。如果舀了第三次，站在旁边的四个太监中为首的就喊一声："撤!"这个菜就十天半个月不露面了。这四个太监是执行家法的。祖宗的家法，吃菜不许过三匙。慈禧是服从家法的。侍膳的老太监很懂规矩，所以从来不舀第三次。这样做，是防止坏人探知慈禧喜欢吃什么，下毒暗害。这是老祖宗立下的规矩。

慈禧的午膳要摆上一百二十样菜，

奢侈餐具

外带时鲜。吃剩下的菜，慈禧将它们赏赐给王公、大臣、皇后、妃子、格格等。军机大臣王文韶在日记中记道："（慈禧）赏元宵二百枚、腌白菜四棵、碗菜十二色、点心四种，时已掌灯矣。"这里既有时鲜菜，也有慈禧吃剩的菜。碗菜十二色、点心四种，就是慈禧吃剩的菜。能得到慈禧这个赏赐是莫大的荣耀。

慈禧的私厨叫西膳房。因慈禧曾住在内廷西六宫的长春宫，故宫内习称西太后，又叫西圣。其御膳房便称西膳房。西膳房养有名震京华的高级厨师，能做点心四百余种，菜品四千多种。

慈禧用膳每天有固定的时间，一般早膳七点，中膳十点半，晚膳下午五点。午后的加餐约在两点，晚上的加餐约在七点。

午膳过后，慈禧照例要散步。散步回来，就午睡了。午前十一点至午后一点是午睡的时间。太后、皇帝、皇后、嫔妃、格格都要睡午觉，这是老祖宗定下的规矩，雷打不动。为的是得天地阴阳之正气。慈禧是每天必午睡的。

午后是慈禧自由活动的时间。有时练书法，画国画；有时读小说，听评书；有时观二黄，品昆曲；有时乘画船，游西苑。慈禧的业余生活还是蛮丰富的。

晚上，慈禧要洗脚，天天洗。慈禧洗脚主要是为保养。洗脚水十分讲究。三伏天，天气热，就用杭菊花引煮沸后晾温了洗，可以清眩明目，两腋生风；三九天，天气冷，就用木瓜汤洗，使活血暖体，全身柔和。洗脚盆是木胎卷边银盆。木胎不易散热，卷边便于放脚，银盆可以防毒。有两个宫女侍候慈禧洗脚，洗脚后要进行脚部按摩，并定期修剪脚指甲。可见慈禧很早以前就进行足疗了。

慈禧洗完脚，就要洗澡了。洗澡大体是在晚膳后一个多小时，在宫门上锁之前。慈禧很爱洗澡。夏天天热，天天洗。冬天天冷，隔一两天洗一次。洗澡由四个训练有素的宫女侍候。洗澡时慈禧坐在一个为她特制的矮椅子上。用的是两个银澡盆。慈禧与其说是洗澡，不如说是擦澡。洗一次澡，大约用一百条毛巾。二十五条一叠，四叠像小山似的摆在那里。每条都是用黄丝线绣的金龙。一叠是一种姿势，有矫首的，有回头望月的，有戏珠的，有喷水的。四个宫女一起干活，她们第一遍先擦慈禧的上身，然后涂香皂，用的是宫里御制的玫瑰香皂。把香皂涂满了毛巾后，四个人一齐动起手来。擦完一条扔下一条，再取再擦。澡盆里的水随用随换，永远保持干净。全部洗完，需要一百条毛巾。用过的毛巾如同新的一般。

慈禧的睡眠很好，一沾枕头就睡着了，一觉天亮。

储秀宫宫门上锁的时间是晚八点。晚八点一过，就严格禁止出入。

慈禧睡眠时，储秀宫宫室之内有五名宫女侍候。一名在卧室里侍寝，一名在更衣室外，一名在静室门外，两名在宫室门口。在储秀宫院内有七名太监值夜。储秀宫进门的南门口两名，体和殿北门两名，储秀宫东西偏殿和正宫廊子底下各一名。他们负责巡逻守夜。

宫女侍寝与太监值夜，这是祖宗定下的规矩。这样对妃嫔，既有保护的作用，又有监视的意味。因此，清朝的妃嫔没有越格生事的。

这就是慈禧一天的活动。

二 饮食多样起居有序

慈禧的生活起居自有其特点，而且历来是人们关注的热点。慈禧的起居极富规律，她有早起早睡的好习惯。慈禧到底喜欢吃什么？这也是一个谜。她不断变化菜谱和口味，使人们根本无法测知她喜欢吃什么。她的吃是极为奢华、极为讲究的。她的穿戴也是极尽奢华之能事。她有很好的养生之道，这方面人们还知之不多。

饮食 慈禧到底喜欢吃什么？这说不准。一位名叫张德福的老太监对此发表了一番议论："老太后的思虑比山高，比海深。我自从由烟波致爽殿（热河行宫）侍候老太后以来，四十多年，可到现在也不知道老太后爱吃什么。今天爱吃贡菜（各督抚进贡来的），明天也许偏吃例菜（寿膳房菜谱上的菜），后天也许爱吃时鲜（应时当令的菜）。在这件事上充分表现出天意难测来。""天意难测"是事实，但从中也可看出，慈禧在吃的方面喜欢花样翻新，反对偏食。

珍珠粉，慈禧养颜用

慈禧的私厨叫西膳房。西膳房下设五局：一、荤菜局：专做烹、炒、炸、熘、蒸、炖各种山珍海味、鸡鸭鱼肉等荤菜；二、素菜局：专用豆腐、面筋等素菜做各种炒菜、炸菜、熘菜等；三、饭局：专做饭、粥、馒头、花卷、烙饼、面条等各种主食；四、点心局：专做早点、午后点心，还有夜宵所用各种蒸、煮、炸、烙点心；五、饽饽局：专做酥皮饽饽、酥盒子、奶油琪子、小炸食、萨其马等点心。

慈禧爱吃的主食、小吃、菜肴主要有以下几种：

小窝头 用细罗筛的玉米面、小米面、糜子面，加上豆粉、栗子粉合成面，然后分料加工。一种加白糖桂花，一种加红糖，一种加枣和其他果料。蒸熟食用，甜美可口。

饭卷子 把米饭和白面混合，用热水和面，然后蒸熟。种类很多，有陈米饭卷子、籼米饭卷子、粳米饭卷子。分甜咸两种，咸的加花椒盐、五香椒盐粉；甜的加枣泥、豆沙泥、白糖加桃仁，或加松子仁、核桃仁等。

菜包鸽松 把麻豆腐（豆腐渣）用羊油、黄酱炒熟，然后把各种炒成碎末的菜和炒熟的麻豆腐拌在饭里，再用洗净的白菜里面的菜叶把拌好的料包好，连菜叶一起吃。

和尚跳墙 把酥造肉和剥皮的熟鸡蛋四枚放在一起上屉蒸熟。由于鸡蛋光滑，一半露在肉外有些像秃头。慈禧便赏给这个菜一个别名，叫"和尚跳墙"。

油性炸糕 用油和面，内包白糖、芝麻、山楂，放点奶油，形状如烧饼大小。包好后，放进油锅内炸酥。吃起来外酥、内软、香甜。

烧麦 用精白面加水和好，擀成比饺子皮略大略薄的皮待用。将猪肉切末，加上口蘑，做成馅，包在皮里，裂着口不封死。皮薄馅香，不腻人。

黄色蛋糕 将鸡蛋打碎，搅拌起沫后，加上白面、白糖、桂花、果料等，放在模子里蒸熟。入口后，感到柔软香甜。

炸三角 芝麻酱加水和面。将肉切成碎末，加上虾米、口蘑、火腿等作料，用团粉搅成卤馅。将面擀成比饺子皮略大点的面片，切成两半，切口处捏死，装进卤馅，将口捏死成三角形，再炸呈黄色即熟，外酥里软。

穿着 慈禧的服饰极其豪华。她夏天穿的是绣满了大朵红牡丹的黄缎

明黄绸绣嵌金女龙袍，慈禧时用

储秀宫

袍。太后的冕上挂满了珠宝，两旁镶有耀眼的珠花，左边有一串晶莹的珠络，中央缀着一只纯净无瑕的美玉制成的凤鸟。绣袍外面是一个渔网形的华丽的披肩，由三千五百粒珍珠制成。珍珠粒粒如鸟卵般大，又圆又亮，颜色和大小都一样，边缘又镶着美玉的璎珞。手上戴着两副珠镯、一副玉镯和几只宝石戒指。右手的中指和小指上，戴着三英寸长的金护指，左手两个指头上戴着同样长的玉护指。鞋上也有珠络，中间镶着各色名贵的宝石。

慈禧是非常喜欢各色宝石的，而且也十分识货。

起居 慈禧住在储秀宫，吃在体和殿。储秀宫是五间的结构，分为三明两暗。三个明间是慈禧燕居的地方。正中间的一间，设有正座，是接受朝拜用的。西一间跟卧室连接，等于卧室的外间。东一间临南窗子有一铺条形的炕，这儿很豁亮，慈禧经常坐在炕的东头。喝茶、吸烟、用早点、谈话、接见皇帝和皇后、妃子等，大多在这儿。

尽西头的一间，是慈禧的卧室兼化妆室。靠北墙西头有一铺炕，比双人床大一些。炕上的被褥都是按季节按制度更换的。如冬天要铺三层垫子，夏天要铺一层垫子。冬至挂灰鼠帐子，夏至挂纱帐子。临窗东南角有一架梳妆台。这是慈禧最心爱的东西。她亲自研制的化妆品，都放在这里。慈禧早、中、晚要在这里消磨两三个小时。

体和殿也是五间的结构，和储秀宫是门当户对。它中间一间是穿堂门，留作朝见的人和侍候的人往来出入的。东两间连在一起，有两个桌子摆在中间，这是慈禧传膳的地方。慈禧吃饭是在东二间里。西两间中间由虚隔扇隔开，这是慈禧饭前饭后休息、喝茶、吸烟的地方。慈禧早点在储秀宫，中午、晚上两正餐，多在体和殿。体和殿等于是慈禧的外书房和餐厅。

散步 过了二月初二日，慈禧便要开始散步了。早晨梳洗完毕，吃了一小碗百合银耳，走出寝宫。李连英陪着，崔玉贵在后面跟着，四个侍女排成两行随侍着。这时慈禧几乎不说话，静悄悄地数着脚步走，不愿有任何事打扰她的宁静。从这一天起直到冬天，慈禧像钟表一样，按时起床，按时散步，极有规律。天天如此，从来也没松懈过。

三　个人爱好广泛高雅

慈禧虽贵为中国第一人，但她也是一个有个人爱好、个人情趣的普通人。她的爱好是高雅的，并不媚俗。她的爱好也是多方面的。她是一个兴趣广泛、热爱生活的女人。她注意学习。除听大臣讲课外，她认真读奏折，也阅读各种小说。她悟性极强，凭直觉会准确地抓住奏折的要害。她练习书法，也学习绘画。她的书法大字经常赠送给大臣们。她喜欢听京剧。修改剧本、导演剧目也是她的拿手好戏。她喜欢花草，喜欢宠物。她的生活是极富情趣的。

书法　慈禧太后的文化水平不高，从她自己书写的一份罢黜奕䜣的上谕中错别字连篇，即可知道。但是，她悟性极高，记性极强。多年的自学，使得她完全能读懂满篇之乎者也的文言奏折。并且，能抓住要领，明了底蕴。

她在繁忙的公务之余，也练习书法。为了写好字，她命江南织造选保善于绘画书法的命妇。当时有一个叫缪嘉蕙的女画家被选入宫来。缪嘉蕙，号素筠，昆明人。她的哥哥缪嘉玉，字石农，为醇亲王奕谡的家庭塾师，很受信任。奕谡临终曾托孤于缪石农，说明他们交往甚深。缪素筠在醇邸走动，备受尊敬，均呼为缪姑太太。入宫后，多才多艺的缪素筠既工花鸟，又擅书法，且能弹琴，很得慈禧赏识。慈禧免其跪拜，从其

慈禧的书法

慈禧的绘画

学字。慈禧的字大有长进，闲暇时，她便写几幅。常写的是"福""寿"字。得到慈禧的字是莫大的荣耀。只有二品以上的官才能得"福"字，五十岁以上的人才能得"寿"字。荣禄夫人很得慈禧欢心，慈禧在年尾赏给她一个挂轴，中书"福""寿"两个大字。平心而论，慈禧这两个字写得还是蛮有功夫的。当然，有时是由缪嘉蕙代笔的。

绘画　慈禧也跟缪嘉蕙学绘画。据说，有一次慈禧自己动手作画，侍者跪着平托画具颜料侍候她。缪嘉蕙在一旁"指点"。慈禧画仙鹤时，自言自语地说："这仙鹤腿总是画不好。"缪嘉蕙心领神会，立刻画了一条仙鹤腿，恭敬地呈上去。慈禧很高兴，照着临摹。慈禧绘画都钤上印玺，保留至今的都很珍贵。

照相　慈禧最先看到的照片是她的御前女官德龄及其妹妹容龄在法国时拍照的。德龄和容龄的父亲是曾任驻日本和法国公使的满洲宗室裕庚。这是一位较早接受西方文明的中国贵族，会讲一口流利的英语。裕庚的儿女们在法国都受过先进的西方教育，会讲流利的英语和法语。当慈禧偶然见到德龄的照片时，她非常惊讶，没想到世界上还有如此高明的技术。当她问明情况后，立刻命深谙照相技术的德龄的二哥勋龄，为她拍照。自此以后，她照了数十张照片。这些照片几乎都完好地保存在故宫博物院，十分珍贵。

读书　慈禧嗜读中国古典名著。如《封神演义》《水浒传》《西游记》《三国志》《红楼梦》等书，闲暇时经常披阅，并从中汲取营养。辛丑回銮后，则于《海国图志》《瀛环志略》诸书展诵不辍，意思是想了解世界大事。此外，她也很爱听书。宫里专门养着十几个会说书的老太监。慈禧在颐和园时常听他们说书。她不仅爱听书，也喜欢评书。慈禧听讲前汉时，说吕后太糊涂，大将们都是刘

德龄洋装照

邦的人，封很多姓吕的当王有什么用处？慈禧是注意随时随地借鉴历史的。

看戏 从她的丈夫咸丰帝开始，慈禧便爱看京剧。这种爱好，终生不辍。可以说，慈禧是个不折不扣的京剧发烧友。她在执政的时期，把管理京剧演出的升平署扩大到三百八十余人。在相当长的一段时间里，她把升平署迁到了颐和园的自得园。慈禧只要一到颐和园，第二天肯定下令唱戏。其寿诞之日，更是"前三后五"，连唱九天。慈禧很喜欢热闹。

颐和园有一个德和园大戏楼，"三面可观，有楼五层，一

畅音阁大戏楼

层如常式，二层如寺庙，以演神鬼杂剧，三层为布景之用"。台的两边有两排矮房，是太后赏赐王公大臣们听戏的地方。正对戏台，有大屋三间，是太后听戏的地方。前面是大的玻璃窗，夏天可以移去，换上蓝色的纱格。三间房屋中，两间是可以坐卧休息的。靠右一间是太后的卧室，横在前面的是一铺炕，可坐可卧，随太后喜欢。慈禧听戏累了，就躺下睡觉。这些戏都是太监演的，布景也是太监制的。而作者兼导演往往是慈禧本人。有时也请京城京剧名角，如谭鑫培、杨小楼等进宫唱戏。

紫禁城内的大戏台畅音阁，是慈禧喜欢去的地方。她经常流连于此，边听戏边休息，这似乎是她的一种特有的休闲方式。

观花 慈禧对花有一种偏爱。慈禧殿里的摆设一般是不变的，但盆花要随着节气而更换。最东头的一间静室里，摆着一大盆葱葱绿绿的南天竹。西头卧室里摆着一盆茂盛的春兰。慈禧小名即叫兰儿。外面廊下摆两盆海棠，中间配上两盆金黄色的连翘。这两种花并不新奇，可贵的是这种花一开春就由根到顶长满了花朵，使人看了心旷神怡。慈禧对盆花和团花都是喜爱的。

宠物 慈禧身边有一些小宠物。有一条小狗，名"水獭"，长得很逗人喜

307

欢，慈禧到哪去总是带着它。
还有一只雪白的猫，名"玉狮
子"。这只猫是慈禧的心尖子。
还有一个"小墨猴"，浑身的
毛黑油油的。个子非常小，胆
子也小，常让慈禧抱着。慈禧
特别喜欢它，专门让两个太监
喂养。

吸烟 慈禧爱吸烟，但不
喜欢吸旱烟，而是吸水烟。这
是南方进贡来的，也叫潮烟。
慈禧往往在饭后吸。她吸烟用

德龄与慈禧在一起

的水烟袋是很讲究的，制作精巧，描绘精细，是一件艺术精品。传说慈禧吸
食鸦片烟，是不确的。慈禧终生反对吸食害人的鸦片烟。

慈禧是一个美貌而高贵的女人。进宫为慈禧太后画像的美国女画家卡尔
女士，对慈禧太后的外貌有一段精彩而传神的描述："太后全体各部，极为相
称。面貌之佳，适与其柔荑之手、苗条之体、黑漆之发，相得而益彰。盖太
后广额丰颐，明眸隆准，眉目如画，樱口又适称其鼻。下颌虽极广阔，而又
不带有一毫顽强态度。耳官平整，齿洁白如编贝。嫣然一笑，姿态横生，令
人自然欣悦。予若不知其已臻六十九岁之大寿者，平心揣之，当为一四十许
之美妇人。太后精神焕发，神采照人。可知其平日居气养体之安适，绝非寻
常人所及。加以明瑞满身，珠翠盈头。其一副纤丽庄严之态度，真有非笔墨
所能形容者。"①

这就是六十九岁时的慈禧太后。

慈禧太后的照片和画像俱在。如我们看到这些历史实物，会感到卡尔女
士此言不虚。

① ［美］卡尔著，陈霆锐译：《慈禧写照记》，第16页。

慈
禧
太
后

第十六章　历史人物　毁誉参半

慈禧太后是中国晚清史上争议最大、谜案最多、评价最难的一个赫赫有名的世界级的历史人物。

慈禧太后，姓叶赫那拉氏。道光十五年十月初十日（1835 年 11 月 29 日）生于北京，光绪三十四年十月二十二日（1908 年 11 月 15 日）病逝，活了七十四岁。慈禧太后经历了咸丰、同治、光绪三朝，立过同治帝载淳（六岁）、光绪帝载湉（四岁）、宣统帝溥仪（三岁）三个小皇帝。

在同治、光绪两朝，她曾三次垂帘听政。第一次垂帘是咸丰十一年（1861）至同治十二年（1873），计十三年；第二次垂帘是同治十三年（1874）至光绪十五年（1889），计十五年；第三次垂帘是光绪二十四年（1898）至光绪三十四年（1908），计十年。她垂帘听政总共三十八年的时间。另外十年，她虽然名义上归政于光绪帝，实际上仍然隐控朝政。重大问题的决策，仍要由她作出，实质是不垂帘的垂帘。

事实上，慈禧太后统治中国四十八年，几乎达到半个世纪。

慈禧太后所遇到的是中国几千年未遇到的大变局。她所处的时代正是列强环伺、威逼蚕食中国的时代，也是中国人民奋起抗争、走向世界的时代。她所经历的晚清社会，几乎相当于中国近代史。她亲历了第二次鸦片战争、太平天国运动、中法战争、中日战争、戊戌变法、义和团运动、清末新政等重大历史事件。1860 年英法联军侵华，疯狂焚毁圆明园；1900 年八国联军侵华，大肆抢掠北京城。慈禧太后也都是亲历的。

慈禧太后的一生做过十件大事：

第一件是成功地发动了辛酉政变，实现了垂帘听政；

第二件是残酷地摧毁了太平天国，取得了国内稳定；

第三件是坚定地支持了洋务运动，引进了西方事物；

第四件是适时地终止了圆明工程，抑制了个人私欲；

第五件是及时地签订了《中法和约》，结束了中法战争；

第六件是一味地强调了六旬大寿，贻误了中日战争；

第七件是血腥地镇压了戊戌变法，扼杀了维新运动；

第八件是错误地宣战了西方列强，导致了悲惨结局；

第九件是被迫地实行了清末新政，进行了初步改革；

第十件是积极地实施了出国考察，宣示了预备立宪。

这十件大事中，有正面的，也有负面的。其中，发动辛酉政变，支持洋务运动，终止圆明工程，结束中法战争，实行清末新政和宣示预备立宪，应该是正面的。其余的，摧毁太平天国，专注六旬大寿，镇压戊戌变法和宣战西方列强，都是负面的。

就性质讲，摧毁太平天国和镇压戊戌变法是慈禧阻碍历史前进的罪恶行径。

慈禧一生有一个特殊的现象，就是整寿逢甲不利。慈禧四十大寿以后，逢甲年都遇到了战争。慈禧四十大寿是 1874 年，为甲戌年，遭逢中日台湾战争；慈禧五十大寿是 1884 年，为甲申年，遭逢中法越南战争；慈禧六十大寿是 1894 年，为甲午年，遭逢中日甲午战争；慈禧七十大寿是 1904 年，为甲辰年，遭逢日俄甲辰战争。

慈禧太后的一生充满着各种各样的谜案，大体上有十大谜案。

第一个谜案是慈禧的身世之谜；

第二个谜案是慈禧得到咸丰皇帝的宠幸之谜；

第三个谜案是慈禧成功地发动辛酉政变之谜；

第四个谜案是慈禧的儿媳阿鲁特氏皇后的死亡之谜；

第五个谜案是慈禧和太监安得海的关系之谜；

第六个谜案是慈安太后的死亡之谜；

第七个谜案是慈禧和她的小叔子恭亲王奕䜣的关系之谜；

第八个谜案是慈禧的儿媳珍妃的死亡之谜；

第九个谜案是慈禧与太监李连英的关系之谜；

第十个谜案是慈禧的侄儿光绪帝的死亡之谜。

总之，概括地说，这十件谜案是慈禧太后和一个亲王、两个太监、三个后妃的关系之谜。也可以说，是一个女人（慈禧太后那拉氏）与一个男人（恭亲王奕䜣）、两个阉人（太监安得海和李连英）、三个女人（皇后阿鲁特氏、慈安太后钮祜禄氏和珍妃他他拉氏）之间的故事之谜。

慈禧的简历：

第一，十八岁进入宫廷。慈禧太后，姓叶赫那拉氏。满洲镶蓝旗人，后来改隶镶黄旗。北京人。曾祖父吉郎阿任从五品的户部员外郎（副局长），祖父景瑞任正五品的刑部郎中（正局长），父亲惠征任正四品的安徽徽宁池太广道（道员，略高于正局长）。他们担任的官职相当于现在的局级干部，也算是中高级官员了。慈禧的前三代是清朝的官员，家庭生活很好。慈禧出生在三代为官的满族官宦家庭中，可以说，她是一位官宦家庭中养尊处优的小姐。

咸丰元年（1851），那拉氏已是十七岁的大姑娘了，出落得俊美可爱，娇媚迷人。恰在这一年，皇太后为咸丰帝挑选秀女。经层层筛选，她被选中了。同时被选中的还有后来成为皇后的钮祜禄氏，钮祜禄氏十五岁。当时，钮钴禄氏被选为嫔，比那拉氏高一级。那拉氏被选为贵人。

咸丰二年二月十一日（1852 年 3 月 31 日），那拉氏被封为兰贵人。五月初九日（6 月 26 日），十八岁的那拉氏正式入宫，住在长春宫。咸丰四年（1854），晋封懿嫔。咸丰六年三月二十三日（1856 年 4 月 27 日）生皇子载淳，晋封懿妃。咸丰七年（1857）正月，晋封懿贵妃。此时的那拉氏才二十三岁。

第二，二十七岁垂帘听政。咸丰十年（1860）六月，英法联军侵犯天津，进逼北京。八月初七日，咸丰帝携带后妃逃往热河（今河北省承德市）避暑山庄。咸丰十一年七月十七日（1861 年 8 月 22 日），咸丰帝病死，六岁的载淳即位。尊皇后为母后皇太后，尊懿贵妃为圣母皇太后。不久，又加上徽号，称钮祜禄氏为慈安太后，称那拉氏为慈禧太后。因慈安居于北京皇宫东六宫的钟粹宫，慈禧居于西六宫的长春宫，所以俗称慈安太后为东太后，慈禧太后为西太后。光绪帝称慈禧太后为"皇爸爸"。后妃及宫人称慈禧太后为"老祖宗""老佛爷"。

咸丰帝临死前，遗命怡亲王载垣、郑亲王端华、协办大学士肃顺等八大臣为顾命大臣。但是，八大臣刚愎自用，大权独揽，排斥两宫太后和小皇帝载淳。两宫太后，主要是慈禧，同恭亲王奕䜣等联合起来，发动了辛酉政变，实现了两宫太后的垂帘听政。

此后，慈禧依靠曾国藩的湘军和李鸿章的淮军，残酷地镇压了太平天国起义。

311

第三，四十一岁二次垂帘。同治十二年正月二十六日（1873 年 2 月 23 日），同治帝举行亲政大典。到同治十三年十二月初五日（1875 年 1 月 12 日）同治帝死，亲政近两年时间。同治帝死，慈禧指定四岁的载湉即位，是谓光绪帝。两宫太后第二次垂帘。载湉是醇亲王奕𫍯的儿子。醇亲王奕𫍯是咸丰帝的七弟。醇亲王奕𫍯的妻子是慈禧的妹妹叶赫那拉氏。即是说，慈禧是光绪帝的大娘兼大姨，光绪帝是慈禧的侄儿兼外甥。

光绪七年三月初九日（1881 年 4 月 7 日），四十五岁的慈安突然病逝。慈禧皇权独控，成为名副其实的太上女皇。

第四，五十五岁撤帘归政。光绪十四年十月初五日，由慈禧做主，将自己的胞弟副都统桂祥之女指定为光绪的皇后，侍郎长叙的两个女儿同时入选，封瑾嫔、珍嫔。光绪十五年（1889）正月，大婚礼成。光绪十五年二月初三日（1889 年 3 月 4 日），慈禧撤帘归政，光绪帝举行亲政大典。

光绪二十年（1894）十月初十日，是慈禧的六十岁生日，准备在颐和园大规模地进行庆祝。光绪二十年（1894）五月，中日战争爆发。当有人建议停止颐和园工程，停办景点，移作军费的时候，慈禧非常生气，说："今日令吾不欢者，吾亦将令彼终身不欢。"即是说："谁叫我一时不痛快，我就叫他一辈子不痛快！"后来，在旅顺、大连万分危急的情况下，慈禧在宁寿宫度了她的六十岁生日。

第五，六十四岁三次垂帘。光绪二十四年四月二十三日（1898 年 6 月 1 日），光绪帝宣布变法维新。慈禧最初是不反对变法的。但当变法触及后党集团的利益时，慈禧便发动了政变，血腥地镇压了戊戌变法。光绪二十四年八月初六日（1898 年 9 月 21 日），慈禧以光绪帝的名义发布谕旨，实行"训政"，实则是第三次垂帘。

此后，慈禧利用义和团进攻列强，给列强侵略中国以口实。

慈禧出逃西安，以后回銮北京，被迫实行新政。

光绪三十四年十月二十二日（1908 年 11 月 15 日）病逝。

可以说，慈禧太后的一生是和晚清社会相始终的。由于历史上的种种原因，近代的一些随笔札记及野史稗乘，对慈禧其人其事有种种耸人听闻、离奇古怪的说法。慈禧的身上便笼罩了许许多多的难解之谜。诸如，慈禧是内蒙古人、安徽人、浙江人、甘肃人、山西人，抑或是北京人？慈禧是如何取得咸丰帝宠幸的？慈禧是如何成功地发动宫廷政变的？慈禧是怎样逼死嘉顺皇后的？慈禧是如何连斩两大臣的？慈禧毒死了慈安吗？慈禧是如何巧斗奕䜣的？慈禧与李连英有染吗？慈禧是怎样杀死珍妃的？慈禧害死了光绪帝吗？

这些谜案，有的被当成定论，经文学家巧笔虚构，编成小说、戏剧及影视作品，广为流传，遂相沿成习，以致真伪莫辨。现在有的戏说慈禧，把某些情节编得更是神乎其神。个别说法甚至被某些历史学家所接受，并加以引用，而成为难以澄清的历史伪案。

我不想为慈禧太后翻案，但是我想实事求是地评价她。在长期地研究慈禧太后的过程中，我逐渐发现对慈禧太后的评价存在一些问题。主要问题是将慈禧太后脸谱化、妖魔化和随意化。对慈禧太后实行的是一点论，一棍子打死。从想当然的概念出发，历史事实为先决的概念服务，往慈禧太后的身上泼了许多污泥浊水。想丑化一个人，最简单的方法是从生活细节丑化他。譬如，说慈禧太后与假太监安得海有染，说慈禧太后与假太监李连英有染，说慈禧太后毒死了慈安太后，说慈禧太后毒死了光绪皇帝，等等。但是，历史事实并不是这样。当然，有些事是慈禧太后干的，如逼死皇后阿鲁特氏、害死儿媳珍妃等。但是，不是所有的坏事都是她干的。我主张对慈禧太后也要两点论。慈禧太后做过一些坏事，也做过一些好事。她做的坏事我们要批判，她做的好事我们要肯定。慈禧太后是一个很值得认真研究的世界级的历史人物。我们对她的研究从某种意义上讲，还刚刚开始。

在全书结尾之际，我想到应该给慈禧太后写副对联：
上联：奇女子热面孔善结人缘一手遮天风风雨雨控驭中国多至半个世纪；
下联：妖妇人冷手腕暗含杀机三次垂帘忽忽喇喇奴役臣民将近四亿人口。
横批：一代女皇。

慈禧太后大事年表

道光十五年（1835）　**一岁**

十月初十日，慈禧诞生在北京。乳名兰儿。父亲惠征，时任二等笔帖式（文书）。原系镶蓝旗，后抬为镶黄旗。

咸丰元年（1851）　**十七岁**

慈禧应选秀女。

咸丰二年（1852）　**十八岁**

二月初六日，惠征受重用，被任命为正四品的安徽徽宁池太广道。

五月初九日，应召入宫，封为兰贵人。

咸丰三年（1853）　**十九岁**

三月二十六日，惠征因规避太平军，上谕将其撤职。

六月初三日，惠征病逝于镇江，终年四十九岁。

咸丰四年（1854）　**二十岁**

二月二十六日，晋封懿嫔。

咸丰六年（1856）　**二十二岁**

三月二十三日，生子载淳，当日晋封懿妃。

咸丰七年（1857）　**二十三岁**

正月初二日，晋懿贵妃。

咸丰八年（1858）　二十四岁

四月初八日，英法联军攻占大沽炮台，慈禧坚决主战。

咸丰十年（1860）　二十六岁

八月初八日，咸丰帝北逃热河避暑山庄，亲近大臣及后妃随行。

咸丰十一年（1861）　二十七岁

七月十七日，咸丰帝崩于热河，年三十一岁。十八日，皇后钮祜禄氏和懿贵妃被尊为皇太后。

八月初一日，恭亲王奕䜣自北京抵达热河，叩谒梓宫。两宫皇太后同奕䜣密谋发动宫廷政变。

九月初一日，恭上钮祜禄氏徽号为慈安皇太后，那拉氏徽号为慈禧皇太后。三十日，两宫在回京后的第二天便召见奕䜣等，宣布于九月十八日在热河拟好的上谕，将顾命八大臣解职，并宣布其罪状。逮捕载垣、端华、肃顺，处以极刑。辛酉政变成功，处理得法。

十月初九日，同治小皇帝登极。

十一月初一日，两宫皇太后实行清朝历史上首次垂帘听政，也是慈禧太后三次垂帘听政的第一次。

同治四年（1865）　三十一岁

四月十四日，命恭亲王奕䜣仍在军机大臣上行走，但剥夺了恭亲王奕䜣的议政王头衔。

同治五年（1866）　三十二岁

十一月五日，奕䜣上奏，请在原同文馆内添设天文算学馆，遭到守旧派倭仁的强烈反对，但奕䜣得到了慈禧的坚决支持。

同治六年（1867）　三十三岁

五月二十九日，慈禧借同治帝名义发布上谕严厉驳斥了守旧派反对设天文算学馆的谬论，态度鲜明地支持了洋务自强派。这期间，慈禧共发布口头与书面谕旨十道，坚决支持洋务运动。

同治八年（1869）　　**三十五岁**

八月初八日，慈禧以同治帝名义发布上谕，命就地处死宠监安得海。实际上在此前五天已经处死了安得海。

同治十一年（1872）　　**三十八岁**

九月十五日，同治帝举行大婚典礼。皇后为慈安选中的阿鲁特氏，皇妃为慈禧选中的富察氏（慧妃）。

同治十二年（1873）　　**三十九岁**

正月二十六日，举行同治帝亲政大典，两宫皇太后撤帘归政。

同治十三年（1874）　　**四十岁**

十二月初五日，同治帝病逝。因同治帝未有皇子，慈禧决定立醇亲王奕譞之子四岁的载湉即位，改元光绪。慈禧二度垂帘。

光绪元年（1875）　　**四十一岁**

二月二十日，同治皇后阿鲁特氏，被慈禧太后逼迫，自杀身亡。

光绪七年（1881）　　**四十七岁**

三月初十日，慈安病故。有人说是慈禧毒死了慈安，证据不足。

光绪十年（1884）　　**五十岁**

三月初八日，左庶子盛昱上一奏折，严参奕䜣及诸位军机大臣。十三日，慈禧发布懿旨，将军机处原班人马全部罢斥，重组军机处，是谓甲申之变。

光绪十一年（1885）　　**五十一岁**

九月初五日，海军衙门成立。慈禧派醇亲王奕譞总理海军事务。

光绪十三年（1887）　　**五十三岁**

正月十五日，光绪帝亲政，实为慈禧太后训政。

光绪十五年（1889） **五十五岁**

正月二十七日，光绪帝大婚礼成。皇后为慈禧之侄女，即隆裕皇后。

二月初三日，光绪帝举行亲政大典，慈禧归政光绪帝。

光绪二十年（1894） **六十岁**

六月二十三日，中日甲午战争爆发。

七月初一日，光绪皇帝对日宣战。

八月二十六日，慈禧降旨，决定六十大寿只在宫内举行。

九月初一日，再次起用恭亲王奕䜣。

光绪二十一年（1895） **六十一岁**

三月二十三日，光绪帝命李鸿章签署了丧权辱国的《马关条约》。

光绪二十二年（1896） **六十二岁**

五月初八日，慈禧之胞妹、光绪帝之生母叶赫那拉氏（乳名蓉儿）病逝。

光绪二十四年（1898） **六十四岁**

正月初三日，光绪帝接见康有为。

四月二十三日，光绪帝发布《明定国是》诏，宣布维新变法。二十七日，慈禧以光绪帝名义发布四道上谕，做好了应付突然事变的政治上的准备。

八月初六日，慈禧发动政变，重新训政，实际是第三次垂帘，光绪帝被囚禁于瀛台。初八日，慈禧在勤政殿举行训政典礼。十三日，慈禧下令杀害了杨深秀、杨锐、林旭、谭嗣同、刘光第、康广仁等六位维新志士，史称"六君子"。

光绪二十五年（1899） **六十五岁**

十二月二十五日，立端郡王载漪之子溥儁为大阿哥，阴谋伺机废掉光绪帝。

光绪二十六年（1900） **六十六岁**

五月二十五日，慈禧向列强宣战。

七月二十日，各国联军侵入北京。二十一日，慈禧携光绪帝逃出北京。临行前，将珍妃推入井中。

光绪二十七年（1901）　六十七岁
七月二十五日，奕劻、李鸿章同列强签订了《辛丑条约》。
八月二十四日，慈禧自西安起行回到北京。
十一月二十八日，慈禧回到北京。

光绪二十八年（1902）　六十八岁
慈禧推行新政。

光绪三十一年（1905）　七十一岁
六月十四日，慈禧命五大臣出洋考察。

光绪三十二年（1906）　七十二岁
七月十三日，慈禧宣示实行预备立宪。

光绪三十四年（1908）　七十四岁
八月初一日，宣布九年后颁布宪法，召集议会。
十月二十一日，光绪帝崩。慈禧懿旨，命以载沣之子溥仪即位为皇帝，以载沣为监国摄政王。二十二日，未刻，慈禧太后崩。

图书在版编目（CIP）数据

慈禧太后 / 徐彻著. -- 北京：中国文史出版社，
2022. 2

（徐彻作品系列 / 徐忱主编）

ISBN 978-7-5205-3274-7

Ⅰ. ①慈… Ⅱ. ①徐… Ⅲ. ①西太后（1835-1908）
-传记 Ⅳ. ①K827＝52

中国版本图书馆 CIP 数据核字（2021）第 208295 号

责任编辑：蔡晓欧

出版发行：**中国文史出版社**

社　　址：北京市海淀区西八里庄路 69 号院　　邮编：100142

电　　话：010-81136606　81136602　81136603（发行部）

传　　真：010-81136655

印　　装：北京新华印刷有限公司

经　　销：全国新华书店

开　　本：720×1020　1/16

印　　张：20.5　　　字数：336 千字

版　　次：2022 年 2 月第 1 版

印　　次：2022 年 2 月第 1 次印刷

定　　价：63.00 元